MINERVA
西洋史ライブラリー
64

古代ギリシア史における帝国と都市

―ペルシア・アテナイ・スパルタ―

中井義明著

ミネルヴァ書房

Ἐν χάριτι πατρὶ καὶ μητρί.

はじめに

本書は立命館大学に提出した学位請求論文を基としている。本書は古代ギリシアの外交史を中心とする政治史であり、ペルシア帝国やデロス同盟時代のアテナイやペロポネソス戦争後のスパルタなどの帝国とミレトスやミュティレネ、エーリスなどの都市との関係に力点を置いている。

本書に収録されているのはスパルタの政策形成において王が果たす影響力の強さに着目した三〇年ほど前の処女作から近年のギリシア人とペルシア帝国との関係を考察したものまで長年にわたって書き溜めてきたものが基礎となっている。そのために第三章に関する記述は今では全体として時代遅れになってしまった。それについては第三章の最後に第五節を付けて補ってはいるが十分なものでないことは言うまでもない。この点については今後の研究のなかで解消していくつもりである。

本書執筆の意図と構成は「序章」で触れているが、国家の政策を決定するのは民主主義や貴族主義といった単なるイデオロギーでもなければギリシア人や異民族といった民族感情でもなく、個々の党派の利害や印象、政治指導者間の指導権争いなど複合的な要因によって政治の世界は動いてきたという視点で本書をまとめてきた。特に筆者を惹きつけて止まなかったのは都市内部での権力闘争に勝つためにペルシアであるとか、アテナイであるとかスパルタであるとか、後にはマケドニアとかローマといった外部の勢力を内部での権力闘争の道具として利用してきた古代ギリシア人の現実主義的感覚であった。

問題関心を長年にわたって深く持続することは困難であった。家族を持ち生活の責任を負うとともに研究一筋というわけにはいかなくなった。予備校や大学の非常勤講師の掛け持ちで一日の大半を割かざるを得なくなり、研究のためにはわずかな時間しか残されていないという生活が長く続いた。ときには非常勤先を移動するバスや電車の中で文献を調べ、原稿を書くこともしばしばあったし、一〇分か一五分程度の休憩時間を利用してノートに書き留めていくこともあった。大学院の課程を終えた多くの学徒が研究室を止むを得ない事情で離れ、わずかな非常勤収入で生活しつつ諦めることなく研究活動を続けておられることを忘れてはならないだろう。この点で私は恵まれていたと思う。大学時代の恩師の先生方や先輩から数多くの非常勤を紹介して頂いたからである。

その間、研究会や研究室に顔を出す時間がほとんどなくなり、また問題関心がギリシアの先史時代にまで拡散していくということに恩師の先生方に多大なる心配をかけてきたことを申し訳なく感じている。なかでも浅香正先生からは早く学位請求論文を作成するよう常に励ましていただいたこと、永井三明先生、瀬原義生先生にはともすれば関心が分散し、なかなかひとつの問題に集中できない筆者を常に温かく見守ってくださったことに感謝しなければならない。このような繁忙を極めた生活から解放され、思う存分研究に専念できる余裕を得たのは同志社大学に職を得てからであった。

本書は多くの人々のおかげを被っている。望田幸男先生には出版社への紹介や出版についての助言を賜っている。出版を快く引き受けてくださったミネルヴァ書房社長の杉田啓三氏ならびに同社編集部の冨永雅史氏には御礼申し上げなければならない。煩瑣な論文審査の労をとって頂いた大戸千之先生、南川高志先生、小田内隆先生には貴重なご助言を頂き感謝申し上げるとともに、さまざまな改善点のご指摘にほとんど応えることができないでいることを心苦しく感じている。大学院の米本雅一君には本文や註表記の統一など神経の要る細かな作業を手伝っていただいた。

本書の刊行を誰よりも待ち望んでいるのは今、病の床に伏している父である。そしてようやく刊行にこぎ着けることができ、父との約束をやっと果たすことができた。父には長い不安定な非常勤時代の間、何かと心配をかけ続けたことを申し訳なく思っている。今は父の回復を祈るばかりである。

改めて言うべきことではないが本書はこれまでの研究の一応の区切りであって、残された課題は多々あり、今後これらの問題に取り組んでいくつもりである。

二〇〇四年（平成一六年）一二月三一日

中井義明

出版にあたって二〇〇四年度同志社大学学術奨励研究費の補助を受けた。

古代ギリシア史における帝国と都市——ペルシア・アテナイ・スパルタ　目次

はじめに
略語表
地図
年表
序章　古代ギリシア史における帝国と都市……1
――分析のための課題と視角――
第一章　ペルシア帝国……17
――ギリシア人とバルバロイ――
第一節　ギリシア人とリュディア人　17
第二節　イオニア反乱の原因　41
第三節　ペルシア戦争は自由のための戦いか　74
第四節　パウサニアス事件　98
第二章　アテナイ帝国……119
――帝国理念と同盟国の亀裂――
第一節　アリステイデスの査定　119
第二節　アテナイ帝国と神話、祭典そして支配　142

第三節　レスボスの離反　169

第三章　スパルタ帝国……191
——帝国の基盤と帝国政策——
第一節　紀元前五五〇年代におけるスパルタの対外政策の転換　191
第二節　スパルタの不評とスパルタ帝国　210
第三節　エーリス戦争とスパルタ　229
第四節　コリントス戦争の原因　246
第五節　スパルタ帝国再考　279

終　章　帝国・都市・党派……301
——帝国と都市の構造——

初出一覧
参考文献
地名索引
事項索引
人名索引

略語表

Aesch.	Aeschylus.
AJA.	*American Journal of Archaeology.*
AJP.	*American Journal of Philology.*
ALSS.	J. G. Pedley, *Ancient Literary Sources on Sardis*, *Archaeological Exploration of Sardis*, Monograph 2, Cambridge, Mass, 1972.
Archiloch.	Archilochus.
Aristoph.	Aristophanes.
Arist.	Aristoteles. *Ath. Pol.*=*Athenaion Politeia.* *Pol.*=*Politica.*
ATL.	B. D. Meritt, H. T. Wade-Gery, M. F. McGregor, *The Athenian Tribute Lists*, 4 vols, Cambridge (Mass.), 1939-1953.
BSA.	*British School at Athens.*
CAH.	*The Cambridge Ancient History.*
CP.	*Classical Philology.*
CQ.	*Classical Quarterly.*
D. S.	Diodorus Siculus.
FGH.	F. Jacoby, *Die Fragmente der Griechischen Historiker.*
GRBS.	*Greek, Roman and Byzantine Studies.*
Hdt.	Herodotus.
HSCP.	*Harvard Studies in Classical Philology.*
HZ.	*Historische Zeitschrift.*

IG.	*Inscriptiones Graecae.*
Isoc.	Isocrates.
JHS.	*Journal of Hellenic Studies.*
ML.	R. Meiggs and D. Lewis, *A Selection of Greek Historical Inscriptions to the End of the Fifth Century B. C.*, Oxford, 1969.
Or.	Oratio.
Paus.	Pausanias.
Plut.	Plutarchus.
	Ages. = *Agesilaus.*
	Arist. = *Aristeides.*
	Artax. = *Artaxerxes.*
	Cim. = *Cimon.*
	Mor. = *Moralia.*
	Pelop. = *Pelopidas.*
	Per. = *Pericles.*
RE.	Pauly-Wissowa-Kroll, *Real-Enzyklopädie der classischen Altertums.*
REA.	*Revue des études anciennes.*
REG.	*Revue des études grecques.*
TAPA.	*Transactions of the American Philological Association.*
Thuc.	Thucydides.
Tod.	M. N. Tod, *A Selection of Greek Historical Inscriptions*, II, Oxford, 1948.
YCS.	*Yale Classical Studies.*
Xen.	Xenophon.
	Ages. = *Agesilaus.*
	Hell. = *Hellenica.*

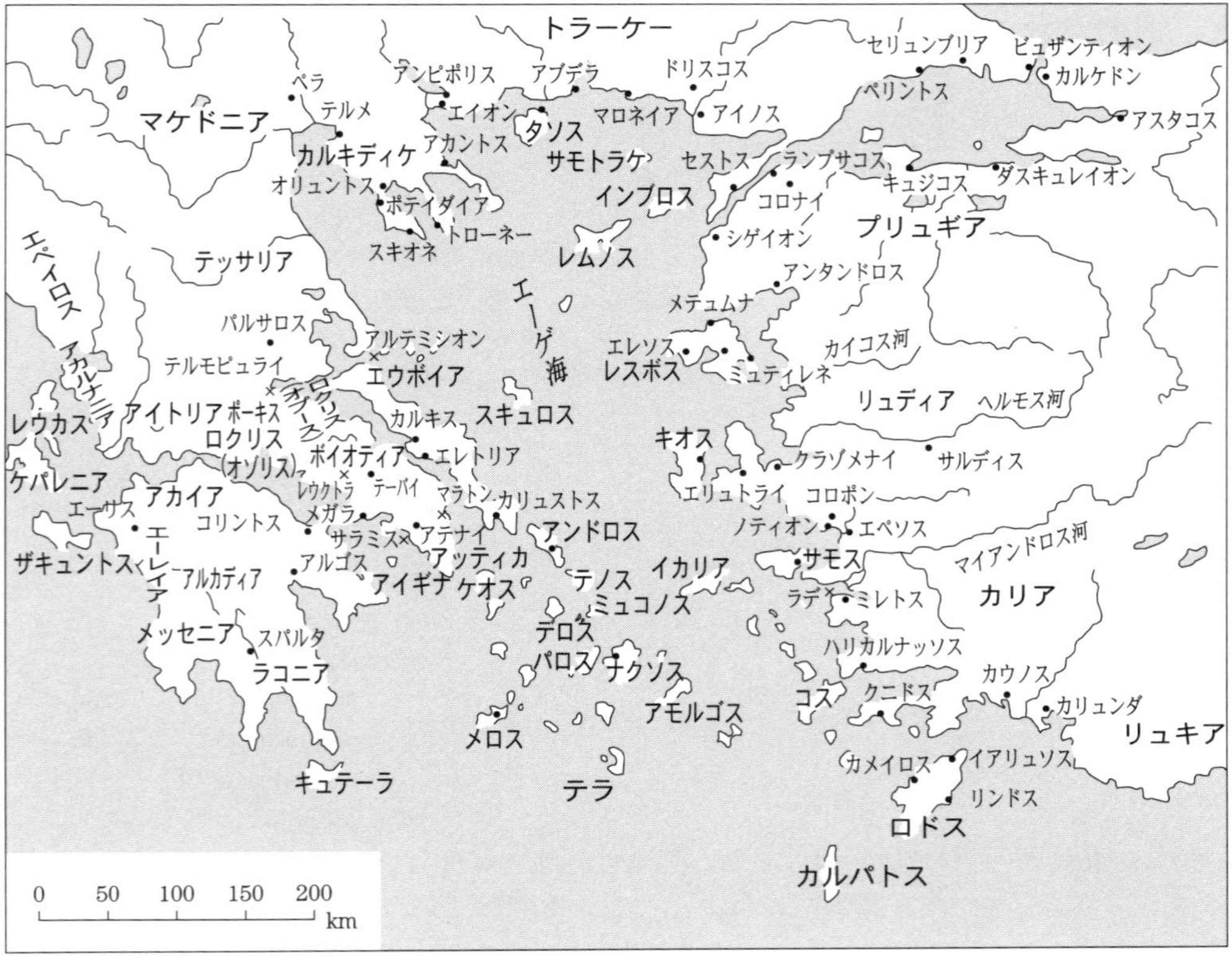

トラーケー
マケドニア
ペラ
テルメ
アンピポリス
エイオン
アブデラ
ドリスコス
マロネイア
アイノス
セリュンブリア
ビュザンティオン
カルケドン
ペリントス
アスタコス
タソス
サモトラケ
カルキディケ
アカントス
オリュントス
ポティダイア
トローネー
スキオネ
セストス
ランプサコス
キュジコス
ダスキュレイオン
コロナイ
インブロス
シゲイオン
プリュギア
エペイロス
テッサリア
レムノス
アンタンドロス
エーゲ海
メテュムナ
パルサロス
アルテミシオン
テルモピュライ
エウボイア
エレソス
レスボス
ミュティレネ
カイコス河
リュディア
ヘルモス河
アカルナニア
レウカス
アイトリア
ポーキス
ロクリス
(オゾリス)
カルキス
スキュロス
ボイオティア
エレトリア
キオス
クラゾメナイ
サルディス
ケパレニア
アカイア
レウクトラ
テーバイ
マラトン
カリュストス
エリュトライ
コロポン
エーリス
メガラ
コリントス
サラミス
アテナイ
アンドロス
ノティオン
エペソス
マイアンドロス河
ザキュントス
エーレイア
アルゴス
アッティカ
イカリア
サモス
アルカディア
アイギナ
ケオス
テノス
ミュコノス
ラデ
ミレトス
カリア
メッセニア
スパルタ
デロス
ハリカルナッソス
ラコニア
パロス
ナクソス
カウノス
コス
クニドス
カリュンダ
アモルゴス
リュキア
メロス
カメイロス
イアリュソス
キュテーラ
テラ
リンドス
ロドス
カルパトス
0
50
100
150
200
km

地図1　ギリシア全国

地図 2　ペロポネソス半島

年　表

556 頃	キロンのエポロス在職。
550 年代	テゲアと同盟条約，ペロポネソス同盟の起源。
547 頃	スパルタ，リュディアと同盟。
	プテリアの戦い。
546 頃	リュディア王国滅亡。
	小アジアのギリシア人，ペルシアの支配下に入る。
538	ペルシア，新バビロニア王国を滅ぼす。
525	ペルシア，エジプトを征服。
522	ペルシア帝国内の大反乱生じる。
	ダレイオスの即位。
513 頃	ダレイオスのスキュティア遠征。
510	アテナイにおける僭主制倒れる。
509	アテナイにおける民主制樹立。
	クレオメネス王のアテナイ介入失敗。
499	イオニアの反乱始まる。
	アテナイとエレトリアから援軍派遣。サルディス焼失。
494	ラデの海戦。イオニアの反乱の終焉。
492	マルドニオスのトラキア遠征。
490	ペルシアのマラトン遠征。
480	クセルクセス王のギリシア遠征。
	テルモピュライの戦い。
	サラミスの海戦。
479	プラタイアの戦い。
	ミュカレーの戦い。
478	パウサニアス事件起きる。パウサニアスの召還。
477 頃	デロス同盟結成。アリステイデスによる貢税の査定。
465 頃	タソスの離反（〜462 年）。
	スパルタの大地震とメッセニアの大反乱。
454	デロス同盟金庫のアテナイ移送。
	『アテナイ貢税表』の記録始まる。
446	三十年の平和条約締結。
440	サモスの離反（〜439 年）。
432	ポテイダイアの離反（〜429 年）。
431	ペロポネソス戦争始まる。
428	レスボスの離反（〜427 年）

421	ニキアスの平和。
415	シケリア遠征（～413年）。
412	キオスやミレトスなどの諸都市の離反。
405	アイゴスポタモイの海戦。アテナイ，艦隊を失う。
404	ペロポネソス戦争終わる。
	アテナイにクリティアスらの三十人政権樹立。
403	トラシュブロスらアテナイの民主派の反撃。
	リュサンドロス，アテナイのハルモステスに。
	パウサニアス王の介入。アテナイにおける和解。
	デカルキア体制の廃止。
401	エーリス戦争勃発。
	小キューロスの反乱。クナクサの戦い。
399	ティブロンの小アジア派遣。スパルタとペルシアとの戦端開かれる。
	ソクラテス刑死。
398	デルキュリダスの小アジア派遣。
396	アゲシラオス王の小アジア遠征。
395	ティモクラテスのギリシア派遣。コリントス同盟結成。
	コリントス戦争勃発。
	ハリアルトスの戦いとリュサンドロスの戦死，パウサニアス王の亡命。
394	ネメアの戦い。
	コロネイアの戦い。
	クニドス沖の海戦。
	コリントス戦争の膠着化とスパルタの制海権喪失。
386	大王の和約（アンタルキダスの平和）締結。
384	マンティネイアの解体
382	スパルタ，オリュントスに遠征し，同時にテーバイを占領。
381	プレイウスの離反（～379年）。
379/8	テーバイの解放。ボイオティア戦争始まる。
378	スポドリアス事件。
377	第二アテナイ海上同盟結成。
371	平和条約の締結。
	レウクトラの戦い。スパルタ，ギリシアにおける覇権を失う。
370	テゲアにおける政変。
	アルカディア連合の結成。
	エパメイノンダスのペロポネソス遠征。メッセニアの独立。
	アテナイとスパルタの同盟。
367	ペルシア王との交渉とテーバイでの平和会議。
362	コリントスらイストモス諸国，ボイオティアと講和。ペロポネソス同盟解体。
	マンティネイアの戦い。エパメイノンダスの戦死。

序　章　古代ギリシア史における帝国と都市

——分析のための課題と視角——

本書の課題

最初に本書の課題と対象を明らかにしておきたい。次いで分析する基本的な視点と枠組みを説明しておく必要がある。つまり、本書を通じて何を考察するのか、またどのようにして分析するのかを明確にしておかねばならないからである。そのために中心となる分析事項を絞り込み、実際に分析が行なわれる枠組みを組み立てておくことが重要だと思われる。

本書が課題としているのはペルシア帝国やアテナイ帝国、さらにはスパルタ帝国などの古代ギリシア諸都市が直面した帝国に対するギリシア人たちの対応についてである。[1] 帝国を存続させたものは何であるのか。同時代のギリシア人にとって自分たちのポリスを指導し支配しようとする帝国はどのような意味を持っていたのか、どのように期待され、そしてどのように印象されたのか、を明らかにしていきたいと考えている。

それはポリスという都市の次元から個々のギリシア人という個人の次元までの幅広いレベルを対象とし、帝国との同盟を堅持するのかそれとも帝国からの離反を決意し帝国と対峙していくのか、帝国の宗主権を認めるのかそれとも帝国の圧力に抵抗して自己の存立をまっとうしようとするのかという政策の次元から、帝国に対して好意を抱いているのかそれとも敵意と嫌悪感を抱いているのかという感情や印象といった次元までを対象としている。

ギリシアと周辺世界

よく言われることであるが、古代ギリシア人はマケドニアさらにはローマに征服されるまで自らを政治的に統合することはなかった。ペルシア戦争においてもスパルタを盟主とする同盟に加わり、進攻するペルシア軍に抵抗したのはわずかな数のポリスでしかなかった[2]。

ギリシア人の住む世界がギリシア本土とその周辺の海域に限定されていなかったことにも注意する必要がある。実際ギリシア人は黒海沿岸からスペインの海岸まで広がっており、多くのギリシア人ポリスが地元の現地住民の諸勢力とかかわりをもち、互いに影響を及ぼしあっていたのである。特にギリシア人諸都市を自己の支配圏のなかに組み込んだリュディアやそれに続くペルシアは重要である。これらの諸勢力はポリスの有力者を介して間接的に都市住民を支配しようとしただけでなく、官吏や駐留部隊を派遣して直接己の意思を強制しようとしたのである。ときには都市の政治体制にまで規制が及ぶこともあった。都市相互間の交戦は禁止され、貢税を賦課され、軍隊の提供を要求されたのである。ときにはこれら支配民族の有力者の邸宅や所領が都市の中に存在することもあった。

この意味でギリシア世界は外の世界に対して閉ざされた自己完結型の世界ではなく、外部世界から影響を受けると同時に外部世界に影響を及ぼす開放された世界であった。

紀元前七世紀の東方化時代にはオリエントの様々な意匠デザインやモチーフがギリシア世界にもたらされ、ギリシア人はそれらを自らのものとしていったのである[3]。また、前五世紀後半のアテナイに異国の神ベンディス神がもたらされ、その祭典がアテナイにおいて創設されている[4]。ペルシアの芸術文化が政治的には対立している紀元前五世紀のアテナイに流入し大きな影響を及ぼしている[5]。

傭兵としてオリエントの諸勢力に雇われるギリシア人はすでに前六世紀に確認される。彼らが残した落書きがエジプトのアブシンベル神殿の入り口に残されている。[6] それによると落書きを残したギリシア人はサイス朝エジプトのファラオ、プサンメティコスに雇われた傭兵たちであった。ペルシア王や総督たちに仕えるギリシア人も数多くいた。ダレイオスに仕えたデモケデスやアルタクセルクセスに仕えたクテシアスは医者であったし、ヒスティアイオスは王の側近集団のなかに含まれていた。[7] ときにはペルシア軍の駐留をポリス防衛のために要請することもあった。[8] ペロポネソス戦争中、ノティオンでは市民同士の内紛から一方の党派に属する人々がペルシア総督ピッストネスに要請して傭兵部隊を引き込んでいる。[9] 野心を抱く政治家たちや亡命者たちはペルシア総督やペルシア王のもとを訪れ、援助を引き出そうと努力していた。[10][11]

ポリスですらペルシアとの連携を模索することはしばしばあった。ペロポネソス戦争中にはスパルタやアテナイという二つの交戦国が互いにペルシアの援助を競争しあったし、前四世紀になるとスパルタやアテナイ、さらにはテーバイといったギリシアを代表するようなポリスがギリシア本土における平和遵守と条約締結国の自治の尊重を命じるペルシア王の勅令を求めて積極的な外交を展開したのである。[12]

逆に、そのような外部の異民族の脅威からの防衛を旗印に掲げて同盟を結成することもあった。前四七八／七年に結成されたいわゆるデロス同盟はその典型であろう。デロス同盟はペルシアに対する報復を同盟の基本理念としていた。[13] そしてその初期においては連年ペルシアに対する軍事行動を繰り返したのである。ペロポネソス戦争でアテナイの帝国支配を打ち倒したスパルタは小キュロスの反乱をきっかけにペルシアとの対立を深め、ついにはアゲシラオスを派遣してティッサペルネスらのペルシア総督との戦いに乗り出している。[14]

これらの行為は同盟諸国に対する同盟主の指導権、同盟諸国の忠誠心を強化し、特定のポリスによる他のポリスに対する影響力と支配権の確立と強化を目指す意図を含むものではあった。デロス同盟がアテナイ帝国化し、同盟諸国は自治権を大きく制約され従属国の地位に転落し、アテナイ人自身が同盟諸国を奴隷化していると公言しているのである。[15] 同盟諸国にはアテナイ人官吏が巡回し、法律を売り込み、アテナイの法廷に同盟諸国の人々を訴えていく様がアリストパネスの喜劇に描き出されている。[16]

アテナイ帝国を倒したスパルタはリュサンドロスのもとエーゲ海における支配を形作っていた。ペロポネソス戦争中にリュサンドロスは親密な同志的関係を結んでいた仲間をデカルキアと呼ばれる閉鎖的な独裁政権に参画させ、同盟諸国から貢税を徴収して強力な艦隊を維持し、駐留部隊を駐屯させハルモステスと呼ばれる在外官吏を派遣して同盟諸国に対する支配を強化したのである。そのためにリュサンドロスに始まるスパルタの同盟支配を現代の歴史家たちは「スパルタ帝国」と呼んでいる。[17] 前三七七年に結成されたいわゆる第二アテナイ海上同盟の条約碑文において「ラケダイモン（すなわちスパルタ）の人々はギリシア人が自由と自主独立と平和に暮らし、彼らのすべてが確実に領土を保持するがままにしておいてくれますように」という条項[18]がわざわざ挿入されている事実はスパルタによる強権的支配が同時代のギリシア諸国にとって深刻な脅威となっていたことを証言するものである。

しかしこのような特定のポリスによる強権的支配、自治の侵害に対して他の諸国が一致団結して抵抗したわけではない。アテナイによる支配強化の過程において同盟諸国は協力を控えたり、反乱を起こしたりして抵抗したが、タソスやサモスの例が示しているように同盟諸国間の連携は希薄であり、多くは単独行動に終わってしまった。それどころかミュティレネ事件に示されているように、ポリスのなかにおいてもアテナイに対する姿勢は一様でなく、事前に離反の動きをアテナイに通報する人々もおれば、[19] 離反指導者に反抗してアテナイとの降伏交渉を積極的に求める人々もいたのである。[20] そのために、ディオドトスはミュティレネの民衆を擁護して、同盟諸国の民衆は国内の寡頭派指導者に止むを得ず従ってはいるが、ひとたび武器を手にするやアテナイを支持して寡頭派に反旗を翻すのだと発言しているのである。[21]

スパルタの帝国支配に関しても同様で、レウクトラでの敗戦の後、スパルタの威信は地に落ち、ペロポネソス各地に民主派による内乱が生じ、スパルタの庇護下に権力の座にあった寡頭派の虐殺や追放が繰り返された。[22] アルカディア連合が結成され、アルカディアの民主派とアルゴス、エーリス、さらにはボイオティア連合が同盟を結んでペロポネソスにあるスパルタの同盟諸国に圧力を加えるという状況のなかで、コリントスやプレイウスなどの諸都市はスパルタに支援の手を差し伸べ、[23] スパルタが行動の自由を認めるまで自ら苦境を耐え忍んでいる。[24] これらの行動の背景には民主派亡命者に対する寡頭派の危惧の念が強く働いていた。[25] 実際、レウクトラの敗戦以降ペロポネソスではスパルタに抑圧されていた民主派の活動が活発となり、アルゴスでは革命が起こり、コリントスやメガラは民主派亡命者たちの攻撃を受け、シキュオン、プレイウス、アルカディア西部では内紛が生じている。[26]

政治行動の規範

これらの諸事象から古代ギリシア人の政治行動、とりわけ対外行動を規定していた要因は一体何であったのか、が問題となる。ギリシア人の政治行動を律する何かある原理や原則、ドグマやカノンのような普遍的・絶対的な基準が存在しているのだろうか。例えば「ヘレネス」と「バルバロイ」を二項対立的にとらえ、前者の文化的優越と後者の奴隷状態を価値判断の絶対的基準として政策を決定していったのだろうか。あるいはポリスの自由と自治は絶対的な理念であって、あらゆる階層、集団を超えて普遍的な意味内容を有していたのだろうか。[27]

近代歴史学はポリスと呼ばれる政治共同体とギリシア人という民族共同体への共属意識がギリシア人の最も重要

な価値基準であると考えてきた。ペルシアなどの異民族の大帝国と対峙するギリシア人は己の政治的自由を異民族、とりわけ東方のアジア人の君主への隷属と比較して自らの文化的優越性の根源と主張してきたのである。[28] しかし、ヘレネス（英雄ヘレンの子孫）の反対概念としてのバルバロイ（夷狄の民）という言葉がギリシア史の過程のなかで形成され、ペルシア戦争以降の時期に拡大されていったことをホール（J. M. Hall）は指摘している。[29] アイスキュロスなどのアッティカ悲劇のなかで「智（sophia）」、「勇気（andreia）」、「正義（dikaiosyne）」といったギリシア人の特徴と対比してバルバロイは「愚かしさ（amathia）」、「怯弱（deilia）」、「不正（adikia）」といった特徴を付されている。[30]

したがって、ギリシアの都市国家群と東方のペルシア帝国とが共存していくことは不可能であり、ペルシア帝国に仕え、ペルシア帝国に協力していくことは民族に対する裏切りと見なされたのである。キモンがデロス同盟軍を率いてペルシア帝国領に毎年のように攻撃を加え、ペルシア王に打撃を与えたこと。[31] ペリクレスが「カッリアスの平和」によってペルシアの勢力を制限したこと。[32] カッリクラティダスが小キュロスの援助を断って同盟諸都市の協力によってコノンの艦隊を閉塞し救援に駆けつけたアテナイ艦隊と戦ったこと。[33] アゲシラオスが小アジアに遠征してティッサペルネスを翻弄したこと。[34] これらはギリシア人の栄光を現すものと称賛された。

逆にペルシア王の使節のために通訳を務めること。[35] パウサニアスがペルシアの風俗にかぶれ、ペルシア王と交渉を持ったこと。[36] ペルシア王の使節から賄賂を受けてテーバイやアルゴス、コリントスやアテナイなどの諸都市がスパルタとの戦端を開いたこと。[37] アンタルキダスがペルシアと講和条約を結び、ペルシア王の勅令という形でギリシア本土における戦争を終わらせたこと。[38] これらはギリシア人に対する裏切りだという非難を招いた。

しかし、これらの賞賛も非難も何れも絶対的な価値基準に基づいているわけではない。ペロポネソス戦争ではアテナイもスパルタも共にペルシアへの接近を企てているし、[39] スパルタは小アジアにあるギリシア諸都市をペルシアの支配下に置くことに同意する協定を結んでいる(40)。ペルシア王に仕えたコノンがペイサンドロスの艦隊をクニドス沖の海戦で壊滅させた行為は多くの人々によって称賛されている(41)。「大王の和約（アンタルキダスの平和）」を批判するテーバイがレウクトラの戦いの後ペルシアへの恩恵と忠誠心を強調して信頼を得、ペルシアから平和条約を保障する責任を獲得し、ペルシア王の使節を招いて他のギリシア諸都市に平和を受け容れさせようとしている(42)。

これらはペルシアと対峙することが正義で、ペルシアと協力することが悪であるということが必ずしも絶対的な基準としてギリシア人に受け取られていたのではなく、別な価値基準に従属する二次的な意味しか持ち得なかったことを示している(43)。ではそれは何なのか。ポリスの利益という価値基準である。ペルシアとの関係に倫理的な価値判断を付与していたのはポリスの国益という視点だったのだ。

デロス同盟主としてのアテナイにとってペルシアを悪の象徴としてしまい、その脅威を強調することは同盟への熱意からさめ、消極化・離脱への傾向を強める同盟諸国を結束させる手段として便利な方策であった。アテナイとの戦争を有利に進めるために、スパルタはペロポネソス戦争の早い段階からペルシアへの接近を試み、資金援助を引き出そうと努力したのである。そのことを知ったアテナイもスパルタの行為を非難することなく、同じようにペルシアへの接近を試み、捕らえたペルシア王の使節を釈放している(44)。前四世紀になるとスパルタもアテナイもそしてテーバイもペルシア王がギリシアの交戦国に命令するという形で布告する「コイネー・エイレネ」を王の代理者として保障することを名誉としたのである。これはその役を引き受けることが当該のポリスにとって国益につながったからである(45)。

では何が国益なのか。多くのポリスはその内部において個々の有力政治家と強固な私的つながりを有し、政治理念と政策、権力志向を共にするいくつかの党派に分断されていた。そしてそれぞれの党派が自らの利益をポリスの利益に置き換えていくのである(46)。テーバイのレオンティアダスはスパルタ軍を率いるポイビダスに接近してアクロポリスであるカドメイアを占領させている[47]。レウクトラの戦いの後、テゲア民主派は仇敵マンティネイアの援軍を仰いで親スパルタ派の寡頭派を攻撃している[48]。さらにはコリントス戦争中にコリントスの民主派はアルゴスとの合同を進め、独立国家としてのコリントスの存在を終焉させている。

アテナイ帝国をめぐる論争

これらの事例は数多く報告されている党派の利害がポリスの利害にすりかえられている事例の一部でしかない[49]。つまり党派の論理が実際には不動の視点としてポリスの様々な行動に影響を及ぼしているのである[50]。アテナイやスパルタなどのギリシア世界の中にある都市だけでなく、ギリシア世界の外にあるペルシアですらギリシア人たちはポリス内の権力闘争の駒として取り込み、積極的に利用していったのである。

このような党派の利害とポリスの政策との連動性についての議論が活発に行なわれたのがアテナイ帝国の人気をめぐる『ヒストリア』誌上での論争である。サント＝クロワ（G. E. M. de Ste Croix）はポリスが民主派と寡頭派に分かれており、前者は親アテナイ政策を、後者は親スパルタ政策を推進していたと論じ、同時に少数である富裕市民と多数を占める貧民大衆とが激しい階層対立を繰り返しており、富裕市民は自らの利害を守るために寡頭派に結集してスパルタとのつながりを求め、民衆は同じ市民仲間の富裕者の抑圧を免れるために民主派を支持し、アテナイを自分たちの擁護者と見なしていた、と主張したのである[51]。これに対してブラディーン（D. W. Bradeen）やクィン（T. J. Quinn）は民衆が決してアテナイの帝国政策を支持せず、アテナイとの結束を主張する民主派は少数派でしかなかった、と反論しサント＝クロワの主張を退けたのである[52]。

我が国においてもトゥキュディデスの翻訳者である久保正彰氏は「内乱の思想」という論考において対外政策をめぐって深刻な対立がポリスのなかで生じていたことを考察され[53]、ギリシア哲学者の田中美知太郎氏も『ツキジデスの場合』のなかで同じ視点で深刻な党派対立の状況を議論しておられる。[54]

これらの議論はトゥキュディデスがケルキュラの内乱を記述した後に続く内乱についての一般考察に非常に強く影響されているのである。[55] 論争そのものは党派的利害をポリスの利害に優先させ、貧民大衆の階層利害がアテナイの帝国支配と連携していたと見るサント＝クロワ説を批判するブラディーンとクィンの説が優勢のまま終了している。サント＝クロワが富裕者と貧民というポリス社会の構造的な矛盾、寡頭派と民主派の政治理念をめぐる対立、スパルタかアテナイかという外交選択をめぐる葛藤というポリスの分断状況と異なる次元での対立が相互に連動しあっていることに着目させた点は評価できる。しかし、それらの連関を強固なものとして過大に評価し固定的にとらえてしまったことが歴史の実態から離れてしまうことになった。ブラディーンたちの反論はこのような対立が実際には流動的であり、いつも革命的状況にあったのではないことを論じたのである。

アテナイ帝国をめぐる一連の論争は政策決定の一つの座標軸としての党派の重要性を浮き立たせることとなった。スパルタ帝国期についてはアテナイ帝国をめぐる論争のようなものは起きていないが、本書で議論するように個々のポリス内部の党派政治とスパルタの帝国支配をめぐる対外政策との関連については多くの研究者によって指摘されてきている。[56]

分析の枠組みと基本的な視角

本書が中心となる分析項目として設定しているのが古典期のギリシア政治史のなかで重要な役割を果たしてきた党派である。サント＝クロワのように党派と社会階層、外交戦略と政治体制を厳格に連動させてしまう必要はないが、ポリスの政策（外交政策を含めて）形成に党派が果たした役割の大きさを考慮するとき、党派を通じてどのような議論がなされ世論を主導して政策が決定されていったのかを分析していく妥当性は認められよう。

したがって、本書で議論しようとしている大きな論点の一つが紀元前六世紀から四世紀を通じてギリシア世界の内外に現われた様々な帝国に対してポリスの分裂状況とポリス内部の党派間の権力闘争がどのように連動しあっているのかについてである。そしてそのような政治的緊張状態のなかで帝国はどのようにして自己の存在理由を主張し、正当化しようとしたのか、帝国を支える物理的な基盤は何であったのかについても議論する。

さらに、ギリシア人はペルシア帝国という異民族の大帝国にどのように向かい合ったのか、ヨーロッパとアジアを対立的にとらえ、アジアを専制独裁と政治的自由の欠如、アジア人の柔弱な体質、文化的な劣等性という言葉で評価してきた「オリエンタリズム」の起源となるギリシア人の「バルバロイ」観がいつ・どのような状況のなかで形成され、ギリシア人の間でどの程度共有されていたのか、ギリシア人の対外政策に如何なる影響を及ぼしていたのかも考察される。

本書における評価の基本的枠組みはギリシア人全体の利害が個別ポリスの利害の延長線上に位置づけられ、ポリスの利害が党派の利害に準拠しているという視点である。つまり、古代ギリシア人の政治行動が党派に一つの大きな集約点を有しているのではないかという想定に基づいている。この党派を政治行動や価値判断の座標軸とすると、ギリシア民族の自由、ポリスの自由といったこれまで普遍的・固定的な価値観とされてきたものが普遍性を失った浮動点の一つでしかなくなってしまう。党派を独立変数とするとギリシア民族やポリスですら従属変数に転落してしまうのである。言葉を変えれば、ギリシア人の誰もが民族の自由、ポリスの自由を口にし、旗印として掲げるが、それらは特殊な政治的状況のなかで作り出された一種のプロパガンダであり、その時々の状況の変化によって意味内容や訴求力の強弱を変えていくスローガンの類いに近いものだということである。

筆者は古代ギリシア人が決して教条主義者ではなかったと考えている。かつての冷戦時代のようにイデオロギーを絶対的座標軸として行動する心情はギリシア人のそれからは程遠いものであった。国際場裏における現実に対する柔軟な対応、これがギリシア人の政治的信条なのだろう。そして彼らは最後まで自分たちのルールで政治ゲームを演じ、ペルシアのような外部勢力も自分たちの政治ゲームのなかに引き込み、駒の一つとして利用していったのである。

本書全体を通じて評価は以上の視角からなされる。以下の考察において、「本書の課題」で取り上げたギリシア諸都市内の党派と対外行動との関連を、第一章においてはペルシアを中心とする東方の異民族の帝国とギリシア人との関係から、第二章においてはアテナイ帝国の帝国政策と同盟国の関係から、第三章においてはスパルタ帝国とギリシア諸都市との関係から論を進める。

註

（1）この問題については本節に収録されている諸論文に見られるように数多くの研究がなされてきており、その全貌を述べることは筆者の力量を超えている。ただそのような研究の一例としてパールマンの論文を挙げておく。S. Perlman, "Panhellenism, the Polis and Imperialism", *Hist.* 25, 1976, pp. 1-30.

（2）R. Meiggs and D. Lewis (eds.), *A Selection of Greek Historical Inscriptions to the End of the Fifth Century*, Oxford, 1969, n. 27. 1. 2. 碑文には三一のポリスの名前が記されているにすぎない。このヘラス連合への加盟国の少なさはホールの次のような指摘と関連している。ホールはクセルクセスの侵入のときにギリシア人に共通してもたれている文化的遺産を自覚していることが政治的な共同行動をとる基盤を形成していたと信じるのは困難であると指摘している。J. M. Hall, *Hellenicity : Between Ethnicity and Culture*, Chicago/ London, 2002, p. 173.

（3）東方化革命については W. Burkert, *The Orientalizing Revolution : Near Eastern Influence on Greek Culture in the early Archaic Age*, Cambridge/ Massachusetts/ London, 1992. J. Boardman, *The Greeks Overseas*, Penguin Books, 1968$^{\text{repr.}}$, pp. 57-126.

（4）桜井万里子「ベンディデイア祭創設の社会的意義」『古代ギリシア社会史研究——宗教・女性・他者』岩波書店、一九九六年、三三五～三六八頁。

(5) J. Boardman, *Persia and the West : An Archaeological Investigation of the Genesis of Achaemenid Art*, London, 2000.

(6) ML. 7.

(7) Hdt. III. 132.

(8) Suda s. v. Ktesias（*FGH*. C688, 1）; D. S. II. 32. 4.

(9) Hdt. V. 24. ヒスティアイオスは basileos symboulos（王の相談役）に取り立てられている。

(10) Thuc. III. 34.

(11) ペルシア贔屓（Medismos）という言葉がある。この言葉についてはD. F. Graf, "The Origin and Significance of the Term", *JHS*. 104, 1984, pp. 15-30.

(12) Cf. T. T. B. Ryder, *Koine Eirene : General Peace and Local Independence in Ancient Greece*, Oxford, 1965.

(13) Thuc. I. 96. 1.

(14) Xen. *Hell*. III. 4. 1ff.

(15) Thuc. II. 63. 1-3. ペリクレスはアテナイが「独裁支配権（tyrannis）」を「不正（adikon）」に「入手している（labein）」と指摘している。

(16) Aristoph. *Aves*. ll. 1021-1033 で episkopos と呼ばれる巡回監督官が、ll. 1034-1057 で psephimatopoles と呼ばれる法令売りが登場してくる。*Acharn*. ll. 817-828 では sykophantes という職業的告発常習者が登場し高圧的な態度でメガラの男を脅している。

(17) E. g. H. W. Parke, "The Development of the Second Spartan Empire", *JHS*. 50, 1930, pp. 37-79.

(18) M. N. Tod, *A Selection of Greek Historical Inscriptions*, vol. II, Oxford, 1950$^{rep.}$, n. 123. ll. 9-12.

(19) Thuc. III. 2.

(20) Thuc. III. 27.

(21) Thuc. III. 47.

(22) E. David, *Sparta between Empire and Revolution (404-243 B.C.) : Internal Problems and their Impact on Contemporary Greek Consciousness*, Salem, 1986[repr.], pp. 81-82 ; D. S. XV. 57. 3-58. cf. Isoc. Or. V. 52 ; Plut. *Mor*. 814b.

(23) Xen. *Hell*. VI. 5. 29 ; VII. 2. 2-3.

(24) 例えばプレイウス：（前三七〇年）Xen. *Hell*. VII. 2. 4 ;（前三六九年）Xen. *Hell*. VII. 2. 5-9 ;（前三六八年）Xen. *Hell*. VII. 2. 10 ;（前三六六年）Xen. *Hell*. VII. 2. 1 ; 11-23 ; 4. 9. J. Buckler, *The Theban Hegemony, 371-362 BC*, Cambridge/Massachusetts/London, 1980, pp. 70-109, 185-201.

(25) Cf. Buckler, *Hegemony*, p. 70.

(26) Ibid.

(27) 仲手川良雄「第一一章　五世紀後期におけるポリス間正義」『古代ギリシアにおける自由と正義』創文社、一九九八年、三七一～四一〇頁。仲手川氏によればポリス間の関係において働く正義（dike）の思想は「善きことのため（epi agathoi)」よりは名誉・恐怖・利益という政治の三動機と権力欲からなるピュシスのアナンケー（人間本性に根差す必要）によって規定されているという主張のほうが普遍性への可能性を有していたとする。国際関係のなかで行使される権力が正義を標榜する傾向を有していることは著者が指摘する通りである。しかし、各ポリスが主張する「正義」はポリス間の権力政治が追求される国際場裏のなかでは主権（自由と自治）を有する個々のポリスを律する絶対的強制力を持ってはいなかった。

(28) E. g. Sir F. Adcock and D. J. Mosley, *Diplomacy in Ancient Greece*, New York, 1975, pp. 144-147. アダコックとモズリーはギリシア人の異民族に対する肉体的・知的・道徳優越性の主張がプロパガンダであったと考えている。そのうえでパンギリシア主義は外交の現実のなかではほとんど機能しなかったと指摘している。J. J. Price, *Thucydides and Internal War*, Cambridge, 2001, pp. 363-371 も参考になる。プライスは文明化され自由を愛するギリシア人を野蛮で独裁政治の奴隷たるペルシア人と対極させるレトリックが紀元前五世紀から四世紀の間にギリシア文学の付属品となり、政治の常識的な主題になってしまったと言う。

(29) Hall, *Hellenicity*, pp. 175ff.

(30) Ibid. p. 178.

(31) プルタルコスのキモンへの評価：Plut. *Cim*. 19.

(32) Isoc. Or. IV. 117-120 ; VII. 80 ; XII. 59 ; D. S. XII. 4. 4 ; Plut. *Cim*. 13. 4.

(33) Xen. *Hell*. I. 6. 6-12.

(34) Xen. *Ages*. 7-35 ; *Hell*. III. 4. 2-25 ; Plut. *Ages*. 6-15.

(35) Plut. *Them*. 6：テミストクレスがペルシア側の通訳を務めた男をギリシアの言葉でバルバロイの命令を伝えたのは失敬であるという理由で処刑させた話を伝えている。しかしこの話は後世の捏造であろう。何故なら、クセルクセスはアテナイとスパルタには意図的に土と水の献上を命じる使節を送らなかったとヘロドトスが指摘しているからである。Cf. Hdt. VII. 32 ; 133.

(36) Thuc. I. 128-134 ; Plut. *Arist*. 23 ; *Cim*. 6 ; *Paus*. III. 17. 7-9.

(37) Plut. *Ages*. 15 ; *Atrax*. 20.

(38) Plut. *Ages*. 23 ; Isoc. Or. IV. 59 ; 117 ; 120-124 ; 137. cf. Xen. *Hell*. V. 1. 31 ; 35-36 ; cf. Str. 242.

(39) Thuc. IV. 50.

(40) Thuc. VIII. 58.

(41) Isoc. Or. V. 63.

(42) Xen. *Hell*. VII. 1. 36-37 ; Plut. *Pelop*. 30.

(43) タプランはティブロンやデルキュリダス、アゲシラオスらの小アジアでの試みに強いパンヘレニズム的傾向が欠如していると指摘している。C. Tuplin, *The Failings of Empire, Hist. Einzelschriften* 76, Stuttgart, 1993, p. 164.

(44) Thuc. IV. 50.

(45) Adcock and Mosley, *Diplomacy*, p. 145.

(46) Adcock and Mosley, *Diplomacy*, pp. 140-143. 民主政と寡頭政を対極にあるものとはとらえず、民主政や寡頭政それぞれに実際には数多くの形態があったとする。大抵の都市のなかでは党派間の対立が先鋭化し、しばしば寡頭派と民主派間の対立という形態をとり、外部の支援を希求していた。

(47) レオンティアダスがテーバイの親スパルタ派で寡頭派の指導者であるということについてはCh. D. Hamilton,

Agesilaus and the Failure of Spartan Hegemony, Ithaca/ London, 1991, p. 153を参照のこと。このレオンティアダスが対立していたのがイスメニアスであり、レオンティアダスはスパルタの手を借りてイスメニアスとその仲間を処刑したり追放したりしたのである。

(48)　Xen. *Hell.* VI. 5. 7-9.

(49)　アダコックとモズリーは外部との連携を求める党派を潜在的な「第五列」と形容している。Adcock and Mosley, *Diplomacy*, p. 140.

(50)　アダコックとモズリーは職業的な外務官僚を欠いていた古代ギリシアにおいては外国の情報に精通していた個々人が外交において演じる役割は大きかったと論じる。しかし外交政策をめぐる論争は評議会や民会での投票に委ねられただけでなく、法廷への訴訟も提案を阻止し政治家の信頼を失墜させるために用いられたとして、政治家たち、弁論家たちの間で個人的な闘争、政治的な闘争が戦わされた。Adcock and Mosley, *Diplomacy*, pp. 167ff.

(51)　G. E. M. de Ste Croix, "The Character of the Athenian Empire", *Hist.* 3, 1954/55, pp. 1-41.

(52)　D. W. Bradeen, "The Popularity of the Athenian Empire", *Hist.* 9, 1960, pp. 257-269 ; T. J. Quinn, "Thucydides and the Popularity of the Athenian Empire", *Hist.* 13, 1964, pp. 257-266.

(53)　久保正彰「内乱の思想――文学者の歴史研究」『成蹊大学文学部紀要』二、一九六六年、一五六～一八四頁。

(54)　田中美知太郎『ツキュディデスの場合』筑摩書房、一九七〇年、一三〇～一五六頁。

(55)　Thuc. III. 82-84.

(56)　E. g. Buckler, *Hegemony*, p. 70.

第一章　ペルシア帝国

——ギリシア人とバルバロイ——

第一節　ギリシア人とリュディア人

リュディアへの関心

小アジアの内陸部、ヘルモス河の上流、トゥモロス山の北麓、パクトロス川のほとりにあるサルディスの町を都とするリュディア王国はその洗練された文化と豊かな富によって多くのギリシア人を魅了するとともに、その強大な軍事力は国境を接するギリシア諸都市を畏怖させてきた。(1) 研究者たちは小アジアのギリシア人とリュディア王国との関係を一種の妥協の上に成り立ち、互いに満足のいく状態にあったと評価している。(2)

サッポーはサルディスの宮廷文化に魅せられて自分の膝元から離れていった教え子を歌にしているし、(3) アルキロコスはリュディア王の富などは歯牙にも掛けないと嘯《うそぶ》いている。(4) このことは逆に彼らギリシア人のリュディアへの関心の高さと魅力の強さを示している。

リュディアに対する関心は決して詩人に限定されるものではない。ソロンはリュディアの宮廷を訪れ、全盛期の王クロイソスと幸福について議論を交わしたと伝えられているし、(5) 同じくアテナイのアルクメオンは王と親交を重ね、莫大な富を手にしたと言われる。(6) コリントスの僭主ペリアンドロスはリュディア王に下された神託をミレトスに教え、ミレトスとリュディアとの講和に一役買っているし、(7) スパルタはリュディア王の寄付に感謝して大きな青銅の鼎を返礼として贈ったとされる。(8) このように同時代のギリシア人にとってリュディアは単に羨望と憧れの地にとどまらず、経済的にも政治的にもリュディアと関係を持つことが大きな意味を持っていたのである。

しかし、このリュディアの繁栄は突然終焉を迎え、得意の絶頂にあった王は悲劇の真ん中に立たされる。(9) このような運命の不確かさ、激変、あまりにも大きい落差は歴史家や詩人、画人の関心を長く惹き付けることとなった。バビロニアのナボニドスの年代記にはペルシア王のキュロスがリュディアの地に遠征し、その地の王を殺して戦利品を得、占領軍を置いたことを伝えている。(10) ヘロドトスは火刑壇に臨んだ王が神によって無残な死から奇跡的に助けられたと伝え、(11) バッキュリデスは焼身自殺をはかった王が娘たちと共に神の手で救われはるか北のヒュペルボレオスの住む世界に移されたことを歌い、(12) ルーブルにあるミュソンのアンフォラは部下に命じて自らが座る薪の山に火をつけるように命じている場面を描いている。(13) これらはすでに前五世紀のギリシア世界においてクロイソスの運命について様々な話が人々の間で広まっていたことを窺わせるものであり、関心の高さを示すものである。(14)

このように、リュディア王国は長くギリシア人の関心と同情、さらには憧れの念をかき立ててきた。では何故ギリシア人は本来バルバロイと差別する異民族の国リュディアにかくも深い親近感と強い関心を抱き続けたのであろうか。そこにはペルシア戦争期以降形成されて行く異民族に対する自己優越的な差別意識とは異なった感性がギリシア人の間に働いていたのではないかと考えられる。(15)

リュディアとギリシア人の関係

メルムナス朝のリュディアとギリシア人との関係は奇妙な矛盾に満ちていた。メルムナス朝のリュディアは小アジア沿岸に点在するギリシア人都市に対しては侵略と征服を繰り広げながら、他方ではエーゲ海の島嶼部やギリシア本土の諸都市とは友好同盟関係を求め、これらの都市や神殿に対しては後々にまで語り継がれるほどの莫大な寄付を行なっている。ギリシア人のほうも同じ民族に対するリュディアの侵略行為に対して別段敵意をかき立てられている様子もなく、むしろリュディアからの寄付や同盟の申し入れを歓迎する風であった。多くのギリシア人がサルディスの宮廷を訪れ、リュディア王と親交を重ねているがそのことを恥じることはなかった。

ギュゲスに始まる歴代のメルムナス朝の王は小アジア西岸のギリシア諸都市の領土を侵し、スミュルナのように破壊するかエペソスのようにリュディア王の宗主権下に従属させ朝貢を課したのである[16]。

ヘラクレス朝を倒し、メルムナス朝を建てたギュゲスは同時にリュディアの西に境を接するギリシア人に対する侵略戦争をはじめた人物でもあった。彼はミレトスとスミュルナに攻め込み[17]、マグネシアを制圧し[18]、コロポンを占領したのである[19]。サデュアッテスはその治世の後半に一一年に及ぶミレトスとの戦争を始めている[20]。アリュアッテスはスミュルナを占領し[21]、クラゾメナイに侵攻し[22]、ミレトスとは止むを得ず講和している[23]。それはリュディア国内に侵入した遊牧民のキンメリア人との戦い[24]や南のカリアへの遠征[25]と同時に行なわれたものであった。

しかし歴代のリュディア王のなかで最も露骨に戦争を仕掛けたのはクロイソスであった。ヘロドトスはクロイソスがエペソスを手始めにイオニアとアイオリスのすべての都市に「様々な言いがかりをつけて攻撃したのである。重大な理由の見つかるときは、それを持ち出すのであるが、ときにはとるに足らぬ口実を盾にすることもあった」と述べている[26]。その結果ハリュス河以西の小アジアの住民は、キリキア人とリュキア人を除いて、クロイソスの支配に服することとなったのである[27]。

同時にリュディア王はデルポイと親密な関係を醸成し、ギュゲスやアリュアッテス、クロイソスはデルポイの神託を伺い、アポロンに多大な奉納物を納めている。また彼らはコリントスやスパルタなどのギリシア本土の諸都市とは親密な関係を結び、エーゲ海の島嶼部のイオニア人と友好同盟条約を結んでいる。コリントスのペリアンドロスはアリュアッテスのもとに三〇〇名ものケルキュラの男児を送ろうとし、スパルタはリュディア王による同盟条約締結の申し出を喜んで受け容れ、クロイソスによる黄金の無償提供に感謝して大型の青銅製混酒器を贈っている。

このようにギリシア人に対するリュディアの政策はいわゆる遠交近攻と称するものの典型であろう。後世にまで語り継がれたギリシアの神殿や都市に対する豪勢な奉納や寄付も単なる気前の良さではなく、これらをリュディアに繋ぎ止め好意的な世論を醸成しようとする政治的計算の上に成り立っていたのである。その意味では歴代のリュディア王による贈り物政策は成功したと言えよう。小アジアのギリシア諸都市に対する侵略戦争にもかかわらず、歴代のリュディア王はギリシア人に対して好意的であったと評価され、彼らの各種の贈与は驚きと賞賛の気持ちを込めて語り継がれていったのである。

リュディアの軍事的圧力を正面から受けていた小アジアのギリシア人の態度にも矛盾したものを認めることができる。ギュゲス以来等しくその独立と安全を脅かされてきた小アジアのギリシア人諸都市が一致団結してこれに当たろうとすることはなかった。ミレトスがサデュアッテスとアリュアッテスの二代にわたってリュディアの脅威にさらされたとき、キオスを除く諸都市はミレトスに援助の手を差し伸べることはなかったと、ヘロドトスは伝える。そのキオスですら異民族の脅威に対してギリシア人の自由を守るためというような理由から援助したのではなく、かつてキオスがエリュトライと戦いをした折にミレトスがキオスを支援したその恩義に応えるという類のものでしかなかった。

さらには、政治的にはリュディアと確執を抱えながらもこれらのギリシア諸都市からは数多くのギリシア人がリュディア王の宮廷を訪れ、リュディア王はこれらの訪問者を歓待しているのである。ギリシア人を惹き付けたのは政治的理由からだけではなかった。黄金に象徴されるサルディスの富。ギリシア人の職人や芸術家に対する宮廷の需要。傭兵としての雇用の機会。そして華やかな宮廷文化。それは哲学者たちだけではない。亡命者たちはサルディスの宮廷に蝟集し、リュディア王の保護を受けて権力の座への復活を試みている。商人たちはリュディアの織物や香料を求めてサルディスの市場を訪れ、芸術家や建築家、画工、それに彫刻家たちはリュディア王や貴族たちの注文を求めてサルディスの町に滞在したのである。なかにはサッポーの女弟子のように、サルディスの宮廷の華やかさに魅せられてサルディスに住まいを移した女性たちもいた。

ヘロドトスはイオニアやドーリス、アイオリスのギリシア植民都市が悉くクロイソスに征服された後、当時世にあったギリシアの賢人のすべてが代わる代わるサルディスを訪ねたと述べている(36)。そのなかにはすでに紹介したアテナイのソロン(37)やアルクメオン(38)がいる。プリエネのビアス、あるいはミュティレネのピッタコスはサルディスの宮殿を訪れ、クロイソスと話を交わしている(39)。スキュティアの王でギリシアを訪れたアナカルシスはクロイソスに手紙を送り、黄金は要らないが、サルディスを訪れクロイソスと切に会いたいと書いている(40)。コリントスの僭主ペリアンドロスは賢人たちに当てた手紙を記しているが、そこには手紙を出した前の年に彼らがサルディスに集まりリュディア王と会合したことに触れている(41)。

逆にリュディア王の側からも接触が図られている。歴代のリュディア王のなかで最も活発にギリシア人との接触を働きかけたのはクロイソス王であった。しかし、その様な行動はクロイソスの独創であったというよりは、メルムナス朝が成立したときからリュディア王国の外交の底流であった。というのはカンダウレス王を殺してその王国と妃を手に入れたメルムナス朝初代のギュゲスはヘラクレス朝を支持するリュディア人の不満を抑えるためにギリシア本土のデルポイの神託を利用しているからである(42)。

その際重要視されたのはギリシア人の間での評判であった。デルポイはメルムナス朝にとって対ギリシア政策の要石であった。リュディア王がデルポイを重視し、たびたび豪勢な奉納を行なったことはデルポイの権威と影響力を高めた。そしてリュディアはそのデルポイの権威と影響力を利用したのである。クロイソスが神託の確かさを確かめたという話も、デルポイの権威を高めるための世論操作でしかない。

プルタルコスはクロイソスがアイソポスをペリアンドロスの許に派遣したと述べている。(43) クロイソスはスパルタがギリシア最強であることを知ると同盟を申し入れる使節を派遣している。(44) それ以前にトルナクスのアポロン像を作成するのに必要な金を無償で提供してもいる。(45) ギュゲスは王位簒奪に伴うリュディアの内紛を回避するためにデルポイの神託を利用したし、(46) アリュアッテスは自らが罹った病についてデルポイの神託を伺っているし、(47) クロイソスはペルシアとの戦争に際してことの成否をデルポイに尋ねている。(48)

その様な交友の多くが伝説の類であって歴史的事実とは信じがたいが、(49) それでもギリシア諸都市の指導的な人物との密接な交流を反映しているものと思われる。しかしそれがリュディア王による素朴な善意というよりは政治的な計算のうえに為された行為であったことを窺わせる史料がある。前六世紀の詩人アルカイオスは権力闘争に敗れてサルディスに亡命し、クロイソスから二〇〇〇スタテルもの資金を援助してもらったことを語っている。(50) それがために後世のギリシア人はアリュアッテスを一方では傲慢であったと評しながら、他方では「最も賢明（sophronestatos)」で「最も正しい（dikaiotatos)」と賞賛しているのである。(51)

そしてその背景にリュディア人とイオニアのギリシア人との長い親密な関係があった。ジョージス（P. Georges）はイオニア諸都市の王家や貴族がカリア人やリュディア人と婚姻を通じて縁戚関係にあったと主張する。(52) 特にイオニア人がリュディア人に親密な感情を抱くのはカユストロスやヘルモス、マイアンドロスの沃野を占拠していたカリア人に対して共通の利害を有していたことに求める。(53) 共にカリア人を駆逐・制圧しつつイオニアのギリシア人貴族とリュディア人領主の領地はヘルモス河やマイアンドロス河下流域で混じり合い、婚姻を通じて互いの友情と家族の絆を育み、狩猟を共に催したり贈り物を交換し合ったり、逆に反目し合ったり襲撃し合ったりもする、その様な関係にあった。(54)

ギリシア人の異民族観

ギリシア人が東方のオリエント世界に惹きつけられたのは金や銀、銅などの鉱物資源であった。サルゴン二世が前七一四年にウラルトゥを襲撃しカルディの神殿を略奪したとき、大量の金製品や銀製品、青銅製の容器と並んで三六〇〇タラントン、すなわち一〇九トンもの青銅の塊を手に入れている。(55) これは東方世界が如何に鉱物資源に恵まれていたかを示すものであろう。ブラウン（T. F. R. G. Braun）は、様々な物品のなかで加工されたそして加工されていない金属がアルミナを訪れた最初のギリシア人交易者にとって特に魅力的であったに違いない、と述べている。(56) 同じことはサルディスに惹きつけられたギリシア人にも当てはまる。キュロスの遠征軍には多くのギリシア人が傭兵として混じっていた。そのなかにはおそらく長くサルディスにいてボイオティア訛りの方言を留めながらも、リュディアの風習にかぶれ両耳にピアスの穴を開ける、アポッロニデスのような人物もいたのである。(57)

ギリシア人の異民族に対する理解の仕方には彼ら独特の様式がある。ギリシア人は異民族を「バルバロイ」と呼び、自らを「ヘレネス」と呼んで区別した。バルバロイとは後世英語化されたbarbarian（野蛮人）という差別化された意味内容を本来は持たず、ただ単に理解不能な言葉を話す人々を擬音語的に表わした言葉でしかなかった。(58) 異民族を初めて「バルバロイ」と呼んだのはヘカタイオスであったとされる。(59) しかし後になると自由の民であり文化的に優れたヘレネス（ギリシア人）とは対立する不自由、真正のデスポティズム、精神的に劣等な異民族を意味するようになる。(60)

しかし、その様な理解とは別に異民族をも自分たちの神話体系のなかに取り込んでいくことで当該民族の歴史的な位置づけやギリシア人との関係を象徴的に表現しようとする伝統が彼らにはあった(61)。

ジョージスによると、ギリシア人は彼ら自身の来歴を神話伝承のなかに位置づける営為を重ねるとともに、彼らが遭遇し、何らかの形で交渉を持つに至った諸民族を自分たちの神話伝承のなかに位置づけることによって理解しようとしたのである(62)。ギリシア人にはいくつかの適当な候補が神話伝承のなかに用意されていた。大きく分けると一方はヘラクレスやオデュッセウスなどのギリシア人の英雄たちであり、他方はトロイア戦争の際にトロイア方で戦ったサルペドンやヘクトルなどのアジアの英雄たちである。ギリシア人の英雄をその民族の祖先にするのかそれともトロイア方の英雄を祖先にするのかはその民族とギリシア人との関係の善し悪しによるものであった(63)。

前五世紀の歴史家ヘロドトスはギュゲスの事件以前リュディアを統治していたのはヘラクレスの末裔であったと述べている(64)。それがカンダウレスの時代に王妃にそそのかされたギュゲスによって王位を簒奪されたのである。したがってギュゲスに始まるメルムナス朝はヘラクレスと結び付かないはずであるが、ギリシアの歴史家のなかにはこのギュゲスをヘラクレスと結び付けてしまっているものもいる。ギリシア人はリュディアの王朝メルムナダイすら自らの英雄ヘラクレスと結び付けて説明している。後一世紀のアポッロドロスはリュディア人の女王オンパレがヘラクレスとの間にアゲラオスという子を成し、それがクロイソスの祖先であると記している(65)。

リュディア人の王族や貴族がギリシア人と親族関係にあったことはエペソスの僭主ピンダロスの祖父がリュディア王のアリュアッテスであったと伝えられていることに端的に示されていよう(66)。クロイソスにはパンタレオンという異母兄弟がおり、その母はイオニアの出身であった(67)。また、リュディア王の妹の一人が嫁いだ相手はミレトスという名の人物であった(68)。

ホメロスには何人かのリュディア出身の英雄が登場する。マイオニア人の領主、ボロスの子のパイストスとオト(69)

リュンテウスの子のイピティオンである。[70] 前者は肥沃なタルネの出身とされ、後者は雪を頂くトゥモロスの麓、ヒュデの出身とされる。『イリアス』五巻四四行の古注によればタルネとはサルディスのこととされ、雪を頂くトゥモロスの麓の豊かな町ヒュデとはサルディスの町を指している。[71] またマイオニア人とはリュディア人と呼ばれる以前の名称であったとヘロドトスは伝えている。[72]

彼らがいずれもギリシア人の名前で呼ばれていることはリュディア人とギリシア人とのある種の親密さを反映したものであろうし、彼らがいずれもギリシア人の英雄の手にかかって殺されていることはリュディア人に対するギリシア人の民族的優越感を端的に示すものであろう。前者はイドメネウスに殺され、後者はアキレウスに殺されている。ヘラクレイダイ最後の王カンダウレスはギリシア人の間ではミュルシロスと呼ばれていたことをヘロドトスが伝えている。[73]

『イリアス』に登場するマイオニア人はトゥモロス山とギュゲス湖の間に住んでいるとされ、[74] リュディア人と前七世紀には同定された。[75] そして住民は戦車に乗って戦う戦士であり馬を飼う者として知られている。[76] ホメロスに登場するマイオニア人は質実であり、象牙でできた馬の頬当てが王によって蔵に仕舞い込まれ、他の騎士たちによって妬みを買っていた。[77] 考古学的にも前八世紀末以前には物質的に繁栄していたとか住民の生活が外国からの輸入品に囲まれていたというような状況ではなかったと報告されている。[78] それにもかかわらず、住民は多くの人口を誇り、好戦的で、首長たちの下に組織化されそれぞれの農村に集中していたと考えられている。[79] ギリシア人たちはサルディス以外の都市について言及していない。それは語るべき都市がなかったためであろう。[80] ローバック（C. Roebuck）はリュディアをサルディスという一大中心地を伴った農民と牧人の村落からなる地方と想定すべきことを提案している。[81] サルディスは産業と交易の中心地として発展していったが、それはギリシア人の影響と王や封建的貴族の庇護と密接に結び付いている。[82]

リュディアの国土についてのギリシア人の印象は前五世紀の初頭イオニア反乱の直前にスパルタを訪れたミレトスの僭主アリスタゴラスの言葉によってよく示されている。アリスタゴラスはスパルタ王のクレオメネスに銅製の円盤の世界地図を指し示しながら「リュディア人の住む土地は豊沃で、銀の産出額は他に類がありません」と述べている。(83)

クロイソスの運命について多くのギリシア人が強い関心を持っていたことは「リュディアへの関心」のところで触れた。メルムナス朝の始祖ギュゲスについてもギリシア人は強い興味と関心を抱いていたようである。プラトンは『国家』のなかで次のような幻想的な話を伝えている。(84)

ギュゲス（リュディア人の始祖と記されるだけで、ギュゲスという名前は出てこない）は王に仕える羊飼いであった。彼は地震によって開いた穴の中に入っていく。穴の中にはいろいろな不思議なものがあり、それに混じって銅の馬があった。その馬には小さな扉があり、その扉から中を覗いて見ると、大きな死体が収められていた。ギュゲスはその死体の指から黄金の指輪を抜き取り、自分の指に嵌める。指輪には姿を隠すという不思議な力があった。その力を知ったギュゲスは姿を隠して王宮に入り込み、まんまと王妃と通じて王を殺害するのに成功し、リュディアの王位を手に入れたのである。

ヘロドトスの伝える話はプラトンと正反対である。(85) ヘロドトスではギュゲスはカンダウレス王に仕える側近であった。王に無理強いされて王妃の寝室に忍び込んだギュゲスは部屋に入って来る王妃の姿を目にする。そのことを知った王妃はギュゲスに王を殺して自分と結婚するか自殺するかを迫るのである。王妃の恐ろしい要求を拒みきれなかったギュゲスは仕方なくカンダウレス王を殺害し、リュディアの王位を手に入れる。カンダウレスを支持する党派とギュゲスは内戦を戦うことになるが、デルポイの神の調停によって両者は和解するのである。

プラトンの話ではギュゲスは積極的に王妃と通じ、王を殺害している。ヘロドトスの記事では王妃の要求に抗し切れなくなったギュゲスが不承不承実行に踏み切ったのである。

紀元前後頃のダマスコスのニコラオスはプラトンのようにお伽噺めいてはいないが、護衛兵（doryphoros）であったギュゲスが王を殺害し王国と王妃を手に入れたと伝え、ギュゲスによる王位簒奪への積極的関与を伝える。(86)

このようにギリシア人はクロイソスの最後についてだけではなく、ギュゲスによる簒奪についても様々な逸話を語り継ぎ、書き残したのである。このことはリュディアに対するギリシア人の関心の高さと東方の君主のア・モラルな側面をギリシア人が強く意識していたことを物語っていると言えよう。

またアルキロコスによって伝えられるギュゲスの富、ヘロドトスによって伝えられるクロイソスの財宝と気前の良さは東方の君主に対するギリシア人のもう一つの心像、豪奢な生活と傲慢さ、を示している。(87) 彼らはこの信じがたいほどの富と傲慢とも思える気前の良さに惹きつけられたのだ。

リュディア人にとってのギリシア人

リュディア人にとってギリシア人はどのような位置を占めていたのであろうか。リュディア人貴族の所領がカユストロスの平原やヘルモス河、マイアンドロス河の下流域に拡大し、イオニア諸都市のギリシア人、特にイオニア人貴族の所領と隣り合っており、両者に間に略奪や襲撃を伴う対立が長年にわたって続いてきたことは疑い得ない。(88) また、ギュゲスの王位簒奪に始まる歴代のリュディア王たちの帝国主義政策はリュディアとギリシア人との間に緊張した状態を醸成していた。(89) しかし同時にリュディア人貴族とギリシア人貴族の間には婚姻を通じて密接な親族関係を形成しており、ギリシア人にとってリュディア人は単なるバルバロイではなかった。

リュディアとギリシア人との交流は青銅器時代にまで溯ることができる。サルディスを発掘しているハーヴァード・コーネル両大学のチームはすでにサルディスからミケーネ土器が出土していること、前一二〇〇年頃の破局にもかかわらずギリシアからの土器の輸入は途絶えることはなく後期ヘラディックⅢC期からプロト・ジオメトリック期に至るまでギリシアの土器が輸入され続けていること、また前九〇〇年頃に現われるリュディアの彩色ジオメトリック土器にギリシアのプロト・ジオメトリック期の土器が強く影響を及ぼしていることを明らかにしている。(90)

ローマ時代にアシアと呼ばれた地域はヒッタイト文書に登場するアッシュワに相当すると考えられている。(91) そしてトゥドゥハリヤシュの時代にアッタリッシヤシュ（アッヒヤの男）によってその国土から放逐されたマッドゥワッタシュなる人物がトゥドゥハリヤシュの前に現われ、小アジアの西部に領土を与えられていることをヒッタイトの文書は伝えている。(92) トゥドゥハリヤシュの後継者アルヌワンダシュの時代になるとマッドゥワッタシュはアッタリッシヤシュと手を組んでヒッタイトの領土を侵略するようになる。(93)

このヒッタイト文書に登場するマッドゥワッタシュという名前が後のリュディア王の名前であるアリュアッテスとかサデュアッテスという名前と比較され、(94) リュディア人の名前だと考えられている。(95) これらの事実からピードリー（J. G. Pedley）はリュディア人が前一二〇〇年頃のカタストローフのときにこの地に移住してきた民族ではなく、青銅器時代にはすでにこの地に住み、トゥドゥハリヤシュの手によってサルディスの町が破壊されたとしても、リュディア人自身は鉄器時代に入るまで変わることなくこの地に住み続けたと論じるのである。(96)

青銅器時代から初期鉄器時代にかけての時期は本節の対象外ではある。しかしアッシュワの地に住み続けたリュディア人が青銅器時代から小アジア西岸のギリシア人と接触を保ち、ときには対立を孕みながらも同盟関係を結んで東のヒッタイト帝国の国境を侵し、宮殿体制の崩壊にもかかわらず彼らとの交易はいわゆる暗黒時代を通じて維持され続けたということ、そしてリュディア人の陶工が輸入品から多大な影響を受けたという事実は注目に値する。

リュディア人はギリシア人の造形芸術の才能は高く買っていたが、ギリシア人の生活様式や言語に影響を受けることはなかった。ギリシア人の造形芸術の才能を高く買っていたことはリュディア王がギリシア人の工人を雇用して作品を作らせ、それをギリシアの神殿に奉納したと伝えられていることから明らかである。キオスのグラウコスはアリュアッテスの注文に応じて鉄の溶接の技術を使って混酒器の台を作り[97]、サモスのテオドロスはクロイソスの注文に応じて巨大な黄金製の混酒器を製作している[98]。

サルディスにおける発掘は商人たちの他に建築家や彫刻家[99]、陶工[100]など多くのギリシア人がサルディスの町に住み、リュディア人の注文に応じて建築や彫刻の製作などに活躍したことを明らかにしてきている。サルディスにおける彼らの創作活動はきわめて旺盛で、クロイソスの時代にはサモスやミレトスなどのイオニア諸都市の流派と拮抗しうる流派がサルディスにおいて生み出されていた[101]。

しかしギリシアの造形芸術の流行やギリシア産土器の流入がリュディア人の生活や言語のギリシア化を意味するわけではない[102]。ギリシア人がサルディスに居住しサルディスにおいてギリシア語の使用が確認されているにもかかわらず、ギリシア語の使用はごくわずかな人々に限られており、言葉のギリシア語化は前三世紀の終わりまでは生じなかった[103]。

象牙細工や金細工においてリュディア人の工房は優れた作品を製作し、クレタ島やエペソスなどギリシア諸都市に輸出され、高く評価された[104]。サルディスからは数多くの黄金製の耳輪が出土しており、女性に限らず男性も耳輪を装着することがリュディア人の風俗であったことはクセノポンが伝える逸話からも想像できる[105]。土器の分野でもギリシア人陶工の存在と活発な制作活動が報告されているにもかかわらず、リュディア人の庶民が使用する土器にはあまり強い影響を及ぼしてはおらず、幾何学様式の伝統が残っていた[106]。詩のような文学はリュディア人の間では評価されなかった。彼らが評価したのは視覚に訴える造形芸術だったのである[107]。

土器に関しても同じような問題がある。リュディアやシリアなどでギリシアの土器は大量に出土している。出土したギリシアの土器がそれを購入し使用した人々のギリシア化を証明しているのだろうか。この点について考古学者たちは否定的である。

ブラウンは東方ではギリシアの彩文土器が広い範囲にわたって点在しているけれども、オリエントで発見されているギリシアの土器はその数量がどれほどであったとしてもオリエント人による輸入を示してはおらず、それを自分で使用するギリシア人の存在を示しているだけであると述べ、オリエントはギリシアの芸術にあまり関心を持たなかったと指摘している。(108)

リュディアにおいても同様の指摘がサルディスを発掘した考古学者たちによって主張されている。ローバックは、前六世紀になると輸入品の品目はより広範囲となり、地元の土器に対するギリシアの土器の影響は顕著ではあるけれども、それでも量は僅かであって、品質的に高いものはなかったと言う。(109) エトルリア人とは違って、リュディア人貴族は容易に手に入る良質のギリシア土器には関心を持たなかったのである。

ローバックはコリントスの土器は前六世紀の初頭に現われるが、サルディスから出土しているのはアリュバロスが三個、オルペーが一個、それにその他の土器の破片が数個でしかないとする。(110) しかし、この数字はその後大きく変化している。一九九六年に至るサルディスでのアメリカ隊の発掘調査はペルシア時代までの土器および土器片を合わせてコリントスのものが一四八点、アッティカのものが三一点、ラコニアのものが一五点出土していることを報告している。(111) サルディスにおいて発掘されている最古のコリントス製の土器は後期ジオメトリック期の初期に属するオイノコエと中期に属するコテュレの断片である。(112) アッティカの土器に関してもサルディスから出土している最古のものは初期ジオメトリックの片耳杯である。(113)

リュディア人にとってギリシア人に対する関心が高かった理由のひとつは傭兵としての存在である。(114) いわゆるラッサム円筒碑文は「ルッディ（リュディア）」の王「ググ（ギュゲス）」が使節の派遣を停止し、アッシリアから反乱を起こしたエジプト王「ピシャミイルキ（プサンメティコス）」を支援したことに言及し、(115) アッシュールバニパルは

「彼の身体が彼の敵の前に投げ出されますようにそして、彼らが彼の従者たちを捕虜として連れ去りますように」とアッシュール神とイシュタル神に祈っているのである。アッシュールバニパルははっきりとギュゲスが「余の主権の頸木をかなぐり捨てたエジプトの王ピシャミイルキのもとに彼の兵を送った」と述べている。[116]ディオドロスはプサンメティコスがイオニア人とカリア人を擁してエジプトの支配権を獲得したことに言及している。[117]ここに出てくるイオニア人とカリア人はギュゲスがエジプト支援のために送り込んだ援軍ではなかったか。そうではないとしても、エジプト王がイオニアやカリアから傭兵を調達するにはギュゲスの承認は必要であったろう。

その後も歴代のエジプト王は新バビロニアに対抗するためにギリシア人傭兵を用いている。[118]後にペルシアのカンビュセスがエジプトに進攻したとき、ペルシオンでの戦いでギリシア人とカリア人から成る傭兵部隊がペルシア軍と激しい戦いを交えたことをヘロドトスは伝えている。[119]これらはリュディアの東地中海世界における外交の上でエジプトとの同盟関係が必須であったこと、またエジプトをリュディアに繋ぎ止めておく重要な手段の一つがその宗主権下にあるギリシア人やカリア人傭兵の提供であったことを窺わせる。

ギリシア人傭兵はエジプトとの関係で重要であったばかりでなく、リュディア自身にとっても重要であった。ダマスコスのニコラオスは、父の命に従いアドラミュッティオンの総督をしていたクロイソスがエペソスに赴いてパンパイスから金を借り、傭兵を集めたことを伝えている。[120]このことはリュディアの軍事力の重要な部分をギリシア人傭兵が占めていたことを示している。

ペルシア帝国時代への展望

メルムナス朝のリュディアとギリシア人の関係はメルムナス朝の王国を相続したアケメネス朝ペルシアに引き継がれていった。[121]キュロスに対するスパルタの警告やイタリアへの移住を決意したキューメーの人々の不安にもかかわらず小アジアに住むギリシア人と東方の帝国との関係は大きく変わることはなかった。サルディスの総督府やスーサの宮廷には数多くのギリシア人が訪れ、ある者は亡命者としてペルシア人権力者の支援を求め、ある者は医者としてあるいは工人として、さらには傭兵としてペルシア人権力者によって雇用され、ある者は商人として、またある者は旅行者としてペルシア帝国下の各地を訪れたのであった。このような人々の存在はヘロドトスやトゥキュディデス、クセノポンなどの作品を通じて知ることができる。

イオニアの反乱、失敗に終わったギリシアへの遠征、アテナイを盟主とするデロス同盟との対峙、キュロスの反乱に始まるスパルタとの確執にもかかわらずペルシアとギリシア諸都市との関係が途絶えることはなかった。リュディア王と同じようにペルシア王は使節を直接ギリシア諸都市に派遣するかあるいは亡命者を通じて間接的に働きかけるか、さらには豊富な資金を提供することによって政治的影響力を行使するか、とにかく多岐にわたる手段を介して両者の関係は維持されたのである。

ヘレネスとバルバロイという二項対立的なイデオロギーの創作と宣伝にもかかわらず、ペルシアとギリシア人との関係がすべてこの理念によって律せられていたわけではなかった(122)。アテナイで活躍した政治家や文筆家はヘレネスとバルバロイとの和解しがたい対立の感情をあおったが、すべてのギリシア人がその様な対立感情を共有していたわけでもなかった。ギリシア人は現実主義者であった。自分たちの利益となるのならばペルシアと結び付き、ペルシアの力を利用することも厭わなかったのである。

このような状況はすでにメルムナス朝のリュディアとギリシア人の間に見られる。ここに一つの伝統がギリシア人とオリエントの諸勢力との間に醸成されていたことを私たちは知るのである。メルムナス朝のリュディアとギリシア人の間に作り出されていった関係こそはその後の東方とギリシアの関係の原型であった。

リュディア人は王朝的観点からギリシアに対して強い関心を寄せていた。小アジアのギリシア諸都市に対する宗主権を確立し、ギリシア本土の諸都市とは友好関係を維持強化することによってメルムナス朝の支配を強固なものとしようとしたのである。傭兵や同盟軍の確保もまた彼らの関心事であった。ギリシア文化に対する関心も王宮を中心としていた。ギリシア人の工人や建築家はリュディア王や貴族の注文に応じてその作品を制作した。しかし彼らの活動がリュディア人の庶民レベルにまで大きな影響を及ぼすことはなかった。

メルムナス朝時代のギリシア人は後世のギリシア人の異民族観を代表する文化的優越感と差別意識でもってリュディアと接することはなかった[123]。リュディアの侵略をギリシア人に対する共通の脅威と見なす風潮はなかったし、リュディア王からの各種の恩恵付与や友好・同盟関係の申し出を歓迎する向きすらあった。

近代の歴史家にはオリエントに対するギリシアの影響を過大に評価する傾向があった。それは近代ヨーロッパ文化への自信とアジアに対する蔑視と決して無関係ではなかった。近代ヨーロッパ文明のめがねを掛けてではなく、等身大のオリエント世界とギリシアの関係を見ること、そのことが大事であろう。

註

（1）　サルディスは地中海から約一〇〇キロの内陸にあり、エペソスからの行程は徒歩で三日とされる：J. G. Pedley, *Sardis in the Age of Croesus*, Norman, 1968, p. 21.

（2）　E. Will, *Le monde Grec et l' Orient : Le* V^{e} *siècle (510–403)*, Paris, 1972, p. 53.

（3）　Sappho F 218. (96) 1-9.

（4）　Archiloch. 15.

（5）　Hdt. I. 30-33 ; Plut. *Solon*, 27.

（6）　Hdt. VI. 125.

（7）　Hdt. I. 20-22.

(8) Hdt. I. 70.
(9) Hdt. I. 85-87.
(10) S. Smith, *Babylonian Historical Texts*, London, 1924, p. 116 ; A. T. Olmstead, *History of the Persian Empire*, Chicago/London, 1970[6th. imp.], p. 40：オルムステッドは、クロイソスを殺したとするナボニドスの年代記の記述はキュロスの公式の見解にすぎないとする。実際には、クロイソスはオリエントの習慣に従って捕らえられた王に加えられる恥辱を免れるために自殺したと考えている。; A. R. Burn, *Persia and the Greeks*, Stanford, 1984[2nd ed.], p. 43：ナボニドスの年代記の Lu［……］を Lu［dia］と読み取るのは魅力的ではあるが、現在では専門家によってそのような読みは不可能だと非難されているとして退けている。
(11) Hdt. I. 87.
(12) Bacchylides, *Epinicia* III. 23-62.
(13) J. Boardman, *Athenian Red Figure Vases : The archaic Period*, London, 1996[repr.], n. 171.
(14) 藤縄氏はヘロドトスの歴史観に流れている因果応報の考えをクロイソスの事件と関連して論じている。藤縄謙三『歴史の父　ヘロドトス』新潮社、一九八九年、三六～三七頁。
(15) ギリシア人の自民族のアイデンティティと異民族に対する意識については平田隆一氏が「古典古代における『ヨーロッパ』概念――他者意識と自己認識に関する覚書」『ヨーロッパ文化史研究』第二号、二〇〇一年、において興味深い論を展開しておられる。特に一七～一九頁。自己認識が他者の存在によって喚起された意思であるという指摘（一七頁）はヘレネスとバルバロイにも適用できる。またアドキンスはペルシア戦争こそが異民族に対するギリシア人の態度を変化させ、ギリシア人をバルバロイから区分させるきっかけとなったと指摘している。A. W. H. Adkins, *Moral Values and political Behaviour in ancient Greece*, London, 1972, pp. 58-59.
(16) Hdt. I. 27.
(17) Hdt. I. 14；スミュルナに関しては、Mimnermus, F13 ; Plut. *Parallera minora* 30 (312 E, F).
(18) Nicolaus Damasc. *FGH*. 90 F62.
(19) Hdt. I. 15.

(20) Hdt. I. 18.

(21) Hdt. I. 16 ; Nicolaus Damasc. *FGH*. 90 F64.

(22) Hdt. I. 16.

(23) Hdt. I. 22.

(24) 小アジアへのキンメリア人の侵入についてはアッシリアの同時代史料があり、後世のギリシア人の伝承との交差検証が可能である。アッシリアの史料によればギュゲスの時代にすでにキンメリア人の侵入にリュディアは苦しめられており、ギュゲスはキンメリア人との戦いで命を落としている。ギリシア側の伝承ではキンメリア人が侵入したのはギュゲスが亡くなった後とされているが、この点に関するギリシア側の伝承には年代的不正確さがあることを認めることができる。: J. G. Pedley, *Ancient literary Sources on Sardis*, *Archaeological Exploration of Sardis*, Monograph 2, Cambridge, Mass., 1972. nn. 292-295 ; Hdt. I. 15-16.

(25) Nicolaus Damasc. *FGH*. 90 F65.

(26) Hdt. I. 26 ; エペソスに関しては Aelian. *Varia historia*, III. 26 ; D. S. IX. 25. 1-2 ; Polyaenus, VI. 50.

(27) Hdt. I. 28.

(28) Hdt. I. 13-14.

(29) Hdt. I. 19 ; 25.

(30) Hdt. I. 47-55.

(31) Hdt. I. 27.

(32) Hdt. III. 48.

(33) Hdt. I. 69-70.

(34) Hdt. I. 18.

(35) Ibid.

(36) Hdt. I. 29.

(37) Hdt. I. 29-33.

(38) Hdt. VI. 125.
(39) Hdt. I. 27；ピッタコスについては Plut. *De fraterno amore* 12(484C)をさらに参照のこと。
(40) Diogenes Laertios I. 105.
(41) Diogenes Laertios I. 99.
(42) Hdt. I. 13.
(43) Plut. *Septem sapientium convivium* 4 (150A).
(44) Hdt. I. 56.
(45) Hdt. I. 69.
(46) Hdt. I. 13.
(47) Hdt. I. 19.
(48) Hdt. I. 53-55.
(49) クロイソスとソロンとの邂逅の話は前六世紀の間に作り上げられていったものと思われる。ピードリーによれば、前六世紀の間にクロイソスの運命とソロンの教えが組み合わされるようになり、前五世紀の初めにはクロイソスの物語に哲学的な意味が付け加えられ、ヘロドトスの時代までにクロイソスの物語がソロンの伝記のなかに定着するようになっていた。Pedley, *Sardis*, p. 83.
(50) Alcaeus, F116 (69).
(51) Nicolaus Damasc. *FGH*. 90 F64.
(52) P. B. Georges, *Barbarian Asia and the Greek Experience: From the archaic Period to the Age of Xenophon*, Baltimore/ London, 1994, p. 13. この問題については後述。
(53) Ibid., p. 24.
(54) Ibid., p. 23.
(55) T. F. R. G. Braun, "The Greeks in the Near East", *CAH*. III-3, 1982, p. 12.
(56) Ibid.

(57)　Xen. *Anab.* III. 26 ; 31.
(58)　G. Walser, *Hellas und Iran : Studien zu den griechisch-persischen Beziehungen vor Alexander*, Darmstadt, 1984, S. 1. ホメロスは『イリアス』の中でカリア人を barbarophonoi と呼んでいる：Homer. *Ilias.* II. 867. ギリシア人自身エジプトでは自らを alloglossoi, すなわち土地の者とは違った言葉を話す人々、と呼んでいる：ML. 7 (a) 4 ; Hdt. II. 154. 4.
(59)　Braun, "The Greeks", p. 5 ; Heraclitus, B. 107 D-K.
(60)　Walser, *Hellas u. Iran*, S. 1.
(61)　テュロスの王子カドモスがエウロパの探索のためにフェニキアの地を後にし、ギリシア各地を訪れ、最後はテーバイに入植したという伝承はホメロスやヘシオドス以降に創作されたもの、というブラウンの指摘はギリシア人が何時頃から異民族や自分たちの来歴を神話という形で語るようになったのかを知るうえで興味深い。：Braun, "The Greeks", p. 7.
(62)　Georges, *Barbarian Asia*, p. 9.
(63)　Ibid., p. 16.
(64)　Hdt. I. 7.
(65)　Apollodorus, *Bibliotheca*, II. 7. 8 ; *ALSS*. n. 2.
(66)　Aelian. *Varia historia*, III. 26.
(67)　Hdt. I. 92.
(68)　Nicolaus Damasc. *FGH*. 90 F63.
(69)　Homer. *Ilias.* V. 43-44.
(70)　Homer. *Ilias.* XX. 382-385.
(71)　Str. IX. 2. 20 ; XIII. 4. 6 ; Eustathius, *Commentarii ad Homeri Iliadem* 366. 15-20：「地理学者によればある人々はヒュデとは、かつてキンメリア人に占領されたリュディア人の王都サルディスそのものというよりはサルディスのアクロポリスのことであると言っている。彼が言うところによると、トゥモロスは、サルディスを俯瞰し、頂には地の利に恵まれた、ペルシア人の作品である白大理石でできたエクセドラ（屋根付の歩道）を擁している。」
(72)　Hdt. I. 7.

(73) Ibid.

(74) Homer, *Ilias*, II. 864-866.

(75) G. M. A. Hanfmann, "Archaeology in Homeric Asia Minor", *AJA*. 52(1948), pp. 151ff.; C. Roebuck, *Ionian Trade and Colonization*, Chicago, 1984, p. 52.

(76) Homer, *Ilias*, III. 401; X. 431; XVIII. 291.

(77) Homer, *Ilias*, IV. 141ff.

(78) Hanfmann, "Archaeology", pp. 151ff.

(79) Roebuck, *Ionian Trade*, p. 52.

(80) Bürchner, "Lydia", *RE*. 13(1924), col. 2124.

(81) Roebuck, *Ionian Trade*, p. 52.

(82) Ibid.

(83) Hdt. V. 49. 5.

(84) Plat. *Res Publica*, 359d- 360b. cf. Cicero, *De officiis* III. 9.

(85) Hdt. I. 8ff.

(86) Nicolaus Damasc. *FGH*. 90 F47.

(87) Archilochus, 15; Plut. *De exilio* 599 E; Alexander Aetolius, *Anthologia palatina* VII. 709.

(88) *Supra*. n. 55.

(89) ジョージスはエペソスやコロポン、ミレトスなどのイオニア諸都市に残存するヘラクレス朝の影響力を払拭するためにメルムナス朝の歴代の王はこれらの都市に対する攻撃を繰り返したとする：Georges, *Barbarian Asia*, p. 26.

(90) Pedley, *Sardis*, pp. 28-30.

(91) O. R. Gurney, *The Hittites*, Harmondsworth, 1981, p. 58；ピードリーはサルディスをアッシュワの中心地であったと推定する。Pedley, *Sardis*, p. 26.

(92) Gurney, *The Hittites*, pp. 27-28. ガーニーはここに出てくるトゥドゥハリヤシュを新帝国末期のトゥドゥハリヤシュ四世（前一二五〇～一二二〇年）と考えている。しかしこれに対して最近では新帝国中期、前一四世紀初頭のトゥドゥハリヤシュ二世という説が有力である。Cf. Von W. Helck, "Zur Keftiu, Alasia- und Ahhijawa-Frage", in H-G. Buchholz (ed.), *Ägäische Bronzezeit*, Darmstadt, 1987, S. 225. cf. G. Beckman, *Hittite Diplomatic Texts*, Atlanta, 1996, p. 144.

(93) Gurney, *The Hittites*, p. 28.

(94) Ibid., p. 28.

(95) Pedley, *Sardis*, p. 26.

(96) Ibid., p. 30.

(97) Hdt. I. 25.

(98) Hdt. I. 51.

(99) Pedley, *Sardis*, p. 100.

(100) Ibid., pp. 112-113.

(101) Ibid., pp. 107, 116. リュディア人が大きな関心を寄せていたのが墓の建設であった（Pedley, *Sardis*, p. 100）。キュベレの祠は様々な形でギリシア人の活躍を髣髴させる。女神はキトンの上にヒマティオンを羽織り、祠の前面と背面には人物像を描いた一八枚の羽目板がある。そこにはアキレウスの父にまつわる情景や、ネメアの獅子と戦うヘラクレス、ペロプスと同定される御者、ケンタウロス、プリアモスの死の場面、エレクトラに助けられてアイギストスを殺害するオレステスが描かれている（pp. 104, 106）。サモス派の彫刻やミレトス派の彫刻、エペソスのアルテミス神殿の浮き彫りとの様式的な類似が指摘されている（p. 106）。前六〇〇年頃のコレー像が羽織っている衣装はサモスのコレー像やルーブルにあるオーセールの女性像のような初期のクソアノン（木彫彫刻）像と類似しているとされる（p. 106）。

(102) Ibid., p. 107.

(103) Ibid., p. 108.

(104) Ibid., pp. 108f.

(105) Ibid., p. 112.

(106) Ibid., p. 113.

(107) Ibid., p. 113. 前七世紀末のアルクマンは、もし彼がサルディスに住まいすれば決して詩人になることはなくキュベレの祭典に際して宦官のようにシンバルを奏するキュベレに仕える僧となっていただろうと語っている。

(108) Braun, "The Greeks", p. 5.

(109) Roebuck, *Ionian Trade*, pp. 57-58.

(110) Ibid., p. 58.

(111) J. S. Schaeffer, N. H. Ramage and C. H. Greenewalt, Jr., *The Corinthian, Attic, and Laconian Pottery from Sardis, Archaeological Exploration of Sardis, Monograph* 10, Cambridge, Mass. 1997. ペルシア時代を含めるとサルディスから出土しているアッティカの土器および土器片は五八六点に達する。

(112) J. S. Schaeffer, "The Corinthian Pottery : The Finds through 1990", p. 3 in Schaeffer, Ramage and Greenewalt, *Pottery*.

(113) Ramage, "The Attic pottery : The Finds through 1990", pp. 66, 121 in Schaeffer, Ramage and Greenewalt, *Pottery*.

(114) Cylinder A, Col. III, ll. 25-26. in S. Smith, *History of Assurbanipal*, London, 1871.

(115) Ibid., ll. 28-29.

(116) Ibid., ll. 28-29. cf. Pedley, *Literary Sources*, p. 82 ; D. D. Luckenbill, *Ancient Records of Assyria and Babylonia* II, Chicago, 1927, pp. 297-298. 最近ではピシャミイルキあるいはトゥシャミルキという呼び方はせず、ナブーシェズイバンニというアッシリア名で読まれるようになっている。cf. A. T. Olmstead, *History of Assyria*, New York/ London, 1923, p. 416. cf. *Der Kleine Pauly*, Bd. 4, München, 1979, s.v. *Psammetichos*.

(117) D. S. I. 66. 12.

(118) Braun, "The Greeks", p. 21 ; Burn, *Persia and the Greeks*, p. 31.

(119) Hdt. III. 11 ; Hermotybies（槍兵）や Kalasiries（若きシリア人）と呼ばれる戦士身分の兵士がギリシア人やカリア人傭兵と肩を並べて戦っている。Burn, *Persia and the Greeks*, p. 85.

(120) Nicolaus Damasc. *FGH*. 90 F65.

(121) J. M. Balcer, "The Greeks and the Persians : the Process of Acculturation", *Hist*. 32, 1983, pp. 257-267 ; F. Bourriot,

“L’ empire achéménide et les rapports entre Grècs et Perses dans la litérature greque du Ve siècle”, *L’ Information Historique* 43, 1981, pp. 21-30 ; Burn, *Persia and the Greeks* ; P. Green, *The Greco-Persian Wars*, Berkeley/ Los Angeles, 1996 ; D. Konstan, “Persians, Greeks and Empire”, *Arethusa* 20, 1987, pp. 59-73 ; M. Vickers, “Interactions between Greeks and Persians”, *Achaemenid History* 4, 1986, pp. 253-262 ; G. Walser, “Zum griechisch- persischen Verhältnis vor dem Hellenisms”, *HZ*. 220, 1975, S. 529-542.

(122) Adkins, *Moral Values*, p. 59：アドキンスはギリシア諸都市が隣人からの攻撃に対して自ら防衛しなければならず、ペルシア戦争は新しいエネルギーを解放したけれども、基本的な状況はペルシア戦争前とまったく同じであったと考えている。

(123) 高畠純夫「古代ギリシアの外人観」弓削達・伊藤貞夫編『ギリシアとローマ――古典古代の比較史的考察』河出書房新社、一九八八年、三一四頁、参照。

第二節　イオニア反乱の原因

イオニア反乱とは

紀元前四九九年に勃発したイオニア反乱は六年にわたる死闘の末終焉した。(1) 反乱に加担した諸都市はペルシアの宗主権下に再び組み込まれ、反乱の中心となったミレトスはペルシア軍の手で懲罰的な報復を被ったのである。(2) イオニア人たちの企ては失敗に終わったが、彼らの戦いはその後起こるペルシア戦争のプロトタイプであると見なされている。(3)

反乱の原因については僭主制への反感と民主政への願望を挙げる説とペルシア支配下におけるイオニア人たちの経済的苦境に反乱の原因を求める説が有力である。隣接するカリアやキプロス島にまで反乱の火の手は波及したが、その広がりは限られたものであった。少なくともアリスタゴラスの構想に示されたバルバロイ対ギリシア人という対決を実現することには失敗している(4)。ギリシア本土の共感と支援を得られなかったばかりか、同じ小アジアに住むハリカルナッソスなどのドーリス人諸都市はイオニア反乱に参加しておらず(5)、アイオリス人の諸都市は冷淡であったし、ヘッレスポントスやプロポンティス地方の諸都市は消極的であった(6)。要するに反乱はペルシアの圧政に対峙するギリシア人世界を組織化し統一することはできなかった(7)。イオニア人自身必ずしも内部的に統一されていたわけではない。逮捕され引き渡された僭主に対する処遇は一例を除いて追放という形をとったし(8)、ラデの海戦の決定的局面でサモスの戦隊は戦列を離脱し、レスボスの戦隊もそれに続いている(9)。これらの点でイオニア人の足並みは統一されていない。

反乱は失敗に終わったが、イオニア人自らはじめてその大義名分を掲げその正当性を主張したことは重要である。彼らは初めてバルバロイの圧政に対するギリシア人の自由というイデオロギーを作り上げ、アジアの豊かさと劣勢という印象を唱導したのである(10)。この民族主義的イデオロギーはリュディア時代には見られないし(11)、ペルシアによる支配の初期にも見られない。それはこのとき初めて提唱されたのである。反乱は失敗に終わったが、この理念はその後アジアとの関係においてギリシア人の間に広がり深く定着していく(12)。

この意味でイオニア反乱は歴史における単なる一挿話に終わるのではなく、今日のオリエンタリズム批判にまで繋がる長い歴史の発端をなしている。本節が扱おうとするのは何故イオニア反乱が起きたのかという問題についてである。現代の研究者たちはこの事件についてほとんど唯一ともいえる史料を提供しているヘロドトスの見解をイオニア人に対する偏見に歪められているとして否定することで一致している(13)。ヘロドトスはミレトスの僭主アリスタゴラスの個人的事情と思惑に反乱の原因を帰しているが、研究者たちはその背景にあるイオニア人の不満に反乱の原因を見ようとする。つまり、イオニアに課せられた僭主制に対する不満あるいはイオニア人の経済的苦境に原因を収斂させようとしているのである。

筆者自身はイオニア諸都市の多くが基本的には少数の有力者が政治を独占する寡頭制的体質が濃厚であり、案外ヘロドトスの見方が真実に近いのではないかと考えている。実際アリスタゴラスはペルシア総督の信頼関係のみを頼りに一人でミレトスに君臨していたわけではない。ヘカタイオスを含む有力者を仲間として僭主の座にあったのだ。[14] トップの座にあった僭主たちは反乱の過程のなかでその地位を失い、ある者は処刑され、多くの者は追放されてしまうが、彼らを支えていた母体、すなわち有力者の党派は温存されている。私たちは僭主たちの逮捕とそれに続く「イソノミエ」の樹立を過大評価してきたのではないだろうか。むしろイオニア諸都市の中の僭主を支えていた少数の有力者たちの意向、刹那的に反乱に追い込まれていったアリスタゴラス、そして有力な親ペルシア派の人物を反乱へと追い込んでいったペルシア帝国の支配体制のあり方、これらにイオニア反乱の動機と原因が潜んでいるように思われる。

イオニア反乱の原因についての最近の研究

イオニア反乱の原因についてヘロドトスはペルシア高官との軋轢のなかで僭主としての地位を失うのではないかと危惧するアリスタゴラスの自己保身とイオニア地方に問題を起こしてミレトスに帰国するチャンスを手にしようと企むヒスティアイオスの野心を挙げている。[15]

しかし研究者の多くはこのようなヘロドトスの見解を認めてはいない。[16] 反乱そのものを愚行と考えるヘロドトスは僭主たちの野心がイオニア人を破滅へと導いていったと見なしている。最後まで毅然とした態度が取れず、形勢が不利になるや祖国を見捨ててトラキアに逃走してしまうような無節操な人物によって反乱が煽動されたと評価するヘロドトスにはイオニア人に対する偏見があり、[17] その記すところを事実として受け容れることはできないと多くの研究者は考えている。[18]

ヘロドトスの判断に研究者たちが批判の目を向けているのはヘロドトスのイオニア人に対する軽蔑、それと艦隊での人々の反応と僭主制の廃止の広がりに個人的動機の水準に納まり切れない大衆的反ペルシア感情の広がりを見ているからである。[19]

研究者たちが注目するのは僭主の逮捕と僭主制の廃止によってイオニア反乱が始まったことである。[20]ペルシアがイオニア人に押し付けた僭主制はもはや時代遅れとなっていて人々の支持を得られなかったばかりか憎悪の念すら招いており、そのような僭主制に対する大衆的な反感こそがイオニア反乱の原因だと考えている。

この政治制度史的な視点からする説とは別に経済史的な視点からイオニア反乱の原因を求めようとする研究がある。イオニアの経済的困窮から反乱の原因を求める研究はレンシャウ（Th. Lenschau）にはじまる。[21]経済的要因を過大評価するレンシャウの見解に対してはハーゼブレック（J. Hasebroek）が疑問を提示しているが、[22]最近ではオズウィン・マリー（O. Murray）がこの視点を復活させている。[23]マリーはエジプトのナウクラティスなどでの考古学調査をも利用してイオニアの対外貿易の不振から来る経済的後退がペルシア支配に対する不満をかき立て、それが反乱の原因となったと論じるのである。

政治的原因論も経済的原因論も必ずしも互いを排除しているわけではない。エーレンベルク（V. Ehrenberg）[24]やオズウィン・マリーのように両論を補完的に扱い、僭主支配に対する不満の高まりと経済的困窮からイオニア反乱の勃発を説明しようとする研究者もいる。しかし、経済的困窮を絡めてイオニア反乱の勃発を説明するオズウィン・マリーに対して正面からこれを否定したのがジョージスである。

ジョージスはペルシア王の好意をめぐる熾烈な帝国官僚同士の争いが敗者を反乱へと追いやってしまったと主張する。[25]ジョージスの主張の背景には小アジアにおけるペルシアの属州を扱ったバルサー（J. Balcer）の研究がある。[26]

反乱の直接的な原因はメガバテスの強圧的な越権行為であった。[27] イオニア人はダレイオスが課した僭主制の廃止を望んだが、ペルシアとの全面戦争を望んでおらず、それはペルシアの側も同様であり双方とも戦争を回避しようとしていた。[28] しかし事態を大きく変えてしまったのはアテナイとエレトリアからの援軍であった。[29] このペリクレス・ジョージスを批判するのがキーナスト（D. Kienast）である。[30]

ブリアン（P. Briant）[31] やバルサー[32] の最近の研究をジョージスは等閑視していると指摘したうえで、[33] キーナストはペルシアの支配がその副産物としてギリシア人の共同体意識・共属感情を作り上げていったことが反乱の原因であり、[34] ペルシアの支配からの解放が目的であった。彼はジョージスのように僭主を放逐することだけが目的だったのではないと論じる。[35] このキーナストの見解はエヴァンズ（J. A. S. Evans）の主張とも共通する。エヴァンズはギリシア民族意識の高まりがイオニア反乱の原因だったと考えている。[36]

また、ペルシアに対して反乱を起こすという考えがナクソス遠征失敗後のきわめて短期間のうちに生じたのではなく、スキュティア遠征以来イオニア人の間で長く温められてきたという説もある。今紹介したキーナストも反乱はスキュティア遠征後イオニア人の間で議論されてきたと主張するが、[37] この説はグランディー（G. B. Grundy）に遡る。[38] グランディーはイオニア反乱という形で現実化するアシアのギリシア人の反乱はナクソス遠征の失敗のあと急に浮上してきたものではなく、すでにスキュティア遠征時にギリシア人僭主たちの間で醸成されていたと論じる。[39] そしてこの反乱計画の中心にいたのがアリスタゴラスであった。[40]

しかし、イオニアの僭主たちの間で長期にわたってペルシアからの離反が検討されていたというグランディーの主張に対してはブレミール（A. Blamire）が疑問を提示している。[41] ナクソス遠征の準備と動員においてアリスタゴラスが演じた役割は小さく、グランディーの説は「きわめて非現実的」であると。[42]

イオニア反乱は大衆の革命運動ではないという説もある。ウッド（H. Wood）はイオニア反乱を僭主の反乱と見なし、伝統的に主流をなしてきた民衆の反乱という見方を全面的に否定する。[43] 反乱はイオニア人の反乱ではなかった。民主制度は見かけだけであり、民衆を自分たちの側に獲得するための僭主たちの一つの方策である。それはアリスタゴラスの指導に従う僭主たちの反乱であり、アリスタゴラスは自分自身を救うためにそれを始めたのだ。反乱は自由のための企てではなかった。

ヴァルター（U. Walter）はイオニア貴族社会の歪みが反乱をもたらしたと考える。[44] イオニア反乱をイオニア人の反乱ではなく僭主の反乱と見なすウッドを参照しながら、[45] イオニア反乱の原因を商業利益や自由への渇望に求める見解を退け、イオニア貴族社会のなかの名誉と地位をめぐる構造的な競争状態に求めようとする。[46] 反乱を提唱したアリスタゴラスや反乱を示唆したという嫌疑を受けていたヒスティアイオスの行動を個人の水準ではなくイオニア貴族社会の競争構造のなかで理解しようとする。そのイオニア貴族社会の構造についてはアルカイック期のアテナイの貴族社会を論じたシュタール（M. Stahl）の説[47]を援用している。

このようにイオニア反乱が大衆的基盤を有しており時代遅れとなった僭主制を強要するペルシアに対する自由のための性格を有するのか、それともイオニアを経済的に困窮化させようとするペルシアの政策に対するイオニア人の憎悪の念に導かれているのか、ペルシア王の恩恵をめぐる競争社会が生み出した歪みでしかないのか、あるいはイオニアの貴族社会の歪みなのか、イオニア反乱の原因をめぐっては多様な見解が現在出されてきている。大事なことは単に原因をめぐっては多くの見解があり激しく論争されてきたということではない。イオニア反乱の原因をめぐる論争が過去のものではなく、現在進行中の論争という点である。さらに指摘すればサイードに触発される「オリエンタリズム」と結び付く側面を有しているということであろう。この意味で、これまでの「ギリシア中心主義」史観、さらには「アテナイ中心主義」史観の枠組みを超えた視点での研究の必要性を指摘された師尾晶子氏の指摘を忘れてはならない。[48]

ナクソス遠征──反乱の発端

イオニア反乱の引き金となったのはナクソス遠征の失敗である。そしてナクソス遠征はペルシア帝国が抱える構造的な矛盾を露呈することとなった。帝国は勝ち続けなければならず、軍事的蹉跌は従属下にある住民をして帝国の能力を過小評価させ、ひいては反乱へと走らせる傾向があること。もう一つは属州総督などによる反乱を予防するために高級官僚を互いに掣肘し合うように仕向けていること。この二点である。

ベロッホ（K. J. Beloch）が指摘しているように、「作戦の失敗は小アジアにおけるペルシアの名声を深くぐらつかせた」[49]のである。これまでペルシアは勝利に次ぐ勝利を重ねてきており、無敵という評判が付きまとっていた。しかし、スキュティア遠征において成果なく撤退していったのが大王自身であっただけに敗北の印象は大きなものとなった。これはスキュティア遠征失敗の影響についてのベロッホの評価であるが、同じことはナクソス遠征についても該当する。「この遠征（ナクソス遠征）の失敗は、非常に長い間くすぶっていた焔を一挙に燃え上がらせる火花であった」と評価し[50]、ペルシアによる軍事的蹉跌がイオニア反乱を誘導していったとベロッホは考えている。

軍事的蹉跌が属州民の反乱を招くことはスキュティア遠征後のビュザンティオンやカルケドン、アンタンドロスやランポニオンなどが示している[51]。これらの都市はダレイオスのスキュティア遠征に軍を派遣していた。遠征が失敗に終わり、遠征軍がスキュティアの地から撤退して来るとペルシアの宗主権に反旗を翻している。というのはダレイオスがヨーロッパに残置したオタネスはこれらの都市を攻略しているからである[52]。遠征失敗後スキュティア側に寝返ったり、撤退する遠征軍に危害を加えたことがその理由とされた[53]。

帝国の辺境地帯とも言える小アジアの沿海部を統治する方法としてはこれらの地域にある諸都市の僭主との個人的な紐帯とペルシアの軍事的存在と威信が重要だった。しかしペルシアの軍事的存在は恒常的ではなく、その軍事活動が失敗するとたちまちにペルシアの軍事的威信は揺らいでしまう。そのことが辺境地帯にある諸都市の行動を怪しいものにしてしまうのである。マラトン遠征失敗後のエジプト[54]、ギリシア遠征失敗後のイオニア諸都市[55]とその事例に事欠かない。これはペルシア帝国の構造的な問題なのだろう。ペルシア王は常に自ら軍を率いて功績をあげねばならない。アイスキュロスの『ペルシア人』のなかでアトッサが亡き夫ダレイオスの亡霊に語った言葉はペルシア帝国の一面をよく表している[56]。

ナクソス遠征の失敗がイオニア諸都市の反乱を招いたことも不思議ではない。遠征の失敗はイオニア人の間にペルシアの軍事的能力を過小評価させる機運を生じていた[57]。キーナストはスキュティア遠征の失敗からナクソス遠征の失敗に至る時期にペルシアの力の可能性と限界についてイオニアの指導者たちの間で評価作業が行なわれたとする[58]。その意味でアリスタゴラスがスパルタやアテナイで語ったペルシアについての評価[59]はナクソス遠征でイオニア人が得た経験に基づいて形成されたものと考えられる。

軍事的蹉跌だけが問題なのではない。ジョージスが「ペルシア現象」と呼ぶペルシア帝国の構造的な問題が横たわっている。ダレイオスは自らもかつてそうであったように、潜在的な王位僭称者が現われるのを警戒していた。そのために総督や軍司令官を監視し権力を分散化することによって相互に掣肘させたのである。彼らは互いに牽制し合いながらペルシア王に忠義を励み、ペルシア王から名誉と恩沢に与るという競争関係のなかに置かれていた[60]。ペルシア王の恩沢に与るという点ではアルタプレネスのようなペルシア人王族であろうがヒスティアオスのような従属民出身者であろうが差別は無かった。このようなシステムは確かに広く帝国臣民の忠誠をペルシア王に吸い上げていくのにうまく機能したのかもしれないが、同時に脱落者・敗者を絶望的な反抗へと追いやっていく危険性を内包していた。

遠征の発案者はアリスタゴラスであった。ナクソス人亡命者たちの要請を受けてアリスタゴラスはキュクラデス諸島に自らの支配圏を拡大する機会ととらえたのである。そのためには重装歩兵八〇〇〇名、多数の艦船を要するナクソスを単独で制圧する力はミレトスには無く、ペルシアの力を借りねばならなかった。ペルシアの協力を得ることはこれまでのアルタプレネスとの良好な関係から容易であるとアリスタゴラスは自信を持っていた。[61] この自信は決して空虚なものではなかった。アルタプレネスはアリスタゴラスの提案を喜んで受け容れただけではなく、派遣する艦隊の規模を二倍に増やしたのである。[62]

アルタプレネスはダレイオスの承認を得たうえで、遠征軍を組織する。遠征軍の司令官にはアルタプレネス、ダレイオス両人の共通の従兄弟にあたるメガバテスを任命している。[63] 遠征軍はペルシア軍と同盟軍から成り、二〇〇隻もの規模の艦隊を伴う水陸両用部隊であった。[64] 艦隊規模二〇〇隻というのはナクソスの重装歩兵八〇〇〇名に対抗しうる兵力量を輸送する能力を有しているということを物語っている。当時の三段櫂船がその乗組員以外に収容できた最大値は四〇名である。[65] したがって二〇〇隻の艦隊は八〇〇〇名の重装歩兵をナクソスに上陸させ得るということを意味している。このアルタプレネスの決断は単に遠征軍が姿を現わしただけでナクソス人は城門を開くに違いないと考えているアリスタゴラスよりはるかに現実的である。[66] アルタプレネスはそれほど楽観視していなかった。彼は攻城戦を含む戦闘を想定していた。

遠征軍の司令官はメガバテスであるが、アルタプレネスはメガバテスをアリスタゴラスの命令権下においている。[67] ここに指揮系統の二重性、不明瞭性がある。キーナストはアリスタゴラスが遠征軍の「道案内人」にすぎないとし、[68] アリスタゴラスがスキュラクスを無断で釈放したことは明確な「上官に対する反逆行為（Insubordination）」であったと断定する。[69] もしそうであるのなら、スキュラクスを軍規違反の廉で処罰したように、軍法に照らしてアリスタゴラスを上官反逆罪で処罰する権限をメガバテスは有していたことになる。しかし、メガバテスはそうはしていない。アリスタゴラスが恐れたのはメガバテスとの諍いがミレトスの支配権を剥奪されるのではないかということであって、上官反逆罪で告発されるのではないかということではなかった。メガバテスにはアリスタゴラスを処刑することはできなかったと言ったほうが良いのだろう。何故ならアリスタゴラスはメガバテスの部下ではなかったのだから。この指揮系統の二重性、不明瞭性が両指揮官の対立を招き遠征の失敗と反乱の契機をもたらしたのである。

遠征軍が最初小アジア沿岸を北上してキオスのカウカサに向け航行したのはナクソス人の目から遠征の目的を欺瞞するためだけではなかったろう。キオス更にはミュティレネの艦隊と合流するためでもあったのだろう。そしてこのカウカサにおいて事件は起こる。

問題はミュンドスの船長スキュラクスに関する処罰をめぐってである。(70) 自らの船に警備兵を配備しなかったスキュラクスの行為を重大な軍律違反とメガバテスは判断したのである。メガバテスはスキュラクスを厳罰に処した。スキュラクスと顔見知りであったアリスタゴラスはメガバテスにその釈放を頼み込んだが聞き入れられず、スキュラクスを勝手に釈放してしまったのである。メガバテスの怒りに対してアリスタゴラスは自分こそがメガバテスの上官であると主張して相手を沈黙させている。(71)

この事件は衆人環視の下で行なわれた。スキュラクスがペルシア人司令官の手で厳罰に処せられたこと。その処罰をめぐって両指揮官の間で激しい論争が戦わされたこと。それ故、事件そのものは事実に基づいて恐らくイオニア人の間で語り広められたものをヘロドトスが記録したものと考えられる。しかしこの事件に腹を立てたメガバテスがナクソス人に通報して遠征そのものを台無しにしてしまったという話は在り得ない。メガバテス内通の噂は遠征が失敗した後アリスタゴラスによってでっち上げられたか、それとも遠征に参加したイオニア人将兵の間で噂によって流布されたか、どちらかであろう。(72)

そもそもキオスのカウカサからナクソスまでわずか一〜二日の行程しかなく、その間に住民の避難や食糧の備蓄、家畜や農作物の搬入、城壁の修理や兵員の配備等を完了することは不可能である。(73) 亡命者の動向をナクソス当局がまったく無視していたということは在り得ない。少なくとも小アジア沿岸のギリシア人諸都市における動員とミレトスでの遠征艦隊の集結はこれらの地を訪れる様々な商人によってナクソスに伝えられていたであろう。ナクソス側の籠城戦の準備はもっと早い段階から着手されていたと思われる。

ナクソス遠征は見事な失敗に終わった。亡命者を乗せた大遠征軍を目の当たりにすればナクソスの人々は容易に降伏するものと考えていたアリスタゴラスの目論見は完全に外れてしまった。包囲を四カ月も続けてもナクソス攻略は達成されなかったのである。用意した資金も食料も尽きて遠征軍はミュウスに引き揚げざるを得なかった。(74) こうなると失敗の責任が問われることになる。

この失敗をめぐってメガバテスとアリスタゴラスの間で論争と責任の押し付け合いがはじまる。メガバテスは遠征軍がミュウスに引き揚げると艦隊から姿を消している。おそらくアルタプレネス、さらにはダレイオス王に失敗の責任がアリスタゴラスにあることを報告するために下船したのだろう。それとともにメガバテスの身近に控えていたペルシア人護衛隊も姿を消してしまった。艦隊で僭主たちの逮捕が行なわれたとき、ペルシア人はどこにも姿を現わしていなかった。

メガバテスに対してアリスタゴラスが持ち出したのが、メガバテスの通報という噂である。(75) この噂は根拠の無いものである。アリスタゴラスが捏造して広めたかあるいは巷間にすでに広く流布していたかどちらかである。しかしアリスタゴラスには遠征の失敗の責任問題以上に深刻な問題を抱え込んでいた。アルタプレネスに約束していた莫大な戦費負担の実行をアルタプレネスによって迫られていたということと、何よりも総督のアルタプレネスとの厚い信頼関係を傷付けてしまったことである。(76)

このままではミレトスの僭主の地位を確保することは難しいと判断したアリスタゴラスはペルシアからの離反を決断する。(77) アリスタゴラスはミレトスにおいて自らの党派を構成する有力な人々に自らの決断を伝えて、彼らの判断を仰いでいる。ペルシア帝国の事情に精通していたヘカタイオスは反対したが、他の者は離反に賛成しここにアリスタゴラスは離反に踏み切ったのである。彼は仲間の一人イアトゴラスをミュウスに停泊していた艦隊に派遣し、ペルシアからの離反と各都市からの部隊を指揮していた僭主の逮捕と僭主制の廃止を人々に説いたのである。[78] こうしてイオニア諸都市は反乱に踏み切ったのである。

このようにアリスタゴラスをしてペルシアからの離反を決断ならしめたのは自らの地位保全のためではあったが、その彼をそこまで追い詰めたのはメガバテスとの不和とアルタプレネスとの信頼関係の破綻であった。それはペルシア王やペルシア人総督とギリシア人僭主との奉仕と褒賞を基盤とする紐帯関係の脆さを露呈している。

イオニアにおける傀儡僭主制

ヘロドトスにとってイオニア反乱は、アルタプレネスがヒスティアイオスに語ったように、[79] アリスタゴラスとヒスティアイオスの二人が利己的な動機から起こした愚かな行為であった。動機は前者にとっては保身であり、後者にとってはスーサでの生活に終止符を打って祖国に戻ることであった。[80]

しかし研究者たちはイオニア反乱が個人の反逆に留まらず、各都市の僭主制の廃止をきっかけとして非常に広い範囲に反乱が拡大していったことから反乱には大衆的基盤があると考え、個人的な利己主義が動機であったというヘロドトスには否定的である。つまりペルシアがイオニア人たちに強制した僭主制こそが反乱の原因であり、イオニア人たちはその僭主制に強い不満を抱いていたというのである。[81]

前五一三年頃に行なわれたスキュティア遠征に多くの僭主が従軍し、イストロス河（ドナウ河）の河口で行なわれたとされるギリシア人部隊指揮官たちの会合の席でヒスティアイオスが語った「ダレイオスの支配権が倒されてしまったら、ミレトス人の間における自分も他の如何なる者も支配していくことはできない（tes Dareiou de dynamios katairetheises oute autos Milesion hoios te esesthai archein oute allon oudena oudamon）」という言葉、[82] ナクソス遠征に従軍した僭主たちが逮捕されたことなどからペルシアはその帝国統治の一環として僭主制をギリシア人従属都市に課していたと考えられてきた。[83] ギリシアの僭主制を論じたアンドリュース（A. Andrewes）は「ペルシアが任命した僭主を通してギリシア諸都市を統制するペルシアのシステムは単純なものであって長い説明は必要ではない」とあっさりと片付けている。[84] それほどペルシアによるギリシア人統治の手段としての僭主制は当然のこととして研究者たちに受け容れられてきたのである。

イオニア反乱が僭主の逮捕と僭主制の廃止から始まったことから、伝統的に反乱の背景には時代遅れとなった僭主制に対するイオニアの民衆の反感が強い動機として存在していたという見解が大勢を占めてきている。

バーン（A. R. Burn）はイオニア反乱の原因については伝統的な説を踏襲している。[85] すなわち、重い貢税負担[86]とそれ以上に僭主を通じての地方統治というペルシアの体制に対する苛立ち[87]を原因として指摘している。

ハリス（G. Harris）も僭主制に対する民衆の憎悪を最大の原因であると主張している。[88] その憎悪をかき立てたのがダレイオスによる帝国の再編成であった。総督制[89]、僭主の設置[90]、貢税の徴収[91]、トラキアの併合[92]と貴金属の退蔵[93]による銀の流通抑制、銀の流通抑制による経済不振[94]、兵員の動員[95]などダレイオスによって新しく課せられた負担がその原因であった。ハリスは次のように指摘をする。

「様々な古代帝国と同じように、ペルシア帝国がかなりうまく機能していたことは認めなければならない。それにペルシア政府が古代の基準から見て驚くほど人道的であったことは疑いがない。しかしその優れた局面を認めるとしても、ペルシアの体制が多くの新しい不慣れな負担をイオニア人に課したのであった。そしてそれが大イオニア反乱に結果する反乱への雰囲気を作り出すのに累積的効果を有していた。[96]」

ジョージスはダレイオスが帝国体制の再編成の過程でイオニアに導入した僭主制こそがイオニア反乱の原因であったとするが、反ペルシアの意思は希薄であったという議論を展開している。[97]

王朝の簒奪者であったダレイオスは前代の王朝と同一視される人物を一掃し自らに忠実な人物と置き換えていったのである。(98) そのためにギリシア人たちの文化を尊重しつつ小アジアを統治していたオロイテスのような人々は更迭され、経験を持たず従属民に対して高圧的な態度を取るアルタプレネスやメガバテスのような人物に置き換えられたのである。(99) イオニアの状況も大きく変化していた。ダレイオスはイオニア内部の利害関係とはかかわりなくペルシアに奉仕させるために組織的に僭主を置いている。これらの僭主は貢税の徴収と軍役の履行を主たる任務としていた。このために僭主は大衆的な基盤を欠き、イオニア人たちの恨みを一身に買っていた。さらに、経済的繁栄による自由を希求する階層の増加(100)や彼ら僭主たちのペルシア人を真似た尊大なスタイルが人々の反感を招いていたのである。(101) それにもかかわらずイオニア人はペルシアとの戦争を望んではいなかったし、ペルシアもその海軍力の半分を担うイオニア人との戦争を望んではいなかった。つまり話し合いによる解決の可能性が双方ともにあったのである。この可能性を打ち砕きイオニア人とペルシア帝国との全面戦争を不可避にしてしまったのはアテナイとエレトリアからの援軍であった。

このペルシアに対する敵意の欠如を主張するジョージスに異議を唱えるのがキーナストである。(102) キーナストはイオニア反乱の反ペルシア的傾向を過小評価するジョージスの説を批判する。イオニア反乱はペルシアからの解放を主たる目的としていたのであって、僭主の追放だけが目的だったのではなかった。(103)

イオニア反乱には最初から反ペルシアの志向が強かったことはキーナストの主張する通りである。その原因はペルシアの支配がこれまでになく苛酷であったとかそういうことではなかった。ギリシア人はナクソス遠征でペルシア人と遠征を共にすることで初めてペルシアの厳格な刑法と官僚制を経験することになり、そのことが貢税の徴収とともにペルシアに対する反感をかき立てることとなった。(104) メガバテスとアリスタゴラスの衝突が象徴しているように四カ月にも及ぶ攻城戦のなかでイオニア人将兵をバンダカ（奴隷）として扱うペルシア人将兵との無数の衝突が将兵の間に反ペルシア感情を醸成していたことは想像に難くない。そういう意味でキーナストの指摘する点は認めることができる。

しかしキーナストは重要な事実をいくつか見落としている。ダレイオスのスキュティア遠征の際にすでにイオニアのギリシア人の間で「ペルシアの支配からの解放」が議論されていたとジョージスを批判するが[105]、この「解放」を提案し議論したのはそれぞれの都市軍を率いて遠征軍に参加していた僭主たちであった[106]。キプロスで反乱を指導したサラミスのオネシロスは庶民だったのか[107]。カリアで離反を指導したのはキーナスト自身の言葉によると「ペルシア人によって任命されたのではない地方の権力者」であった[108]。つまりペルシアからの離反を提唱したのも、反乱を指導したのも「外国支配の代弁者[109]」と見なされる「都市の支配者[110]」ではなかったのか。

そうすると、ペルシアの宗主権と僭主制を同等視してイオニア反乱の原因を求める伝統的な評価の枠組みは事実の面で自己矛盾をきたしてくる。僭主がギリシア人の間で著しく不評となっていて、民族の利害を裏切る存在となっていた。このようなギリシア人の間で不評な僭主を帝国統治のために利用したペルシアの支配はギリシア人の自由と自治を抑圧する存在と映ったためにイオニア人たちは自由と自治を求めて反乱へと踏み切ったのだ、とする議論はまったく後世の視角からの議論である。同時期シケリアのギリシア諸都市をカルタゴの脅威から防衛したのがシケリアの僭主たちであった、ということが都合よく無視されているのと同じである[111]。

このような視点はデロス同盟時代にアテナイから発信された「反僭主」と「民主政」のイデオロギーを反映するものである。それはアリスタゴラスがミュウスに集結中であった艦隊で提案した「イソノミエ」という言葉をあまりにも過大評価しすぎることによって招来された見方であると言えよう。

キーナストは僭主の逮捕はイアトゴラスによって彼が乗艦している艦の中で行なわれたのであって、将兵たちの目の前で行なわれたのではないと考えている[112]。重要なのは僭主の追放によってイオニア諸都市における「貴族」が圧倒的な影響力を行使する旧来の権力構造は影響を受けていないことである。[113] アリスタゴラスはイソノミエ、すなわち民衆に一定の発言権を認める制度を導入したが、貴族たちの支配的な地位を危くすることは無かった。キーナストによるとイソノミエによって体現される国家制度は貴族制的な構造を有していて、貴族の決定的な影響力を殺ぐものではなかった。[114] 僭主は追放され、彼らの財産は没収されたけれども、僭主の同情者は広範囲に残されていたのである。[115]

このようなキーナストの見解はイソノミエから類推されてきたイオニア反乱に見られる民衆革命的要素を小さく評価する学説につながっている。民衆の反乱という伝統的な見解に対して古くはグランディーが、[116] 新しくはヴァルターやウッドが異論を展開する。

イオニア反乱という形で現実化するアジアのギリシア人の反乱はグランディーによればナクソス遠征の失敗のあと急に浮上してきたものではなく、すでにスキュティア遠征時にギリシア人僭主たちのあいだで醸成されていたものであった。[117] そしてこの反乱計画の中心にいたのがアリスタゴラスであった。[118] しかし、ペルシアの後押しによって権力を維持している僭主たちがどうしてペルシアからの離反を長年にわたって計画していたのか、その理由がグランディーからは明らかとならない。とりわけ、「ペルシア人はその時代にあって例外的に忍耐と寛大さの政策に従ったように思われる」[119] と評価されているのに。

イオニア反乱をイオニア人の反乱でなくイオニアの貴族社会の構造的問題に原因があると論じたのがヴァルターである。[120] ヴァルターはアルカイック期アテナイの「貴族制」についてのシュタールの説を論の根底にすえる。[121] 小さな血縁集団に組み込まれ比較的小規模な土地資産に依存する貴族のオイコスは、ポリスという狭い枠のなかで絶えざる競争のなかに置かれていた。政治的敗者は資産を没収され、勝者によって被った恥辱を晴らすために亡命という手段を取った。外部の支援によって僭主の地位を手に入れる者もいたが、その地位は安定したものではなく復讐心に燃える競争者によって脅かされていた、と指摘する。[122] そのうえで、ポリス内部での内訌とペルシア支配とは密接な関係があるとし、[123] ミレトスにおけるイオニア反乱の勃発をこの都市における一種の内訌状態の結果として説明することは可能である、と考えているのである。[124]

そしてイオニア反乱の原因を少なくともミレトスにおいて「商業的利益」とか「真正のギリシア的自由への衝動」のような非常に不十分なカテゴリーのなかに捜し求められるべきではなく、原因はおそらく組織化されていない、競争倫理の影響を受けている貴族層の内部構造やこの構造の結果としての内訌のなかに見いだされるべきものである、と言う。[125]

ハリスはアリスタゴラスの行動は彼単独のものではなく、その背後にミレトスの寡頭派勢力の意思があると指摘している。[126] これは見過ごすことのできない指摘である。ダレイオスは富裕者層、寡頭派の人々に力点を置きそのような人々のなかから僭主を任命して後援するという形でイオニア諸都市の支配権をこの人々に委ねたのである。[127] ハリスによるとミレトスの寡頭派体制が課せられたのは五二〇年頃のことであり、ミレトスの僭主ヒスティアイオスはこのグループの出身者であった。[128] ハリスのこの指摘はペルシア支配下のイオニアの僭主制を評価するうえできわめて重要なものであると言わざるを得ない。

イオニアの僭主制がある程度ペルシア王や総督と僭主の個人的な関係にのみ基盤を有しているのではなく、それぞれの都市に比較的強固なそして広範囲な支持基盤を有していたと想定しうる可能性を提示しているからである。残念ながら史料はアリスタゴラスとその党派についてしか私たちの手もとには無い。

ダレイオスはイオニア支配のためのシステムとして僭主制を採用し強制したのだろうか。筆者は小アジア西岸に現われる僭主は功績に対する恩賞によって人々の忠誠を集めていこうとするダレイオスの意思の産物と考えている。つまり小アジア西岸に現われる僭主制はペルシア帝国のシステムだとする必要はない。これらの僭主は何らかの形でダレイオスに顕著な功績を上げた人物であって、その功に報いるべく恩賞として僭主の座を与えられた人々であった。

何れにせよイオニアにおける画一的な僭主制の広がりについては疑問が残る。何故ミュウスで逮捕された僭主のなかに一人としてイオニア人僭主の名前が列挙されていないのか。[129] 何故カリア人僭主とアイオリス人僭主の名前だけが具体的に言及され、イオニア人僭主が「その他大勢(allous sychnous)」の範疇に入ってしまうのか。そしてイオニアの僭主を「その他大勢」のなかに含めることでイオニアのすべての都市において僭主制が崩壊したと言い切れるのか。

また、ミュウスでの集会の後、各都市に引き渡された僭主の多くが処刑されることなく釈放され、亡命を許されたのは何故なのか。彼らがサルディスのペルシア人総督のもとに逃亡することは自明であったのに。ジョージスはこのことこそイオニア人にはペルシアと戦争をするつもりは無かったことを示す証拠だと考えている。[130] ペルシアの庇護を受けているこれらの僭主を処刑することはペルシアの報復を招くこととなるからだ。

しかし、これは逆ではないだろうか。ペルシアの報復を恐れて処罰を抑制したのではなく、僭主に対する不満、怨恨がそれほど強くなかったからだ。それに各都市においてクーデタに加担した人々は、ミレトスのように、このときまで僭主を支えてきた党派を構成してきた人々であったからではないだろうか。そのなかにはイアトゴラスのように僭主の親族である人々も混じっていただろう。また、僭主を処刑したミュティレネに対してペルシアがそのような報復を行なったとは記されていない。この点でジョージスの論を認めることはできない。

要は、当時のイオニア人の間にアテナイでのように強い反僭主感情が市民たちの間に横溢していなかったことを物語っている。それに無機的な民衆が僭主の逮捕と「イソノミエ」の制定において積極的にかかわったというよりは、この一連の出来事がきわめて短期間のうちに広範囲に生じたことはアリスタゴラスとその党派の人々がイオニア、さらには小アジア西岸に築いてきたある種のネットワークを通じてであったことを考えさせる。幸いナクソス遠征に参加していた艦隊はそのネットワークによって集結していたので、各都市の主だった人々の了解を取り付けることはそれほど困難ではなかった。つまり、「イソノミエ」の導入によって僭主はいなくなったけれども、都市内部の権力構造に変化はなかったからである。

帝国の構造的矛盾——帝国内部の対立

ペリクレス・ジョージスはイオニア反乱についてダレイオスが新たに導入したペルシア王への忠誠とペルシア王からの恩賞をめぐるペルシア人貴族や従属民有力者間の競争と対立を促すシステムに原因があると考えている(131)。つまりイオニア反乱はペルシア王の好意をめぐるペルシア人貴族や属州有力者間に生じた敵対と競争にあるとする。これをジョージスは「ペルシア現象」と名付けている(132)。簒奪者であったダレイオスはペルシア人貴族のみならず属州民の間にも服従と褒賞に基づく人的な関係を新しく構築しようとしたのである(133)。そこにはペルシア人貴族もギリシア人僭主も地位において変わりはなかった。

この点についてはブレミールやハリスの議論と共通する面がある。ブレミールはペルシア王が習慣として総督たちを信用しなかったこと、そして彼らの権力を制限するような方策なら何でも歓迎したということを研究者たちは忘れている、と指摘する(134)。将軍や総督たちの間での不穏な動きを監視するために「王の目」や「王の耳」に代表される情報機関が作られたが、イオニア人僭主はそのような役割を担わされていたという。そして僭主の地位の授与はそのような奉仕に対する褒賞として好まれた方策であった。ペルシア王はギリシア人を好んで登用したが、そのことはペルシア人貴族のギリシア人に対する憎しみや反発を引き起こしていた(135)。ブレミールにとってヒスティアイオスの没落、テミストクレスやデマラトスなどはその典型的な事例となる。つまり、ペルシア王は総督などへの権力の集中と謀反の動きを抑止するためにギリシア人僭主を活用し、そのことがペルシア人高官とギリシア人ブレーンとの軋轢を生じていたとブレミールは論じる。

同じようにペルシア人官僚と従属民との軋轢を指摘するのがハリスである。ペルシアはその従属民に広範囲な自治を認めたが、それでも様々な制約があり特にペルシア人官僚と従属民の自治政府との衝突・意見の相違はよく起きた。そのよう場合、従属民は繰り返し王に直接自らの立場を訴える必要があった、と指摘する。(136) ハリスは従属民の自治が制約されていたためにこのような事態が頻発したということを示そうとし、繰り返されるペルシア人官僚と従属民との衝突を重視するのである。しかし、ハリスが言うように特定の地に留まらず帝国各地に同様のことが起こりしかも特異な事例ではないということなら、このような帝国官僚と従属民との衝突・対立はむしろペルシア帝国の構造的な問題と考えるべきではないだろうか。

ブレミールやハリスの議論で重要なことはこのような対立・衝突をある意味ではダレイオスが意図していたということであろう。つまり当事者は自らの立場を有利にするために大王に直接訴えることができたし、繰り返し訴え続けたからである。この従属民からの訴えを聞き、従属民の意を汲み取る形で裁定することは帝国の多くの臣民層を構成する従属民の間にペルシア王を慈愛の深い支配者という印象を作り上げることとなり、彼らの感謝の気持ちと行為、忠誠心を一身に集めることとなる。そうすることで各属州に強大な権力を持つ総督が王を僭称してダレイオスに反逆する動きを抑止できると考えたのであろう。

しかし、アリスタゴラスの事例はこのシステムがダレイオスの考えたような方向に動かなかったことを示している。アリスタゴラスはメガバテスとの衝突、アルタプレネスの信頼喪失のなかでダレイオスに訴え嘆願する道を採らず、イオニア人を巻き込んでペルシアの宗主権に対して反旗を翻す道を採ったからである。

つまり、イオニア反乱、少なくとも反乱を指導したアリスタゴラスのペルシア王に対する反旗は有力な帝国官僚を競わせようとするダレイオスの帝国統治のシステムが生み出した必然的な結果であった。

経済的背景

イオニア反乱の背景にペルシア統治下に進行したイオニアの経済的困窮に原因があると最初に論じたのがレンシャウである。[137] つまり、ペルシアは組織的にエーゲ海貿易において忠実な臣民であるフェニキア人を贔屓にして、結果としてイオニア諸都市を麻痺させる傾向があったと言うのである。

『ケンブリッジ古代史』に「イオニア反乱」を書いたオズウィン・マリーによるとイオニア反乱は必然であった。[138] その背景にはイオニアのギリシア人と征服者であるペルシア人との間の政治と経済面での軋轢があった。ペルシアがイオニアをその版図に組み込んで以降、ギリシア世界では民主政への願望は強まり、ペルシアからの自由と僭主制からの自由とは同等視されるようになっていた。[139] ペルシアがギリシア以外の地で成功した地方の君主や強力な神官団がギリシアには欠如していた。それにダレイオスの下で贈り物は毎年銀貨で支払われる公租となり、オリエントの官僚制に初めて直面させられることとなった。[140]

政治的緊張以外に経済的な要因があった。ペルシアの膨張はイオニア諸都市の商業活動に大きな打撃を与えた。フェニキア人の台頭はイオニアと西方世界との交易を分断し、穀物市場であるエジプトとの交易を遮断してしまったのである。マリーによると、エジプトとの交易の断絶はナウクラティスでの考古学資料の断絶によって証明される、と。[141]

同様に穀物と奴隷貿易で重要なスキュティアとの貿易、木材や皮革、銀、奴隷の交易で重要なプロポンティスやトラキアとの交易が何れもペルシアによる軍事活動によって影響を被ってしまった。[142] またリュディアやエジプト王国の没落は伝統的な傭兵市場であったこれらの国々を失わせることとなった。[143]

このマリー説はイオニア反乱に関する伝統的な学説を踏襲しており、決して特異な説ではない。ハリスもペルシア、とりわけダレイオスによる過重な徴税（帝国税と属州地方税を合わせると決して軽微な負担ではないとハリスは主張する）と国庫に金銀を地金として退蔵してしまう財政政策を「破滅的な通貨政策」と呼んでいる。[144] ハリスによれば属州から徴収された貨幣のほとんどが当該属州に還元されること無く、国庫に退蔵され、属州では金や銀が枯渇し財政危機に陥ってしまったと主張する。[145] 加えてダレイオスのスキュティア遠征の副産物としてペルシアがトラキア地方を制圧したことが銀の枯渇を促進し、イオニア諸都市に深刻な影響を及ぼしたとする。[146] これはヘロドトスの記述から膨らまされた印象でもあろう。[147]

このマリーの説に対しては古いけれどもローバックの指摘が重要な反論の糸口を提供している。[148] ローバックはイオニア同盟の起源を前九世紀末以降生じたホメロス的擬似封建関係（アガメムノンのような王とネストルやオデュッセウスのような人物との関係）の解体とイオニア諸都市の成立に求める。[149] そのなかで注目されるのはアテナイがイオニア人たちのメトロポリス、すなわち母市だという主張を「誇張」だとし、そのような伝承の大部分はペルシア戦争後に起源を有しているとしている点である。[150] それに反乱を主導したミレトスがペルシア支配下にあって非常に繁栄していたという指摘はイオニアの経済的困窮を反乱の原因とする説に対する反論の論拠として参考できる。[151]

バルサーもマリーの言う経済的困窮説を批判する。[152] アケメネス朝は政治的にはイオニアを抑圧したけれども、経済的には抑圧しておらず、ペルシア支配下のイオニアはむしろ経済的には繁栄を極めていたと論じ、イオニアの文化的衰退はペルシアの経済的な抑圧ではなく政治的抑圧に起因すると主張する。[153] その論点は四つある。[154]

一、通貨ならびに財政特性はペルシア支配下のイオニアが経済的に反映していたことを指し示している。

二、アケメネス朝はミレトスを除いてはイオニアの経済的発展を破壊していない。

三、テオスの財政ならびに貨幣経済の特性はアケメネス朝期を通じて実質的な発展があったことを示している。
四、アケメネス朝の帝国政策以上にイオニア経済を弱らせたのはアテナイの帝国政策であった。

マリー説を最も厳しく批判しているのがジョージスである。ナウクラティスにおけるギリシア土器の欠如の理由としてジョージスはギリシア人の穀物貿易の中心が黒海に移ってしまっていたこととエジプトにおけるギリシア人商人の活動の中心がメンフィスに移されていたことを指摘する。(155)それに自ら貨幣を造幣していなかったフェニキア人やエジプト人は交易を通じてギリシアの銀貨を入手しようと務めたし、(156)エーゲ海域における銀の大生産地であるトラキア地方をペルシアが征服したことによってギリシア諸都市への銀の供給が増え、ペルシア支配下の多くのギリシア諸都市では銀貨を発行するようになる。(157)ペルシア帝国はカリア人やギリシア人傭兵を必要とし、雇用のために貨幣を発行したとし、(158)貢税として帝国に納められた貨幣の多くは宮殿に退蔵されることはなくギリシア世界に還流していったと主張するのである。(159)

筆者はこのジョージスの批判は妥当なものと考えている。実際、ヘロドトスはナクソス遠征時のミレトスを繁栄の頂点に達しており、「イオニアの華（tes Ionies en proschema）」と謳われたことを証言している。(160)それに反乱の口実としてイオニアの経済的困窮は言及されていないことも付け加えておきたい。もしトラキアからの銀地金の供給不足、エジプトなどの海外市場の喪失、貢税負担の重圧、経済的困窮などをイオニア人が強く意識していたのなら何らかの形で史料に言及されているはずである。しかしそのようなペルシア支配に伴う経済的困窮をアリスタゴラスもイアトゴラスも、そしてヘカタイオスも口にはしていない。

反乱の原因

イオニア反乱はアリスタゴラスとその政権を支えていたミレトスの有力者からなる党派が計画し指導した反乱であった。アリスタゴラスを反乱に踏み切らせたのはサルディスの総督アルタプレネスとの約束を果たせず、信任を失ってミレトスにおける支配権（basileuein）を取り上げられてしまうのではないかという恐れの念であった。

奉仕と褒賞によって結ばれる社会は失敗や怠慢と懲罰によって人々を切り離していく社会でもある。ペルシアの官僚制は私たちが知っている秦漢帝国の官僚制とはかなり違っている。郷村レベルまで国家統制の網がかぶせられていた秦漢帝国とは異なりペルシア帝国においては国家権力の存在はあまりにも希薄である。反乱が生じたときイオニアの諸都市にはペルシア人あるいはメディア人官僚の姿はまったく見られなかった。それどころかメガバテスとその護衛隊が艦隊から引き揚げて以降は軍事力の存在すら確証できない。エペソスに集結した反乱軍はサルディスに至るまでペルシアの軍事力と遭遇することは無かった。(161) イオニアにおけるペルシアの意思は藩属関係にある僭主を通じてしか伝えることができなかったのである。

奉仕と恩賞は人々の忠誠を権力の頂点に向かわせ集中させるが、同等の者の間では上位の者の好意をめぐって激しい競争が繰り返される。これは臣下の者が強大な影響力と力を持つのを予防しようとする配慮の結果であった。有力者同士の競争と反目はしばしば敗者を反逆へと走らせてしまう。それは絶望の産物であった。アリスタゴラスの反逆は帝国の構造的矛盾から生み出されたと言えよう。

僭主制の廃止とイソノミエの導入は大衆的支持を得ようとする思惑の産物である。それ自体が反乱の原因だったかどうかは分からない。従来の研究はこの問題を過大に評価してきたのではなかろうか。

まず逮捕されそれぞれの都市に引き渡された僭主は何れもイオニアの僭主ではない。ミュラサとテルメラは『アテナイ貢税表』ではカリア地区に編入されているし、(162) ヘロドトスによればキューメーもミュティレネもアイオリス人の都市である。[163] それにアリスタゴラスを除いてイオニアの僭主の名前が挙げられていない。我々はスキュティア遠征の記述からキオスとサモス、それにポカイアの僭主が「その他大勢の者たち」のなかに入るだろうということを推測するにすぎない。[164] つまりダレイオスの下でイオニアにどの程度僭主制が課せられていたのかがはっきりしていない。

第二に引き渡された僭主の内ミュティレネのコエスを除いては処刑されることなく放免されている。[165] もしイオニア反乱がペルシアの傀儡僭主制を原因としていたのならより厳しい処置を各都市は取ったはずである。第三に僭主制が廃止されてもミレトスではアリスタゴラスが、その他の都市では任命された将軍が指導権を掌握していた。[166] 僭主を辞した後もアリスタゴラスが専制的な支配を続けたことはヒスティアイオスの帰国を拒んだミレトス人の心境を語るヘロドトスの記述から明らかである。[167]

要するにイオニア反乱は僭主制の打倒を目的とする大衆の革命ではなく、ダレイオスの下で権力を支えてきた有力者たちのクーデタにすぎなかった。それ故に僭主は放逐されてもそれを支えた権力構造は基本的には変化はなかった。つまりイオニア反乱はアリスタゴラスと彼を支えてきた有力者たちとその同盟者たちの反乱であってその反ペルシア志向は明白であり、この点でジョージスの主張を受け容れることはできない。反乱の原因はペルシア帝国のシステムのなかでアリスタゴラスが追い詰められたと強く感じたことに帰せられる。[168] そしてその実行を決断させたのはミュウスに集結していたイオニア艦隊の存在[169]とナクソス遠征の失敗を通じてペルシアが軍事的に弱体であるという過小評価[170]であった。

註

（1）Hdt. VI. 18.

(2) Hdt. VI. 18-20. このヘロドトスの記述は最近の考古学発掘によって確認されている。Cf. V. B. Gorman, *Miletos, The Ornament of Ionia : A History of the City to 400 B.C.E.*, Ann Arbor, 2001, pp. 167, 195, 204, 210, 212 ; A. M. Greaves, *Miletos : A History*, London/New York, 2002, pp. 132f.

(3) G. Walser, "Persischer Imperialismus und Griechische Freiheit", *Achaemenid History* 2, Leiden, 1987, S. 161.

(4) Hdt. V. 49 : スパルタについてはJ. A. O. Larsen, "Sparta and the Ionian Revolt", *CP*. 37, 1932, pp. 136-150を参照のこと。ラルセンはアルゴスとの緊張がスパルタの足かせになっていたと論じる。アテナイについてはM. McGregor, "The Pro-Persian Party at Athens from 510 to 480 B.C.", in *Athenian Studies presented to W. S. Ferguson, HSCP* Suppl. I, Cambridge Mass., 1940, pp. 71-95 ; L. Orlin, "Athens and Persia, ca. 507 B.C. : A Neglected Perspective", in *Michigan Oriental Studies in Honor of G. G. Cameron*, Ann Arbor, 1976, pp. 255-266 ; A. E. Raubitschek, "The Treaties between Persia and Athens", *GRBS*. 5, 1964, pp. 151-159. またアリスタゴラスのアテナイにおける演説についてはヘロドトスの創作という意見もある。D. Kienast, "Bemerkungen zum jonischen Aufstand und zur Rolle des Artaphernes", *Hist*. 51, 2002, S. 11, n. 37.

(5) V. Ehrenberg, *From Solon to Socrates*, London, 1968[paper], p. 123.

(6) G. Harris, *Ionia under Persia : 547-477 B.C*. unpublished diss. Evanston, Illinois, 1971, pp. 193, 211-212.

(7) この問題についてはR. J. Seager-Chr. Tuplin, "The Freedom of the Greeks of Asia : On the Origins of a Concept and the Creation of a Slogan", *JHS*. 100, 1980, pp. 141-154を参照のこと。シーガーとタプランは小アジアに住むギリシア人が統一されたものと見なされることは前四世紀までなかったし、彼らの解放が唱えられることもなかったと言う。

(8) Hdt. V. 38.

(9) Hdt. VI. 14.

(10) Hdt. V. 49.

(11) 拙稿「ギリシア人とリュディア人」『社会科学』六八、二〇〇二年、二七～四八頁（本書第一章第一節、一七～四一頁）。

(12) Cf. Walser, *Hellas u. Iran*, S. 1-11.

(13) E. g. Walser, "Imperialismus", S. 162.

（14）Hdt. V. 36.

（15）Hdt. V. 35.

（16）D. Lateiner, "The Failure of the Ionian Revolt", *Hist.* 31, 1982, p. 129 ; Walser, "Imperialismus", S. 162：「彼（ヘロドトス）は小アジアのギリシア人同胞を否定的に評価し彼らの政策に関しては批判に満ちていた」とヴァルザーは論評する。このヴァルザーのヘロドトス評価は前五世紀のアテナイ帝国期のアテナイを中心とするイオニア人に対する一般的評価を踏襲するものと考えられる。

（17）Hdt. V. 124.

（18）E. g. G. B. Grundy, *The Great Persian War and its Preliminaries*, London, 1901 ; O. Murray, "The Ionian Revolt", *CAH.*^{2}, 4, 1988, pp. 461-490：グランディーは「彼（ヘロドトス）の反乱の歴史に関する資料は、それは大部分、おそらく、反乱に加わっていなかったアジアのドーリス人諸都市に起源を有しているのだが、明らかにイオニア系ギリシア人に対して彼に偏見を植え付けるような性格のものだった」と論じ（Grundy, p. 104）、マリーはイオニア反乱に関するヘロドトスの記述が個々人の愚行と裏切り、英雄的行為にまつわるエピソードに断片化してしまった敗者の民話であって、信頼に足る史料ではないという主張する（Murray, p. 470）。

（19）E. g. G. Busolt, *Griechische Geschichte bis zur Schlacht bei Chaeroneia*, II, Gotha, 1895^2, S. 7, n. 4.

（20）Hdt. V. 37.

（21）Th. Lenschau, "Zur Geschichte Ioniens", *Klio*, 13, 1913, S. 175-183.

（22）J・ハーゼブレック著、原随園・市川文蔵訳『都市国家と経済』創元社、一九四三年、二一二～二一八頁。

（23）Murray, "Revolt", pp. 461-490.

（24）V. Ehrenberg, *Solon to Socrates*, p. 119.

（25）P. B. Georges, "Persian Ionia under Darius : The Revolt reconsidered", *Hist.* 49, 2000, pp. 1-39.

（26）J. M. Balcer, *Sparda by the Bitter Sea : Imperial Interaction in Western Anatoria*, Chico, 1984.

（27）Georges, "Persian Ionia", pp. 17-18.

（28）Ibid., p. 25.

(29) Ibid., pp. 25-26.
(30) Kienast, "Bemerkungen", S. 1-31.
(31) P. Briant, *Histoire de l' Empire perse de Cyrus à Alexandre*, Paris, 1997.
(32) J. M. Balcer, *The Persian Conquest of the Greeks 545-450 B.C.*, *Xenia* 38, Konstanz, 1995.
(33) Kienast, "Bemerkungen", S. 1.
(34) Ibid., S. 18.
(35) Ibid., S. 19.
(36) J. A. S. Evans, "Histiaeus and Aristagoras", *AJP*. 84, 1963, pp. 113-128.
(37) Kienast, "Bemerkungen", S. 19.
(38) Grundy, *Persian War*, pp. 79-144.
(39) Ibid., p. 84.
(40) Ibid., p. 85.
(41) A. Blamire, "Herodotus and Histiaeus", *CQ*. 53, 1959, pp. 142-154.
(42) Ibid., p. 146.
(43) H. Wood, *The Histories of Herodotus. An Analysis of their Formal Structure*, Den Haag, 1972, p. 124.
(44) U. Walter, "Herodot und die Ursachen des Ionischen Aufstandes", *Hist.* 42, 1993, S. 257-278.
(45) Ibid., S. 269, n. 44.
(46) Ibid., S. 278.
(47) M. Stahl, *Aristokraten und Tyrannen im archaischen Athens*, Stuttgart, 1987, S. 56ff., 256ff.
(48) 師尾晶子「アケメネス朝ペルシア支配下の小アジア沿岸ギリシア」『歴史評論』五四三号、一九九五年、二六〜三六頁。
(49) K. J. Beloch, *Griechische Geschichte*, II. 1, Strassburg, 1967, S. 6.
(50) Ibid., S. 7.
(51) Hdt. V. 26.

料金受取人払

山科局承認

59

差出有効期間
平成18年4月
20日まで

郵便はがき

6 0 7-8 7 9 0

（受　取　人）
京都市山科区
日ノ岡堤谷町1番地
（山科局私書箱 24）

㈱ミネルヴァ書房
読者アンケート係 行

◆ 以下のアンケートにお答え下さい。

お求めの
書店名＿＿＿＿＿＿＿＿＿＿市区町村＿＿＿＿＿＿＿＿＿＿＿＿＿＿＿書店

* この本をどのようにしてお知りになりましたか？ 以下の中から選び、3つまで○をお付け下さい。

A.広告（　　　　）を見て　B.店頭で見て　C.知人・友人の薦め
D.著者ファン　E.図書館で借りて　F.教科書として
G.ミネルヴァ書房図書目録　H.ミネルヴァ通信
I.書評（　　　　）をみて　J.講演会など　K.テレビ・ラジオ
L.出版ダイジェスト　M.これから出る本　N.他の本を読んで
O.DM　P.ホームページ（　　　　　　　　　）をみて
Q.書店の案内で　R.その他（　　　　　　　　　）

書　名　お買上の本のタイトルをご記入下さい。

◆ 上記の本に関するご感想、またはご意見・ご希望などお書き下さい。
「ミネルヴァ通信」での採用分には図書券を贈呈いたします。

◆ よく読む分野（ご専門）について、３つまで○をお付け下さい。

1. 哲学・思想　2. 宗教　3. 歴史・地理　4. 政治・法律
5. 経済　6. 経営　7. 教育　8. 心理　9. 社会福祉
10. 高齢者問題　11. 女性・生活科学　12. 社会学　13. 文学・評論
14. 医学・家庭医学　15. 自然科学　16. その他（　　　　）

〒 ご住所	Tel　（　　　）	
お名前《ふりがな》	年齢 歳	性別 男・女
ご職業・学校名 （所属・専門）		
Eメール		

ミネルヴァ書房ホームページ　http://www.minervashobo.co.jp/

(52) Hdt. V. 26-27.
(53) Hdt. V. 27.
(54) Hdt. VII. 1.
(55) Hdt. IX. 104.
(56) Aesch. *Persae*, 754-758.
(57) Kienast, "Bemerkungen", S. 17.
(58) Ibid., S. 18.
(59) Hdt. V. 49 ; 97.
(60) Georges, "Persian Ionia", p. 12.
(61) Hdt. V. 30.
(62) Hdt. V. 31.
(63) Hdt. V. 32.
(64) ところで遠征軍を構成する同盟軍という表現は理解しにくい。というのはペルシア人にとってペルシアと対等の関係にある同盟国の存在は在り得ない。ペルシア人の視点に立てばペルシア軍とペルシアの宗主権下にある藩属民の軍しか在り得ないからである。したがってこの文はミレトスのアリスタゴラスの視点から、あるいは少なくともイオニア人の視点から書かれていると考えた方が良さそうである。同盟軍とはミュンドスなどのドーリア諸都市やサモスなどのミレトスと同盟関係にある諸都市からの部隊という意味なのだろう。メガバテスがこれらの部隊を率いてミュウスにやってきたときに、すでにアリスタゴラスが準備していたイオニア諸都市の部隊が集結していてかれの到着を待っていたのである（Hdt. V. 33)。ペルシア人部隊は初めから少数であり、司令官メガバテスの親衛隊程度にすぎなかった（Hdt. V. 33)。大部分はアリスタゴラスと個人的な関係のあるギリシア諸都市からの派遣軍であった。
(65) J. S. Morrison and J. F. Coates, *The Athenian Trireme*, Cambridge, 1986, p. 225.
(66) Hdt. V. 30-31.
(67) 確かに遠征軍の司令官としてヘロドトスはメガバテスの名を挙げているが（Hdt. V. 32)、同時にアリスタゴラス自身がメガバテスに対してメガバテスは自分の命令下に置かれていると発言し、メガバテスも否定していない（Hdt. V. 33)。

(68) Kienast, "Bemerkungen", S. 7.

(69) Ibid., S. 8.

(70) Hdt. V. 33.

(71) Ibid.

(72) Evans, "Histiaeus", pp. 118-119：エヴァンズはメガバテスの内通がギリシア人乗組員の間で流れていた噂にすぎないと考えている。ハートはメガバテス内通の噂は遠征が失敗したときに互いにその責任を擦り付け合う過程のなかで生み出されていったとする。J. Hart, *Herodotus and Greek History*, London/Canberra, 1982, p. 86.

(73) Walter, "Herodot", S. 262.

(74) Hdt. V. 34.

(75) Cf. Hdt. V. 33.

(76) Hdt. V. 35.

(77) Hdt. V. 36.

(78) Hdt. V. 37.

(79) Hdt. VI. 1.

(80) Hdt. V. 35.

(81) E. g. Blamire, "Herodotus", p. 146：イオニア人の不満は第一義的に時代遅れな僭主制をペルシアが支持していることにあったとブレミールは言う。

(82) Hdt. IV. 137.

(83) Hdt. V. 37.

(84) A. Andrewes, *The Greek Tyrants*, London, 1969, pp. 123-124.

(85) Burn, *Persia and the Greeks*, pp. 193-220.

(86) Ibid., p. 193.

(87) Ibid., pp. 193-195.
(88) Harris, *Ionia*, p. 190.
(89) Ibid., pp. 94-96.
(90) Ibid., pp. 96-104.
(91) Ibid., pp. 104-108.
(92) Ibid., p. 108.
(93) Ibid., p. 106.
(94) Ibid., p. 108.
(95) Ibid., pp. 108-114.
(96) Ibid., p. 114.
(97) Georges, "Persian Ionia", pp. 1-39.
(98) Ibid., p. 20.
(99) Ibid., p. 21.
(100) Ibid., p. 22.
(101) Ibid., p. 23.
(102) Kienast, "Bemerkungen", S. 1-31.
(103) Ibid., S. 19.
(104) Ibid., S. 20.
(105) Ibid., S. 19.
(106) Hdt. IV. 138.
(107) Hdt. V. 104：オネシロスはサラミスの王ゴルゴスの弟である。
(108) Kienast, "Bemerkungen", S. 19：Hdt. V. 118 においてカリア人の会合の席で背水の陣をひいて進攻するペルシア軍と決戦すべし、と説いたのはマウソロスであった。この人物はキリキア王の娘婿である。

(109) Kienast, "Bemerkungen", S. 19.
(110) Ibid.
(111) Cf. Grundy, *Persian War*, p. 87.
(112) Kienast, "Bemerkungen", S. 9.
(113) Ibid.
(114) Ibid., S. 9-10, n. 32.
(115) Ibid., S. 10, n. 34.
(116) Grundy, *Persian War*, pp. 79-144.
(117) Ibid., p. 84.
(118) Ibid., p. 85.
(119) Ibid., p. 42.
(120) Walter, "Herodot", S. 257-278.
(121) Stahl, *Aristokraten*.
(122) Walter, "Herodot", S. 275, n. 64.
(123) Ibid., S. 275.
(124) Ibid., S. 277.
(125) Ibid., S. 278.
(126) Harris, *Ionia*, pp. 101-102.
(127) Ibid., p. 101.
(128) Ibid.
(129) Hdt. V. 37.
(130) Georges, "Persian Ionia", pp. 1-39, esp. p. 24.
(131) Ibid., p. 13.

(132) Ibid., p. 12.
(133) Ibid., p. 13.
(134) Blamire, "Herodotus", pp. 142–154, esp. p. 152.
(135) Ibid., p. 153.
(136) Harris, *Ionia*, p. 97.
(137) Lenschau, "Geschichte", S. 175–183.
(138) Murray, "Revolt", p. 480.
(139) Ibid., p. 475.
(140) Ibid., p. 476.
(141) Ibid., p. 477.
(142) Ibid.
(143) Ibid., pp. 477–478.
(144) Harris, *Ionia*, p. 107.
(145) Ibid., p. 106.
(146) Ibid., p. 107.
(147) Hdt. III. 96.
(148) C. Roebuck, "The Early Ionian League", *CP*. 50, 1955, pp. 26–40.
(149) Ibid., p. 36.
(150) Ibid., pp. 34, 40, n. 63.
(151) Ibid., p. 38, n. 32.
(152) J. M. Balcer, "The east Greeks under Persian Rule : A Reassessment", in *Achaemenid History* 6, Leiden, 1991, pp. 57–65.
(153) Ibid., p. 57.

(154) Ibid., p. 58.
(155) Georges, "Persian Ionia", pp. 4-5.
(156) Ibid., p. 5.
(157) Ibid., p. 7.
(158) Ibid., p. 8.
(159) Ibid., p. 9.
(160) Hdt. V. 28.
(161) Hdt. V. 100.
(162) R. Meiggs, *The Athenian Empire*, Oxford, 1972, Appendix 14, IV nn. 13, 34.
(163) Hdt. IV. 138.
(164) Cf. Hdt. IV. 138.
(165) Hdt. V. 38.
(166) Ibid.
(167) Hdt. VI. 5.
(168) Cf. Hdt. V. 35.
(169) Hdt. V. 36.
(170) Hdt. V. 49.

第三節　ペルシア戦争は自由のための戦いか

ペルシア戦争の意義

新篇の『ケンブリッジ古代史』の第四巻に所収されている論文「イオニアの反乱」はその冒頭部分で次のジョ

ン・スチュアート・ミル（J. S. Mill）の言葉を引用している。[1]「マラトンの戦いは、英国史上の一つの事件としてすら、ヘースティングスの戦いよりも重要である」、とペルシア戦争中に戦われたマラトンの戦いの歴史的意義を非常に高く評価する。問題となるのはそれに続く箇所であると思われる。「もしその日の結果が違っていたら、ブリトン人とサクソン人は今なお森の中を彷徨っていることになったであろう。」これはペルシア帝国に対する、そしてアジアに対する、大変な偏見の産物と言わざるを得ない。しかし重要なのは、このような評価が古代ギリシア以来連綿としてヨーロッパ人の間に引き継がれてきた、ということであろう。

日本におけるヨーロッパ古代史の研究が、欧米の先行する研究を参照しこれらの研究に内在する問題意識や価値観を共有するようになるのは、当然の結果と言えよう。

馬場恵二氏がペルシア戦争を評価して、その著『ペルシア戦争　自由のための戦い』のなかで、「『(第二回）ペルシア戦争』は、ギリシア世界に人間存在のすべての面にわたる大きな影響を与えた。なかでも重要なのは民族の自覚と表裏一体となった『自由』の発見である」と述べておられるのはその例であろう。[2]

このような評価は今日では教科書化された古典的な見方であると言って差し支えないと思われる。ある高校の世界史の教科書には、ペルシア戦争の歴史的評価として、「オリエント的専制に対する、ポリス市民の自由の勝利を意味した」、という指摘がなされている。[3]

問題はまさしくこの点にある。確かに史料は、スパルタを中心とする同盟軍を「ギリシア人（hoi Hellenes）」と呼び、彼らの戦いが「ギリシアの地が自由のままであること（ten Hellada perieinai eleutheren）」を目的としていることを、明言している。[4]それにもかかわらず、侵攻するペルシア軍に抵抗し抗戦することが「自由のための戦い」であるという理念が同時代のギリシア人に共有されていたのかどうか、疑問は残る。何故なら、多くのギリシアのポリスがペルシア王の傘下に入るかあるいはペルシアに対して好意的中立の立場を堅持したことを同じ史料は伝えたペルシア戦争を今ここで再評価し直してみることは重要であるように思われる。

人の世界観が批判され、新しいアジア像が構築されようとしている今日、ヨーロッパ人のアジア像の出発点をなし

して疑念を提示し、修正を迫ってきている。アジアに対して否定的な評価しか下してこなかった近代のヨーロッパ

ヴァルザー（G. Walser）[6]やバルサー[7]などの最近の諸研究はこのような伝統的、教科書的なペルシア戦争史観に対

ているからである。[5]

古典的評価

ペルシアと戦ったギリシア人にとってペルシア戦争は「自由のための戦い」であった。

第二次世界大戦後の一九五八年、アメリカ人考古学者ジェイムソン（M. Jameson）によってペロポネソス半島にあるトロイゼンという町にあるとあるカフェーで発見された一枚の大理石製の碑文は大変な内容を含んでいた。[8]碑文は二年後の一九六〇年に『ヘスペリア』誌に公表された。[9]碑文の歴史的信憑性に関する論争についてはメクズ（R. Meiggs）とルウィス（D. Lewis）が簡潔にまとめている。[10]

碑文を本物として扱うには、碑文の三行目に見られる書式、すなわち法案提案者の名前に父称（「ネオクレスの子の（Neokleous）」）や区名（「プレアリオイ区民の（Phrearrios）」）をつけるという書式、は前三五〇年以前のアテナイの文書には用いられていない形式であるという問題がある。そして何よりも無視し難いのは、ペルシア戦争に関する一級史料であるヘロドトスの記述と、この碑文の法案決議の時期やアルテミシオンならびに本国周辺の水域に出動する艦船の規模に関して一致していないという点である。

ヘロドトスによれば、アテナイがその婦女子をトロイゼンやアイギナ、およびサラミスに疎開させる布告を行なったのはテルモピュライおよびアルテミシオンの戦い以後である。[11]しかし碑文は、艦隊がアルテミシオンに向けて

出動すると同時に、すなわちアルテミシオンの海戦より前に、婦女子や老人の疎開作業を実施するように提案しているのである。(12)

出動する艦隊の規模もヘロドトスとは一致しない。ヘロドトスによると、最初アルテミシオンに派遣された艦隊は一二七隻の規模であった。(13)それに対して碑文が提案している艦隊の規模は一〇〇隻にすぎない。(14)

さらに、前五世紀の碑文の用語としてアクロポリスを指すのに polis という言葉が用いられるのに対して、碑文では akropolis という同時代の文書には用いられていない言葉が使用されている。(15)

この他にも前五世紀の法案としてはありえないような記述があって、この碑文の法案そのものが後世の捏造という主張が有力である。そして信憑性を否定する研究者が捏造の主犯として挙げるのが前四世紀のアイスキネスである。

前四世紀の弁論家デモステネスは第一九番の弁論『不実な使節について』のなかで、「一体誰があの長くて見事な演説をぶち、ミルティアデスの（決議文）やテミストクレスの決議文（to Themistokleous psephism'）それにアグラウロスにおけるエフェーボスたちの誓いを読み上げたのだろうか。あの男（アイスキネス）ではなかったのか」、と『テミストクレスの決議文』に言及している。(16)ここから問題の碑文が前三四八年より少し前にアイスキネスあるいは別の人物によって捏造されたのではないかと提案されるのである。

『テミストクレスの決議文』が前四世紀中頃に捏造されたものだとしても、後世のアテナイ人が自分たちの祖先の偉業をどのように見ていたのかを知るには格好の材料を提供してくれているのである。そして恐らく、ハドリアヌス帝時代に生きていたプルタルコスはクラテロスの法令集成を通じてこの決議を知っていたようである。何故ならプルタルコスもまた、テミストクレスの決議文の概要を記述しているからである。「この提案が通って、ポリスをアテナイを守護し賜うアテーナに委ね、壮年にある全員が三段櫂船に搭乗し、子供たちや女性たちや奴隷たちをできる限り安全に疎開させるべきこと、という決議を提出したのである。[17]」

さて、碑文の内容を検討してみよう。碑文の提案者はテミストクレスである。[18] このテミストクレスは、ペルシア戦争前後の時期、アテナイの政界を牛耳っていた人物であり、サラミスの海戦の勝利を演出した人物でもあった。[19]

碑文は、ペルシア軍の来攻を前にして、アテナイの町を放棄し、非戦闘員ならびに財産の疎開を取り決めた後、一二行目から一八行目にかけて二〇〇隻の三段櫂船に成人に達した全市民および在留外人が搭乗してスパルタを中心とする同盟軍と共同してペルシア軍と決戦を交えることを宣言している。[20]

市民等の配属と搭乗手続きが示された後、[21] 艦隊のうち半数はアルテミシオンに向けて出向すること、残りの半数は本土周辺の水域に留まって疎開作業を円滑に行なうために、警戒の任務につくことを指示している。[22]

この碑文で重要なのは一五行目から一六行目にかけての字句であろう。すなわち、「我ら［ならびにその他のギリシア人の］自由の［ために夷狄の民を］撃退すべき［こと］(amynes[thai]t[om barbaron hyper tes]eleutherias tes te heauton[kai ton allon Hellenon])」、と、この戦争の目的を高らかに表明している箇所である。[23] 決議提案者にとって、あるいは決議文捏造者にとって、ペルシア軍との戦いを「自由のための（hyper tes eleutherias）」戦いであると強調することが重要であった。

トッド（M. N. Tod）の『ギリシア碑文選集』第二巻に集録されている第二〇四番の碑文もまたアイスキネスらの捏造と関連しているのかも知れない。五行目から六行目にかけて碑文は「エフェーボスらが誓った父祖伝来のエフェーボスたちの誓い」と記し、二一行目から二二行目にかけて「夷狄との戦いに移らんとするときにアテナイ人が誓った誓い（Hokos hon omosan Athenaioi hote emellon machesthai pros tous barbarous）[24]」と明記しているにもかかわらず、前四世紀の偽作とされている。[25]

しかし先の『テミストクレスの決議文』と同じく本節にとって後世のアテナイ人がペルシア戦争を「自由のため

の戦い」と位置づけていたことが重要である。すなわち、「生きてある限り我は戦い、自由であることよりも生きてあることに重きを置かず、(Machoumai heos an zo, kai ou'peri pleonos poiesomai to zen e to eleutheros einai.)」という決意を謳っている箇所[26]が後世のペルシア戦争観をよく示しているのである。

　これまでは前四世紀の捏造を疑われている碑文を見てきたが、次にペルシア戦争当時の碑文史料を検討する。メクズとルウィスが編纂した『ギリシア碑文選集』に収録されている第二六番の碑文はペルシア戦争で戦死した人々の墓碑である。しかし、この碑文がマラトンの戦死者のためのものなのかクセルクセスの遠征軍との戦いで戦死した人々のためのものなのか、は文面からは判じ難い。その欠損の多い四行目は、「ギリシア［の地］全土が隷属［の日々を見ることのな］きように(Hella[da m]e pasan doulio[n emar iden :)]」というふうに復元されている[27]。この復元が認められるならば、アテナイ人にとってペルシア軍との戦いは「隷属」を回避するためであり、「自由のための戦い」であったということになる。

『テミストクレスの決議碑文』も、『アカルナイのエフェーボスらの誓い』も、『アテナイ人の戦死者墓碑銘』も、ペルシア人との戦いが「自由のための戦い」であるという認識を共有していることは明らかであろう。それでは文献史料はペルシア戦争をどのように評価しているのだろうか。

　ヘロドトスは有名な第七巻一三八節の省察において、「大王の遠征はアテナイ人に対して進攻するという口実を掲げてはいたが、実際にはギリシア全土を目標としていた(He de stratelasie he basileos ounoma men eiche hos ep' Athenas elaunei, katieto de es pasan ten Hellada)」と述べてペルシア戦争がギリシアの征服を目指したものであることを指摘している[28]。そのうえでペルシア戦争におけるアテナイの功績を強調し、一三九節においてヘロドトスは「それ故ギリシアの救世主であったと述べたとしても真実の的を外すことにはならないであろう(nun de an tis legon soteras genesthai tes Hellados ouk an hamartanoi to alethes)」とまで言っているのである[29]。そしてアテナイ人にとってペルシア戦争の目的が「ギリシアが自由であり続けること（ten Hellada perieinai eleutheren）」にあったと証言している。[30]

ここにおいて少なくともアテナイ人の観点からすればペルシア戦争がギリシア人の自由の保持のための戦いであり、そしてアテナイが中心となってペルシア王の野心を砕いたのだというアテナイ人の自負が吐露されているのである。

トゥキュディデスは先輩歴史家のヘロドトスらを批判していわゆる「五〇年紀」を『歴史』に挿入したのであるが、クセルクセスの遠征に関する箇所において「その後（すなわち、マラトンの戦いから）一〇年目に夷狄は大軍をもってギリシアの地を奴隷化せんと来攻したのであった（dekatoi de met' auten authis ho barbaros toi megaloi stoloi epi ten Hellada doulosomenos elthen）」と、ペルシア戦争がギリシアの「自由」にかかわる危機であったことを認めている。[31]

このようなアテナイ人の評価と自負がその後数多くのアテナイ人の著した著作を通じて他のギリシア人の間にも浸透するようになり、やがて常識化していくことになる。そのような例として紀元前一世紀のローマの著作家、ネポスの作品を挙げることが出来る。

ネポスは『テミストクレスの伝記』のなかで、「一人の男（すなわち、テミストクレス）の英知によってギリシアは解放され、ヨーロッパにアジアは屈したのである（Sic unius viri prudentia Graecia liberata est Europaeque succubuit Asia）」と述べ、[32]『ミルティアデスの伝記』のなかではマラトンの戦いで上陸してきたペルシア軍を破ったミルティアデスを「アテナイと全ギリシアを解放した（Athenas totamque Graeciam liberarat）」と記している。[33]

ペルシア戦争が「自由のための戦い」であると自負されていたからこそ、ペルシアの宗主権を進んで認め、ペルシア軍の一翼を成して同じギリシア人に向かって攻め寄せてきたギリシア人を裏切り者と断罪し、[34]ペルシア軍撃退

の暁には懲罰的報復の対象となることが、スパルタを中心とする同盟会議で決議されたのである。(35)

このようにして、古代の史料はペルシア戦争を「自由のための戦い」と位置づけるヨーロッパの長い知的伝統の出発点をなしているのである。では、現代の研究者はどのように評価しているのか。

ヒグネット（C. Hignett）はペルシア戦争におけるギリシア人の戦いを「ペルシアに対する民族的抵抗（the national resistance to Persia）」と評価して、(36)「ギリシアの救済（the salvation of Greece）」と位置づけ、(37)ペルシア軍を「侵略者（the invaders）」、(38)ペルシア軍と戦ったギリシア人を「愛国的ギリシア人（the patriotic Greeks）」と呼び、(39)そのギリシア人たちの同盟を「国民連合（the National League）」と表現している。(40)

新篇の『ケンブリッジ古代史』の三人の論者もこの伝統的見解を踏襲している。イオニアの反乱を担当したマリーは、イオニアの反乱鎮圧がペルシアとフェニキアによる地中海域征服の第一歩であった、と評価している。(41)また、ハモンド（N. G. L. Hammond）は、マラトンは単にアテナイとスパルタを膺懲するだけに留まらず、ギリシア全土の征服を目指したものであったし、(42)クセルクセスの遠征は非常に大規模な遠征であったと評価されるのである。(43)同様にして前四七九年度の戦い、すなわちプラタイアの戦いとミュカレーの海戦を扱ったバロン（J. P. Barron）は前四七九年度の戦いを「自由かあるいは隷属」を意味するとギリシア人すべてが認識していたと指摘している。(44)

古代ギリシア史に関する標準的なテキストを著しているベングトゾン（H. Bengtson）はクセルクセスの遠征を単なる辺境地帯における戦争ではなく、非常に大規模な征服戦争（Eroberungskrieg）であり、単にギリシアの征服だけを視野に入れていたのではなく、ギリシアの征服は全南東ヨーロッパ征服への第一段階に過ぎなかった、と評している。(45)したがって、ベングトゾンによればペルシア戦争はギリシア人にとって「解放闘争（Freiheitskampf）」であったのである。(46)

しかしベングトゾンにとってペルシア戦争は単なる解放闘争に留まらなかったのである。「それはギリシア人の物理的な存在のみをめぐる解放闘争ではなかった。敗北の場合には彼らに奴隷化と強制移住が確実であるということをギリシア人たちはよく知っていた。それ以上のもの、ギリシア人とギリシア民族の最高の財産、外的および内的自由をめぐる、人間の品位をめぐる、国家的自立をめぐる——手短に言えば、ギリシア人個々人ならびにギリシア人全体の生活に価値と豊かさを与えてきたものすべてをめぐる巨大な闘争であった」、とギリシア人の価値観、ひいてはヨーロッパ人の価値観をめぐる戦いでもあったのである。(47)

馬場氏は、欧米におけるこれらの先行研究を踏まえたうえで、ペルシア戦争をギリシア人にとって解放戦争であった、と考えておられるのである。そのことは著書の副題「自由のための戦い」や終章の題名「自由の勝利」からも想像できる。ペルシア戦争は「民族の自覚と表裏一体となった『自由』の発見(48)」をギリシア人の間にその遺産として残したのであった。

修正史観

ペルシアはギリシアの自由への脅威とは見なされなかった

古典的評価は古代以来今日に至るまで、多くの歴史家によって支持され、合理化され、強調されてきたペルシア戦争史観である。しかし、このような戦争史観に対して批判がまったくなかった訳ではない。古くはユートナー (J. Jüthner)、新しくはバルサーやヴァルザーらがそのような伝統的なペルシア戦争史観に批判の目を向けている。

彼らは解放戦争としてのペルシア戦争史観は紀元前五世紀のアテナイで作り出されたものであって、他のギリシア人がそのような見方に与していた訳ではなかったことを力説している。にもかかわらず、解放史観が古代ギリシアの知的伝統のなかで定着していった原因を、ギリシアの解放者を自負し喧伝するアテナイ人の観点がその膨大な著作とともに広まり一般化していったのに対して、そのような見方に与しない他の国々の見方が忘れ去られてしまったことに求めるのである。

その一例としてヴァルザーの論を紹介することにしよう。ヴァルザーはヘロドトスがペルシア戦争の歴史を書き著して以来、ギリシア人とバルバロイとの対立がヨーロッパの歴史叙述の主題であり続けてきたことを指摘する。(49)ギリシア人であるということにはあらゆる自由、文化的優越、精神的独立、が含まれており、バルバロイの概念にはあらゆる種類の不自由、独裁政治、それに精神的劣等が含まれている。

このような侮蔑的なバルバロイ観が生まれてきたのは、ヴァルザーによると、紀元前五世紀中頃のアテナイ社会においてであった。(50)すなわち、ペリクレス時代のアテナイでは外国人や劣格市民には訴訟権が認められていなかったことと、同盟金庫のアテナイ移転以降アテナイにおける市民と外国人との間の裁判が急増したことが、外国人に対する優越感と非市民に対する軽蔑観を生み出したのである。このように、バルバロイに対する差別的な概念は紀元前五世紀のアテナイの帝国主義と強く結び付いているのである。

しかし、ペルシア人をバルバロイと呼ぶアテナイの語法は他の国々では用いられなかった。(51)例えば、スパルタの公文書にはバルバロイではなくクセノイという言葉が用いられていた。(52)またギリシア世界がポリスごとに分裂し、さらには党派ごとに分裂していたことを強調して、親ペルシアとか反ペルシアとかの立場は党派的利害によって決定されたことを指摘するのである。(53)そして、ペルシア戦争後もギリシア世界の政治的なエゴイズムと分立主義のために、貴族党派や個々の指導者の「ペルシア選択肢」が消滅することはなかった、と指摘するのである。(54)

そこで、ペルシア戦争をどう評価するのかという検討は後に回すことにして、ペルシア戦争が勃発する以前の時期に個々のポリスがどのように行動したのか、ということからこの問題にアプローチしていくことにする。

ここではペルシア戦争前のスパルタを取り上げることとする。ペルシア戦争当時、ギリシア本土で最強のポリスはスパルタであった。(55)事実、スパルタはペロポネソス同盟を核にアテナイなどのポリスを束ねて同盟軍を指揮し、遂に勝利へと導いたのである。[56] その功績は第一等であり、ヘロドトスはプラタイアの戦いの功第一等にスパルタを挙げている。[57] また、戦争後デルポイに奉納された黄金の三脚の足をもつ鼎の台座にはペルシア戦争を戦ったポリス三一カ国が記されているが、スパルタが筆頭に記されていることからも[58]ペルシア戦争におけるスパルタの功績は明らかである。

この事実からペルシア戦争におけるスパルタに関して一つの神話が形成されることになる。ハモンドは、スパルタはペルシアがエーゲ海域に姿を現わしたときからペルシアをギリシアにとっての脅威と見なし、首尾一貫してペルシアに対して敵対的であった、と論じる。[59] すなわち、スパルタはクロイソスやアマシスのようなペルシアの敵と共同戦線を張ったし、サモスのポリュクラテスやアテナイのヒッピアスのようなペルシアに友好的な僭主たちを攻撃したのであった。何故なら、スパルタの目的はペルシアの膨張を阻止し、ギリシアにおける自らの同盟を強化することにあったからである。そしてハモンドの言によると、この点で僭主に対する敵意とペルシアに対する敵意は一致する。

最近ではスミス（J. S. Smith）がペルシア戦争前のスパルタの対外政策を評して、「スパルタは一つの非常に単純な対外政策を保持していた。それは僭主に対する、民主政に対するそしてペルシアに対する敵意から成り立っていた」、と論ずる。[60]

それだからこそ、ペルシア勃興期にすでにスパルタはリュディアのクロイソス、エジプトのアマシスと反ペルシア同盟を結び、リュディア王国滅亡後はキュロスの許に使節を派遣して「ギリシアの地の如何なるポリスにも危害を加えてはならない（ges tes Hellados medemian polin sinamoreein）」という警告を発したのだし、[61] ダレイオスのスキュティア侵攻の際にはスキタイ人と同盟を結んだのだ、[62] と解釈され、ペルシアと友好関係にあったサモスの僭主ポリュクラテスやアテナイの僭主ヒッピアスに対して遠征軍を派遣したのだ、とされるのである。[63]

このような見解にとって前六世紀後半のスパルタの外交活動はまったく理解に苦しむ材料を数多く提供し、しかも整合性を持たない。

まず、最初のペルシアの脅威に晒されたイオニア人の救援要請に対して、「スパルタ人はまったく耳を貸さずイオニア人には加勢しないということに合意したのであった（Lakedaimonioi de ou kos esekouon all' apedoxe sphi me timoreein Iosi）」(65)、とヘロドトスは伝えている(64)。この決定に基づいて、スパルタはイオニア人にも、サモスのマイアンドリオスにも、ミレトスのアリスタゴラスにも(66)、一兵の援軍も派遣していないのである。

ギリシア史家のなかにもスパルタの反ペルシア政策の存在について疑問を投げ掛けている歴史家はいる。ブゾルト（G. Busolt）は、クロイソスとの同盟に関して、スパルタがキュロスに対する同盟に積極的に関与する考えであったかは疑わしい、と述べている(67)。というのは、スパルタの関心はペロポネソスに限定されており、小アジアに対しては行動を抑制したからである。さらにブゾルトは、前四九一年のペルシアの使節殺害を当時のスパルタの政治を指導していたクレオメネス王の「性急で粗暴な性格」による、と指摘するのである(68)。クレイグ（K. T. Craig）はペルシアの膨張に対するスパルタの恐怖感を過大評価すべきではないと強調し(69)、ペルシアへの恐怖感はスパルタにとって優先的な関心事ではなく(70)、スパルタの対外政策決定においてペルシアは重要な要因ではなかった(71)、と論じるのである。

消極的な対ペルシア政策がスパルタにはあったと想定する考えもある。フッカー（J. T. Hooker）や新村祐一郎氏がそうである。

フッカーによれば、サモスのポリュクラテスに対するスパルタの遠征軍派遣はペルシアのエーゲ海への拡大を阻止しようとする決意を含んではいたが、スパルタがペルシアの脅威を正しく理解していたかどうかは疑わしいのである(72)。特に問題となるのはクレオメネス王の行動である。サモスのマイアンドリオスの支援要請をクレオメネスが拒否したのは、ペルシアとの直接対決に引き込まれるのをためらったためである[73]。またクレオメネスがイオニアの反乱を支援するのを拒否したのは、ペルシア帝国はあまりにも強大であるのでギリシア本土から派遣される援軍では打ち破れないことを知っていたからだ、と[74]。

新村祐一郎氏は前六世紀のスパルタの対ペルシア政策について論じられた際、クロイソスとの同盟時にスパルタはペルシアに対してはっきりとした意図などは持っていなかった、とされる[75]。リュディア王国滅亡後は、ペルシアのエーゲ海域への進出を阻止することが対ペルシア政策の基本となり[76]、スパルタ王クレオメネスはスパルタの防衛線をさらにギリシア本土近海にまで後退させた、と考えられるのである[77]。

しかし、ジョーンズ（A. H. M. Jones）はこのような消極的な対ペルシア政策の存在そのものすら否定しているようである。ジョーンズによれば、クレオメネス王はペルシアとの敵対関係に巻き込まれる意図はまったく持たなかった[78]。クレオメネスの関心はスパルタに限定されていて、迫り来るペルシアの脅威を無視したのである[79]。だからこそ、クレオメネスはサモスのイオニア人をペルシアに譲渡したのだし、親ペルシア派のヒッピアスをアテナイの僭主に据えようとしたのである[80]。アイギナに対する干渉も、第一義的にはアテナイをスパルタの指揮権の下に置こうと意図されたものであった[81]。

筆者自身、ペルシア戦争期に入るまでスパルタには明確な反ペルシア政策は存在せず、また反ペルシア外交が展開されることもなかった、と考えている。スパルタ人ラクリネスがペルシア王キュロスに伝えたと言われる警告も[82]、サモスの僭主ポリュクラテスに対する遠征軍派遣も[83]、アテナイの僭主政を倒したことも[84]、反ペルシア政策や反ペルシア外交の存在を証明することにはならない。

たとえキュロスへの警告やサモスへの遠征軍派遣やアテナイへの干渉が反ペルシア政策を証明する証拠だと仮定してみても、ペルシア戦争期以前のスパルタの行動は、対ペルシアという視点から見る限り、あまりにも間延びがして間歇的であり、低調であり、一貫性を欠くものであると言わざるをえない。

スパルタが反ペルシアの姿勢を確実に初めて鮮明にするのは、前四九一年、ダレイオス王が土と水の献上を要求する使節をギリシアに派遣したときであった。このときスパルタは、当時の国際儀礼を無視して使節を井戸の中に投げ込んで殺害しているのである。(85)

このことは、後にペルシアとの戦いを自分ひとりで戦ったかのように吹聴したアテナイですら同様である。アテナイの僭主政が倒れた後、イサゴラスとクレイステネスとの対立からスパルタの干渉の危機が迫ったとき、アテナイはペルシアとの同盟を求める使節を派遣している。(86) そのアテナイが初めてペルシアと敵対する決意を固めたのは、ヘロドトスによると、サルディスの総督アルタプレネスが亡命中の僭主ヒッピアスの復帰要求を拒絶したときである。(87) そしてそのような時期にミレトスのアリスタゴラスがアテナイにやってきた、と述べているので、(88) アテナイが反ペルシア政策に踏み切ったのは前五〇〇年のことであったと言えよう。

したがって、スパルタもアテナイも、当初からペルシアを脅威と見なしていた訳でなく、ペルシアの意思が自国のあるいは自分たちの利害と一致しないことが明確になったときに、それも物理的な強制力によって押し付けられようとしたときに初めてペルシアに敵対する政策を採択したのである。

「自由のための戦い」はギリシア人全体に共有される戦争理念だったか

紀元前四一五年のアテナイによるシケリア遠征の際、シュラクサイのヘルモクラテスはカマリナ市における演説のなかで、「そして私の考えでは彼らはギリシア人の自由のためにペルシア軍と戦ったのでなければギリシア人が己自身のために戦ったのでもなく、それどころか彼らは自分たちに彼らを従属させるために戦ったのであり、ギリシア人は同じように愚かではなくより奸智に長けた支配者と交替させるために戦ったのだ（kai ou peri tes eleutherias ara oute houtoi ton Hellenon outh'oi Hellenes tes heauton toi Medoi antestesan, peri de hoi men sphisin alla me ekeinoi katadulоseos, hoi d'epi despotou metabolei ouk axynetoterou, kakoxynetoterou de)」、とペルシア戦争における自国の功績を誇るアテナイに対し手厳しい批判の言葉を浴びせている。(89)

しかし、そのようなアテナイと対立するポリスの外交使節の言葉よりも、スパルタとの同盟に加わってペルシアと戦ったポリスの数の僅少さが、何よりもペルシア戦争を「自由のための戦い」と位置づける戦争理念を多くのギリシア人が共有していなかったことを雄弁に物語っていよう。

ヘロドトスはサラミスの海戦に兵員ならびに艦船を動員した住民（ethnos）の名前を列挙している。(90)スパルタ人、コリントス人、シキュオン人、エピダウロス人、トロイゼン人、ヘルミオネ人、アテナイ人、メガラ人、アムブラキア人、レウカス人、アイギナ人、カルキス人、エレトリア人、ケオス人、ナクソス人、ステュラ人、キュトノス人、セリポス人、シプノス人、メロス人、クロトン人、と二一の住民名が挙げられているにすぎない。このなかにはナクソス人のように、本国政府の指令に背いて同盟軍側に脱走して戦ったものも含まれている。(91)

同様に、陸上戦闘の決戦となったプラタイアの戦いに兵員を動員した住民は、スパルタ人、テゲア人、コリントス人、ポテイダイア人、アルカディアのオルコメノス人、シキュオン人、エピダウロス人、トロイゼン人、レプレオン人、ミュケナイ人、ティリュンス人、プレイウス人、ヘルミオネ人、エレトリア人、ステュラ人、カルキス人、アムブラキア人、レウカス人、アナクトリオン人、ケパレニアのパレ人、アイギナ人、メガラ人、プラタイア人、それにアテナイ人、の二四でしかない。(92)

いわゆる『デルポイ奉納の鼎』碑文は住民名こそヘロドトスと一致しないものが含まれているが、それでも三一の住民名が言及されているにすぎない。

文献および碑文の両史料とも「ギリシア人（hoi Hellenes）」と呼ばれる同盟軍がギリシア本土のごく一部しか代

表していないことを明確に物語っている。

では、その他の国々はどのような態度をとったのであろうか。

ペルシア軍来攻以前にペルシアの宗主権を認めペルシア帝国の傘下に入ったギリシア本土の住民として、ヘロドトスは、テッサリア人、ドロペス人、エニアネス人、ペッライビア人、ロクリス人、マグネシア人、マリス人、プティオティスのアカイア人、テーバイ人、ならびにテスピアイとプラタイアを除くボイオティア人を挙げている。[93]中部および北部ギリシアでペルシアの傘下に入るのを快しとしなかったのはオプスのロクリス人とポーキス人、[94]それにボイオティアのテスピアイ人とプラタイア人しかいない。

エーゲ海の島嶼部では、セリポス、シプノス、メロス、エウボイア島のエレトリア、カルキス、それにステュラの各都市、キュトノス、とケオス、およびアイギナ、[95]を除く島々はペルシアの宗主権下に入っていた。

その他のポリスの多くが中立の立場を取っている。アルゴス、[96]ケルキュラ、[97]クレタが[98]中立を取った理由についてヘロドトスは説明しているが、その根底にはペルシア軍の勝利への確信があった。さらにはその背後にデルポイの神託が決定的な役割を演じたことを、ヘロドトスは証言している。

同盟への参加の是非を問うアルゴスの託宣使に対してデルポイの神は、「内に槍を持ちて守りを固めて座し、その上で頭を守れ。頭は身体を無事に保つであろう（kai kephalen pephylaxo. kare de to soma saosei）」、[99]と中立をすすめているのである。

同じく同盟への参加の是非を問うクレタの託宣使に対して、「幼稚な者たちよ、汝らがメネラオスに加勢したがためにミノスが怒りの余り悲嘆の涙にくれていることに苦情を申し立てるのか。彼らは彼の身に起きたカミコスでの殺害に対して共に報復しなかったのに、汝らは彼らに夷狄の男によってさらわれたスパルテーの女のため（報復に協力した）が故に」[100]と、クレタの諸都市に対して同盟軍に加わってペルシア軍と戦うことを禁止しているのである。

ペルシア軍の目標がアテナイとスパルタであることはギリシア人たちにとって周知の事実だったようである。それはアテナイとスパルタに下したデルポイの神託によってもよく示されている。

アテナイ人に対しては、「悲惨な者たちよ、何故座っているのか。置き去りにして地の果てまで逃げよ、住まいも車輪のように丸い町の城山の頂をも後に残して。何故なら頭も身体も確かでない故に、足のつま先も手の指先も、その間にあるものすべて、残りはせぬ、不幸な事態が起こる故に。劫火と気性も激しいアレスが、シリア産の戦車を推し進めながら、それらを破壊するからだ。汝らの城砦だけではなくその他多くの城砦もまた破壊し、不死なる神々の多くの神殿をも猛り狂う劫火に委ねるからだ、それらは今汗を滴れ落として立ち、恐れおののいて震えている、最も高き屋根に、黒い血が降り注ぎ、最悪の運命を予兆している。神殿より出でよ。凶兆の上に勇気を押し広げよ」、と実に恐ろしい神託を下している。[101]

スパルタに対しても同様で、「汝ら、広々としたスパルテーに住まいし者たちよ、その偉大で名高い町はペルセウスの裔の男どもによりて滅ぼされる、さもなくば、ヘラクレスの血統に連なる王が殺されるのをラケダイモンの国の境は嘆き悲しむことになるぞ。何故なら牡牛の力、獅子の力も面と向かって持ち堪えることはできないのでな。ゼウスの力を持つ故に。彼が来るのを踏み留まるでない。二者のうちどちらかを悉く打ち砕いてしまうまでは」、と町の滅亡か王の死かどちらかの運命が見舞うことを告げているのである。[102]

これらの神託は他のギリシア人にも知られるところであり、それ故、ヘロドトスが注釈するように、「多くの者が戦争に手を染めようとは望んではおらず、進んでペルシア方につこうとしていた（oute boulomenon ton pollon antaptesthai tou polemou, medizonton de prothymos)」、のであった。[103]

すなわち、来攻するペルシア軍に対してこれに抗して戦おうとするポリスはごく少数であったということである。

そしてその理由の一つはペルシア軍必勝の信念であった。

多くのポリスがペルシア軍に抵抗しなかった理由

何故かくも多くのポリスがペルシア軍に抗さずに、積極的にペルシア軍方についたのか、あるいは中立の立場を取ったのか。

ディオドロスによれば、個々のポリスの「私的な安全（idios asphaleia）」が何よりも対外政策を決定する際の価値基準であった。[104] ペルシア軍が無敵であり、伝えられる信じ難い大軍で来攻するとなれば、これに抵抗することは果たして賢明な選択であったであろうか。それに対するギリシア人一般の解答はアルゴスに与えられたデルポイの神託によって示されている。すなわち、抵抗するな、ということであった。抵抗すれば、必ず破壊される、と。

このような自国の「安全」という理念を前にして、アテナイなどの同盟軍が掲げる「ギリシア人共通の自由（koine ton Hellenon eleutheria）」などは色褪せたものになってしまう。ペルシア軍の来攻に対してギリシア人の受け止め方が一様でなかったことをヘロドトスは指摘している。[105]「というのはペルシアに土と水を献上した者たちは夷狄から恩知らずにも騙されていることは決してあるまいと確信していたからである（hoi men gar auton dontes gen kai hydor toi Persei eichon tharsos hos ouden peisomenoi achari pros tou barbarou）」、と。

逆に言えば、アテナイもスパルタも、最初からペルシア軍の来攻が自分たちを目標にするものであり、これと戦う以外自国の「安全」を保つ術がなかったが故に、同盟を結成し、その仲間を増やすためにプロパガンダとして「ギリシア人共通の自由」を標榜したとも考えられる。

しかし、「ギリシア人共通の自由」というプロパガンダがほとんど有効性を持たなかったことは、サラミスやプラタイアで戦った同盟軍側の町の数があまりにも少なかったことによって示されている。ペルシア艦隊に加わっているイオニア人に対してテミストクレスは脱走や戦闘忌避を呼びかけたが、これに応えたのはナクソス船四隻[106]、とテノス船一隻[107]でしかなく、「大部分はそのような行動にでなかった（hoi de pleunes ou）」、とヘロドトスは述べている[108]。なかでもサモスのテオメストルとピュラコスはサラミスの功績により、ペルシア王より、一人はサモスの独裁者に列せられ、もう一人は王の恩人として莫大な領土を付与された、と伝えられている。

さらに次の点も考慮に入れておかねばならないだろう。シーリー（R. Sealey）によれば、ペルシアに加担することは多くのギリシア人にとって不名誉なことではなかった[109]。それ故、ペルシアの宗主権を認めることに倫理的な罪悪感は伴わなかったのである。

少数者のペルシア戦争

ペルシア戦争を「自由のための戦い」と位置づけたのはこのときペルシア軍と戦ったアテナイやスパルタなどの同盟軍に加わったポリスであった。しかし、多くのギリシアのポリスはこのような「自由のための戦い」というプロパガンダには同調しなかったのである。彼らにとって自国の「安全」がすべてであって、「ギリシアの自由」は自国の「安全」と相反するものであった。したがって、多くのポリスは自国の「安全」のために「自由のための戦い」に参加するのを拒んだのである。「自由のための戦い」はごく一握りのポリスの戦いであった。

註

（1）Murray, “Revolt”, p. 461.

（2）馬場恵二『ペルシア戦争　自由のための戦い』教育社、一九八二年、二〇六頁。

（3）『詳解　世界史B』三省堂、一九九六年（再版）、六四頁。

(4) Hdt. VII. 139.
(5) Hdt. VII. 138.
(6) Walser, *Hellas u. Iran*, 1984.
(7) Balcer, *Conquest*.
(8) ML. 23.
(9) M. Jameson, "A Decree of Themistokles from Troizen", *Hesperia* 29, 1960, pp. 198-223.
(10) ML, p. 50. 碑文の復元と注釈については註(9)の Jameson, "A Decree", 碑文の信憑性についての批判は C. Habicht, "Falsche Urkunden zur Geschichte Athens im Zeitalter der Perserkriege", *Hermes* 89, 1961, S. 1-35 を参照のこと。
(11) Hdt. VIII. 41.
(12) ML. 23. 11. 6-11.
(13) Hdt. VIII. 1.
(14) ML. 23. 1. 41.
(15) ML. 23. 11. 11-12.
(16) Dem. XIX. 303-304.
(17) Plut. *Them.* 10. 3.
(18) ML. 23. 1. 3.
(19) Hdt. VII. 143：さてアテナイ人のあいだで近頃指導者にのし上がっていったある男がいたが、その名前はテミストクレスといい、ネオクレスの子と呼ばれていた。
(20) ML. 23. 11. 12-18.
(21) ML. 23. 11. 18-40.
(22) ML. 23. 11. 40-44.
(23) ML. 23. 11. 15-16.
(24) Tod, *SGHI*, 204. 11. 23-24.

(25) Tod, *SGHI*, pp. 306f.
(26) Tod, *SGHI*, 204. 11. 23–24.
(27) ML. 26. 1. 4.
(28) Hdt. VII. 138.
(29) Hdt. VII. 139.
(30) Loc. cit.
(31) Thuc. I. 18. 2.
(32) Nepos. *Them*. 5. 3.
(33) Nepos. *Milt*. 6. 3.
(34) Cf. Thuc. VI. 83.
(35) Hdt. VII. 132 ; Tod, *SGHI*, 204. 11. 32–34.
(36) C. Hignett, *Xerxes' Invasion of Greece*. 1963, p. 97.
(37) Ibid., p. 96.
(38) Ibid., p. 97.
(39) Ibid., p. 99.
(40) Ibid.
(41) Murray, "Revolt", p. 461.
(42) N. G. L. Hammond, "The Expedition of Datis and Artaphernes", *CAH*. IV$^{\text{2nd ed.}}$, 1988, p. 516.
(43) Idem, "The Expedition of Xerxes", *CAH*. IV$^{\text{2nd ed.}}$, 1988, p. 532.
(44) J. P. Barron, "The Liberation of Greece", *CAH*. IV$^{\text{2nd ed.}}$, 1988, p. 592.
(45) H. Bengtson, *Griechishe Gescihchte*, 4 Auf. München, 1969, S. 169.
(46) Ibid., S. 180.
(47) Ibid.

(48) 馬場『ペルシア戦争』二〇六頁。
(49) Walser, *Hellas u. Iran*, S. 1.
(50) Ibid., S. 7.
(51) Ibid., S. 6.
(52) Hdt. IX. 11 ; 53 ; 55.
(53) Walser, *Hellas u. Iran*, S. 38-39, 42-43, 46, 54-57.
(54) Ibid., S. 48.
(55) Hdt. I. 56 ; 69 ; VII. 104.
(56) Thuc. I. 18. 2.
(57) Hdt. IX. 71.
(58) ML. 27. 1. 2.
(59) N. G. L. Hammond, *A History of Greece to 322 B.C.*, 2nd ed. Oxford, 1967, p. 194.
(60) J. S. Smith, *Greece and the Persians*, Bristol, 1990, p. 66.
(61) Hdt. I. 152.
(62) Hdt. VI. 84.
(63) Hammond, *H. G*, p. 194.
(64) Hdt. I. 152.
(65) Hdt. III. 148.
(66) Hdt. V. 50 ; 51.
(67) Busolt, G. G., II, S. 391, n. 2.
(68) Ibid., S. 571. n. 5.
(69) K. T. Craig, *Cleomenes : A Study in early Spartan Imperialism*, unpublished diss. Univ. of Kansas, 1973, p. 80.
(70) Ibid., p. 81.

(71) Ibid., pp. 85-86.
(72) J. T. Hooker, *The Ancient Spartans*, 1980, p. 148.
(73) Ibid., p. 149.
(74) Ibid., p. 154.
(75) 新村祐一郎「紀元前六世紀後半期スパルタの対外政策」『大谷大学研究年報』三四号、一九八二年、一七頁。
(76) 同、一八頁。
(77) 同、二三頁。
(78) A. H. M. Jones, *Sparta*, 1986, p. 50.
(79) Ibid., p. 55.
(80) Ibid.
(81) Ibid.
(82) Hdt. I. 152.
(83) Hdt. III. 44 ; 47 ; 56.
(84) Hdt. VI. 63-65.
(85) Hdt. VII. 133. cf. Craig, *Cleomenes*, p. 257.
(86) Hdt. V. 73.
(87) Hdt. V. 96.
(88) Hdt. V. 97.
(89) Thuc. VI. 76. 4.
(90) Hdt. VIII. 43-48.
(91) Hdt. VIII. 46.
(92) Hdt. IX. 28.
(93) Hdt. VII. 132.

(94) Hdt. VII. 203.
(95) Hdt. VIII. 46.
(96) Hdt. VII. 148-152 ; Balcer, *Conquest*, p. 234 ; バルサーはアルゴスの中立を親ペルシアでクセルクセスに同情的、と評している。さらに p. 251 では親ペルシアのアルゴスの中立がペルシア軍に対抗する同盟にとってさらなる脅威を提供した、と論じる。
(97) Hdt. VII. 168.
(98) Hdt. VII. 169-171.
(99) Hdt. VII. 148.
(100) Hdt. VII. 169.
(101) Hdt. VII. 140.
(102) Hdt. VII. 220.
(103) Hdt. VII. 138.
(104) D. S. XI. 3. 4.
(105) Hdt. VII. 138.
(106) Hdt. VIII. 46.
(107) Hdt. VIII. 82.
(108) Hdt. VIII. 85.
(109) R. Sealey, *A History of Greek City-State ca. 700-338 B.C.*, California, 1976, p. 196.

第四節　パウサニアス事件

パウサニアス事件とは何か

パウサニアス事件は衝撃的なスキャンダルであった。何故なら、ペルシア戦争の英雄として人々から称賛されたパウサニアスがペルシアとの内通という汚名の下に不名誉な死を迎えたからである。

しかしパウサニアス個人の栄光と転落が重要なのではない。この事件が前五世紀の新しい世界を切り開く転換点を成しているということが重要である。パウサニアス事件を通じてスパルタはヘラス同盟の戦争指導権の独占という原則を放棄し[1]、対ペルシア戦争から手を引いたのであった[2]。他方でペルシア戦争を通じてギリシア最強最大の海軍国に成長したアテナイがエーゲ海域の諸都市を糾合していわゆるデロス同盟を結成し、対ペルシア戦争の指導権を継承していく。ここにスパルタとアテナイという二大国にギリシア世界が指導されるという前五世紀のギリシア世界を特徴づける国際構造が生み出された。さらに重要なことは前五世紀の歴史過程のなかで深刻化していくアテナイ帝国主義の出発点としてパウサニアス事件が位置づけられるという事実である[3]。

ところで、パウサニアス事件を伝えるトゥキュディデスの報告にはトゥキュディデスらしからぬ点があることは多くの研究者によって指摘されている[4]。本節ではパウサニアス事件に関するトゥキュディデスの記述の問題点を検討し、その信憑性について考察したうえで、事件の持つ意味を評価したい。

トゥキュディデスによる事件の概要

パウサニアス事件は前四七八／七年度のビュザンティオン攻略から始まる[5]。ビュザンティオン攻略戦を通じてパウサニアスの「高圧的（biaios）[6]」態度に同盟軍将兵は「憎悪する（echthonto）[7]」ようになる。そのきっかけをトゥキュディデスはペルシアとの内通に求める。[8] 内通はペルシア人捕虜の送還ないしは脱走をもって開始されたとされる。[9] ペルシア王との書簡の往復はエレトリア人のゴンギュロスと新任の総督アルタバゾスを介して行なわれた。[10]

スパルタを訪れる外国人は彼の数々の「犯罪行為（adikia）[11]」を告発した。スパルタ当局はパウサニアスを召喚して裁判に掛けたが、「個人に対する犯罪（ta idiai pros tina adikemata）[12]」については有罪の判決を下し、「最大の罪（ta megista）[13]」、すなわち「ペルシアとの内通罪（medismos）[14]」については「犯罪の事実なし（me adikein）[15]」として釈放したのである。

スパルタは後任にドルキスを派遣したがビュザンティオンに展開している同盟諸国軍の受け容れる所とならず、ドルキスはペロポネソス諸国の軍を率いて帰国している。[16] スパルタは対ペルシア戦争から手を引き、アテナイによる指導権継承を承認する。[17] スパルタの承認を得たアテナイはいわゆるデロス同盟を結成するのである。[18]

このようにしてスパルタが対ペルシア戦争から手を引いたにもかかわらずパウサニアスは「スパルタ人には内密で（aneu Lakedaimonion）[19]」「私的に（idiai）[20]」ヘルミオネ船を調達して再度ヘレスポントスに赴いたのである。[21]「ギリシア戦争のために（epi ton Hellenikon polemon）[22]」がその触れ込みであった。ビュザンティオンにおいて以前とまったく変わらぬ活動をしていたが、その後パウサニアスはアテナイ人によってビュザンティオンから排除され、その活動の拠点をコロナイに移すことになる。[23] コロナイでの活動についてパウサニアスは「夷狄と取り引きし（prasson tous barbarous）[24]」「まったく良からぬことを行なっている（ouk ep' agathoi ten monen poioumenos）[25]」とスパルタに「伝えられたのである（essegelleto）[26]」。そこでスパルタ政府は伝令使とスキュタレをパウサニアスの許に送り帰国を命じた。

帰国したパウサニアスは一旦投獄されるが、政敵も政府も明確な証拠を手にしてはおらず、釈放される。[27] ヘイロタイと共謀しているという密告もあったが、当局は密告者を信用しなかった。[28] そしていよいよペルシアとの内通が露見する。

アルタバゾスへの書簡を託されたアルギロスの男がスパルタ当局に密告したのである。[29] エポロスらは密告を信じたが、さらに事実を確認するために男とパウサニアスとの密談を盗聴したのである。[30] エポロスらは町中での逮捕を企てたが察知され、パウサニアスはカルキオイコスの女神の神殿に逃れて難を避けようとしたのである。[31] しかしパウサニアスは神殿に閉じ込められ、餓死してしまった。[32] デルポイはパウサニアスを亡くなった地に埋葬し、二体の青銅像をカルキオイコスの女神に奉納することをスパルタに命じたのである。[33]

パウサニアス事件を伝える史料

パウサニアス事件に関して最も詳細で信憑性の高い史料がトゥキュディデスである。ネポスが「トゥキュディデスが書き留めた（Thucydides memoriae prodidit）」[34] と記しているように、トゥキュディデスはパウサニアス事件に関する典拠として後世の歴史家に利用された。

しかし、トゥキュディデスの記述とは矛盾する異説が巷に流布していたことは、パウサニアスがメガバテスの娘と婚約したという「噂（ho logos）」を伝えるヘロドトスの記述[35]やペルシアの衣装を纏いペルシア人やエジプト人を衛兵として従えペルシア風の食卓を整えさせ、高圧的に振る舞ったのは第二回目のビュザンティオン滞在のときであったとするネポスの記述[36]、同盟諸国の将兵に対して「高圧的で過酷（epachtheis kai chalepoi）」であったのはパウサニアスに限らずその他のスパルタ人指揮官も同じであったことを伝えるプルタルコスの記事[37]、さらにパウサニアスがペルシア戦争後のある時点までは少なくともクサンティッポスやレオテュキダス、さらにはアリステイデスと同じようにギリシア人から称賛されていたことを窺わせる同時代人のティモクレオンの断片[38]、などから知ることができる。

トゥキュディデスには述べられていない話が伝えられている。パウサニアスが党争の煽動を企てたと伝えるアリストテレス、[39] 自ら率先してパウサニアスの壁詰めの範を示したパウサニアスの母親の行為を伝えるディオドロス[40]やネポス、[41]「多くの人々によって記されている（hypo pollon historetai）」[42]と注記してクレオニケにまつわる話を記すプルタルコス、[43] ビュザンティオンにおけるパウサニアスの行状をスパルタに告発したのがペロポネソス諸国であったことを記すディオドロス、[44] パウサニアスの陰謀を打ち砕いたのがアリステイデスであったこと[45]とパウサニアスがビュザンティオンを七年間も保持したことを述べるユスティヌス、[46] から知ることができる。

これらのなかにはパウサニアスが歴史上の重要人物であるために巷間で事件が語り伝えられていく間に創作され、まことしやかに広められていった荒唐無稽な民間伝承の類や、政治目的で捏造された偽情報も含まれている。

しかし、アテナイ人のアリステイデスがこの事件をアテナイの海上覇権確立に積極的に利用したことを伝えるヘロドトス、[47] アリストテレス、[48] プルタルコス[49]やディオドロス[50]の言及は同時代のギリシア国際関係のなかでこの事件を評価することの可能性を提示している。スパルタがパウサニアス事件を通して「海上覇権を自発的に放棄し（aphekan hekousios ten hegemonian）」[51]、アテナイが「戦争指導権を獲得し（ten …… strategian …… ktesasthai）」[52]たのは何もイオニア諸国の積極的な働きかけだけではなくてアテナイが煽動した結果でもあることをこれらの史料は指し示しているからである。

それにスパルタにおける党派的対立状況を窺わせるトゥキュディデスの記述も重要である。二度目の審問の際に彼には「政敵（hoi echthroi）」[53]がいたこと、逆にエポロス団の中に「好意（eunoia）」[54]を抱いている人物もいたことを伝えている。これはディオドロスが前四七五／四年度に記しているスパルタ国内での外交政策を巡る論争と照合してみるとき興味深い手掛りを与えてくれるのである。[55] すなわちスパルタ人が「海上覇権を理不尽にも失ってしまったと曲解していた」[56]とディオドロスは伝える。一方には「覇権を回復することを熱望する（philotimos eichon anaktesasthai ten hegemonian）」[57]人々がおり、他方には「海をめぐって争うことはスパルタにとって決して利益とはならない（me sympherein gar tei Spartei tes thalattes amphibetein）」[58]と主張する人々がいたのである。これらはスパルタ国内の政治的状況のなかで事件をとらえてみることの重要性を指し示している。

パウサニアス事件に関する学説

① 否定説

トゥキュディデスの記述がパウサニアス事件を考察する際に基本的な史料として活用されてきたことはブゾルトの『ギリシア史』における扱いからも明らかである。[59]しかし、パウサニアス事件についての叙述スタイルがトゥキュディデス本来のスタイルとあまりにも異なっており、伝聞史料を多用しすぎているとゴム（A. W. Gomme）が指摘しているように、[60]パウサニアス事件に関するトゥキュディデスの叙述はあまりにも特異である。ここからパウサニアス事件に関するトゥキュディデスの記述は信憑性に欠けるのではないか、という疑問が生じてくる。

パウサニアス事件に関するトゥキュディデスの報告、とりわけパウサニアスのペルシアとの内通の決定的証拠とされてきた書簡をまったくの捏造と批判するのがベロッホ、ウォルスキ（J. Wolski）、ローズ（P. J. Rodes）、シューマッヒャー（L. Schumacher）、ラゼンビイ（J. F. Lazenby）である。

現代の歴史家のなかでパウサニアス事件に関するトゥキュディデスの記述に疑問を最初に投げ掛けたのはベロッホであった。[61]ベロッホの論点は次の五点である。

第一にペルシアの王女はペルシア人大貴族としか結婚しない。

第二にペルシア王に送られた手紙が一体どのようにしてスパルタ人に知られるに至ったのか。

第三にヘロドトスはパウサニアスがプリュギアのサトラペス、メガバテスの娘との結婚を申し込んでいたという別な話を伝えており、しかもヘロドトスは信じていない。

第四にペルシア王の約束にもかかわらずペルシア人はパウサニアスに協力していない。

第五にアルギロスの男の話はまったく幼稚で信用できない。

以上の疑問点からベロッホはパウサニアスのペルシア王への書簡なる物は粗雑な捏造であると判断する。(62)では誰が、いつ、どのような理由からこのような書簡を捏造したのだろうか。書簡を捏造したのはエポロス団であった。(63)捏造の時期はパウサニアスの子プレイストアナクスの王位登極に先行する内紛の時期であり、捏造の理由としてエポロスたちがパウサニアスに対して行なった暴力的な処置を正当化するためであったと論じるのである。(64)

ローズはパウサニアスの最初のビュザンティオン滞在期間中にペルシア王と書簡を交換する時間的余裕はまったくなかったとして書簡の信憑性を否定し、彼がパウサニアス事件を記述する際に依拠した情報は巷間に事件が語り継がれていくなかで創作された噂話でしかないと論じる。(65)シューマッヒャーはトゥキュディデスが依拠したのはスパルタ公式の見解であるとしたうえで、スパルタの安全保障を内外から脅かしていたパウサニアスとテミストクレスを除去する手段としてペルシアとの内通をエポロス団は捏造したと考える。(66)

紛らわしい行為はあったが内通そのものはなかったとするのがラゼンビイである。(67)パウサニアス事件の背景にタソス支援のためにヘイロタイに自由を与えて兵士として従軍させるというパウサニアスの鷹派的な考え方とそのような考え方をあまりにも危険であるととらえる伝統的な考え方との衝突があった。(68)

このような捏造説とは違った視点からパウサニアス事件を論じたのがウェストレイク（H. D. Westlake）である。(69)

ウェストレイクはパウサニアス事件を記述するトゥキュディデスの文体の特異性を指摘する。スパルタ人を指すのにSpartiatesとLakedaimonioiとを区別することなく用いるというイオニア地方特有の用法が見られること、[70]またトゥキュディデスの他の記述箇所には見られずパウサニアス事件に関する記述箇所にのみ使用される語彙のほとんどがイオニア方言であること、[71]パウサニアスがクセルクセス王に当てた書簡を紹介する記事の冒頭に「以下のように（tade）」が用いられていることから、[72]ウェストレイクは著作不明としながらもイオニア方言で記された文献を史料として用いたと結論する。[73]

スパルタ内部での対外政策をめぐる消極派と積極派との確執という視点でパウサニアス事件を論じたのがウォルスキである。[74]パウサニアスのペルシアとの内通とはこの確執のなかで消極派を率いるエポロス団が積極派の中心であるパウサニアスを中傷するために捏造した罪状であったとする。[75]

② 肯定説

ペルシア王との書簡は信憑性があり、パウサニアスの裏切りは本物であると考えるのがブゾルト、マイヤー（E. Meyer）、オルムステッド（A. T. Olmstead）、それにスチュワート（D. J. Stewart）である。

ブゾルトはクセルクセス王が当時サルディスにいたと推定して、ペルシア人捕虜の送還、ペルシア王への書簡の送付とペルシア王からの返書、ペルシアの風俗への傾倒とトラキア巡行そして同盟諸国離反の一連の出来事を前四七七年春までに挿入することが可能だと考えている。[76]マイヤーは問題の書簡はパウサニアスが亡くなった際に発見されたものとし、たとえトゥキュディデスによって手が加えられているにせよ本物であることは「明白」であると主張する。[77]オルムステッドはベロッホがその信憑性について疑念を提示していた書簡について既知のペルシアの文書と比較検討し、クセルクセスがパウサニアスにあてた書簡はその書式と言葉遣いから見て本物と断じ、そのイオニア方言への翻訳をトゥキュディデスが掲載しているとする。[78] スチュワートはパウサニアスの裏切りは明白であり、往復書簡を含めてトゥキュディデスの記事のすべてが事実であると断定する。[79]

③　中間説

否定説・肯定説のいずれにも属さず、ペルシアとの交渉そのものはあったとするのがカールシュテット（U. Kahrstedt）、ラング（M. L. Lang）、メクズ、フォルナラ（Ch. W. Fornara）、ブレミール、コーネリアス（F. Cornelius）である。

カールシュテットは最初のビュザンティオン滞在中からスパルタ本国政府の意向を受けてパウサニアスはペルシアと交渉を始め、遅くとも前四七一年までに講和条約を締結したと論じる。[80] パウサニアスが断罪されたのはペルシアとの交渉ではなく、スパルタの体制変革を企てたからであった。コーネリアスはパウサニアスをヘイロタイに自由を与えようとした自由派であり、そのためにペルシアとの和平を目指したと考える。[81] そのうえでパウサニアスとペルシア王との往復書簡はプロパガンダであり、かかるものとして脚色されたとする。[82]

ラング、ブレミール、メクズそれにフォルナラはパウサニアスのペルシアとの交渉は最初のビュザンティオン滞在のときではなく二度目の滞在のときであったと考える。ラングによるとアテナイをペルシアとの際限のない戦争に引きずり込むためにスパルタはパウサニアスをビュザンティオンに派遣し、ペルシアと交渉させた。[83] しかしペロポネソスにおける事態がスパルタにとって悪化したときに、スパルタはペルシアとの交渉を断念し交渉そのものへのスパルタの関与を糊塗し、同時にテミストクレスを罪に陥れるためにパウサニアスの内通を捏造したとする。[84] ブレミールは書簡を本物と断じ、パウサニアスはペルシアと交渉したがそれはヘイロタイとの革命を確実にするためであった。[85] パウサニアスの計画を察知したエポロス団はヘイロタイの蜂起を避けるためにペルシアとの内通という罪を捏造したのである。フォルナラは最初のビュザンティオン滞在の時間的短さからペルシア王との書簡の往復を不可能だとし、ユスティヌスの記事に従ってパウサニアスの二度目の滞在を前四七二／一年までとしてその間にペルシアとの内通を行なったとする。[86] メクズはパウサニアスの二度目のビュザンティオン派遣はペルシアとの平和交渉を推進するためであり、パウサニアスが交渉を開始したのはコロナイ滞在中のことであったとする。[87] しかしキモンの勝利がパウサニアスの平和交渉の評判を落とし、スパルタ政府によってスケープゴートとして犠牲にされたと考える。

またパウサニアスの尊大な振る舞いはアテナイになびく同盟諸国に対する意趣返しであり、ペルシアの装束を身に纏ったのはイオニアに恒久的な権威を打ちたてようとしないスパルタに対する意趣返しであったとしたうえで、事件の背景にはパウサニアスの思い上がり、野心があったとルーセル（P. Roussel）[88] は論じる。

パウサニアスとペルシア王との書簡がパウサニアス事件に関するトゥキュディデスの記述の信憑性をめぐる議論の核心を成していること、そして単にパウサニアスがペルシアと内通したのかが問題となるのではなくて、どのような背景のなかで事件が進行して行なったのかに研究者の関心が向けられていること、トゥキュディデスが依拠した史料は何でありパウサニアス事件に関する記述が特異なのは何故なのか、それにパウサニアス事件全体を正確な時間のなかで再構成しようという、研究者の間における多様な問題関心が浮かび上がってくる。

パウサニアス事件の検証

パウサニアス事件を伝えるトゥキュディデスの報告には多くの批判者が指摘するようにその信憑性の疑わしい問題点が潜んでいる。理由の一はスパルタ人なら絶対に犯さないような基本的な用語上の誤りが報告には見られることである。例えばパウサニアスの書簡に見られる「スパルタ人の指揮官（ho hegemon tes Spartes）」[89]の「スパルタ人」、ペルシア人を指すのに「夷狄（barbaroi）」[90]というスパルタの公文書では用いられていない用語が用いられている。理由の二は、ウェストレイクが指摘していることだが、報告全体がドーリス方言ではなくイオニア方言で記されている点。理由の三は「噂によれば（hos legetai；legetai）」[91]という出だしでアルギロスの男の話が始まっていること。理由の四は「後日発見された（hysteron aneurethe）」[92]とされるパウサニアスの書簡と良く似た話をヘロドトスは「噂（ho logos）」[93]であるとし、「もし本当であれば（ei de alethes ge esti）」[94]とその信憑性を疑っていること。理由の五は、もちろんパウサニアスの最初のビュザンティオン滞在の間にペルシア王と書簡を往復することは物理的に不可能であること。理由の六は二度にわたるペルシアとの内通をめぐる訴追で、「彼のすべての行為を探索した（ta te alla autou aneskopoun）」[95]にもかかわらず、最初は「最大の罪については犯罪の事実なしということで釈放された（ta de megista apolyetai me adikein）」[96]という事実、二度目は「敵も国家全体も、スパルタ人は明白な証拠を持ってはいなかった（phaneron men eichon ouden hoi Spartiatai semeion, oute hoi echthroi oute he pasa polis）」[97]という事実、からパウサニアスのペルシアとの内通は噂でしかなく証拠のあるものではなかったことをトゥキュディデスは示しているからである。理由の七はクセルクセスに当てられたパウサニアスの書簡はペルシアの文書庫に保管されギリシア人の目には触れることはないからであり、理由の八はパウサニアスがクセルクセスから受け取った書簡もまた第三者がその内容を知り得る立場にいないからである。理由の九は「後に明らかとなったように」と記されているにもかかわらずその出典が明記されていないこと。理由の一〇は書簡の内容が明らかとなる以前にパウサニアスのペルシア王との内通の噂が広まっていたこと。[98]理由の一一はパウサニアスの過去の行為を探求したにもかかわらず発見されなかったクセルクセスの返事がどうして「後に明らかになった」のだろうか、[99]ということ。

筆者自身はパウサニアスの内通は捏造ないしは歪曲だと考えている。しかし、トゥキュディデスの伝えるパウサニアス事件全体が虚構であると片付けるべきではない。パウサニアス事件についてのトゥキュディデスの記述には明らかに客観的事実に基づいた核となる部分が認められるからである。

それはパウサニアスが多くのギリシア人の目に触れていた部分である。すなわち、前四七八年に同盟軍を率いてキュプロスからビュザンティオンへと転戦し、遂にはビュザンティオンを陥落させたこと。同盟軍将兵に対する凌虐行為。パウサニアスの異国趣味。スパルタ本国への召喚。本国での裁判に掛けられ凌虐行為については有罪の判決を受けたこと。その後再度ビュザンティオンに現われ、その地に滞在したこと。アテナイ人によって力ずくでビュザンティオンから追い出された後コロナイに留まったこと。再度スパルタに帰国し、その後悲劇的な死を迎えたこと。これらは事実として認められねばならない。

しかし、明らかにパウサニアス事件が人々に噂される間に創作されたり、誇張されたり歪曲されたりした部分がある。「噂によれば（hos legetai）」で始まるアルギロスの男をめぐる一連の話[100]。「噂によると（legetai d'）」で始まるパウサニアスの最後の話[101]。これらの部分はトゥキュディデスが認めるように巷間に広まった噂でしかない。当事者しか知り得ないパウサニアスとクセルクセスとの間の往復書簡も「後に明らかになったように（hos hysteron aneurethe）[102]」というトゥキュディデスのコメントにもかかわらず創作に属する。ヘイロタイとの陰謀も「耳にした（epynthanonto）[103]」けれども、「疑う余地のない証拠を欠いて（aneu anamphisbeteton tekmerion）[104]」いることはトゥキュディデスの記述から明らかである。

パウサニアスのペルシアとの内通にしろヘイロタイとの共謀にしろこの種の裏切り行為については最も強い政治的関心を抱いているはずの敵対派の人々がパウサニアスを「処罰するのに十分な確信を抱けるような（an pisteusantes bebaios etimorounto）[105]」「明確な証拠（phaneron semeion）[106]」を掴んではいなかったのである。そこで彼らはそれ自体が犯罪を構成することはない「法律違反と夷狄の模倣（tei te paranomiai kai zelosei barbaron）[107]」に「大いなる嫌疑を抱いて（hypophsias de pollas pareiche）」捜査せざるを得なかったのである[108]。つまりパウサニアスが有罪となった個人に対するある種の不正行為とまったく犯罪ですらない[109]「確立された規範から逸脱した（exededieiteto ton kathestoton nomimon）」行為しか確証されていない[110][111]。

パウサニアス事件の背景

アテナイにとってパウサニアス事件は島嶼部ならびにイオニアを含む小アジア沿岸諸地域に対する指導権獲得への好機を提供した[112]。このときアテナイ人とイオニア人との血縁関係（kata to xyggenes）とパウサニアスによる凌虐行為（biazetai）[113]が口実とされたことに注目すべきであろう。この二つが後のアテナイ帝国を正当化する根拠として利用されたことはカマリナにおけるエウペモスの演説[114]やスパルタにおけるアテナイ人使節の演説[115]から明らかである。

パウサニアス事件は必ずしも反スパルタ的脈絡でとらえられるものではない。むしろスパルタ国内の反パウサニアス派とアテナイ国内の親スパルタ派との連携のなかに位置づけられることを示唆している。トゥキュディデスはパウサニアス事件と連動してテミストクレスの事件について言及している。重要なのはそのなかでスパルタがアテナイに使節を派遣してテミストクレスを共犯者として告発したこと、それを受けてアテナイがスパルタ人と共同でテミストクレスを逮捕する人物を派遣したことである[116]。

パウサニアスの凌虐行為と同盟軍将兵の間における不人気を利用するのに活発に動いたのがアリステイデスであったと後世の文献は伝える。このアリステイデスに協力してアテナイの海上覇権を積極的に拡大強化するのに貢献したのがキモンであった[117]。そのキモンはスパルタとの協力を基本としていたしスパルタ人から好意を得ていた[118]。彼らの目標はすでに亡くなっているパウサニアスではなく、アルゴスに亡命生活を送っていたテミストクレスであった。テミストクレスを追い落とすにはパウサニアスとの関係を利用して内通の共犯を申し立てる必要があった。このような状況のなかでパウサニアス内通にまつわる話が創作され真実味を帯びて巷間に広まっていったのであろう。

パウサニアスの悲劇はペルシア軍を撃退し直接の脅威がギリシア本土からは消滅し、同盟軍が反撃に転じたときにスパルタ本国で生じた変化に起因する。ミュカレーの勝者レオテュキダスはテッサリア遠征の不首尾から収賄罪で告訴され、有罪の判決を受けテゲアに亡命している。[119] パウサニアスはビュザンティオン攻略後同盟軍将兵に対する凌虐罪で告発され、有罪の判決を受けている。[120] これは偶然の一致ではあり得ない。ペルシア戦争を指導した二人の人物が同じ頃共に指揮官の地位から外され、告発の末有罪の判決を受けているのは何故なのか。彼らには政敵がいたことは明らかである。[121] この政敵の正体は史料の上からでは不明であるが、アテナイとの協調を重視し、海外に出征するスパルタ人の「規範」からの逸脱を恐れ、拡大するペルシアとの戦争への関与を躊躇う傾向を有していたことは認めてもよいのではないか。[122] 大事なのは彼らの主張がスパルタにおいて主流を占めたということである。彼らはレオテュキダス・パウサニアスというペルシア戦争が生み出した巨人を裁判で有罪に持ち込むことによってその個人的な威信と政治的影響力を殺ぐのに成功した。

またスパルタ国内の世論の変化も無視できないであろう。戦後における戦争中の指導者に対する世論の変化はテミストクレスの例が良く示している。[123] ちょうどアテナイ人が「栄誉と卓越性を摘み取る為に（kolouontes to axioma kai ten hyperochen）」テミストクレスを追放したように、[124] スパルタ人はパウサニアスとレオテュキダスを断罪したのである。それは何もこれらの人々が実際に断罪されているような犯罪を犯したからではなく、プルタルコスが指摘しているように「その影響力ゆえに重きを成しすぎ民主制の平等にとって釣り合わないと思われる人々を（hous oionto tei dynamei bareis kai pros isoteta demokratiken asymmetrous einai）[125]」断罪することで「貶しめる（tapeinoun）」ためであった。[126]

パウサニアス事件の遺産

凌虐行為を核とするパウサニアス事件は事実である。ペルシアとの戦争の指導権がスパルタからアテナイへと移っていく原因となり、その後のアテナイの同盟諸国に対する政策を正当化する論拠として利用された。他方ペルシアとの内通は巷間に広められた噂の域を出ず、事実というよりはある党派的方向性を有する宣伝であった。

パウサニアス事件は歴史的事実であるし、後世伝えられている事件の中核を成すものは疑う余地のない事実そのものである。二度にわたるパウサニアスの召喚。スパルタの法廷での指揮官凌虐罪による処罰。ペルシアとの内通の噂。ヘイロタイ扇動の噂。そしてその悲劇的な死。しかし、その事実を核に物語られてきたパウサニアスの裏切り行為の数々は、書簡を含めて、同時代人と後世の人々の創作である。そして歴史的に重要なのはこのような噂が流布され、裏切りがもっともらしく物語られていたということにある。ここにパウサニアス事件の隠された一面を見ることができる。

パウサニアス事件はアテナイの帝国支配を正当化する為に利用されたし、利用され続けた。そのなかでパウサニアスの暴虐と裏切りはアテナイ人の常識と化してしまったのである。トゥキュディデスはそのようなアテナイ人の常識を『五〇年期』の箇所に援用したのである。

註

（1）Cf. Hdt. VII. 159.
（2）Thuc. I. 95. 7.
（3）Thuc. I. 75. 2 ; 77. 6.
（4）後述。

（5） トゥキュディデスはパウサニアス事件を明確な時間表によって説明しておらず、いくつかの重要事件に関して時代の特定は困難である。一例としてウォルスキによる時間表を挙げておく（J. Wolski, “Pausanias et le problème de la politique spartiate〔480-470〕”, *Eos* 47, 1954, p. 78)。前四七八／七年度（夏〜秋）：キュプロス・ビュザンティオンに戻る。前四七六／五年度：アテナイ人キモンによるビュザンティオン放逐と二度目の召還。前四七〇／六九年度：パウサニアスの死。

（6） Thuc. I. 95. 1.

（7） Loc. cit.

（8） Thuc. I. 130. 1.

（9） Thuc. I. 128. 5.

（10） Thuc. I. 128. 6 ; 129. 1-2.

（11） Thuc. I. 95. 3.

（12） Thuc. I. 95. 5.

（13） Loc. cit.

（14） Loc. cit.

（15） Loc. cit.

（16） Thuc. I. 95. 6.

（17） Thuc. I. 95. 7.

（18） Thuc. I. 96. 1.

（19） Thuc. I. 128. 3.

（20） Loc. cit.

（21） Thuc. I. 128. 3 ; 131. 1.

（22） Thuc. I. 128. 3.「ギリシア戦争」という言葉の意味の不明瞭さから Hellenikon を Medikon と修正する校訂家もいる。例えば The Loeb Classical Library の *Thucydides I, History of the Peloponnesian War Books I and II* は‘epi ton

Hellenikon polemon'ではなく'epi ton Medikon polemon'と校訂しているのである。この問題についてはS. Hornblower, *A Commentary on Thucydides vol. 1 : Books I-III*, Oxford, 1991, p. 213を参照のこと。

(23) Thuc. I. 131. 1.

(24) Loc. cit.

(25) Loc. cit.

(26) Loc. cit.

(27) Thuc. I. 131. 2 ; I. 132. 1.

(28) Thuc. I. 132. 4-5.

(29) Thuc. I. 132. 5.

(30) Thuc. I. 133.

(31) Thuc. I. 134. 1.

(32) Thuc. I. 134. 2-3.

(33) Thuc. I. 134. 4.

(34) Nepos, IV. 2. 2.

(35) Hdt. V. 32.

(36) Nepos, IV. 3. 1-3.

(37) Plut. *Arist*. 23. 1.

(38) Plut. *Them*. 21. 4 : all' ei ty ga Pausanian e ty ga Xanthippon aineis e ty ga Leutychidan, ego d' Aristeidan epaineo andr' hieron ap' Athanan elthein hena loiston.

(39) Arist. *Pol*. 1307 a 2.

(40) D. S. IX. 45. 6.

(41) Nepos, IV. 5. 3.

(42) Plut. *Cim*. 6. 7.

(43) Plut. *Cim*. 4. 4-7.
(44) D. S. XI. 44. 6.
(45) Justin, II. 15. 16 : dux Atheniensium Aristides …… proditionis consilia discussit.
(46) Justin, IX. 1. 3.
(47) Hdt. VIII. 3. 2：パウサニアスの hybris は propasis にすぎなかった。
(48) Arist. *Ath. Pol*. XXIII. 4.
(49) Plut. *Arist*. 23. 1-5.
(50) D. S. XI. 44. 6.
(51) Plut. *Arist*. 23. 6.
(52) D. S. XI. 47. 3.
(53) Thuc. I. 132. 1.
(54) Thuc. I. 134. 1.
(55) D. S. XI. 50. 1-7.
(56) D. S. XI. 50. 1.
(57) D. S. XI. 50. 3.
(58) D. S. XI. 50. 6.
(59) Busolt, *G. G*., III. 1, S. 64-70, 89-90, 95-100.
(60) A. W. Gomme, *A Historical Commentary on Thucydides*, I, Oxford, 1945, pp. 435, 450.
(61) Beloch, *G. G*., II-2, S. 154-159.
(62) Ibid., S. 155.
(63) Ibid., S. 156.
(64) Ibid.
(65) P. J. Rhodes, "Thucydides on Pausanias and Themistocles", *Hist*. 19, 1970, pp. 387-400.

(66) L. Schumacher, "Themistokles und Pausanias : Die Katastrophe der Sieger", *Gymnasium*, 94, 1987, S. 218-246.
(67) J. F. Lazenby, "Pausanias, Son of Kleombrotos", *Hermes*, 103, 1975, pp. 235-251.
(68) Ibid., pp. 247-250.
(69) H. D. Westlake, "Thucydides on Pausanias and Themistocles-a written Source ?", in *Studies in Thucydides and Greek History*, Bristol, 1989, pp. 1-18.
(70) Ibid., pp. 3-6.
(71) Ibid., p. 10.
(72) Ibid., pp. 7-8.
(73) Ibid., p. 13.
(74) Wolski, "Pausanias", pp. 75-94.
(75) Ibid., p. 94.
(76) Busolt, *G. G.*, III. 1, S. 64-70, 89-90, 95-100, esp. S. 69, n. 1.
(77) E. Meyer, *Geschichte des Altertums*. IV/1, 8 Auf. Stuttgart/Berlin, 1981, S. 482, n. 1.
(78) A. T. Olmstead, "A Persian Letter in Thucydides", *American Journal of Semitic Langueges and Literature*, 49, 1933, pp. 154-161, esp. p. 160.
(79) D. J. Stewart, "Thucydides, Pausanias, and Alcibiades", *CJ*. 61, 1966, pp. 145-152.
(80) U. Kahrstedt, "Sparta und Persien", *Hermes*, 56, 1921, S. 320-325, esp. S. 323-324.
(81) F. Cornelius, "Pausanias", *Hist*. 22, 1973, pp. 502-504.
(82) Ibid., p. 503.
(83) M. L. Lang, "Scapegoat Pausanias", *CJ*. 63, 1967, pp. 79-85, esp. pp. 83-84.
(84) Ibid., p. 81.
(85) A. Blamire, "Pausanias and Persia", *GRBS*. 11, 1970, pp. 295-305, esp. pp. 301-303.
(86) Ch. W. Fornara, "Some Aspects of the Career of Pasanias of Sparta", *Hist*. 15, 1966, pp. 257-271.

(87) Meiggs, *AE*, pp. 466-467.

(88) P. Roussel, *Sparte*, Paris, 1960, pp. 98-99.

(89) Thuc. I. 128. 7.

(90) Thuc. I. 131. 1 ; 132. 2.

(91) Thuc. I. 132. 5 ; 134. 1.

(92) Thuc. I. 128. 7.

(93) Hdt. V. 32.

(94) Loc. cit.

(95) Thuc. I. 132. 2.

(96) Thuc. I. 95. 5.

(97) Thuc. I. 132. 1.

(98) Thuc. I. 131. 1：「同じことを行なっているということが伝えられると (toiauta ephaineto poion)」：ここでのephaineto の用法はアッティカ方言の用法である。

(99) Thuc. I. 128. 7 : 132. 2.

(100) Thuc. I. 132. 5-133.

(101) Thuc. I. 134. 1-4.

(102) Thuc. I. 133. 7.

(103) Thuc. I. 132. 4.

(104) Thuc. I. 132. 5.

(105) Thuc. I. 132. 1.

(106) Loc. cit.

(107) Thuc. I. 132. 2.

(108) Loc. cit.

(109) Loc. cit.
(110) Thuc. I. 95. 5 : ton men idiai pros tina adikematon.
(111) Thuc. I. 132. 2.
(112) Thuc. I. 95. 1.
(113) Loc. cit.
(114) Thuc. VI. 82.
(115) Thuc. I. 77. 6.
(116) Thuc. I. 135. 3 : pempousi meta ton Lakedaimonion hetoinon onton xyndiokein andras ois eireto.
(117) Plut. *Cim*. 5-6.
(118) Plut. *Cim*. 16.
(119) Hdt. VI. 72.
(120) Thuc. I. 95. 5.
(121) Cf. Thuc. I. 132. 1.
(122) Thuc. I. 95. 7.
(123) テミストクレスは市壁の再建やペイライエウスの建設に指導力を発揮した（Thuc. I. 90-93)。トゥキュディデスはパウサニアスとテミストクレスを「最も著名な（lamprotatous)」と記している（Thuc. I. 138. 6)。そしてその名声故に「嫉妬（phthonein)」(Plut. *Them*. 22. 1)、「中傷（diabole)」(Plut. *Them*. 22. 1)、「不快感（dyscherainon)」(Plut. *Them*. 22. 1)、「敵意（dysmeneia)」(Plut. *Them*. 22. 3）をテミストクレスは仲間の市民の間にかき立てていた。
(124) Plut. *Them*. 22. 4.
(125) Ibid., 22. 5.
(126) Loc. cit.

第二章　アテナイ帝国

——帝国理念と同盟国の亀裂——

第一節　アリステイデスの査定

アリステイデスの査定をめぐる問題の所在

前四七八／七年、パウサニアス事件をきっかけにイオニア人たちはスパルタの戦争指導を脱し、アテナイを盟主とする新同盟を結成した。新同盟はペルシアとの戦いを主目的とするもので、同盟都市は艦船を提供するものと拠出金を負担するものとに分けられた。(1) 拠出金を貢税と呼ぶ。同盟都市の貢税負担額を決定するためにアテナイ人のアリステイデスが選ばれ、都市ごとに査定したと言われている。(2) これが「アリステイデスの査定」と呼ばれるもので、ペロポネソス戦争期にアテナイがスパルタとの間に結んだ条約にもこの名称が現われている。(3) その査定総額は四六〇タラントンという額に上った。(4) それ自体大変な金額ではあったが、その後六〇〇タラントンに増額され、(5) さらにはスパルタとの戦争で戦費の確保を迫られたアテナイの手で一三〇〇タラントンに倍増され、(6) 後のアテナイ人の帝国支配が放縦を極めたために、アリステイデスの査定は穏当なものであったという評判がギリシア人の間に定着していった。[7]

そのアリステイデスの査定についてはトゥキュディデスが最も権威ある典拠である。トゥキュディデスによると、初年度である前四七八/七年度の貢税査定の総額は四六〇タラントンに達した。[8] しかし、この金額については現在未解決な難問を抱えている。というのは同時代の公文書資料である『アテナイ貢税表』から推定される前四五四/三年度以降の貢税納付額と整合しないからである。[9]

前四五四/三年度の『アテナイ貢税表』からは納付された貢税の総額は、『アテナイ貢税表』の編著者たちによれば、低く見積もると三四六タラントン三〇〇〇ドラクマないし三五六タラントン三〇〇〇ドラクマ、高く見積もってもせいぜい三九六から四〇六タラントンにしか達しない。[10] その差額は五〇から一〇〇タラントンにも及び、単なる集計上の誤差の範囲内に収まるものではない。その後の貢税納付額もこの金額よりもかなり低く、せいぜい平均三〇〇タラントン内外という低い数字で推移している。[11]

同盟結成後の新規加入都市の増加や艦船提供都市から貢税分担都市への転換を考慮して、『アテナイ貢税表』の編著者やフレンチ(A. French)は同盟結成時から前四五四/三年度までの間に貢税の納付額は一三五から一七五タラントン増加したと評価する。[12] そうすると、アリステイデスの査定による納付額は二〇〇から三〇〇タラントンとなってしまう。

このような極端な査定額(文献史料)と納付額(碑文資料)の差が発生する事態をアテナイ人は当然視し、放置していたのだろうか。カレット‐マークス(L. Kallet-Marx)は、査定と徴収との間には差額が生じるものであり、アテナイ人は常に実際に徴収しうる金額よりも高めに査定した、と論じる。[13] 査定額と納付額の差額の発生はデロス同盟の構造的な問題であって、アテナイ人はそれほど問題視していなかったことになる。しかしこの解釈は、アテナイ人が同盟都市に対して事細かに義務の履行を迫った、というトゥキュディデスの証言と明らかに矛盾している。[14]

トゥキュディデスの証言に依拠する限り、同盟主たるアテナイ人が査定額と納付額の不均衡の発生、すなわち同盟の歳入欠陥の発生を放置していたとは考えられない。その結果、文献史料か碑文資料のどちらかが間違っているのではないか、という議論が研究者の間で行なわれることになる。

文献史料と碑文資料

文献史料と碑文資料のどちらが間違っているのかという問題に関して、トゥキュディデスが間違っていると主張するのがアトキンソン（K. M. T. Atkinson）やチェンバース（M. H. Chambers）、ウォーカー（E. M. Walker）である。[15]アトキンソンはゴムの新著である『トゥキュディデスの歴史学的注釈』の紹介記事を批判し、[16]ヘロドトスによって報告されているイオニアおよびその隣接地域からの貢税四〇〇タラントンをトゥキュディデスがそのまま引用した結果であると論ずる。ヘロドトスが用いている通貨単位はバビロニア＝タラントンであり、アテナイが用いているエウボイア＝タラントンより七対六の比率で重い。したがって、四〇〇バビロニア＝タラントンをエウボイア＝タラントンに換算すると四六七タラントンとなる。トゥキュディデスの四六〇タラントンはヘロドトスの四〇〇タラントンを不注意に計算した結果である、ということになる。[17]

チェンバースは、トゥキュディデスが何故誤った数字を挙げてしまったのかは特定できないけれども、四六〇タラントンという数字は誤りであって前四七八／七年度の貢税査定額は二三〇タラントンから三〇〇タラントンの間であると想定する。[18]さらには、トゥキュディデスが実際以上に多くの同盟都市が貢税を納付していたという誤った仮定に基づいて算出したのだ、という主張すらある。[19]

それに対して古代の歴史家のなかでも特に客観的な正確さを求めたトゥキュディデスがそのような初歩的な誤りを犯すはずがなく、碑文資料に欠陥があると主張するのがハモンドやアンツ（R. K. Unz）、そしてゴムである。[20]最近ではサモンズ（L. J. Samons）がトゥキュディデスの記述は正確であるとしている。[21]

ポロスを貢税と限定するのではなく、本来の意味である拠出分と解してそのなかに艦船が含まれると言うのが『アテナイ貢税表』の編著者たちやエディー（S. K. Eddy）である。そうすることで文献史料、とりわけトゥキュディデスと碑文資料の金額の差を解消させようとするのである。

『アテナイ貢税表』の編著者たちは四六〇タラントンには一隻につき一タラントンの割りで金銭に換算された艦船提供分が含まれると主張する。[22] エディーは『アテナイ貢税表』の編著者たちの主張を引き継いで前四五四／三年度の負担金額を次のように計算する。現金での納付額が約二六〇タラントン、『アテナイ貢税表』の編著者たちが前四五四／三年度の『アテナイ貢税表』で想定している一四の艦艇提供都市の六七タラントン、これにタソスの三〇タラントンとナクソスの九タラントン、さらにサモス、キオス、レスボスの一八〇タラントンを加算すると合計五四六タラントンとなり、トゥキュディデスの四六〇タラントンよりははるかに大きな金額となり、碑文とトゥキュディデスの記述との間に矛盾は生じなくなる。[23]

しかし、この『アテナイ貢税表』の編著者たちやエディーの主張に対しては「というのは財貨のうち拠出金（ポラ）はこのように呼ばれたからである」[24]というトゥキュディデスの貢税に関する定義がきわめて厳格であり、貢税の中に艦艇を含めることができないという批判も強い。[25]

トゥキュディデスの記述に誤りがなく、貢税の中に艦艇が含まれないとするなら、碑文は貢税の総額を正確に反映していないことになる。いわゆる『アテナイ貢税表』に記載されている金額は同盟都市が実際にヘレノタミアイ財務官団に払い、そのヘレノタミアイ財務官団がその受領した貢税の中から一部をアテーナ女神に初穂料として奉納したものを財務官団が確認し、碑文に記録して公示したものにすぎない。したがって、碑文には何らかの理由でヘレノタミアイ財務官団に納付されなかったものは記載されていないことになる。

ゴムは、セストスのような重要都市がわずか一二分の一タラントンとか六分の一タラントンといったわずかな額の貢税しか納付しておらず、タソスやアルギロスがまったく納付していないこともあり、また多くの都市がある年には貢税を納付し、別の年には納付していない事例が見られることから、艦隊が自国の領海内に停泊している場合とか守備隊が自国の領土内に駐留している場合にはアテナイ人の指揮官や将校に自分たちの貢税を支払うこともあり、このような場合にはアテーナへ初穂料はまったく奉納されず記録もまったくなされないと主張する。(26)

しかしゴムの主張は碑文に見られる「以下の諸都市は貢税を証明した」とか「以下はヘッレスポントス区の貢税の中から手当てを支払った」とか「以下は貢税の中から軍に手当てを支払った」とか「以下の諸都市は駐在官に貢税を提供した」といった見出しの存在によって否定される。(27) 何故なら、アテナイ軍の指揮官に貢税の全部あるいは一部を手渡した場合には、その由、当該の都市からヘレノタミアイ財務官団に報告があり、指揮官が発行した領収証との照合が行なわれ、さらに指揮官から既受領分の六〇分の一が初穂料としてヘレノタミアイ財務官団に送付されてきたはずで、ゴムが主張するように『アテナイ貢税表』の記載から漏れるということは絶対に生じ得ないからである。

フレンチはいわゆる『アテナイ貢税表』に記載されている金銭は貢税そのものではなく、同盟都市がアテナイの軍隊や艦隊に提供した貢税の残金、すなわち余剰金と見なすべきことを主張する。(28) フレンチはサモスやドリスコス、エイオン、ナウパクトスなどの重要都市がまったく『アテナイ貢税表』から欠落していること、ミレトスや、ナクソス、セストス、ポテイダイアが経済的負担能力よりも遥かに低い金額しか負担していないことに着目し、これらの諸都市はすべてアテナイ海軍の海軍基地であり財貨や軍役などの形で貢税のすべてあるいは大部分をすでに負担していたためであると論ずる。(29) そのためにこれらの諸都市の貢税はまったくアテナイに届けられず、したがってアテーナ女神に初穂料として奉納されることもなかったとするのである。(30)

余剰金説の問題

いわゆる『アテナイ貢税表』、実際には『アテーナ女神への初穂料表』、がポロスを記録するものでなく、個々の用途に費消された残りの余剰金を記録するものでしかない、というゴムやフレンチの説は同盟の貢税収入の記録としての『アテナイ貢税表』の資料的価値を揺るがすものである。しかし、余剰金説には次のような難点がある。

一、アテナイ海軍が同盟領域内の諸港湾にそれほど分散配備されていたのであろうか。

二、国力に比して貢税額が低いかあるいはまったく貢税を負担していない都市は自国の造船所でアテナイの艦船を建造していたとか、アテナイ軍が駐在していた、とされるのだが、エウボイアの反乱やポテイダイアの反乱、ビュザンティオンの反乱、ミレトスの反乱、など戦略的に重要な同盟都市の反乱の際にアテナイ軍駐留部隊への言及がまったくなされていない。ペロポネソス戦争の最中、アテナイ、スパルタ、双方とも大規模な艦船の建造を行なっているが、これらの都市が造船作業に従事している記述が為されていないのは何故か。さらに、ミュティレネなどレスボス諸都市の反乱を支援するためにアルキダスのペロポネソス艦隊がエーゲ海に進出したが[31]、これを阻止すべきアテナイ艦隊はどこに居たのか。

三、アテーナ＝ポリアスの会計を記した碑文は作戦部隊への戦費はアテナイ本国から直接送金されていたこと、また『アテナイ貢税表』には近隣の部隊に貢税の一部を充当し残りをアテナイに送金したことを明示するという見出しがあるので、特に見出しがない場合でも貢税の一部でしかないという説を支持することはできない。

四、ウィル（E. Will）が指摘している通り、前四五〇年のペリクレスの提案以降毎年アテナイに納付される貢税の半分以上が文字通り備蓄金として毎年二〇〇タラントンほど余剰金がアクロポリスに備蓄されている[32]。

これはアテナイに納付されるのが剰余金ではなくて貢税そのものであることを窺わせる。

五、さらに、ヘレノタミアイ財務官団は貢税の受領を職務とする役職である、とトゥキュディデスが指摘している。(33) そうすると『アテナイ貢税表』に記載されている初穂料が同盟都市から納付された貢税の余剰分に対するものでしかないと想定するならば、貢税の中に彼らが管掌しない貢税の受領分があるということになり、貢税を管掌する役職であるとするトゥキュディデスの記述と矛盾することになる。

以上の問題点を踏まえて碑文資料を検討する必要がある。結論からいえば、碑文資料はゴムやフレンチ、アンツの余剰金説を支持しない。貢税の徴収に関する幾つかの決議碑文を参照してみよう。

貢税の納付と受領に関して『クレイニアスの法令』と『クレオニュモスの法令』がある。『クレイニアスの法令』については従来ペロポネソス戦争以前の時期に設定されていたが、近年ペロポネソス戦争期に想定するよう主張されている。(34) ここでは年代に関する議論に踏み込まない。いずれにしてもこれらの法令はアリステイデスの査定時よりは一世代以上も後のものであり、これらの法令に見られる貢税徴収に関するアテナイの姿勢が如何に厳しいものであったかを確認するに留めたい。

『クレイニアスの法令』(35) は貢税納付・徴収について次のように規定している。貢税の納付については評議会と同盟都市の当局者およびアテナイ人の在外官吏である監督官が責任を負う。(36) 貢税は年度ごとに一括されて直接アテナイへ送付される。貢税の運搬の任にあたったのがアパゴンテスと呼ばれる役職の者であった。彼らを選出すると同時に、同盟都市は貢税の送付とアテナイへ納付する貢税の額を記した書類を用意したうえ、アパゴンテスにこれらを携行させる。(37) そして評議会に書類は提出され、読み上げられる。貢税の受け取りを業務とするヘレノタミアイ財務官団は実際に受領した貢税の額と書類に記載されている金額との照合作業を行ない、その結果をディオニュシア祭の後開かれる民会において報告しなければならない。[38] それは査定額を満額納付した都市と不足額を生じている都市とに分けて報告されたのである。貢税の納付が不足している都市に対して二名一組、計二組からなる委員団が派遣された。[39] そのうえでヘレノタミアイ財務官団は石膏で白く塗られた告知板に各同盟都市の査定額と納付額を記入し、おそらく不足額の生じている都市名をも記入して当該年度の貢税受領を公示し、市民の検証の用に供したのである。

『クレオニュモスの法令』[40] は都市ごとにエグロゲイスと呼ばれる貢税納付の責任者を設置・選出することを要求する。[41] アテナイはこのエグロゲイスから貢税を徴収するために計五名の人物を選出したうえ、同盟都市に派遣する。[42] そのうえで、ヘレノタミアイ財務官団はディオニュシア祭の二〇日後に開かれる民会において貢税を納付した都市、納付しなかった都市、分割払いした都市、一括で納付した都市などに区分して報告し、アゴラにある英雄廟の前に公示したのである。[43]

これらの法令はアテナイが同盟都市からの貢税徴収に如何に細心の注意を払い、徴収の正確さを期し、歳入欠陥が生じないように努力したかを示している。このような貢税徴収に見られるアテナイの姿勢はすでにデロス同盟のかなり早い時期に同盟都市の義務履行に関して存在していたことがトゥキュディデスの記述から窺える。[44] もしゴムやアンツが主張するように、現地に駐留する艦隊や守備隊の経費を指揮官に先払いしたり、艦船の建造に充当したりした場合には、当該都市は貢税の不足分の支払い免除を要求する書類を提供したはずである。それだからこそすでに紹介したように、『アテナイ貢税表』には「以下の諸都市は貢税を支払ったという書類を提示した」等という特別な見出しが散見されるのである。

したがって、余剰金のみが徴収され、『アテナイ貢税表』には貢税の総額が記載されていないという説を支持するのは困難である。別の用途に充当された残りのみを徴収し、ヘレノタミアイ財務官団が実際に受領した貢税のみを報告したと解釈する余地はない。ヘレノタミアイ財務官団は細大漏らさず貢税の受領に関しては正確に報告する義務を負っていた。

会計上の問題

前項で触れた職務義務のためにヘレノタミアイ財務官団は会計処理上次のような難点を抱え込んでしまうことになる。

まず、ヘレノタミアイ財務官団の帳簿上の問題がある。同盟都市から直接艦隊指揮官が貢税を徴収し、艦隊の費用に充当した場合、指揮官および当該都市からヘレノタミアイ財務官団に報告がなければ、当該都市の貢税支払いの事実をヘレノタミアイ財務官団は把握できない。この場合、当該都市は滞納都市の部類に分類されるか一部未払いの都市の部類に分類され、二重に支払いを請求される可能性が生じる。報告があれば必ずヘレノタミアイ財務官団の出納簿に記載され、民衆に公示されると同時に『アテナイ貢税表』に記載されることになる。アンツは直接現地軍指揮官に手渡された貢税はアテーナ女神への初穂料の対象とはならなかったと考えているが、これは在り得ない。

さらに、建造される艦船の建造費用や艤装費用をどのように計算するのか。艦船が引き渡された時点で要した経費を一括して貢税分から引き落とすのか、建造途中で月ごとに引き落としていくのか。建造費用や艤装費用の基準をどう設定するのか。アテナイでの基準価格に準拠するのか、都市ごとの実質価格を援用するのか。当然船材を遠隔地から輸入しなければならないアテナイと領内の森林や近隣の森林から船材を容易に入手できる都市とでは艦船建造に要する経費は大きく異なるはずである。

すでに指摘したようにイオニア戦争中、アテナイもスパルタもこれらの都市で艦船を建造してはおらず、アテナイの場合はマケドニア地方で要員を派遣して艦船の建造に当たらせ、[45] スパルタの場合は、ミレトスやエペソスではなく、ペルシアが提供したイダ山の森林を伐採して、その近隣のアンタンドロスにおいて艦船を建造している。[46] つまり、ペロポネソス戦争中、アテナイもスパルタも共にサモスやレスボス、タソスやミレトスなどの重要都市を艦船建造のために活用していないのである。

駐留軍の経費をどのように算定するのか。はたして駐留軍の規模が当該都市の貢税分の範囲内で抑えられているのか。また艦隊の場合、その規模に比して経費はかなりの金額となるし、必ずしも根拠地に固定しているとは限らない。通常の警戒活動としての遊弋《ゆうよく》、他の根拠地への移動もあるから、その際どう負担しどのように分担金額を算定するのか。このように考えると、駐留している都市に直接経費を分担させるのは事務手続き上非常に困難であると言わざるを得ない。

しかも、駐留している都市からの貢税だけで費用が賄いきれない場合、どうするのであろうか。近隣諸都市への費用分担を誰がどのように決定するのか。その請求額の決定や通知受け渡しの確認や受領証の発行などの作業が必要となる。

前四二四年のブラシダスによるアンピポリス攻略の際、タソスにトゥキュディデスの指揮下七隻から成る艦隊がいた[47]ことからアンツはタソスに常時アテナイ艦隊が駐留していたと考えているが、これは戦時における非常処置である。そもそもマケドニア方面軍はペロポネソス戦争勃発に伴って編成された部隊である。艦隊の駐留は貢税の免除とはならない。その証拠に艦隊が駐留していたタソスは前四二五/四年度の貢税査定では六〇タラントンという金額に査定されているし、貢税をタソスに駐留する艦隊の経費に充当するという但し書きもない。[48]

プルタルコスにおける証言、すなわちキモンがアテナイの人々に「軍務に就くことを欲しない人々からは金銭と人の乗っていない船を取るよう」勧めたという証言[49]は必ずしも同盟都市から艦船を定期的に調達したということを意味するものではない。それは艦船提供都市から貢税分担都市に切り替えたときに不要となった艦船を入手したということである。その証拠に、プルタルコスは、キモンがアテナイの人々を軍艦に乗せ、「同盟都市から来た報酬の金を使ってそれを出した人々の支配者になるようにさせた」と言っている。プルタルコスは決して「同盟都市から来た報酬の金と船を使って」とは言っていない。

さらに、プルタルコスは「金銭（chremata）」と「空船（naus kenas）」を「kai」という接続詞でつないで区分している。これは金銭と空船が別の概念であることを意味している。そして、トゥキュディデスにおける「というのは財貨のうち拠出金（ポラ）はこのように呼ばれたからである」という記述[50]と照らし合わせてみると、貢税の中に空船を含めることは無理なように思われる。

また戦場で消費された貢税に対する初穂料の納付は例外である、とアンツは主張するが[51]、アンツ自身が引用している「以下はヘッレスポントス区の貢税より手当てを納付した」等の見出しは敬虔な指揮官による初穂料奉納という例外事例であるということを想定させるものではない。

方面軍規模での経費が方面単位で貢税の中から充当されたというアンツの議論[52]に対しては、アテーナ女神の聖財財務官団による会計簿が否定的である。例えば、前四三二／一年度の会計簿はマケドニア方面とペロポネソス方面に展開している遠征軍に対してマケドニアおよびポテイダイア方面軍には合計九回二七〇タラントン以上、ペロポネソス方面軍に対しては三回以上、支給したことを記録している[53]。しかもアテナイ本国から方面軍への資金の支出は会計年度の最初からであって、途中からでないことは、この種の支出が現地の同盟都市の負担する貢税の中からまず充当され、次いで不足が生じたときにアテナイ本国の金庫から支出されるというものではなかったことを物語っている。

査定の増減と方法について

トゥキュディデスに代表される文献史料の記述にも、『アテナイ貢税表』に代表される碑文資料にも誤りがないとすれば、四六〇タラントンを記録する前四七八／七年度の貢税査定と四〇〇タラントンあるいはそれ以下の金額しか記録しない前四五四／三年度の貢税納付額との間における査定額そのものの減額を想定することによって両者の矛盾を解決しようとするのがメクズでありサモンズである。

メクズはその大著『アテナイ帝国』のなかで次のように論じる。「我々は後世の伝承のなかでアテナイ人がかかる減額に対する栄誉をまったく要求しなかったのでまったく減額がなされなかったと結論することはできない。というのはおよそ三〇ばかりの諸国がその貢税を四四六年に減額されているのを私たちは知っているけれども、史料の中でこのことについて何も耳にすることがないからである。初期のより危険な時代においてはエウリュメドン以後よりも多くの貢税が支払われたということは少なくとも有り得ることである。[54]」

サモンズは、貢税徴収の増減を規定する諸要因が前四七八／七年度から前四五四／三年度にかけて作用しており、徴収と査定の両方がその期間中変動を繰り返していた、と想定する。[55] そして前四七八／七年度以降、より現実的な観点に立って貢税の再査定が行なわれた、と論じている。

貢税が必ずしも一方向的な右肩上がりの増額しかなかったとするのではなく、同盟都市の様々な状況を考慮して増減されたとする見解はそれなりに魅力がある。しかし、この見解を支持するためには貢税の査定がどのようにして行なわれたのか、具体的には個々の同盟都市の負担金額を積み上げる方式で総額が決定され、それを個々の同盟都市の負担能力に応じて按分されていったのか、それともそうではなかったのかによって結論は違ってくる。

『アテナイ貢税表』の編著者たちは貢税の査定が必要性に基づいて行なわれたのではなく、能力に基づいて行なわれたと考えている。[56] しかし問題はここにあると思われる。一〇〇以上もある同盟都市の貢税負担額を査定するのはかなり長期にわたる時間と数多くの人員と多大な労力を要すると思われるが、『アテナイ貢税表』の編著者たちはアリステイデスが同盟都市をほとんど訪れず、時間も要しなかったと考える。ペルシア時代の税金（telos）が基礎になっているとはいえ、島嶼部などはその査定外であるし、イオニア区の査定にはカリアなど同盟に参加していない異民族の地域を含んでいるので、個々の同盟都市の貢税負担金額を積み上げることによって総額四六〇タラントンに到達したとは考えられない。そのためには相当な時間を要することになろう。

『アテナイ貢税表』の編著者たちはアテナイを含めて、遠征に参加した同盟都市は遠征に要した費用を負担したこと、貢税は緊急の用に当てるべく、通常の支出には使用されなかったことを想定する。(57) その論拠は前四五〇／四九年度までの年平均約二〇〇タラントンも準備金として備蓄されたことである。艦船提供都市が遠征の費用を負担したという考えは注目に値するが、貢税が完全に緊急用の備蓄金であったとする主張には同意しがたい。

前四三七／六年度にアクロポリスのプロピュライアの建設が始まるまでに備蓄金は最高九七〇〇タラントンに達したとトゥキュディデスは証言している。(58) シュトラスブールのパピルスによると貢税の備蓄金五〇〇〇タラントン、その他の備蓄金三〇〇〇タラントンが前四五〇／四九年度にペリクレスの提案に従ってアクロポリスに収蔵されている。(59) 単純に考えれば、その後一三年間にさらに備蓄金額は一七〇〇タラントン増えたことになる。最初の三〇年間に年平均一六六タラントン四〇〇〇ドラクマ、後の一三年間に年平均一三〇タラントン四六〇〇ドラクマ強の貢税が同盟金庫に備蓄されていったと計算される。

これらの数字は大規模な遠征が繰り返された最初の三〇年間のほうがカッリアスの平和や三〇年の平和条約締結以降の平穏な時期よりも多くの金額を毎年備蓄金に回していることを示している。(60) ちなみに三〇年の平和期間中に備蓄金は三七〇〇タラントンも減少している。

アテナイはエピダムノスをめぐるケルキュラとコリントスの紛争に対して前四三三年の八月から一〇月にかけて

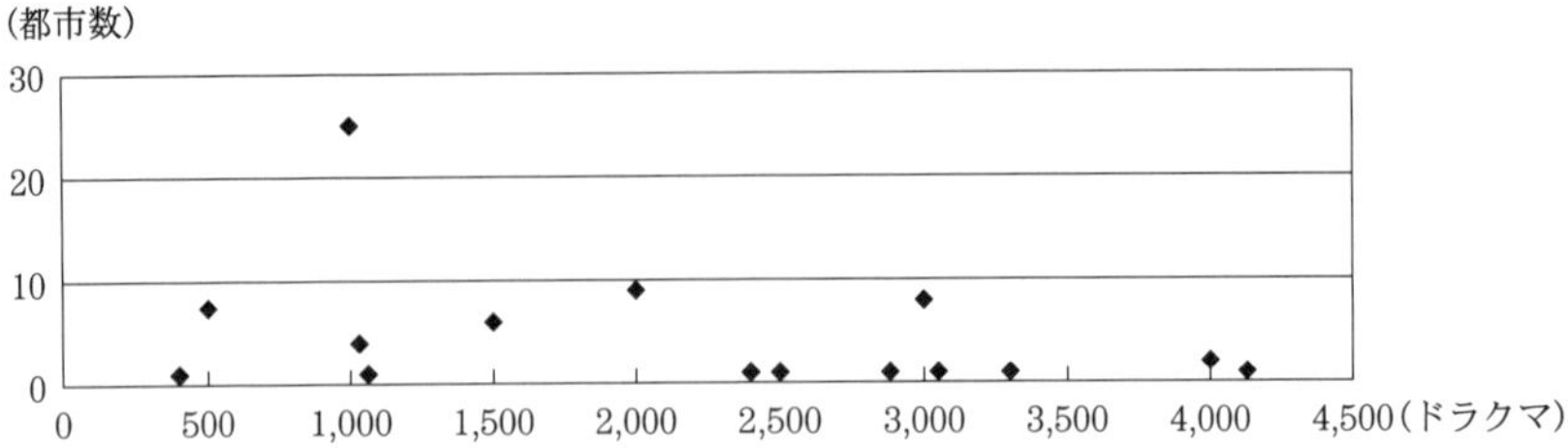

図2‐1　1タラントン未満の少額納付都市

出典：Meiggs, pp. 540-559 より作成。

二個の艦隊、三〇隻をケルキュラに派遣している。その際、第一次遠征艦隊は二六タラントン、第二次遠征艦隊は五〇タラントンを遠征費用として備蓄金よりそれぞれ受領している。(61) これらは備蓄金が緊急用に限定されていたのではなく、同盟の日常業務の財源として組み込まれていたことを表わしている。したがって、緊急用以外の用途には貢税は費消されなかったという『アテナイ貢税表』の編著者たちの主張を受け容れることはできない。

貢税査定の方法

文献史料が伝えるような短い期間にアリステイデスがどのようにして一〇〇を超える同盟都市の「国土と収入」を調査し各都市の貢税額を査定し得たのだろうか。アリステイデスがどのような手順を利用して貢税を査定していったのかを推定させる手掛かりを碑文資料のなかに見いだすことができる。貢税査定がある簡単な基準と方法によって決められたことを示す痕跡が『アテナイ貢税表』にある。

図2‐1は前四五四／三年度から四五一／〇年度の第一査定期における一タラントン未満の少額納付国をメクズ、『アテナイ帝国』の付論一四から作成した分布グラフである。グラフは貢税額が一タラントン以下の少額の貢税を納付している同盟都市の分布を示している。いくつかの整数値の所でグラフが突出しているのが分かる。一〇〇〇ドラクマ（六分の一タラントン）の貢税を納付した同盟都市が二五と最高の値を示している。あとはその整数倍の貢税額の所がそれぞれ突出している。二〇〇〇ドラク

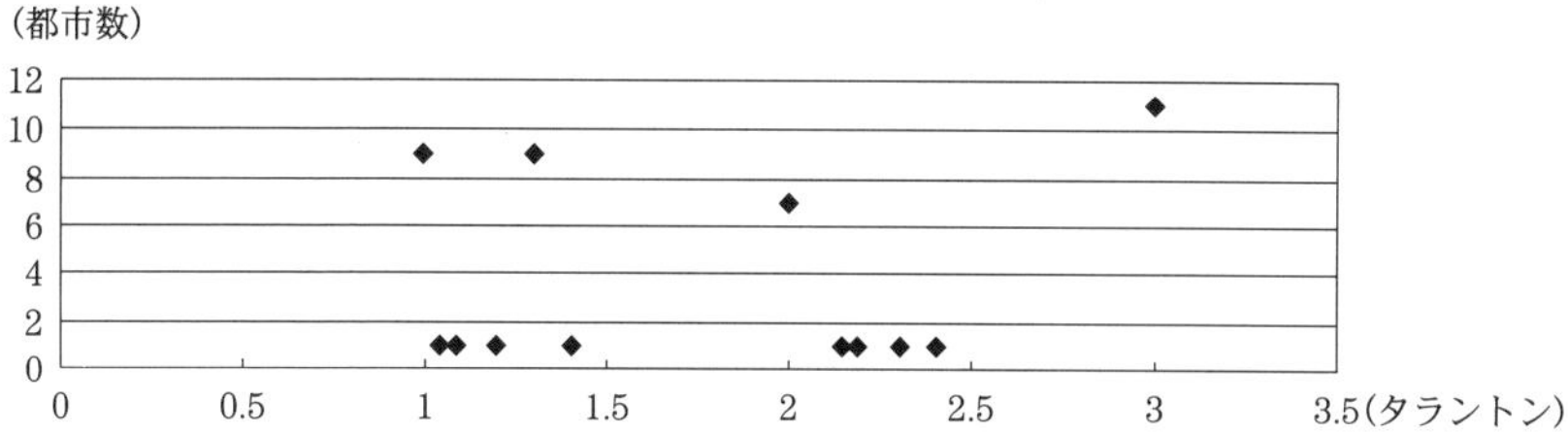

図2-2　1タラントン以上3タラントン以下の納付都市

出典：Meiggs, pp. 540-559 より作成。

マ（三分の一タラントン）が九、三〇〇〇ドラクマ（二分の一タラントン）が八、五〇〇〇ドラクマ（一二分の一タラントン）が七（八）。これらは少額の貢税の場合一タラントンが基準値となっていてその単純な分数値によって原則的に貢税が査定されていることを窺わせる。

図2-2は一タラントン以上三タラントンまでの貢税を納付している同盟都市の分布をグラフで表わしている。一タラントンの整数倍値の所が突出している。一タラントンが九、二タラントンが七、そして三タラントンが一一である。それと三タラントンの半額の一タラントン三〇〇〇ドラクマが九もある。これらは一タラントン以上の場合一タラントンが基準値となっていて、その整数倍値の所に同盟都市のまとまりがあること、また三タラントンが別の独立した基準値となっていて、その半分の一タラントン三〇〇〇ドラクマがグラフの一つの山をなしていることを示している。そしてこの三タラントンが貢税査定においてもう一つの基準値であることを図2-3が示している。

図2-3は三タラントン以上の高額納付都市の貢税を分布グラフ化したものである。図2-3からは貢税納付額が高額になればなるほど該当する都市の数は逓減していく傾向が見られるが、三タラントンの整数倍値、三タラントンが一一、六タラントンが四、九タラントンが二、一二タラントンが四、一五タラントン、一八タラントンそして三〇タラントンがそれぞれ一と、これらの値の所にそれぞれまとまりのある集団が形成されている。

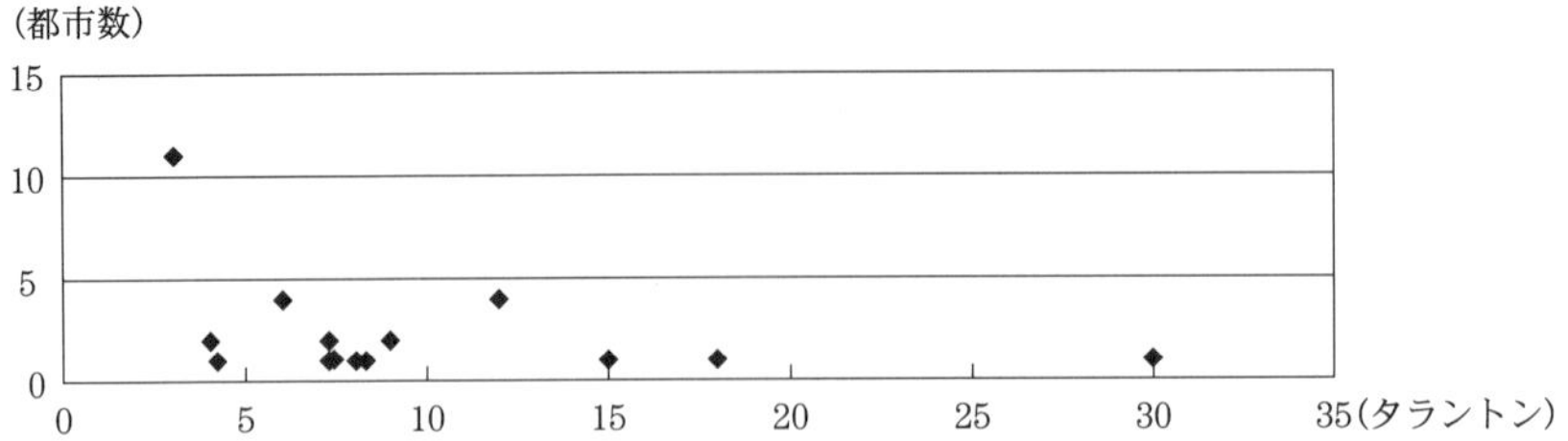

図2-3　3タラントン以上の高額納付都市

出典：Meiggs, pp. 540–559 より作成。

さらに前四五四／三年度の『アテナイ貢税表』の後文にはキュジコス・スタテル貨という金貨でも集計されている。[62]納付の事例としては第一査定期に現われるコレシアの二タラントン一五〇〇ドラクマ（五〇〇スタテル）とテネドスの四タラントン三〇〇〇ドラクマ（一〇〇〇スタテル）、第四査定期に現われるキュジコスの九タラントン（二〇〇〇スタテル）等がある。

以上の分析から個々の同盟都市の貢税負担額は非常に簡便な基準に従って決定されたと想定できる。それは銀貨による場合は一タラントンと三タラントン、金貨による場合は五〇〇ないしは一〇〇〇スタテルという数値を基準値として、貢税額が少額の場合は一タラントンを、高額の場合は三タラントンや五〇〇ないしは一〇〇〇スタテルを基礎にその単純な分数値あるいは整数倍値を貢税査定額としていた。[63]これはきわめて実際的な方法だと思われる。

では何故四六〇タラントンだったのか。その背景にはデロス同盟が結成されたときペルシアとの戦争を遂行するうえで想定されていた同盟がかかわる戦争の性格と兵力量、作戦期間が考慮されるべき要因としてある。エーゲ海各地に残存するペルシアの勢力を駆逐し、遥かキプロスやキリキアにまでその活動範囲を広げてペルシア王の領土に破壊を加えるためには艦隊による洋上作戦だけでなく陸上部隊による上陸作戦をも必要とする。そのために同盟軍は陸上部隊が艦隊と行動を共にする水陸両用部隊でなければならなかった。

当時の主要な戦闘用艦艇である三段櫂船は二〇〇名の搭乗員を擁し、エピバタイと呼ばれる搭乗戦闘員以外に最大で三〇名の兵員をその甲板に収容する能力を有していた。[64] 三段櫂船はその構造から食料等の物資を船内に搭載する余地はほとんどなく、搭乗員への補給は遠征途上にある市場に依存せざるを得なかった。古代ギリシアでは一般に補給は金銭によって代替するという方法をとっていた。その支給額が幾らだったのかは確実な証拠はなく推測によらざるを得ない。一日あたり一人三オボロスと想定してみる。[65] 四六〇タラントンでは二〇〇隻の艦隊[66]が六〇〇〇名の兵員と行動を共にして四カ月間可能である。一〇〇隻の艦隊ならば三〇〇〇名の兵員を擁して八カ月[67]も行動できる。したがって、四六〇タラントンはかなりの額で、相当大規模な遠征を長期間実施できる金額であった。

アリステイデスの査定の評価

アリステイデスが行なった査定の手順はプルタルコスが伝えるものとは違っていただろう。[68] つまり、アリステイデスが個別に同盟都市を訪れてその国土と収入を査察して貢税負担額を査定し、それらを積み上げていくと総額四六〇タラントンに達してしまったというようなものではなかった。何よりもそのようなことを実施するだけの時間と要員がなかったからである。[69] 査定にかかわるすべての作業はデロス島あるいはアテナイにおいて行なわれた。[70] 査定には簡便な方法がとられた。あらかじめ同盟の戦略に基づいて概略的な総額が想定される。そこから一タラントンと三タラントン、あるいは五〇〇スタテルや一〇〇〇スタテルなどの査定のための基準値が抽出され、それらの整数商や整数倍による貢税額の等級化が行なわれる。そして同盟都市を能力別に等級化されたいくつかの集団にまとめていくことによって個別の負担額を決定していったと考えられる。

査定の為の基本情報は手許に集められていた。同盟都市の代表が提供する情報といわゆるアルタプレネスの査定、それに都市ごとの通貨基準である。[71] アリステイデスが為すべきことは対ペルシア戦遂行に必要な兵力量と資金量を想定し、基本情報に基づいて個々の都市の能力に応じた適正な負担を決定することであった。[72]同盟の想定兵力量は――直接資料はないが――艦船二〇〇隻と収容可能な上陸部隊、資金量は文献史料が伝える四六〇タラントンであったと思われる。艦船提供都市の数は最初からそれほど多くはなかった。同盟主であるアテナイを含めて四〇を超えることはなかったであろう。[73]残りのおおよそ一〇〇近くの同盟都市が資金提供を引き受けたのである。

四六〇タラントンという数字は後の六〇〇タラントンやさらに後の一三〇〇タラントンと比べると穏当な金額のように映るかも知れないが、それ自体かなり大きな数字であった。一都市の平均負担金額は四タラントンから五タラントンの間となる。これは後の『アテナイ貢税表』が示す平均三タラントンにくらべるとかなり重い負担を同盟諸都市は負ったことになる。ここに、デロス同盟結成時の同盟諸都市の熱意を感じることができる。

註

(1) Thuc. I. 96. 1-2.
(2) Arist. *A. P.* 23. 5 ; Plut. *Arist.* 24. 1.
(3) Thuc. V. 18. 5 : ton phoron ton ep' Aristeidou.
(4) Thuc. I. 96. 2 ; Plut. *Arist.* 24. 3.
(5) Thuc. II. 13. 3.
(6) Plut. *Arist.* 24. 3.
(7) Plut. *Arist.* 24. 2. 仲手川良雄『自由と正義』二七五～三三九頁を参照せよ。
(8) Thuc. I. 96. 2 : トゥキュディデスはアリステイデスの名前を挙げてはいない。cf. Plut. *Arist.* 24. 3.
(9) ここで言う『アテナイ貢税表』とは前四五四／三年度以降アテナイで記録され公示されたアテーナ女神への初穂料の記録、すなわちヘレノタミアイ財務官団が扱った当該年度の入金された貢税額のうちからアテーナ女神に六〇分の一の割合で奉納された初穂料の記録でしかない。また、貢税査定の記録は前四二五／四年度のものしかなく、しかも断片的である。

それに貢税受領の記録はまったく現存していない。

(10) B. D. Meritt, H. T. Wade-Gery and M. F. McGregor, *The Athenian Tribute Lists*, vol. III, Princeton, 1950, pp. 266–267.

(11) L. J. Samons, *Tribute and the Athenian Finance, 478 to 421 B.C.*, 1991, Thesis for Ph. D. of Brown Univ. p. 57, n. 21.

(12) *ATL*. III, p. 241 ; A. French, "The Tribute of the Allies," *Hist*. 21, 1971, pp. 1-20, esp. p. 1. さらに後になると文献史料と碑文資料との乖離は大きくなる。ペロポネソス戦争が勃発する前年度の、すなわち前四三三／二年度の『アテナイ貢税表』では確認できる貢税額が三八八タラントン三九〇ドラクマ（M. N. Tod, *A Selection of Greek Historical Inscriptions to the End of the Fifth Century B. C.*, Oxford, 1951, p. 56）しかない。これはトゥキュディデスが伝える六〇〇タラントンもの貢税額の半分以下である。

(13) L. Kallet-Marx, *Money, Expense, and Naval Power in Thucydides' History 1-5. 24*, Berkeley, 1993, pp. 50-51.

(14) Thuc. I. 99. 1.

(15) K. M. T. Atkinson, "The Thucydides' Lamp", *The Times Literary Supplement.*, June 30, 1945, p. 307 ; M. H. Chambers, "Four Hundred Sixty Talents", *CP*. 53, 1958, pp. 26-32 ; E. M. Walker, "The Confederacy of Delos, 478-463 B. C.", *CAH*. 5. 1940, pp. 44-46. 我が国では鈴木雅也氏が同じ視点で議論を展開している。鈴木雅也「デロス同盟成立時に於ける貢税額について」『神戸女学院大学論集』七巻三号、一九六一年、三三〜四四頁。

(16) "Thucydides' Lamp —The Birth of Critical History—", *The Times Literary Supplement*, June 9, 1945, p. 270.

(17) このアトキンソンの説に対してはゴムの反論がある。A. W. Gomme, "The Thucydides' Lamp", *The Times Literary Supplement.*, July 28, 1945, p. 355：ヘロドトスの四〇〇タラントンは前四七七年のデロス同盟には参加していない異民族の貢税を含んでいるし、デロス同盟にはイオニア人だけではなく島嶼人や北部ギリシア人も加盟している。おまけにバビロニア＝タラントンとエウボイア＝タラントンとの重量比率は七対六ではなく七・八対六であるので、四〇〇バビロニア＝タラントンは五二〇エウボイア＝タラントンになる。

(18) Chambers, "Four Hundred Sixty", p. 30.

(19) N. D. Robertson, "The True Nature of the Delian League", *AJAH*. 5, 1980, pp. 68-69.

(20) N. G. L. Hammond, *Studies in Greek History*, 1973, p. 313 ; R. K. Unz, "The Surplus of the Athenian Phoros", *GRBS*. 26, 1985, pp. 21-42, esp. p. 22 ; Gomme, *Historical Commentary*, II. p. 33, n. 1 および III. p. 576, n. 1.

(21) Samons, *Tribute*, p. 57.

(22) *ATL*. III, pp. 233-234 ; S. K. Eddy, "Four Hundred Sixty Talents Once More", *CP*. 63, 1968, pp. 184-195 ; Hammond, *Studies*, p. 333, n. 3.

(23) Eddy, "Four Hundred Sixty", p. 194.

(24) Thuc. I. 96. 2.

(25) Meiggs, *AE*, pp. 63-64 ; Chambers, "Four Hundred Sixty", pp. 27-28 ; French, "Tribute", pp. 4-5 ; Robertson, "Nature", pp. 67-68 および n. 25 ; Samons, *Tribute*, p. 59 ; Hornblower, *Commentary* I, pp. 145-146.

(26) Gomme, *Historical Commentary*, I. pp. 276-278.

(27) Cf. *ATL*. I, 1939, pp. 449-457.

(28) French, "Tribute", p. 19.

(29) Ibid., pp. 16-17.

(30) Ibid., p. 18.

(31) Thuc. III. 33.

(32) E. Will, *Le monde*, p. 187.

(33) Thuc. I. 96. 2.

(34) 『クレイニアスの法令』についてメクズは前四四七年、『クレオニュモスの法令』については前四二六年夏と考えている：Meiggs, *AE*, pp. 166, 328. これに対してマッティンリは『クレオニュモスの法令』に見られる文言とほとんど同一の文言が現われていることから『クレイニアスの法令』を前四二五／四年に置くことを提案している：H. B. Mattingly, "Periclean Imperialism", in E. Badian (ed.), *Ancient Society and Institutions*, Oxford, 1966, pp. 202-203；最近の動向については師尾晶子「デロス同盟と碑文研究――碑文の刻文年代をめぐるマッティンリ説と近年の動向」『史学雑誌』一五

一、一九九六年、五九～八六頁を参照のこと。マッティンリの主要な論文は *The Athenian Empire Restored: Epigraphic and Historical Studies*, Ann Arbor, 1996 に収録されている。

(35) *IG*. I³. 34.
(36) Ibid., ll. 5-11.
(37) Ibid., ll. 11-18.
(38) Ibid., ll. 18-22.
(39) Ibid., ll. 22-28.
(40) *IG*. I³. 68.
(41) Ibid., ll. 5-9.
(42) Ibid., ll. 16-18.
(43) Ibid., ll. 18-21.
(44) Cf. Thuc. I. 99.
(45) *IG*. I³. 117. ll. 14-20.
(46) Xen. *Hell*. I. 1. 25 ; II. 1. 10 ; cf. Thuc. IV. 52.
(47) Thuc. IV. 104.
(48) *IG*. I³. 71. col. 3. l. 155.
(49) Plut. *Cim*. 11. 2.
(50) Thuc. I. 96. 2.
(51) Unz, "Surplus", p. 32.
(52) Ibid., pp. 32-33.
(53) *IG*. I³. 365.
(54) Meiggs, *AE*, p. 64.
(55) Samons, *Tribute*, p. 61.

(56) *ATL*. III, p. 235.

(57) *ATL*. III, p. 238.

(58) Thuc. II. 13. 2.

(59) *Strasbourg Papyrus Graecia* 84 : *Anonymus Argentinensis* (c. AD. 100), ll. 3-9 : (試訳)［ペル］シア（戦争）［からちょうど］三［〇］年後に彼らは建設を始め、［貢税に関してはエウ］テュデモス［がアルコンの年に］アリスティ［デス］の査定に従って、［まさしく諸都市より徴収せられて］国庫に保管されていた［あの五］〇〇〇タラントンを［パンアテナイア祭］までに［アテーナの許に運び上げ］然る後に［さらに別の三〇〇〇タラントンを建設作業］期間［中に］アクロポリスに（ある国庫に）［納める］べきことというペリクレスの動議［を］実［行したのであった。］；復元と解釈については H. T. Wade-Gery and B. D. Meritt, "Athenian Resources in 449 and 431 B.C.", *Hesperia* 26, 1957, pp. 163-197を、それに対する批判と最近の説については A. Blamire, "Athenian Finance, 454-404 B.C.", *Hesperia* 70, 2001, p. 100および p. 100, n. 5を参照のこと。

(60) *ATL*. III, pp. 175-179 のリストを参照のこと。

(61) *IG*. I^3. 364.

(62) *IG*. I^3. 259, post script. ll. 8-13.

(63) Cf. L. Nixon and S. Price, "The Size and Resources of Greek Cities", in O. Murray and S. Price (eds.), *The Greek City : from Homer to Alexander*, Oxford, 1990, pp. 143-144.

(64) キモンが甲板を延長するまでは同盟艦隊の主力を成すアテナイ船には収容能力はなかった。Plut. *Cim*. 12. 2. 甲板の収容能力については Morrison and Coates, *Trireme*, p. 49 *et al*. を参照のこと。

(65) ポテイダイア攻囲戦ならびに前四二八年夏の大動員、さらにはシケリア遠征において兵員への手当ては重装歩兵、その従卒そして艦艇搭乗員それぞれ一人一日一ドラクマであった。Thuc. III. 17. 3-4 ; VI. 31. 3 ; VII. 27. 2. しかしペロポネソス戦争の後半、イオニア戦争期になると三オボロスが標準となっていた。Thuc. VIII. 45. 2 ; Xen. *Hell*. I. 5. 4 ; 7 ; Plut. *Alc*. 35. 5 ; *Lys*. 5. プリチェットは前五世紀のアテナイにおいては三オボロスが普通であって、それよりも高額の支給は特別な状況下で必要なときに行なわれたと考えている。W. K. Pritchett, *The Greek State at War*. I, Berkeley/Los

Angeles, 1971, pp. 14-24. プリチェットに対する異論については P. J. Rhodes, *A Commentary on the Aristotelian Athenaion Politeia*, Oxford, 1981, p. 306.

(66) Thuc. I. 104. 2; 112. 2; Plut. *Cim.* 18：前四六一年と四五一年にキモンはそれぞれ二〇〇隻の艦隊を率いてキプロスに遠征している。Cf. Plut. *Cim.* 12. 2：エウリュメドンの大会戦において同盟は三〇〇隻という艦船を動員したと伝えられている。メクズは同盟の動員限度は二〇〇隻だったとする。Meiggs, *AE*, p. 77.

(67) Plut. *Per.* 11：ペリクレスは毎年六〇隻の艦船を八カ月間動員して、操船を習熟させた。

(68) Plut. *Arist.* 24. 1：「彼らはポリスごとに適切な額を定められることを望んでアテナイの人々の所からアリステイデスを乞い、そして彼による国土と収入の査察を受けてそれぞれ価値と力量に応じて査定額を定めるよう要請した。」cf. D. S. XI. 47. 1-2：ペルシアとの戦争を想定して「すべての都市に対して能力に応じて貢税を定め、それで集められる総額が五六〇タラントンとなった。彼は貢税の分担に関しては、すべての都市が満足するよう正確にかつ公正に配分を行なった」。

(69) アリステイデスが同盟都市の負担金額の査定作業に従事できる時間的上限はドルキスがスパルタ人要員と共にペロポネソス諸都市の部隊を率いてギリシア本土に引き上げたときであり、下限はアテナイでティモステネスのアルコン職の任期が切れるときである。ドルキスの派遣は前四七八年の晩夏ないしは初秋。ティモステネスの任期の終わりは前四七七年の六月末。この間一〇カ月しかない。しかも季節的にエーゲ海の航行がほとんど不可能な冬の季節を間に挟んでいる。

(70) *IG.* I^3. 71：半世紀も後のものだが『トゥディッポスの法令』が参考となる。査定作業はアテナイにおいて行なわれ、その結果が伝令使によって同盟都市に通知される。

(71) もちろん、すべてエウボイア基準の銀貨による納付を想定していたわけではない。それぞれの同盟都市で流通している貨幣基準に従って査定されたと思われる。前四五四／三年度の『アテナイ貢税表』の後文に明記されているようにキュジコス基準の金貨によっても納付されていた（Meiggs, *AE*, pp. 239, 442-443）。カリア区やヘレスポントス区の貢税額はペルシアのダレイコス貨でも整数値を取ることが確認できるし、ランプサコスの一二タラントンはランプサコス貨で三〇〇〇スタテルに相当する。銀貨に関してもいくつかの都市に関してはアイギナ基準で査定されていたと考えられる。

(72) Cf. M. F. McGregor, *The Athenians and their Empire*, Vancouver, 1987, p. 36：マクレガーはあらかじめ兵力量が想定されることはありえないと考えている。

(73) カルキス、エレトリア、ケオス、ステュラ、キュトノス、セリポス、シプノス、レスボス、キオス、サモス、ナクソス、テノス、レムノス、アンドロス、パロス、エリュトライ、ミレトス、ミュウス、ポカイア、プリエネ、テオス、クラゾメナイ、ロドス、ハリカルナッソス、イアソス、クニドス、コス、アビュドス、ビュザンティオン、カルケドン、キュジコス、アカントス、ポテイダイア、メンデ、スキオネ、トロネの三六をブラックマンは同盟発足時の艦船提供都市であった可能性があると考えている：D. Blackman, "The Athenian Navy and Allied Contributions", *GRBS* 10, 1969, pp. 179-216, esp. pp. 180-183.

第二節　アテナイ帝国と神話、祭典そして支配

神話と古代ギリシア人の心性

「エジプトはナイルの賜物」(ヘロドトス『歴史』二巻五節) という有名な言葉がある。この言葉を残したヘロドトスはその昔エジプトを訪れたヘカタイオスについて次のような逸話を伝えている。かつてヘカタイオスがエジプトを訪れた折り、ヘカタイオスが自分の家系を辿ると一六代目には神に繋がると語ったのに対して、エジプトの神官たちから人間が神から生まれたとする彼の説は認められないと反論され、三四五代にわたる神官長の像を証拠として示されたのである。(1) この逸話はギリシアの歴史に対するエジプトの歴史の古さを物語っているが、同時にギリシア人が民族や家族の系譜や歴史を神々の系譜や神話によって位置づけ理解しようとするギリシア人の心性をよく物語っている。(2)

そのような神話が単に個人的な家系の誇りをかき立てたばかりではなく、一国の政治生活においても重要な影響を及ぼしていた。例えば、クセルクセス王のギリシア遠征を前にしてギリシア方に与しなかったアルゴス側の言い分がそのような例を提示している。クセルクセス王は事前にアルゴスに使節を派遣し次のように申し入れている。

ペルシアの国祖ペルセスはペルセウスを父としている。したがってペルシア人とアルゴス人は同族であるから、同族同士共に戦うかそれが叶わないのであるならば静観すべきであろう。このようにクセルクセスはアルゴスに干戈を交えることの非を訴えて中立の立場を遵守することを勧めたのである。(3)そしてアルゴス人はこの提案を受け容れ、援軍を要請するギリシア同盟の求めを拒否したとヘロドトスは伝える。(4)

神話が政治目的のために利用されたことはサラミス島をめぐるアテナイとアイギナの紛争に見ることができる。ソロンが紛争の決着をスパルタの裁定に委ねた際、『イリアス』の中に「アイアスがサラミスから一二隻の船を率いて、アテナイ軍の部隊が止まっているところへ来て止まった」という一節を朗読し、(5)さらにアイアスの子供たちがアテナイで市民権を得てサラミス島をアテナイに譲渡し、アッティカに住んだという神話を証拠として持ち出したのであった。(6)

その土地に属する英雄神がその土地の人々を守るという観念が人々を強く支配していた。(7)サラミスの海戦を前にしてギリシア軍は神々に祈願したうえ、サラミスの英雄アイアスとテラモンの加護を請い、アイギナの英雄アイアコスとその一族の救援を要請している。(8)また、サラミスの海戦を遡ること一〇年、マラトンで戦われた戦いを描いた絵についてパウサニアスは次のように説明している。「画面の端にはマラトンで戦った人々がいる。ボイオティア人の内でプラタイアを領する人々とアッティカを領する人々が夷狄の軍勢と戦っている。この辺りでは両軍互角である。戦いの場面の中程では夷狄の軍勢は敗走しており互いに押し合いながら沼のなかへと逃げ込んでおり、絵の端ではフェニキアの艦隊と夷狄の軍勢の内でその中へ逃げ込もうとしている将兵をギリシア人たちが殺している」と戦闘の推移を説明した後、この戦いには土地の英雄神マラトンとアテナイの英雄神テセウス、またアテナイ軍が陣営を張っていた聖域の英雄神ヘラクレス(9)があたかもアテナイとプラタイアの同盟軍を援助し守ったかのように「この箇所に、平野がその名前に因んで名付けられた英雄のマラトンが描かれており、また大地より立ち向かっているテセウスやアテーナとヘラクレスが描かれている」と記している。[10]この最後のヘラクレスもマラトンとは非常に関係の深い英雄神であったことはパウサニアスが指摘するところである。[11]

英雄神の崇拝が政治的手段として利用されることの例は有名なキモンがスキュロス島からテセウスの骨をアテナイに持ち帰り、英雄神として祭ったというプルタルコスが伝える逸話からも知ることができる。[12]

神話と宗教は続くデロス同盟期において大々的に利用される。本来アッティカ地方の祭典であったパンアテナイア祭やディオニュシア祭、エレウシニア祭はパンヘレニックな性格を付与され、同盟諸国がこれらに参列させられることによって帝国の祭典へと大きく変貌し、アテナイの支配を合理化する役割を果たすようになる。イオニア諸都市はアテナイからの入植者によって建設されたという神話の中に位置づけられ、デーメーテルの恵みをギリシア人に教え広めたという神話がアテナイ人によって声高に宣伝された。

ニルソン（M. P. Nilsson）はその著『ギリシア宗教史』の中でギリシアの都市国家が宗教を自己の管理下に置き、政治的理想と愛国心を表現する手段として利用したことを指摘している。[13]本節においてアテナイが自国の市民や諸外国からの使節や在留外人などの大群衆の前で帝国の偉大さと盟主アテナイの力の強大さを誇示し、その同盟諸国に対する支配の正当性を主張しアテナイへの求心性を追求する手段としてアテナイが神話と祭典を利用したことを論じたい。[14]

植民神話と帝国支配

前四一五年夏、シケリア島のカマリナ市においてシュラクサイのヘルモクラテスとアテナイのエウペモスの間で激しい論戦が戦わされた。ヘルモクラテスはアテナイがイオニア系のポリスであるカマリナ市をその母市であるカルキスと同様の手段で隷属化を図っていると強調したうえで、「彼の地を己のがものとしたのと同じやり方で此の地において今彼らは試みているのだ。というのはペルシアに対する報復のためにという理由で自ら進んでイオニア人や彼らの血を引いた同盟者であるものたちの盟主となって後、ある者たちは軍役忌避の廉で、またある者たちは互いに干戈を交えたという廉で、それぞれに対して何がしかの罪があるともっともらしい口実で攻め立てて征服してしまったのだ」[15]、とアテナイの帝国政策を非難し、アテナイの野心に対抗するために一致団結することを訴える。

それに対してエウペモスは自分の使命が同盟条約の更新にあることを強調しながらも、アテナイの行為を弁護する。すなわち、「それにペルシア戦争の後我々は海軍を擁してラケダイモン人の支配と指導から離脱し、差し当たっては強大な軍事力を有しているが故にということを除けば、彼らが我々をまた我々が彼らに対して命令を下すというのは決して適当ではなく、そのために防衛しうるだけの力を有しているのだから、それ故にペロポネソス人の下にあるべきではないと我々は信じて、かつてペルシア王の下にあった者たちの盟主に選ばれて我々が指揮権を掌握したのだ、それに正確に言えば、同族である者たちを我々が不正に制圧したのではない。何となれば彼らはペルシア人と一緒になって母市たる我々に向かって攻め寄せてきたのだ、そしてちょうど我々がポリスを放棄したように、あえて離反して財産を犠牲にする勇気もなく、彼ら自身は奴隷であることを望み我々に対しては同じことを強制しようとしたのだ」[16]、とアテナイの同盟諸国に対する政策の正当性を主張する。

ヘルモクラテスもエウペモスも、イオニア人がアテナイを母市として植民した子孫であるという神話を議論の前提として論じており、彼らはそのことに何の疑問を感じていない。ヘルモクラテスはイオニア人や島嶼人を「彼ら（アテナイ人）の血を引いた（apo sphon）」と呼び[17]、エウペモスは「同族（xyggeneis）」と呼んでいる[18]。さらにエウペモスはアテナイをイオニア人たちの母市（metroplis）と呼び、ペルシアから離反する勇気を欠いていたこと、その母市に向かってペルシア軍に協力して攻め寄せてきたこと、がデロス同盟におけるアテナイの支配を正当化する根拠として利用されているのである。[19] ここに、ギリシア人にとって神話が単に宗教上の関心事に留まるのではなく、現実政治おいても大きな影響力を有していたことを知ることができる。

その植民理念に政治的・倫理的力を付与しようと努力したのが帝国期のアテナイであった。そのためには母国と植民都市という擬制的関係を創作し、帝国祭となったパンアテナイア祭やディオニュシア祭、エレウシニア祭、さらにはデリア祭[20]への同盟諸国の参加を演出しなければならなかった。デロス同盟諸国に対する帝国政策を正当化する根拠としてアテナイはコドロス一族によるイオニア入植の神話を利用したのである。[21]

エウリピデスは『イオン』の中で次のように女神アテーナに語らせる。[22]

この子を連れてケクロプスの国へ戻れ、（一五七一行）
クレウサよ、そして玉座を
占めさせよ。何となれば彼はエレクテウスの血を引きたる者である故
我が国土を支配する権利を有する、
彼はギリシアにおいて名声を覇することになろう。この者の（一五七五行）
子らは一つの家より出て四名となり、
それぞれの部族に分けられた国土ならびに、
我が高き岩山に住まいする人民の名親となるであろう。
まず初めがゲレオン。次いで
ホプレテス、アルガデス、我が盾に因んで（一五八〇行）

アイギコレスなる血族の名を持つであろう。これらの
子らは何時の日にか定められたるときに
キュクラデスの島々や陸地の岸辺に諸々の町を植民者として占拠し、
我が国土に力を付与することになろう。
海を隔てて向かい合う二つの陸地の（一五八五行）
平らかなる地に彼らは住まいすることになろう、すなわちアシアの大地ならびに
エウロペの大地に。その美しき名前によって
イオニア人と名付けられた者らは名声を博することになろう。

注目すべきは一五八三行目から一五八四行目にかけての詩句である。「キュクラデスの島々や陸地の岸辺に諸々の町を植民者として占拠し（Kykladas epoikesousi nesaias poleis chersous te paralous）」、とイオンの子孫が島嶼部と小アジアの沿岸部に植民することをアテーナ女神の口を借りてエウリピデスが指摘している。ここからはイオニア入植を自分たちの祖先が行なったということに対するアテナイ人の誇りを読み取ることができよう。

さて、そのような意識は史料的にはどれくらい前まで遡ることができるのだろうか。アテナイがイオニア諸都市の母市であるという意識は前六世紀の初頭までは遡ることができる。アリストテレスが伝えるソロンの悲歌の断片はアテナイがイオニアの「最も年老いた地（presbytate gaia）」であると詠う。「私は知る、そしてイオニアの最も年老いた地が倒れ伏しているのを目にすると、私の胸の中に悲しみが充ちるのを。」[23]

ヘロドトスによるとイオニア人は元々アカイア地方に住んでいたのであるが、アカイア人によってその地から追い出され[24]、イオニアの地に移住し一二の町に分かれ、四つの方言に分かれているという[25]。イオニア人のなかで最も

高貴な血統を誇る一団はアテナイのプリュタネイオンから移住の第一歩を踏み出したとされ、[26] イオニア人のなかにはコドロスの子孫を王として頂いたものもあり、いずれもアテナイに起源を有し、エペソスとコロポンを除いてはアパトリア祭を祝う習慣を有していることを指摘する。[27]

後世になるとイオニア諸都市はドーリス人の移動期にアテナイ人入植者によって建設されたという神話が広く受け容れられるようになる。イオニアの反乱に際してのアリスタゴラスの演説や、シケリア遠征におけるエウペモスの演説にもこのような理念が強く意識されていたことが窺えるのである。

紀元後二世紀のパウサニアスの記述において完成された植民神話を見ることができる。パウサニアスはイオニアの諸都市がアテナイからの植民団によって建設されたと伝える。

コドロスの子メドンとネイレウスはアテナイの王権をめぐって争い、デルポイに神託を伺う。神託がメドンにアテナイの地を与えたのでネイレウスは残りの兄弟と一緒にアテナイ人を率いてイオニア植民に赴いた、と。[28] ミレトスに入植したのはネイレウス本人である。[29] エペソスへはアンドロクロスが、[30] ミュウスへはキュアレトスが、[31] プリエネへはネイレウスの子のアイピュトスが、[32] コロポンへはダマシクトンとプロメトスが、[33] レベドスへはアンドライモン、[34] テオスへはダマソスとナオクロスが、[35] エリュトライへはクノポスが、[36] クラゾメナイへはパルポロスが、[37] ポカイアへはデオイテス、ペリクロス、アバルトスが、[38] サモスへはエピダウロス出身のプロクレスが、[39] キオスへはヒスティアイア出身のアンピクロスが、[40] 植民団を引きいて入植し、スミュルナへはコロポンのイオニア人がアイオリス人から奪った。[41]

この神話を最初にアテナイの対外政策に利用したのがペイシストラトスであった。トゥキュディデスはペロポネソス戦争中アテナイ人が行なったデロス島の清祓より以前にペイシストラトスがデロス島を清祓したことを伝えている。[42] この記事はヘロドトスの記事に従っているのであろうが、デロス島がイオニア人共通の聖地として崇められていたことを考えると、このペイシストラトスの行為にはイオニアに対するアテナイの強い意志の現われを感じることができる。

イオニア人がドーリス人の移動に押されてピュロスやアカイア地方などのペロポネソス各地からアテナイに避難し、そのアテナイからコドロスの子らに率いられてイオニアの地に入植していったという神話を利用したのはアテナイだけではない。イオニア諸国もまたペルシアの脅威に対するアテナイの庇護と存在を確保するためにそれを利用したのである。イオニア反乱におけるアリスタゴラスがそうであるし、デロス同盟結成にいたる過程でもイオニア諸国によって利用されている。

デロス同盟結成の直前の段階ですでにアテナイがイオニアの確保に強い関心を抱いていたことはミュカレーの戦いの後開かれた同盟会議において明確に示されている。同盟会議の席でペロポネソス諸国の代表たちはイオニアの放棄を主張したが、アテナイはこれに強硬に反対し、提案を撤回させるのに成功している。(43)しかもこのときアテナイはイオニアが「自国の植民地」であるという意識を抱いていたのである。その後行なわれたセストス攻囲はヘロドトスによるとアテナイの単独の行動ということになるが、(44)同じ事件を記しているトゥキュディデスは「アテナイ人ならびに、すでに王から離反していた、イオニアならびにヘッレスポントスからの同盟諸国軍は留まってセストスを攻囲した」と述べてアテナイを中心としながらもイオニアおよびヘッレスポントスの同盟諸国との共同行動であったことを強調している。(45)

またデロス同盟結成の直接的契機となったパウサニアス事件に関してもパウサニアスに対する嫌悪感が特にイオニア人の間で強かったこと、(46)アテナイ人に指導者となるよう要請する根拠として「同族の誼（xyggenes）」が挙げられていることから新同盟結成の背景にイオニア諸都市の強い意向が働いていた。(47)

イオニア中心に事が運ばれたことは同盟条約の誓約を記すアリストテレスの記述と整合している。すなわちアリストテレスは「(アリステイデスは)敵と味方は同一たるべきことという誓いをイオニア人に対して誓いその後で鉄の塊を海に投じたのであった」と記している。[48]

原初のデロス同盟の構成国がイオニア諸都市に限定されていなかったことは明らかであるが、[49]当初からデロス同盟がアテナイとイオニア諸都市を主体とする同盟であると認識されていたことは疑いが無い。それだからこそ同盟会議はイオニア人共通の聖地であるデロス島のアポロンの神殿で開かれたのだし、同盟金庫もデロス島に設置されたのである。[50]

帝国支配の演出装置としての祭典

アテナイは同盟諸国をアテナイの支配下に繋ぎ止め、同盟諸国に対する覇権を正当化し、自国民には帝国支配に対する誇りを、同盟諸国民には帝国に属することの満足感を演出する装置として様々な祭典を利用した。[51]それがパンアテナイア祭であり、ディオニュシア祭であり、エレウシニア祭であり、デリア祭であった。

ヘカトンバイオン月(今日の七月後半から八月前半に相当する)の二八日からパンアテナイア祭が始まる。[52]古代ギリシアにおいては神話が国家の支配を肯定するイデオロギーとして活用される。人々の帰属意識を支えるのは神話であった。アテナイの支配(arche)を演出する装置として祭典が利用され、パンアテナイア祭やエレウシニア祭などの祭典に同盟諸国を参加させることによって帝国は劇場化される。[53]それは祭典挙行によってイオニア人の最も古き地としてのアテナイの国家イデオロギーを視覚化し、外国人に顕示すると同時にアテナイ人に対してはその誇りを満足させる手段となった。

植民市が母市に対して一定の宗教儀礼上の義務を負っていたことは、アリストパネスの『雲』三八六行の古註が証言している。[54]すべての植民市はパンアテナイア祭に牛と一揃いの武具を奉納する定めとなっていたのである。そして古註の指摘は同時代の碑文資料によって裏付けられる。アテナイがその帝国時代に建設した植民市ブレアは大パンアテナイア祭に牛と一揃いの武具を、ディオニュシア祭には男根棒を持参することが求められている[55]。植民市は母市の主神への奉納の義務を負っただけではなく、『トゥディッポスの法令』は植民市に対して祭典の主要な行事である行列に参列することも求めているのである[56]。そして、デロス同盟の加盟国はアテナイの植民市でなくても植民市と同じくアテーナ女神やディオニュソス神への奉納と行列への参加を命じられている。しかも奉納の儀礼遵守は明確な罰則を伴う規定によって強制的なものとなり[57]、これらの祭典は文字通り帝国祭典としてアテナイの帝国支配の重要な強制装置と化してしまった。

アテナイ帝国が崩壊し、もはやアテナイがこれらの諸都市に対して強制力を持たなくなってしまったにもかかわらず、アテナイで挙行されるこれらの祭典はイオニアや島嶼部の諸都市を魅了していた。前四世紀になるとイオニア諸国がアテナイからの入植者によって建設された植民都市（apoikia）であるという伝承がイオニア諸都市にも広く受け容れられるようになっていた。そのことを示すのがプリエネやコロポン、パロスの碑文である。

プリエネの碑文は前三二五年のプリエネの民会決議である[58]。この碑文の中でプリエネの民会は四年ごとにパンアテナイア祭に血縁と友情を記念して武具一式を贈ることを決議している。『ギリシア碑文集』第二巻（第二版）、四五六番はコロポン人に対するアテナイの民会決議（[psephi]sm[a][59]）である。断片a、一行目のアルコン名から前三〇七／六年度に属することが分かる。断片a、七〜九行目にかけて碑文は「コロポン人はアテナイの民衆より出た植民者であるのでアテナイ人の民衆に対する友情と関係を遵守している[60]」とまずコロポンがアテナイの植民都市であることを宣言する。コロポンがアテナイの植民都市であることは断片bにおいても再度繰り返し指摘される[61]。そして断片b、四〜八行目においてパンアテナイア祭のスタディオン競技において伝令使が「コロポン人の民衆がアテナイ人の民衆とコロポン人の民衆のためにアテーナへ記念として冠と一揃いの武具を奉納したことを[62]」宣告すべきことを定めている。

パロスは第二アテナイ海上同盟時代にアテナイの「植民者（apoikoi）」としてパンアテナイア祭に牛と武具一揃いを、ディオニュシア祭に牛と男根棒を奉納していることが碑文によって伝えられている。[63]

同盟国をアテナイの祭典のなかに組み込んでいくという行為は碑文資料からいくつかの事例を知ることができる。エリュトライに対する条約のなかでアテナイはエリュトライに大パンアテナイア祭に参加し、供物を奉納することを要求している。[64] またサモスを顕彰する碑文では町のディオニュシア祭のときに毎年借地から上がる地代をアテナイに持参するよう規定している。[65] 貢税の増額を決定する碑文は同盟諸国が納付した貢税をディオニュシア祭の後民会においてプリュタネスたちが報告することを義務づけている。[66] 貢税再査定を記録する碑文は貢税の査定の上程をパンアテナイア祭の期間中に行なうよう規定している。[67] そのうえでトゥディッポスの動議によって、「貢税が査定されたポリスと同じ数の牛と武具一式をプレイスティアスが評議会の首席を務めストラトクレスがアルコン職にあるときすべてのポリスが大パンアテナイア祭に携行すべきこと。植民者たちと同じように行列行進に参加すべし」[68]、と貢税負担国がアテナイの植民市と同じ扱いを受けて大パンアテナイア祭への参加を供儀と奉納を義務化されているのを見ることができるのである。[69]

大パンアテナイア祭が条約更新の期日として設定されていたことをトゥキュディデスが伝える。それによると前四二〇年に締結された同盟条約はアテナイからはオリュンピア祭の三〇日前に、アルゴスやエーリス、マンティネイアからは大パンアテナイア祭の一〇日前に使節を派遣して同盟条約遵守の誓約を立てることになっていた。[70]

エラペボリオン月（今日の三月後半から四月前半に相当する）の一〇日から始まるのが都市のディオニュシア祭である。[71] アリストパネスの『アカルナイの人々』はディオニュシア祭に帝国各地から同盟国の代表が祭典に参加し、上演される喜劇を参観したことを伝える。そのために外国人の前で国家を誹謗したとクレオンに訴えられたのである。貢税に関する法令はディオニュシア祭までに貢税をアテナイに納付すべきことを命じている。そしてヘレノタミアイ財務官団による監査結果がパンアテナイア祭に公示されるのである。貢税の査定は四年目ごとの大パンアテナイア祭において行なわれる。すでに触れたように植民都市と同様に同盟国に対してもディオニュシア祭に参加することが求められ、パロスと呼ばれる男根棒の奉納を義務化されるのである。(72)

アリストパネスの『アカルナイの人々』は大ディオニュシア祭には外国人も祭典に参加し、このときに貢税が届けられたことを指摘する。「危険ではあるが正しいことをわしが語って聞かせよう。今ならクレオンめもわしが外国人の面前で国家を誹謗したと中傷するまいから。なんとなればこれはレナイア祭での競演であるので我々だけなのだから（autoi gar esmen)、まさか外国人はこの場に居合わすことはあるまい。貢税も諸都市からの同盟諸国の人々も来てはいない。(73)」レナイア祭はガメリオン月（今日の一月後半から二月前半に相当する）の一二日から数日間行なわれる。(74)このときには同盟諸国の人々も貢税もいまだアテナイにはやっては来なかったのである。ところが三七五行目から三八二行目にかけてアリストパネスは主人公ディカイオポリスの口から「このわしが去年の喜劇のおかげでクレオンめによって酷い目に遭わされたことを（hapaton）忘れてはいない。奴はわしを評議会に引きずり込んで非難し嘘八百を並べたてて罵りまくりキュクロボロス川のように騒ぎ立ててわしを罵ったのだから、お陰で口汚なく罵られてまったくすんでのところで殺されるところだった」と語っている。

ここで言う「去年の喜劇」とは古註によると『バビュロニア人』という作品を指しているらしい。この『バビュロニア人』は『アカルナイの人々』よりも前に上演されたものであった。その悲劇において抽籤や選挙による役人やクレオンを外国人の観客の目の前で非難・嘲笑したことが特に問題とされたのである。ここから分かることは都市のディニュシア祭、すなわち大ディオニュシア祭は貢税の支払い期限と指定されていたために多くの同盟諸国の人々が祭典に参加していたということである。

トゥキュディデスは前四二一年にアテナイとスパルタとの間で結ばれた同盟条約（xymmachoi esontai）を記述している。そのなかで注目されるのは毎年条約締結国が相互に相手国に代表団を派遣し、アテナイにおいてはディオニュシア祭に条約更新の誓約を立てることが明文化されている点にある。[75] ここにディオニュシア祭がアテナイの外交活動の重要な場であったことが分かる。

エレウシニア祭はボエドロミオン月（今日の九月後半から一〇月前半に相当する）の一五日から始まる。[76] アテナイの国立博物館に収蔵されているエレウシス出土の前四四〇年頃の浮き彫りはデーメーテルが少年のトリプトレモスに麦の穂を与えて農業を教えている場面を描いている。[77] これはエレウシスがギリシアにおける農業発祥の地であることを主張している。ところが前六〇〇年頃に著されたとされる『デーメーテル讃歌』はエレウシスにおいて農業が発祥したことにまったく言及していない。

『デーメーテル讃歌』はデーメーテルが育てたのはデモポンであったこと、[78] トリプトレモスはエレウシスの殿様方（basileis）の一人にすぎなかったこと、デーメーテルが伝えたのは宗教儀礼と秘儀であったことを詠ってはいるがデーメーテルが農業を教えたことには触れていないし、トリプトレモスによる農業の伝播もない。[79]

このことについて桜井氏[80]はトリプトレモスがデーメーテルによって教えられた農耕を各地に伝えたという神話は前六〇〇年頃にはまだ現われていなかった、と主張する。エレウシスが農業発祥の地であるという神話が作られるのが前五一〇年から前四八〇年頃にかけての時代であった。[81] 前四六二年頃のソポクレスの『トリプトレモス』の断片はトリプトレモスがイタリアやカルタゴなどに足を伸ばしていることを窺わせる。[82] クセノポンは前三七一年におけるスパルタの民会でのカッリアスの次のような演説を伝えている。[83] トリプトレモスが秘儀を最初に伝えたのがヘラクレスとディオスクロイであり、デーメーテルの果実を最初に伝えたのがペロポネソスであったので、アテナイとスパルタが戦い合うのは正しいことではない、と両国の和平を提案したのである。イソクラテスは『パネギュリコス』の中でもっとはっきりトリプトレモスによる農業伝播を語り、そのことの故にアテナイがギリシア世界の指導者たるに相応しい資格があるのだと主張するのである。[84]

前四二五／四年ないしは四二二年あるいは四一六／五年と推定されるエレウシス出土の碑文[85]は法案起草委員団(chsyggrapheis)が立案したエレウシスの二柱の女神への初穂奉納を命じる民会決議である。二行目から七行目にかけての条項で「アテナイ人は父祖伝来の慣習(patria)ならびにデルポイの神託(manteia)に従って二柱の女神に(theoin)収穫物の中から[大]麦一〇〇メディムノスから六分の一(メディムノス)を下らざる、小麦については一〇〇メディムノスから一二分の一(メディムノス)を下らざるものを初穂料として奉納すべきこと」と、エレウシスのデーメーテルとコレーへの初穂料奉納が父祖以来の慣習とデルポイの神託に基づいたアテナイ人の義務であることを強調している。八行目から一〇行目にかけての条項は「区ごとに[区]長(demarchos)が徴収しエレウシスの神殿監督官団(hieropoioi)にエレウシスにおいて手交すべきこと」と、デーマルコスと呼ばれる区長が区ごとに初穂料を徴収しエレウシスにおいて直接ヒエロポイオイと呼ばれる神殿監督官団に手渡すことを規定している。

注目すべきは一四行目から一八行目にかけての条項である。「同盟諸国は上記の規定に従って初穂料を奉納すべきこと。諸都市は徴収官(eglogeis<eklogeis)を選出し、彼らにとって最も良いと思われる方法で穀物が徴収されるべきこと。徴収した後、アテナイへ送付すべきこと。運送の任に当たった者はエレウシスの神殿監督官団にエレウシスにおいて手交すべきこと。」これはすべての同盟国(chsymmachoi)がアテナイ人と同等に初穂料奉納の義務を負わされること、そしてアテナイにおいては区長が果たす役割を負担すべく徴収官(eglogeis)が新たに選出され、アテナイ国内の基準に従って徴収の任に当たるのである。二四行目から三〇行目にかけての条項で「犠牲式司と松明持ちは秘儀に際してギリシア人たちが収穫物より父祖伝来の慣習とデルポイの神託に従って初穂料を奉納し

たことを呼びかけるべし。区長によって区ごとの、都市によって都市ごとの穀物の量を告知板に記載したうえでエレウシスにあるエレウシニオンおよび評議会議事堂に設〔置〕せよ」と、各同盟国がそれぞれどれだけの穀物を奉納したかが秘儀の祭式において告知され、告知板によって公布されるのである。ここに同盟諸国はエレウシニア祭への参加と初穂料奉納を義務化され、エレウシスの宗教共同体のなかに組み込まれてしまうのである。

さらにこの祭典の範囲はアテナイとその同盟諸国を越え、可能な限り広範囲にギリシア諸国の参加が図られるのである。三〇行目から三四行目にかけての条項で「評議会はその他の、可能と判断される、すべてのギリシア諸都市に対して布告し、アテナイ人とその同盟諸国が初穂料を奉納した根拠を語り、彼らに対しては命令するのではなく、もし望むのであれば、父祖伝来の慣習とデルポイの神託に従って初穂料を奉納するように呼びかけるべきこと」と、エレウシスの宗教共同体への参画がさらに広く呼びかけられることになるのである。

このようにアテナイが自国のみならず同盟諸国、さらには同盟外のギリシア諸国に対してもエレウシニアの祭典への参加を呼びかけた理由はどこにあるのだろうか。

イソクラテスは『パネギュリコス』の中で、「かつて我らのポリスは正しく海上を支配したし今日不正に覇権を要求しているのでないことはすべての人に明白となっている」と主張し[86]、その根拠として「最も経験を積んできていることと最大の軍事力を有していること（tous empeirotatous ontas kai megisten dynamin echontas）[87]」と「ギリシア人に対する最大の恩恵者であるということ（tous pleiston agathon aitious tois Hellesin ontas）[88]」を挙げている。

それではアテナイがギリシア人に為した「恩恵（euergesiai）[89]」のなかで一体何が「その重要性の故に（dia to megethos）すべての人々の間で過去も現在も至るところで語られ思い起こされている」のだろうか。その筆頭としてイソクラテスは「伝説的（mythodes）[90]」と断りながらも、デーメーテルから授けられた「二つの贈り物（doreas dittas）」、すなわち「穀物（karpoi）」と「秘儀（tereute）」を「すべての人々に分かち与えた（hapasi metedoken）」

ことを挙げる。[91] そしてそのことの「証拠（semeia）」として「大部分の諸都市が古の恩恵（palaia euergesia）を心に留めていて毎年穀物の初穂料を我らに送っており、蔑ろにしている諸都市に対してはしばしばピューティアが収穫物の一部を支払い我らの都市に対しては父祖の慣習通りに行なうように命じた」[92] ということを指摘しているのである。[93]

この演説は前三八〇年の作品とされ、[94] デロス同盟崩壊から四半世紀の年月が経っているが、アテナイ人の祖先がデーメーテルから授けられた二つの贈り物、穀物と秘儀、を他のギリシア人に伝えたことを恩恵と称し、そのことの故にアテナイはギリシアにおける覇権を要求する権利を持っていると主張する。ここにおいては神話伝承がアテナイの覇権を求める帝国主義政策を正当化する根拠として利用されていることが明らかとなってくる。[95]

植民神話の有効性と帝国支配の限界

植民神話、アテナイとの血の繋がりは都市の行動に対して絶対的な影響力を及ぼしていたのだろうか。ペルシアから離反するに際してイオニア人はミレトスに会したが、ギリシア本土にアリスタゴラスを派遣する理由は「何らかの強大な同盟国を見つける必要があったから（edee gar de symmachies tinos hoi megales exeurethenai）」であった。[96] アリスタゴラスがスパルタを最初の交渉相手としたのは「戦いにおいては勇気に関して最も優れている（te ta es ton polemon es ta megista anekete aretes peri）」からであった。[97] 同様にアテナイがスパルタの次にされたのも「残りの諸国のなかでは最も強大であった（ton loipeon edynasteue megiston）」からである。[98] つまりギリシア本土の同盟国を求める動機は軍事力が「強大である（megistos）」ということに帰せられていたのである。

血の繋がりは副次的に強調されているにすぎない。スパルタに対して二度にわたって「同胞（andras homaimonas）」という言葉が使われており、[99] アテナイに対してもミレトス人がアテナイ人の「入植者（apoikoi）」

であることが指摘されている。[100] しかしこのアリスタゴラスの説得がアテナイに対して功を奏したのはすでにアテナイがペルシアに対して「ペルシア人とは公然と敵対していた（ek phanerou toisi Perseisi polemious einai）」からに他ならなかった。[101] イオニアへの支援決定において、イオニア人がアテナイ人の「植民者」であるという事実はアテナイ人にとってそれほど強い動機にはなっていない。

マラトンの戦いやサラミスの海戦の後、アテナイはペルシアに協力した島嶼に報復攻撃を行なっているが、その理由はカマリナにおけるアテナイ人使節エウペモスが掲げる「己の母国たる我がアテナイに対して、ペルシア側の一軍として攻め寄せてきた」[102] からではなかった。何れも当該の島嶼がペルシア軍に荷担したという単純な事実が理由とされているにすぎない。すなわち、マラトンの戦いの後、アテナイはパロスに遠征軍を派遣する。その理由は単に「パロス人がペルシア人と一緒になってマラトンに三段櫂船に搭乗して遠征することによって最初に口火を切った（hoi Parioi hyperxan proteroi strateuomenoi trieresi es Marathona hama toi Persei）」からであった。[103] また、サラミス海戦の後、テミストクレスはアンドロス、カリュストス、パロスなどの島嶼に金銭を要求し、包囲攻撃を加えている。その際、口実に使われたのが「ペルシア方に味方したため（dioti emedise）」であった。[104]

現実政治の次元においてアテナイがイオニア人の母国であるという理念がほとんど力を持たなかったことは次の逸話からも窺い知ることができる。前四八〇年、アルテミシオンでの対峙の後、艦隊を撤退させるに際してテミストクレスは水汲み場に「母国の住民に向かって兵を進め、ギリシアの地を奴隷化せしめんとするのは正しい行ないではない（ou poieete dikaia epi tous pateras strateuomenoi kai ten Hellada katadouloumenoi）」という文言を記した碑文を立てさせたが、[105] ヘロドトスが強調するように「テミストクレスの指図に応じてわざと卑怯に振る舞ったのは彼らのうちでわずかの者たちであって、多くの者はそうではなかった（ethelokakeon mentoi auton kata tas Themistokleos entolas oligoi, hoi de pleunes ou.）」。[106] その少数に留まったなかにナクソスの四隻から成る戦隊が含まれるが、本国から受けていた指令に反してギリシア軍側に投じたのである。そのナクソス人の起源を「ナクソス人はアテナイ人から生じたイオニア人である（Naxioi de eisi Iones apo Atheneon gegonotes）」とヘロドトスは指摘している。[107]

イオニア人とアテナイ人が xyggenes であるということはイオニア人をアテナイ帝国に繋ぎ止めておく接着剤とはならなかった。前四一三年のシケリアにおけるアテナイ遠征軍の壊滅のニュースはアテナイの桎梏の下に苦しんでいたイオニアの同盟諸国を離反に踏み切らせ、スパルタ側に走らせる重要な契機となった。ミレトスはアテナイの植民市であったにもかかわらずカルキデウスのスパルタ艦隊が姿を現わすや離反に踏み切っているし、[108] ストロムビキデスとトラシュクレスのアテナイ艦隊が到着してもこれを迎え入れず、[109] しばしばアテナイ側の部隊が上陸してもこれに従うことはなくスパルタ側に与してこれと戦っている。[110]

様々な祭典の帝国祭典化の努力は同盟諸国をアテナイの植民市に位置づけ、擬制的な血縁関係を強調することで盟主アテナイとの繋がりの強さを強調しようとするものだった。パンアテナイア祭やディオニュシア祭などの帝国祭典は同盟諸国にアテナイの力と富、そして文化を印象づけたであろうし、行列への参加、各種競技の観戦は盟主アテナイとの一体感を同盟諸国に醸成したかも知れない。しかし、アテナイの支配に対する同盟諸国の不満、軍事的敗北による威信の揺らぎ、最後に艦隊の喪失による帝国の崩壊を食い止めることはできなかった。

註

（1） Hdt. II. 143.

（2） このようなギリシア人の心性については Georges, *Barbarian Asia*, pp. 1-12 を参照。

（3） Hdt. VII. 150.

（4） Ibid.

(5) *Ilias*, II, 557–558.

(6) Plut. *Solon*, 10.

(7) 英雄崇拝については M. P. Nilson, *Geschichte der Griechischen Religion*, Erster Band, München, 1992[erg. Aufl.], S. 715f. を参照のこと。英雄崇拝は祖先崇拝に起源があり、地域と強く結びついており、その霊験は具体的でその墓や遺物と関係している。戦いの際に英雄は地域住民の助力者として立ち現われるのである。マラトンの戦いの際にテセウスがアテナイ人に加勢するために地の底から立ち現われたという伝承については Nilson, *Geschichte*, S. 716. アテナイによるサラミス島征服後英雄エウリュサケスの祠をアテナイ市内に建立し、サラミスの住民に市民権を付与したことについては Nilson, *Geschichte*, S. 712-713.

(8) Hdt. VIII. 64. cf. Hdt. V. 80：テーバイはアテナイとの対決の際デルポイの神託に従ってアイギナからアイアコス一族の援助を要請している。Nilson, *Geschichte*, S. 717.

(9) Cf. Hdt. VI. 108.

(10) Paus. I. 15. 3.

(11) Ibid.

(12) Plut. *Cim*. 8.

(13) Nilson, *Geschichte*, S. 713.

(14) この問題についてはすでにメクズがその大著『アテナイ帝国』の中で言及しているし、笠原匡子氏が「宗教政策から見た前五世紀アテナイの対同盟政策」の中で論じている：R. Meiggs, *AE*, pp. 291-305；笠原匡子「宗教政策から見た前五世紀アテナイの対同盟政策」『関学西洋史学論集』Ⅻ、一九八三年、一～一三頁。シューラーは植民都市の地位とパンアテナイア祭への参加、それにアテーナへの初穂奉納が同盟都市とアテナイとの宗教的な繋がりを強固なものにしたと考えている。W. Shuller, *Die Herrschaft der Athener in Ersten Attischen Seebund*, Berlin/New York, 1974, S. 117-118.

(15) Thuc. VI. 76. 3.

(16) Thuc. VI. 82. 3-4.

(17) Thuc. VI. 76. 3.

(18) Thuc. VI. 82. 3.

(19) 前野弘志「アテナイ植民活動と種族イデオロギー」『広島大学文学部紀要』第五八巻特集号二、一九九八年、八七頁
前野氏はアテナイがイオニア人の母市であるということとイオニア人と同族であるということを、イオニア諸都市をアテナイの覇権の下に統合し、保護の名目で干渉する口実に使ったと指摘している。

(20) プルタルコスはニキアスの伝記の中で、デリア祭を合唱隊の行進と、犠牲の式、競技会、宴会、アポロン神への奉納として青銅製の棕櫚の木と一万ドラクメで購入した土地の寄進によって華々しく挙行したことを伝えている。Plut. *Nic.* 3; cf. Str. X. 5. 2：デロス島を取り囲むキュクラデスの島々が例大祭を挙行し、祭礼使節団を派遣し、供儀を行ない、処女歌舞団を派遣していた。プルタルコスはこれが民衆を懐柔する手段であったと位置づけている。
　トゥキュディデスは前四二六／五年の冬に長らく途絶えていたデリア祭をアテナイ人が再建し、従来行なわれていた合唱隊の派遣と参詣使による犠牲の奉納に加えて、競技の再開と騎馬競技が新たに種目に加えられたことを伝えている（Thuc. III. 104)。このデリア祭が島嶼部の人々を引き付けて来たことをトゥキュディデスは指摘している。メクズはこの行為の背後にアテナイの政治的意図が働いていたと推測している（*AE*, p. 301)。

(21) もっともメクズはアテナイがイオニア諸都市を建設したのは五世紀にアテナイが宣伝として創作した後世の産物だと多くの研究者が主張するが、今ではそれ程流行していないとする（*AE*, p. 294）のであるが。

(22) 『イオン』は前四一三年頃の作品とされる。B. Zimmermann, "Euripides", *Der neue Pauly* Epo-Gro 4, Sttutgart & Weimar, 1998, S. 284.

(23) Arist. *Ath. Pol.* 5. 2.＝Solon, F 4, 2.

(24) Hdt. I. 145-146.

(25) Hdt. I. 142.

(26) Hdt. I. 146.

(27) Hdt. I. 147.

(28) Paus. VII. 1. 2. 1.

(29) Paus. VII. 1. 2. 6. cf. Schuller, S. 117.

(30) Paus. VII. 1. 2. 8.
(31) Paus. VII. 1. 2. 10.
(32) Ibid.
(33) Paus. VII. 1. 3. 3.
(34) Paus. VII. 1. 3. 5.
(35) Paus. VII. 1. 3. 6.
(36) Paus. VII. 1. 3. 7.
(37) Paus. VII. 1. 3. 8.
(38) Paus. VII. 1. 3. 10.
(39) Paus. VII. 1. 4. 2.
(40) Paus. VII. 1. 4. 9.
(41) Paus. VII. 1. 5. 1.
(42) Thuc. III. 104.
(43) Hdt. IX. 106.
(44) Hdt. IX. 114 ; 117-118 ; 121
(45) Thuc. I. 89. 2.
(46) Thuc. I. 95. 1.
(47) Thuc. I. 96.
(48) Arist. *Ath. Pol*. 23. 5. Cf. Plut. *Arist*. 25. 1. プルタルコスは「アリステイデスはギリシア人たちと誓約を交わし、呪いを込めて鉄の塊を海の中に投じながら、アテナイ人を代表して誓約した」と述べ、誓約を交わしたのがイオニア人に限定されていないことを暗示している。
(49) 馬場氏は同盟の原初加盟国に占めるイオニア諸都市の割合をシーリーに従って（R. Sealey, “The Origin of the Delian League”, in Badian (ed.), *Ancient Society*, pp. 233-255)「無きに等しい」と解釈する（馬場恵二「デロス同盟とアテナイ民主政」『岩波講座　世界歴史』二、岩波書店、一九六九、一六～四四頁、特に二五頁)。そして史料に登場する「イオニア人」の実態はサモスやキオス、レスボスなどの島嶼民であったとし、ギリシア世界のなかでスパルタと対等な国際的地位を獲得せんとする「権力への意志」がアテナイの同盟結成の動機であったと主張する(同頁)。その結果「イオニアの解放」は同盟結成の目的ではなくなってしまう(二六頁)。ウォーカーは同盟結成時においてイオニアの都市の多くは加盟していたが、カリアやトラキアの諸都市は加盟していなかったと考えている(Walker, "Confederacy", pp. 33-67, esp. p. 44)。ハイビーはエペソス、ミュウス、エリュトライ、アイオリス地方の諸都市、それにヘッレスポントスにあるランプサコスを未加盟国としている(L. I. Highby, "The Erytrae Decree", *Klio*, Beiheft 36, 1936, pp. 55-56)。これらに対してメリットやウェイド-ジェリーらはサモス会議とヘレスポントス遠征の間にヘラス同盟への新規加盟国は途切れることなく増加していたので、貢税表のイオニア諸都市の欄に含まれる都市のすべてが同盟に加入していたと主張する(*ATL*. III, p. 203)。

(50) Thuc. I. 96.

(51) Nilson, *Geschichte*, S. 731：ニルソンによれば、同盟諸国の人々が列席する大規模な祭典はアテナイ人の敬虔さを顕示する場となっていた。大ディオニュシア祭では同盟諸国から納められた貢税が一タラントンごとにオルケストラに運び込まれ、青年に達した戦死者の孤児を武装させ、同盟諸都市は貢税のほかに植民都市やアテナイのデーモスと同じようにパロスと呼ばれる男根棒と武具を奉納し、それらの情景を目の当たりにするアテナイ市民は帝国の権力の栄光に浸るのである。

(52) パンアテナイア祭については H. W. Parke, *Festivals of the Athenians*, Ithaca/New York, 1977, pp. 33-50.

(53) Cf. Nilson, *Geschichte*, S. 731.

(54) アリストパネス『雲』三八六行目の古註：「アテナイ人によって植民されたポリスはどれもパンアテナイア祭に定められた牛を送った(en tois Panathenaiois pasai hai hypo ton Athenaion apoikistheisai poleis boun tythesomenon epempon)。」

(55) ブレア：*IG*. I³. 46(*IG*. I². 45；ML. 49), ll. 15-17：「牛と一揃いの武具を大パンアテナイア祭にそして男根棒をディオニュシア祭に持ち来るべきこと(boun de kai p[anhopl/ian apa]gen es Panathenaia ta megal[a kai es D/ionysi]a

phallon)。」

(56) トゥディッポスの法令：*IG*. I^3. 71 (ML. 69), ll. 57-58：「牛と1揃いの武具を大パンアテナイア祭にすべてのポリスは持ち来るべきこと。植民都市と同じく行列に参加すべきこと vvv (bo[n kai panhop]l[ian apagen es Panath]enaia ta me[gala] hapasas˚ pemponton/d[e en] tei pompei [kathaper apoi]k[oivvv])」

(57) クレイニアスの法令：*IG*. I^3. 34 (ML. 46), ll. 41-42：「そしてもし何人かが牛あるいは1揃いの武具の奉納に関して罪を犯すならば，(kai e]an tis peri ten apa[goge/]n tes boos e [tes panhoplia]s adikei,)」

(58) *Inschriften von Priene* 5.

(59) *IG*. II^2. 456. b. 28.

(60) [epeide apoi]koi ontes tou de[mou/tou Athenaion Kolophonioi diaterousin ten te ph[ili/an kai oikeioteta ten eis ton d]em[on] ton Athenai[on.]

(61) b. ll. 14-15：「民衆より出でた植民者である――民衆に対する関係を彼らは墨守している―― (apoikoi ontes tou de[mou diaphylattousin ten oik]/eioteta tem pros ton de[mon――)」。

(62) ll. 5-8 : hoti ho demos ho Kolophonion anatithesi [tonde ton steph]/anon kai ten panoplian aristeion tei Ath[enai hyper]/tou demou tou Athenaion kai tou demou tou [Kolophoni]/on.

(63) B. D. Meritt & H. T. Wade-Gery, "The Dating of Documents to the mid-fifth Century", *JHS*. 82, 1962, pp. 67-74, esp. p. 70：「(パロス人は) アテナイ人の民衆の植民者であるので祖先伝来の慣習に従いパンアテナイア祭には牛と1揃いの武具をディオニュシア祭には牛と男根棒を記念として持ち来たった ([k]ata ta pa/[tria kai eis Panathen]aia bon kai pano/[plian kai eis Diony]sia bon kai phallo/[n] a[p]a[gen aristeio]n epeide [t]ygchanous/[i] apoikoi o[ntes t]ou demou to Athenaion)」; cf. J. H. Oliver, "Inscription from Athens", *AJA*. 40, 1936, p. 461, ll. 2-6.

(64) ML. 40. ll. 2-4

(65) *IG*. I^3. 96. ll. 4-6.

(66) ML. 46. ll. 18-22.

(67) *IG*. 1^3. 71. ll. 27-28.

（68）*IG*. I^3. 71. ll. 55-58.

（69）カッリアスの平和でペルシアとの戦争状態に終止符が打たれると同盟諸国をアテナイの指導権の下に留めておく根拠が失われてしまい、デロス同盟から拡散していく同盟諸国を引き止めておく手段としてアテナイは同盟諸国をパンアテナイア祭へ参集させアッティカ基準の貨幣や度量衡を強制した、とメクズは主張する（*AE*, p. 294）。

（70）「アテナイ人はエーリス、マンティネイアそれにアルゴスにオリュンピア祭の三〇日前に赴いて、アルゴス人、エーリス人それにマンティネイア人は大パンアテナイア祭の一〇日前にアテナイを訪れて誓約を更新すべきこと。」（Thuc. V. 47. 10.）

（71）ディオニュシア祭についてはParke, *Festivals*, pp. 125-135. W. R. Connor, "City Dionysia and Athenian Democracy", *Clasica et Mediaevalia* 150, pp. 1-32. 都市のディオニュシア祭の起源についてコンナーは前六世紀末のクレイステネスの民主政期に設立されたと主張し、パークなどの多くの研究者は、前六世紀後半、ペイシストラトス家の僭主支配の時代に設立されたと主張する。その設立時期の問題は別として都市のディオニュシア祭は中心市アテナイによる地方の有力コーメー統合の象徴として評価されている。しかし、何か不自然な印象が残る。どうしてアッティカ各地の諸デーモスにディオニュシア祭があって、長い暗黒時代を通じてアッティカ最大の居住地であり続けたアテナイにディオニュシア祭がなかった、と言えるのだろうか。いずれにせよアテナイにおいてすらディオニュソスの祭典は田舎のディオニュシア祭と都市のディオニュシア祭だけに限らない。アンテステリア祭やレナイア祭もまたディオニュシア祭である。W. R. Connor, "Tribes, Festivals and Processions : Civic Ceremonial in Archaic Atnens", *JHS* 107, 1987, pp. 40-50. 本論とは関係はないがアテナイにも古くからの独自のディオニュシア祭があって、それが後にポリスの発展に連動させられて都市のディオニュシア祭に姿を変えられていったと考えられないだろうか。大ディオニュシア祭の祭儀等についてはS. Goldhill, "The Great Dionysia and Civic Ideology", *JHS* 107, 1987, pp. 58-76を参照のこと。

（72）Nilson, *Geschichte*, S. 731：ニルソンは豊穣の儀礼として大ディオニュシア祭において男根像を持ち歩く行列にアテナイの植民市もまた男根像を送ることを要求されたことを伝える。

（73）Aristph. *Acharn*. ll. 501-506.

（74）レナイア祭についてはParke, *Festivals*, pp. 104-106.

(75)「以上の点に関しておよびその他の休戦条約に関してそれぞれの側を代表して誓約した者たちが誓約するべし。ラケダイモン人はアテナイに赴いてディオニュシア祭において、アテナイ人はラケダイモンに赴いてヒュアキンティア祭において毎年度ごとに誓約を更新すべきこと。」(Thuc. V. 23. 4.)

(76) Parke, *Festivals*, pp. 55-72.

(77) n. 126：浮き彫りは高さ二四〇センチ、幅一二五センチある。

(78) *Hymn. eis Demetran*, ll. 233-235.

(79)『デーメーテル讃歌』には次の二カ所でトリプトレモスへの言及がある。*Hymn. eis Demetran*, ll. 153-155：「分別ある(pykimedes)トリプトレモスやディオクレス、ポリュクセイノス、優れた(amynon)エウモルポス、ドリコス、そして私どもの偉大な(agenor)父が居ります、」

Hymn. eis Demetran, ll. 473-479：「掟を整えられる(themistopoloi)殿様方の下に行かれた女神は、トリプトレモスや馬を駆る(plexippos)ディオクレス、力強き(bies)エウモルポス、人民の指導者ケレオスに語り掛け彼らすべてに礼拝の儀式(dresmosyne th' hieron)と秘儀(orgia)を、すなわちトリプトレモスとポリュクセイノス、彼らと共にディオクレスに神聖な(semna)秘儀を明かされたのだった、それは決して逸脱してはならず損なってはならず深く悲嘆に暮れてもならないものだった。」

(80) エレウシス(Eleusis)については桜井万里子氏の一連の浩瀚な研究がある(これらは『社会史』「I 宗教」の補論のなかで最近の研究を著者の見解を付してまとめられている)。桜井氏は主として *IG*. I^2. 6を手がかりに元々氏族(genos)の祭儀でしかなかったエレウシスの秘儀にパンヘレニックな性格を付与することによってギリシア世界におけるアテナイの権威を高めようとする国家意思を跡づけようとする(四二頁)。桜井氏によるとデーメーテル(Demeter)への供儀はエレウシスに特定される農業祭儀ではなく、ギリシア各地の農村に遍在する宗教儀式であった。またエレウシスがギリシアにおける農業発祥の地という意識もなかったしギリシア人に共有されるものではなかった。それは前七世紀末にまとめられたとされる『デーメーテル讃歌』に農耕発祥の地という観念が現われていないことによって証明される(三九頁)。後世の伝承ではデーメーテルから教わった農業を各地に伝播したとされるトリプトレモス(Triptolemos)もエレウシスの貴族の一人にすぎないとされる(同頁)。そのトリプトレモスが農業を各地に伝えたと描かれるようになるのは前五一〇年頃から前四八〇年頃にかけてであると桜井氏はラウビチェク（I. K. & A. E. Raubitschek, "The Mission of Triptolemos", *Hesperia*, Suppl. XX, 1982, pp. 109-117）の研究に基づいて指摘する（同頁）。つまりアッティカ式黒絵様式の末期の壷絵に農業を伝播するトリプトレモスが初めて描かれ、続くアッティカ式赤絵様式の壷絵において盛んに描かれると論じるのである（五五頁）。そして注目すべきはこのエレウシスにおける農業発祥とトリプトレモスによる農業伝播がアテナイの国家イデオロギーとして宣伝されるようになるということである。この過程は桜井氏が明らかにしたアッティカ各地で崇拝されていたデーメーテル信仰がエレウシスに統合され、従来エレウシスのエウモルピダイ（Eumolpidai）氏族が独占していたエレウシスの祭儀執行権にポリス、アテナイが直接関与するようになり、これを国家祭儀化していく過程と一致するのである。桜井氏はさらに前四六二年頃に書かれたソポクレスの『トリプトレモス』の断片においてトリプトレモスがイタリア、カルタゴ、イオニアを旅したと言及されていることに触れている（四〇頁）。これは桜井氏自身が紹介する *IG*. I^2. 76 に見られるアテナイの帝国政策との対応において興味深い。

（81）『社会史』三九頁。
（82）同、四〇頁。
（83）Xen. *Hell*. VI. 3. 6.
（84）Isoc. Or. IV. 28-30.
（85）*IG*. I^2. 76＋; *IG*. I^3. 78; ML. 73.
（86）Isoc. Or. IV. 20.
（87）Isoc. Or. IV. 21.
（88）Isoc. Or. IV. 22.
（89）Isoc. Or. IV. 27.
（90）Isoc. Or. IV. 28.
（91）Isoc. Or. IV. 29.
（92）Isoc. Or. IV. 30.
（93）Isoc. Or. IV. 31.

(94) 小池澄夫「解説」『イソクラテス　弁論集　一』京都大学学術出版会、一九九八年、二七六頁。
(95) Nilson, *Geschichte*, S. 709, 713：ギリシアの祭礼が地方の有力な大家族の私的な祭儀に起原を有していること、そしてポリスが彼らの祭儀に大きな影響を及ぼすようになっても彼らの宗教上の権利は尊重された。エレウシスの秘儀については Nilson, *Geschichte*, S. 712.
(96) Hdt. V. 38.
(97) Hdt. V. 49.
(98) Hdt. V. 97.
(99) Hdt. V. 49.
(100) Hdt. V. 97.
(101) Hdt. V. 96.
(102) Thuc. VI. 82.
(103) Hdt. VI. 133.
(104) Hdt. VIII. 112.
(105) Hdt. VIII. 22.
(106) Hdt. VIII. 85.
(107) Hdt. VIII. 46.
(108) Thuc. VIII. 17.
(109) Ibid.
(110) Thuc. VIII. 24 ; 25–27.

第三節　レスボスの離反

レスボスの離反の問題点

紀元前四二八年に勃発したミュティレネを中心とするレスボス諸都市の離反は世間の耳目を集めた。それはペロポネソス戦争が始まって四年目の事件であり、デロス同盟を構成する重要な海軍国の離反であるが故に、戦争の行方に対するその影響に関心が集まっていたことは言うまでもない。[(1)] しかしそれ以上に離反失敗後のレスボス諸都市、とりわけ離反の中核となったミュティレネの、全男子の処刑と婦女子の奴隷化を危うく免れた処遇に人々の関心が集まったのである。[(2)]

研究者の関心は離反の最終局面で表面化した民衆の反抗に集中している。レスボス諸都市の離反がどの程度の住民の支持のもとに行なわれたのか、アテナイに対する感情は好意的だったのか、反乱を主導した他党派の影響力はどれほどだったのか、[(3)] さらには離反鎮圧後のアテナイによるレスボスにおけるクレルキアと占領政策に向けられている。[(4)]

本節の論点はレスボスの離反においてどのような党派関係が見られるのかという問題と民衆の反抗をどのように評価できるのかという問題に限定される。

史　料

前四二八年から翌年にかけてのレスボスの反乱に関する主たる史料はトゥキュディデスである。[(5)] 特に離反に対するアテナイ人の反応については同時代人であるということの確かさと、詳細な記述によって貴重な情報を今日に伝えている。またきわめて簡略であるがアテナイのシケリア遠征失敗後のレスボス諸都市の動きについて叙述している。[6] しかしトゥキュディデスは紀元前四〇六年の事件やアイゴスポタモイ後の事件については言及しておらず、これはクセノポン[7]やエポロスを引用するディオドロス[8]によって補うことができる。そのディオドロスはレスボスの離反についてトゥキュディデスとは別におそらくエポロスの記述を伝えていると思われる。[9]

また、欠損がきわめて多く、肝心の部分に関しては碑文研究者による復元に依存せざるを得ないが、ミュティレネへの自治と土地の返還を約した二点の碑文資料[10]は同盟国に対するアテナイの政策の解明に貴重な手がかりを与えてくれる。

プルタルコスは離反鎮圧後執務報告審査においてレスボス遠征についての責任を問われたパケスが剣を抜いて自殺したこと、[11] またこれと関連してアガティアスはミュティレネ占領期間中にパケスが二人の女性を犯しその夫を殺害したことを訴えられて絶体絶命の運命に立たされたことを伝えている。[12] しかしこの後日談についてはウェストレイクの興味深い指摘がある。[13] その背景にはアテナイ民主政がその指導者を一方ではその経験に頼りながら他方ではその力量を恐れてその勢力や名声を殺いでいった忘恩の振る舞いが後世の修辞学のごくありふれた題材になっていたこと、またアリストパネスの『蜂』の中に出てくる犬のラベスがシケリアのチーズをくすねたので訴えられて処刑されたという話[14]がラケスではなく、パケスに帰せられてしまい、パケスが法廷で自殺を図ったという確信となってしまったことである。[15] いずれにしてもパケスが法廷で訴えられ自殺したという話は真実ではなく後世の創作である。

アリストテレスはアテナイ人のプロクセノス（権益代理人）の一人であったデクサントスが自分の息子をティモパネスの二人の娘と結婚させようとして断られたことがミュティレネの党争の原因であり、ひいてはミュティレネとアテナイとの戦争の原因になったと論じている。[16] ホーンブロワー（S. Hornblower）はこの話を事実とするが、[17] メクズが指摘するように[18]ミュティレネとアテナイとの対立はこのような個人的要因を説明要因として必要とせず、むしろ戦争原因を個人的なレベルに還元して論じるエポロスと前四世紀の修辞学や政治哲学の問題関心と流行の産物だと思われる。

さらにアンティポンの第五番弁論はアテナイ人殺害の責任を問われたミュティレネ人被告の弁論である。この弁論は被告の父のように財産を持ち、離反以前から親アテナイの立場に立ち、降伏後は祖国およびアテナイに対するあらゆる公共奉仕を遅滞なく果した人物の祖国の離反に対する態度をよく示している[19]。たとえアテナイに好意を抱いていたとしても祖国に背を向けることは容易ではなかった。特に子供と財産が祖国への忠誠の担保となっている場合には。寡頭派の指導する離反への協力は強制されたものであり、異議を唱えることはできなかった、と離反に巻き込まれたミュティレネ人の心理状況の一端を証言している。さらに弁論は降伏後の状況についても貴重な情報を提供している。レスボスにおけるアテナイ人官吏の存在[20]、同盟内での司法上の問題[21]やアテナイの占領政策を嫌って大陸に移住した亡命者の存在[22]、などである。

事　件

紀元前四二八年夏、メテュムナを除くレスボス諸都市はアテナイからの離反に踏み切った[23]。離反に関する情報は事前に様々な情報経路を通じてアテナイに寄せられていたにもかかわらず、アテナイはそれを信じなかった[24]。否、信じようとしなかったのである。それはミュティレネと係争していたテネドスやメテュムナからだけではなく、ミュティレネのプロクセノスたちからももたらされていたのである[25]。それでも事態の深刻化に不安を抱いたアテナイは四〇隻もの艦隊を派遣してミュティレネ人らの機先を制しようとしたのである[26]。ミュティレネ人は準備が十分に整わないまま海戦に乗り出し、敗れてアテナイ艦隊に閉塞されてしまった[27]。窮したミュティレネ人はアテナイに使節を派遣して事態の打開を計ったが成功せず、再び閉塞艦隊との間に戦端を開くことになる。[28]

ミュティレネは同時にペロポネソスに使節を派遣し、ペロポネソス同盟、とりわけスパルタの協力を得てアテナイに圧力をかけようとしたのである。[29] オリュンピアでの会談においてミュティレネ人使節はアテナイによる同盟諸国の奴隷化が押し進められてきており、ミュティレネを含むレスボス諸都市が自治を奪われ、艦船を没収されるのも時間の問題であることを強調している。[30] アッティカに軍を派遣してアテナイに圧力をかければ、レスボスに派遣されている閉塞艦隊をアテナイは引き揚げざるを得なくなり、[31] レスボスの強大な艦隊がスパルタ側につくことを約束したのである。[32]

スパルタ側はこのミュティレネ人使節の提案を喜んで受け容れ、アッティカには再度遠征軍を派遣することに決し、[33] 同時にアルキダスを司令官とする約四〇隻の艦隊を救援のためにレスボスに派遣することとした。[34] しかしこのペロポネソス側の狙いは功を奏さず、逆にアテナイの戦争努力を強化することとなってしまった。アテナイはミュティレネを閉塞中の艦隊を引き揚げることなく、大艦隊を動員し、ペロポネソスの沿岸部を攻撃したのである。[35] ペロポネソス軍がアッティカより撤退して後、重装歩兵一〇〇〇名からなる増援軍を追加派遣し、ミュティレネに対する包囲を強化したのである。[36]

翌四二七年、ミュティレネでは食糧不足から民衆の有力者に対する不満が高まり、食糧の公平な分配が行なわれない限り自分たちは単独で攻囲中のアテナイ軍と講和すると宣言したのである。[37] 分配すべき食糧のなかった有力者たちは講和の動きに取り残されることを恐れ、これを抑圧することなく自分たちの方から降伏を申し入れたのである。[38]

レスボスの反乱鎮圧後、その処理をめぐってアテナイでは激論が戦わされた。一方はデマゴゴスのクレオンで、反乱の責任は寡頭派に限定されず、民衆もまた積極的に関与したことを指摘したうえで、[39] ミュティレネ人に対する厳罰を主張する。(40) それに反対したのがディオドトスで、一般的にギリシアの諸都市では寡頭派と民衆が対立状況にあり、民衆がアテナイに好意を寄せていることを指摘し、(41) ミュティレネの民衆は離反には加担していないこと、(42) たとえ離反に協力したとしてもこれを黙認すべきだと論じたのである。(43) 同盟国のなかでも特にアテナイが厚遇してきたレスボス諸都市の離反に対するアテナイの怒りは強く、最初の民会ではクレオンの意見が通り、二度目の民会でもほぼ同数であった。(44) しかし、最終的にはディオドトスの意見が通り、離反責任者として送られてきた一〇〇〇名強の人々を処刑し、(45) レスボスを三〇〇〇口の入植地に分割してしまった。(46)

研究史

ミュティレネを含むレスボス諸都市の離反において民衆の間には親アテナイ感情があったのか否かという論争の出発点をなしたのがサント＝クロワとそれに対するブラディーンの全面的反論である。

ディオドトスの演説や内乱に関するトゥキュディデスの記述からアテナイからの離反を画策するのは寡頭派であり、民衆はアテナイに対して忠誠であったと一般化するサント＝クロワはレスボスの離反に関しても離反を組織したのはミュティレネ人本体ではなく、政権を掌握している寡頭派にすぎず、サライトスが民衆に武具を分配するや直ちに反乱を起こし、政府は止むを得ずアテナイに降伏した、と論じる。(47)

サント＝クロワ説に真っ向から反対するのがブラディーンである。ブラディーンは同盟諸国民のほとんどはアテナイと民主政に共感しておらず、伝統的な寡頭政に満足していたとして、ミュティレネの民衆の行動はアテナイへの愛情とか忠誠心によるのではなく飢えと絶望によると論じ、さらにミュティレネの政治体制は離反以前も以後も寡頭政であったと指摘している。(48)

民衆はアテナイに好意を抱いておらず、アテナイ支配の受け皿となる民主派すら存在していないと論じたのがクィンである。クィンは同盟からの離反が少数派の集団によることは確かだとし、多くの者はアテナイの支配に満足していたのとは違う理由で、つまり同じ市民仲間の寡頭派の独裁的支配を避けるために、離反には躊躇し、アテナイへの従属を歓迎したと指摘したうえで、ミュティレネの民衆がアテナイに好意的だったという記述はなく、民衆がアテナイとの戦いをやめた理由は食糧の欠乏と貴族派が食糧を隠していると信じ込んでいたためであったと論じる。(49)

クィンはレスボスの諸都市、すなわちミュティレネ、アンティッサ、エレソス、ピュッラ、メテュムナの政治体制、民衆の動向、民主派の存在や政治的影響力について分析を行なう。(50) ミュティレネの民衆は民主政を望んであるいはアテナイへの忠誠から政府に背を向けた訳ではなく、(51) 民主派は存在せず、(52) 親アテナイ派は寡頭派のなかにあり、離反に反対したが、その政治的勢力としては微弱であり、(53) 離反鎮圧後アテナイは民主政を樹立してはいなかった。(54) アンティッサ、エレソス、ピュッラの状況はミュティレネと類似している。(55) 政治体制は寡頭政であり、政治的に何らかの重要性のある民主派も、親アテナイ感情も存在しなかった。(56) メテュムナは民主政であり、アテナイ側に留まったが、親スパルタ感情は市民のなかに深く根を下ろしていたとする。(57)

ゴーティエ（P. Gauthier）もまた民衆における親アテナイ感情を否定する。(58) 民衆への武具の分配は stasis を結果し、攻囲の終焉をもたらしたが、(59) 同時にそれは寡頭体制の古典的な終焉でもある。(60) 民衆の反応には親アテナイ感情の痕跡はほとんどなく、ミュティレネ人の反乱は、穀物を独占している dynatoi に向けられていた。(61) ゴーティエは民衆の反乱を民主革命と見なし、処刑されるか財産を没収されるかしていた dynatoi は民衆が政治生活に非常に重要な役割を掌握していることにほとんど反対することはなかったと評価する。(62)

民衆がアテナイに好意を抱いていたのかそうではなかったのか、という問題から離れてそもそも民衆が単一の等質な集団なのかという視点からレスボスの反乱を論じたのがジリス（D. Gilis）である。(63) ジリスは民主派であれ寡頭派であれ一つの党派のなかには、必ずしも同じ利害を有しているとは限らないが、他人との関係が愉快な関係になったり、不愉快な関係になったりしながら経済的な階級の敵対によって結ばれている多くの人々がいるとしたうえで、(64)ミュティレネの民衆、寡頭派を構成する人々のパターンをそれぞれ分類する。(65)民衆は可能な限り力ずくで寡頭政を倒そうと望む急進派、無政府主義者や潜在的な略奪者や私怨を晴らそうとする人々、平和的な変化に期待する穏健派、用心深い人、体制が崩壊するまでは中立でその後は革命派につく傍観者、才能はあるが移り気な民主派指導者、無所属、現状に満足している保守派、アテナイが信頼のおける友人として利用する親アテナイ派、自治を好みミュティレネをアテナイの支配から引きずり出そうと試みたかもしれない民主派、反乱者を信用せず過去の安定を好む下層民のなかの少数の反動的な人々から成り、(66)寡頭派は民衆にいかなる権利も譲歩しようとはしない急進派、民主政を受け容れようとする穏健派、商業上の利害を重視する人々、非常に稀であるがアテナイの利害圏に留まることに利益を見いだそうとする真のアテナイ・リベラル、スパルタを嫌い、スパルタに不信感を抱いている人々から成るとする。(67)そして籠城戦末期の民衆の反抗に関してはこれを無血民主革命と規定し、(68)民衆の寡頭派政権に対する黙従は民衆が寡頭派政権を支持していた証拠にはならないとする。(69)

リーガン（R. P. Legon）は離反に際してのミュティレネの住民を三つのカテゴリーに分ける。(70)離反を指導したのは政権を握っていた寡頭派であった。寡頭派が離反に踏み切った理由はアテナイがミュティレネの寡頭政を貢税負担の民主政にしてしまうのではないかという恐怖とミュティレネの指導の下でのレスボス島の統合への野心であった。(71)その寡頭政体制に政治的に対立していたのがアテナイ人のプロクセノスを含む民主派であった。(72)彼らは離反の動きをアテナイに内通したが、(73)アテナイとの軍事衝突が起こると寡頭派によって効果的に沈黙させられ、アテナイを声高に支持する人々は大抵のミュティレネ人によって不信の目で見られたのである。(74)民衆は終始寡頭派に協力的であった。(75)というのはもし親アテナイの素振りがあったら、サライトスや寡頭派が民衆に武器を分配するはずがないからである。[76] しかしそのことは離反に対する民衆の態度に関する問題を完全に満足させるものではない。[77] クレオンもディオドトスも民衆が自発的に協力したのかそれとも強制的に協力させられたのかを明らかにしていない。[78] リーガンは結論として一旦戦端が開かれたからには多くのミュティレネ人は、富裕者も貧民も、国家防衛のために一致協力したのであり、民衆はアテナイに好意を抱いているともどちらも明らかにしておらず単にポリス防衛に参加したにすぎないのだと述べ、それは本質的に罪のない愛国的な反応であったと評価する。[79] そのうえで降伏後アテナイに弁解のために派遣された使節団は寡頭派と民主派から成り、アテナイの民会で彼らは党派別に分裂し、前者はミュティレネ人すべてに離反の責任があり寡頭派のみ処罰するのは不公正だと主張し、後者は離反を寡頭派による党派行動とし民衆の心からの支援はなかったと否定したと想定する。[80] また離反後の自治政府の形態は不明としながら、寡頭派体制が除去されたのは明白であるとする。[81]

サント＝クロワ説と同じくミュティレネの民衆はアテナイに好意を抱いていたとするのがウェストレイクである。ウェストレイクは、ミュティレネの民衆についてのトゥキュディデスの記述と演説について民衆が寡頭派による離反を支持したのかそれともそうでなかったのか、あるいは政権を掌握している寡頭派と民衆との間に反目と不信が横たわっていたのかあるいはそうでなかったのか、あるいは民衆はアテナイに好意を抱いていたのかそれともそうでなかったのか、というサント＝クロワとそれに対するブラディーンの反論に始まる論争について何か明確な手掛かりとなるような言及をしているのか、という観点からレスボスの離反に関するトゥキュディデスの記述について考察を進める。[82] トゥキュディデスはミュティレネの民衆が離反を支持したのか否かについて、彼が得た情報が不十分で信頼性に欠け、[83] 離反に対する民衆の態度が一様でなく、[84] アテナイ人の判断に民衆が支持したのか否かという事実関係はそれほど大きな影響を及ぼしていなかったので、[85] 明示的であれ暗示的であれ、いかなる解答をも提供しないと決断した、とウェストレイクは結論する。[86] そのうえで補論において拘束されたミュティレネ艦隊の搭乗員の扱いを論じ、彼らは第一艦隊の派遣を秘匿するために拘束されたのであって[87]、最初の休戦協定が結ばれたときに彼らを釈放したとする[88]。アテナイはミュティレネ人民衆の忠誠に何らかの確信を抱いており彼らが離反を企てる寡頭派の計画に関与しているという罪があるとは考えていなかった[89]。そして結論として民衆の態度にはアテナイに対して好意を抱いているという見解をある程度まで裏づけていると結ぶ[90]。

ウィルソン（J. Wilson）はミュティレネの離反を軍事史的に考察するなかで、政治的背景に言及する[91]。離反時寡頭派による政権掌握は不安定であり、彼らは仲間の市民である民衆を信用していなかった[92]。離反直前寡頭派はますます排他的となり、アテナイからの離反を企てる核心的寡頭派に限定するに至った[93]。もちろん親アテナイ派（andres kata stasin）が存在していたことはトゥキュディデス三巻二節三から明らかである[94]。民衆は離反において気の進まない協力者であったわけではなく、即座にアテナイ側についておらず、食糧が配給されないのならばそうすると脅したにすぎない[95]。民衆には離反とシュノイキスモスから得るものがあり、彼らはアテナイ人と同様寡頭派を嫌っていたし信用していなかった[96]。それで離反を通じて寡頭派は民衆を監視せねばならなかった[97]。そして離反の最終段階で親アテナイ民主派が権力を掌握しようとし自分たちの諸都市を降伏させたのである[98]。

以上はレスボスの離反に関する諸論考のほんの一部でしかない。しかし研究者の様々な論から民衆がアテナイに好意を抱いていたのかという論争の中心課題とは別に民衆が果たして政治的にも社会的にも均質な集団であるのか、同様に離反を指導したとされる寡頭派も政治的に均質でこれを一つの党派として扱ってよいのかどうかという問題が浮かび上がってくる。以下の分析ではこれらの問題に論を絞って考察を進めていくことにしたい。

分　析

ミュティレネの離反にいかなるカテゴリーの政治・社会集団が登場するのだろうか。トゥキュディデスの記述に現われるこれらを意味する語句を抽出してみよう。まずアテナイ人のプロクセノスの任にあり党派の立場から個人的にアテナイにシュノイキスモスと離反の計画を事前に内通した人々。「党派の立場から（kata stasin）」アテナイに内通した人々[99]がミュティレネの政治を掌握し、シュノイキスモスと離反を推進している人々とは党派的に異なることは明らかであろう。しかしそのことは彼らが民主派であったということの証明とはならない。彼らが民主派であったという記述はどこにも見当たらない。それにアテナイが占領政策の一環としてミュティレネの政治体制を民主制に転換したという記事が文献史料にも、碑文資料にも見当たらないのである。政治勢力としての民主派の存在を資料から確認することはできない。したがってここに現われてくる「党派（stasis）」とは民主派ではなく、寡頭派の一つの党派と考えた方がよさそうである。

すでに触れたように寡頭派指導部と民衆との乖離は食糧不足という危機が生み出した産物である。「彼らは武器を手にすると、指揮官たちにはもはや従わず、民会において決議して穀物を公表してすべて分配するように有力者に要求し、さもなくば自分たちはアテナイ人と協定を結んでポリスを引き渡すと表明する（hoi de epeide elabon hopla, oute ekroonto eti ton archonton, kata xyllogous te gignomenoi e ton siton ekeleuon tous dynatous pherein es to phaneron kai dianemein hapasin, e autoi xygcheresantes pros Athenaious ephasan paradosein ten polin）」[100]までは彼らが事件の表面に登場することはなく、寡頭派指導部の政策指導に異議を申し立てることもなかった。また今回の彼らの要求は穀物の分配にあり、政治的プログラムに基づいてミュティレネの政治体制の変革を要求していない。彼らが「武具をまとっていなかった（psilon onta）」[101]事実は彼らが重装歩兵の装備を整えうるだけの資産を持たない階層から構成されていたことを示している。しかし、彼らが革命的プロレタリアートでなかったことも確かである。

籠城戦の最終段階で民衆の厳しい要求に直面させられたのが dynatoi である。[102]この dynatoi がある社会階層の人々を指すのか、それとも評議会の議員や役人を指すのかは判然としない。ホーンブロワーは「当局者（those in power)」と解釈するが、[103] 有力者という解釈を排除するものではない。彼らが急速に激変する事態を統御する能力を失っていたことは、「彼らは阻止することができなかった（out'apokolyein dynatoi ontes）」というトゥキュディデスの指摘[104]から明らかである。民衆の反抗を抑圧する手段と意思を彼らは欠いていたのであろう。むしろ降伏・開城の流れに取り残されるのを恐れ、彼らは「全員の合意を取り付けたうえでパケスや遠征軍と降伏の協定を取り結んだのであった（poiountai koinei homologian pros te Pacheta kai stratopedon）」。[105] しかし、彼らは降伏後の自分たちに対する処遇に関して特に強い不安を抱いてはいなかった。「パケスがミュティレネ人の何人も拘束せず奴隷化せず処刑せず（Pacheta mete desai Mytilenaion medena mede andrapodisai mete apokteinai）」[106] という「協定（xymbasis）」[107] で十分だった。それだからこそ彼らは一致して降伏を取りまとめることができた。降伏という決定に「非常に恐れおののいた（perideeis ontes）」[108] 離反推進派とは区別すべきだろう。

ミュティレネの離反に関して最も積極的に関与したのは「ラケダイモン人のためにミュティレネ人のなかでとりわけ強力に行動した人々（hoi de praxantes pros tous Lakedaimonious malista ton Mythilenaion）」であった。[109] 彼らこそ離反を積極的に指導した責任者とアテナイ人は見なし、断罪したのである。彼らは dynatoi が民衆の和平への動きに取り残されるのを恐れて一致して攻囲軍に降伏を申し入れたのに対して、動揺の色を隠し切れずアテナイ軍の入城の際には「平然としていることはできず、祭壇の前に一緒になって座り込んだ（ouk eneschonto, all'epi tous bomous homos kathizousin）」のであった。[110] これは他のミュティレネ人と彼らの違いを浮き立たせる行為であった。パケスは彼らをテネドスに隔離し、[111] 後にスパルタ人のサライトスや「パケスが離反の責任者であると判断したその他の人々（ei tis allos autoi aitios edokei einai tes apostaseos）」と一緒にアテナイへ護送したのである。[112]

パケスが彼らを離反の責任者と見なしていたことはディオドトスの演説に認めることができる。ディオドトスはミュティレネの民衆は離反には参加せず、逆に降伏においては先導を切ったことを強調して彼らの処刑に極力反対した後、その演説の締めくくりの部分で「ミュティレネ人のうちでパケスが罪を犯した者として送付してきた者たちについては諸君が平静に審判し（Mytilenaion hous men Paches apepempsen hos adikountas krinai kath'hesychian）」と離反の罪を犯した者として断罪するよう勧めている。[113] そしてアテナイ人は最終的に彼らを「離反の最も責めを負うべき首謀者であるとしてクレオンの提案にしたがって処刑した（hos aitiotatous ontas tes apostaseos Kleonos gnomei diephtheiran）」のであった。[114]

ところで dynatoi と aitioi、さらにこれらと oligoi は同一なのだろうか。aitioi は dynatoi を含めてクレオンやディオドトスの oligoi と demos という二分法的な区分では oligoi の範疇に入れられる。[115]

しかし oligoi と dynatoi と aitioi とは互いに重なり合う部分を強く持ちながらも、カテゴリー的には区別すべきであると考える。つまり oligoi はある政治的傾向を有する一群の人々の集団であり、dynatoi はミュティレネにおける役人や評議会の評議員などの当局者あるいはミュティレネ社会の指導的な有力者層を意味しており、aitioi はミュティレネの離反に直接関係のある人々なのである。アンティポン第五番弁論の被告の父は各種の公共負担を立派に果たしてきた富裕者であるが、政権に参画することなく離反に積極的に関与していない。[116] むしろアテナイとの関係で言えば親アテナイ派に属する立場にあったことを被告は強調している。[117] この弁論がアテナイの法廷を対象として作成されたことを考慮されなければならないとしても、oligoi と dynatoi, aitioi を同一視することの問題は明らかである。oligoi は非常に幅広い人々を包含する概念であり、そのなかにはときの政権から排除され党派的に対立関係にある人々も含まれていたと考えられる。

そして同様に demos はこれらのカテゴリーからは区別されるべき住民集団である。ミュティレネにおいて demos が dynatoi と社会階級的に対立していたと想定することはできないし、彼らの間で oligoi に対立する政治体制や政策を追及する民主派が形成され、強い影響力を持っていたと考えることもできない。多くの論者が指摘するように、もし彼らがそのような敵対的な政治的傾向を有していたならミュティレネの有力者らは決して民衆を重装歩兵として武装化させようとするサライトスの企てを承認しようとはしなかったであろう。しかしながら、離反の最終段階で民衆が指揮官の命令に服従せず、自分たちで集会を開いて食糧の分配を要求し、アテナイ軍に町を引き渡すと有力者らに通告して離反政策に反抗したことを単純に食糧不足からくる不満に還元はできない。民衆の間には潜在的に寡頭派に対する違和感、不信感が底流に存在していたと思われる。それが長引く籠城と食糧不足を引き金として爆発的に一気に表面化したにすぎない。しかしそれは命令不服従や反抗・不信感の爆発というものであって、政治的理念や行動原理に基づくクーデターとか革命といったものではなかった。

ウェストレイクが三巻二七節三におけるトゥキュディデスの記述をミュティレネの民衆に対する唯一の言及と指摘するように[118]、トゥキュディデスは離反の最終段階になって初めてミュティレネの民衆に言及している。それはこれまでの事件の経緯のなかで何ら積極的あるいは決定的な役割を民衆が演じてこなかったためであろう。つまり、離反そのものも彼らの立案によるのではなく、推進によるのでもなく、指導によるのでもない。彼らは事態の進展に対しては自ら離反を推進した主体というよりは、離反を立案し、指導した人々に従う客体としての存在でしかない。だからこそトゥキュディデスはそれまで彼らに対して言及しなかったのである。

また、離反推進派にとって計画を民衆に提案してその意思を問う必要もなく、逆に彼らから計画を秘す必要もなかった。これはミュティレネの離反のパターンが他の事例と異なることからも明らかである。他の事例ではペロポネソス軍や艦隊の到着までは離反の企てそのものが民衆に秘せられているのに対して[119]、ミュティレネについては事前にテネドスやメテュムナ、さらにはミュティレネのプロクセノスから離反計画がアテナイに通報されているように、離反計画そのものはレスボス周辺においては公然の事実であったと思われるからである。離反前のミュティレネにおいては政策形成過程のなかで民衆の意思を問わねばならないような状況はなく、民衆自身その意思を問わねばならないような存在感を寡頭派指導者達に示してはこなかったのである。

パケスが、民衆に対しては離反の責任を追及せず、アテナイの民会も最終的には民衆の責任を問わなかったのは単にディオドトスが主張する帝国政策の便宜ゆえだけではなかった。以上論じた離反に対する民衆の受動性、寡頭派指導層とのある種の乖離が考慮されたのであろう。

それだからこそパケスは親ラケダイモン派[120]、離反の責任者[121]をその他の市民から区分して分離しアテナイに護送したのである。民会の決議によって処刑されたレスボス人の数が一〇〇〇名強であったというトゥキュディデスの指摘[122]はその数の多さに驚かされるが、そのなかに oligoi のすべてが含まれていたわけではなく、dynatoi のすべてが含まれていたわけでもなかったと思われる。その証拠にミュティレネを含むレスボス諸都市の政治体制が民主政に転換されたという記述は見られず、離反失敗後も寡頭政であったことを想定させるからである。

レスボスの離反の評価

レスボスの事例をペロポネソス戦争期の民衆と寡頭派の関係に一般化して適応するにはいささか躊躇される。何故ならディオドトスは離反の最終段階で内乱が生じ、それがミュティレネの降伏につながったとしているが[123]、トゥキュディデスから窺えるのは内乱ではなく、民衆の不服従でしかなかった[124]。しかも寡頭派指導部はこの民衆の動きを実力で抑圧することはせず、自らも民衆の動きに合わせて一致して包囲しているアテナイ軍に降伏を申し入れたのである[125]。これはこのすぐ後に起きるケルキュラの内乱とは性格が大きく異なるし、イオニア戦争中のキオスの事例とも異なる。つまり、寡頭派指導部と民衆とは離反に関して完全に一致していたとは言えないにしても、両者の間に横たわっていた不信感が暴力的な形で内乱にまで発展していない。ここに、レスボスの離反の特徴の一つがある。

民衆も寡頭派も単一の人々から成るのではなくて、多種多様の人々から構成されているというジリスの構想[126]には賛同できるが、史料の上でこのような多種多様なグループを確証することはできない。ジリスのミュティレネの党派に関する構想自体がまったくの主観の産物にすぎないのである。さらに、使節団が寡頭派と民主派に分裂して、寡頭派は民衆全体の責任を主張し、民主派は寡頭派による行動だと主張した、というリーガンの見解[127]は事実に反する。何故なら史料に現われてくる使節団は常に一体となって表現されており、その様な分裂行動をとったということは記録されておらず、またミュティレネに残された寡頭派に身の危険が迫っていたこともなかった。

何故なら、パケスによって、テネドスに隔離され、アテナイに送検されてきた親ラケダイモン派と離反に責任ありと判断された人々に離反の責任が問われていたのだから、今さら何も自らを含めてミュティレネ人のすべてを処刑という危機に立たせる必要はなかったからである。

離反はアンティポンの弁者が「首謀者（aitioi）」と呼び[128]、トゥキュディデスが「ラケダイモン人のためにミュティレネ人のなかでとりわけ強力に行動した人々」と呼んだ[129]寡頭派指導者たちによって策定され、推進された。しかしそれだけが寡頭派のすべてではなく、計画推進に対して消極的・受動的にしかかかわらなかった人々も数多くいたであろうし、その意思が最後まで問われることもなかった民衆も同様である。離反の最終段階で dynatoi が民衆の意思を力で抑圧せず、それを汲み取る形で降伏交渉をまとめたのはミュティレネの寡頭派の層の厚さと多様さを示している。その dynatoi と先に挙げた離反推進派との降伏時での行動の違いが寡頭派内部での政治的立場の違いを反映していると考えられる。

レスボスの離反とミュティレネの民衆の反抗、それに続くアテナイでの論争という劇的な事件の展開は同時代人のみならず、現代の研究者の関心を強くかき立ててきた。ケルキュラの内乱とそれに続くトゥキュディデスの内乱に関する省察[130]をペロポネソス戦争期におけるギリシアの内乱の典型とするならばミュティレネの事件はそれからほど遠いものである。その理由として寡頭派と民衆が危険なほど対立していなかったことと、民衆派が政治勢力として成長していなかったこと、そして何よりも寡頭派自身が多様な主張を包含していたことを指摘できる。

註

(1) Thuc. III. 3. 1.

(2) トゥキュディデスがクレオンとディオドトスの演説の詳細を記述しているのはその関心の現われだし、僅差での評決と危うく処刑を免れたミュティレネ人の際どさと事件の劇的な結末をわざわざ言及しているのは同時代人の事件への関心が何処にあったのかよく示している。：Thuc. III. 37-49. ディオドロスもまた最初の決議をパケスが読み上げている最中に別の決議が届いたと述べており、古代人のこの事件に対する関心の強さを知ることができる：D. S. XII. 55. 10.

(3) *Historia* 誌上における G. E. M. de Ste Croix と D. W. Bradeen, T. J. Quinn のこの問題に関する論争が引き金になった。研究史については本書「序章」八～九頁を参照のこと。

(4) E. g. L. Bodin, "Diodote contre Cléon", *Mélanges offerts Georges Radet*, *REA*. 42, 1940, pp. 36-52 ; B. D. Meritt, "Athenian Covenant with Mytilene", *AJP*. 75, 1954, pp. 359-368 ; F. W. Wasserman, "Post-Periclean Democracy in Action : The Mythilenean Debate (Thuc. III. 37-48)", *TAPA* 87, 1956, pp. 27-41 : A. Andrewes, "The Mythilene Debate : Thucydides 3. 36-49", *Phoenix* 16, 1962, pp. 64-85 ; B. X. de Wet, "Periclean Imperial Policy and the Mythilenean Debate", *Aclass* 6, 1963, pp. 106-124 ; P. Gauthier, "Les Clérouques de Lesbos et la colonisation athénienne au Ve siècle", *REG* 79, 1966, pp. 64-88 ; D. Kagan, "The Speaches in Thucydides and the Mythilene Debate", *YCS*. 24, 1975, pp. 71-94 ; E. Erxleben, "Die Kleruchien auf Euböa und Lesbos und die Methoden der attischen Herrschaft im 5. Jh.", *Klio* 57, 1975, S. 83-100 ; M, Cogan, "Mythilene, Book Three", *Phoenix*, 35, 1981, pp. 1-21 ; 馬場「デロス同盟」一六～四四頁；古川堅治「アテナイ帝国におけるアテナイと同盟諸国との法的関係——裁判権を中心に」『歴史評論』四〇〇号、一九八三年、三六～五九頁；谷藤康「デロス同盟諸ポリスの国制形態」『学習院史学』二三号、一九八五年、六四～七四頁；師尾晶子「デロス同盟における役人の派遣と支配」『西洋史学』一六〇号、一九九一年、三四～四九頁。

(5) Thuc. III. 2-6; 8-15; 18; 25; 27-28; 35-50.
(6) Thuc. III. 5：アギス王に離反の申し入れ；Thuc. III. 32；アステュオコスに離反の申し入れ。
(7) Xen. *Hell.* I. 6. 13：メテュムナ；II. 2. 5：レスボス諸都市。
(8) D. S. XIII. 38. 7; 76. 5-79. 7; 97. 2-100. 6.
(9) D. S. XII. 55. 1-10.
(10) *IG.* I³, 66; 67.
(11) Plut. *Nic.* 6. 1; *Arist.* 26. 5.
(12) Agathias, *Anth. Pal.* VII. 614.
(13) H. D. Westlake, "Paches", in *Studies in Thucydides and Greek History*, 1989, pp. 50-59.
(14) Aristph. *Wasp*, ll. 891-1008.
(15) Westlake, "Paches", pp. 55-57.
(16) Arist. *Pol.* 1304 a. 4 ff.
(17) Hornblower, *Commentary* I, p. 383.
(18) Meiggs, *AE*, p. 312.
(19) Anth. V. 76-78.
(20) Anth. V. 47.
(21) Loc. cit.
(22) Anth. V. 79.
(23) Thuc. III. 2. 1.
(24) Thuc. III. 3. 1.
(25) Thuc. III. 2. 3.
(26) Thuc. III. 3. 2.
(27) Thuc. III. 4. 2.

(28) Thuc. III. 5. 1.
(29) Thuc. III. 4. 5.
(30) Thuc. III. 10. 5-6.
(31) Thuc. III. 13. 4.
(32) Thuc. III. 13. 7.
(33) Thuc. III. 15. 1.
(34) Thuc. III. 16. 3.
(35) Thuc. III. 16. 1.
(36) Thuc. III. 18. 3-4.
(37) Thuc. III. 27. 3.
(38) Thuc. III. 28. 1.
(39) Thuc. III. 39. 6.
(40) Thuc. III. 40. 7.
(41) Thuc. III. 47. 2.
(42) Thuc. III. 47. 3.
(43) Ibid.
(44) Thuc. III. 49. 1.
(45) Thuc. III. 50. 1.
(46) Thuc. III. 50. 2.
(47) Ste Croix, "Character", pp. 3-4：邦訳、一七八〜一七九頁。
(48) Bradeen, "Popularity", pp. 262-265.
(49) Quinn, "Unpopularity", p. 258.
(50) T. J. Quinn, "Political Group in Lesbos during the Peloponnesian War", *Hist.* 20, 1971, pp. 405-417.

(51) Ibid., p. 407.
(52) Ibid., p. 413.
(53) Ibid., p. 412.
(54) Ibid., p. 408.
(55) Ibid., p. 416.
(56) Ibid., pp. 416–417.
(57) Ibid., p. 416.
(58) Gauthier, "clérouques", pp. 64–88.
(59) Ibid., p. 79.
(60) Ibid., p. 79, n. 36.
(61) Ibid., pp. 79–80.
(62) Ibid., p. 83.
(63) D. Gillis, "The Revolt at Mytilene", *AJP*. 92, 1971, pp. 38–47.
(64) Ibid., p. 38.
(65) Ibid., pp. 45–46.
(66) Ibid., p. 46.
(67) Ibid., p. 46.
(68) Ibid., p. 42.
(69) Ibid., p. 43.
(70) R. P. Legon, "Megara and Mytilene", *Phoenix*, 22, 1968, pp. 200–225；ケーガンはレスボスの離反についてはリーガンの結論に従う：D. Kagan, *The Archidamian War*, 1974, p. 132, n. 37：例えば、降伏後アテナイに派遣された使節団は寡頭派と民主派から成り、彼らはアテナイの民会において分裂し、寡頭派は離反の責任をできるだけ全住民に拡大しようとし、民主派は寡頭派指導者に限定しようとした、と論じたり（p. 155）、離反後のミュティレネの政治体制を寡頭制とするクィンの説を疑問視したりしている（p. 164, n. 63)。

(71) Legon, "Megara and Mytilene", pp. 201–203.
(72) Ibid., pp. 204, 210.
(73) Ibid., p. 204.
(74) Ibid., p. 210.
(75) Ibid., p. 209.
(76) Ibid., p. 209.
(77) Ibid., p. 209.
(78) Ibid., p. 209.
(79) Ibid., p. 210.
(80) Ibid., pp. 208–209.
(81) Ibid., p. 211.
(82) H. D. Westlake, "The Commons at Mytilene", *Hist.* 25, 1976, pp. 429–440.
(83) Ibid., p. 434.
(84) Ibid., p. 436.
(85) Ibid., p. 437.
(86) Ibid., p. 437.
(87) Ibid., p. 438.
(88) Ibid., p. 439.
(89) Ibid., p. 440.
(90) Ibid., p. 440.
(91) J. Wilson, "Strategy and Tactics in the Mytilene Campaign", *Hist.* 30, 1981, pp. 144–163.
(92) Ibid., p. 146.

(93) Ibid., p. 146.
(94) Ibid., p. 146.
(95) Ibid., p. 147.
(96) Ibid., p. 147.
(97) Ibid., p. 147.
(98) Ibid., p. 159.
(99) Thuc. III. 2. 3.
(100) Thuc. III. 27. 3.
(101) Thuc. III. 27. 2.
(102) Thuc. III. 27. 3.
(103) Hornblower, *Commentary* I, p. 410.
(104) Thuc. III. 28. 1.
(105) Loc. cit.
(106) Thuc. III. 28. 1.
(107) Thuc. III. 28. 2.
(108) Loc. cit.
(109) Loc. cit.
(110) Loc. cit.
(111) Thuc. III. 28. 2.
(112) Thuc. III. 35. 1.
(113) Thuc. III. 48. 1.
(114) Thuc. III. 50. 1.
(115) Thuc. III. 39. 6 ; 47. 2.

(116) Anth. V. 76-77.
(117) Anth. V. 76.
(118) Westlake, "The Commons", p. 431.
(119) Thuc. IV. 84（アカントス）; Thuc. IV. 104-6（アムピポリス）; Thuc. IV. 110-116（トロネ）; Thuc. IV. 120-121（スキオネ）; Thuc. IV. 123（メンデ）; Thuc. VIII. 14（キオス）; Thuc. VIII. 44（ロドス）.
(120) Thuc. III. 28. 2.
(121) Thuc. III. 35. 1.
(122) Thuc. III. 50. 1.
(123) Diod. VII. 55. 7.
(124) Thuc. III. 27. 3.
(125) Thuc. III. 28. 1.
(126) Gillis, "Revolt", pp. 45-46.
(127) Legon, "Megara and Mytilene", pp. 208-209.
(128) Anth. V. 77.
(129) Thuc. III. 28. 2.
(130) Thuc. III. 82-84.

第三章　スパルタ帝国

――帝国の基盤と帝国政策――

第一節　紀元前五五〇年代におけるスパルタの対外政策の転換

スパルタの政策転換

紀元前六世紀前半、ペロポネソスにおける国際関係に大きな変動が生じた。アルカイック期に特徴的なアルゴス系諸国と反アルゴス系諸国との対立という国際政治のパターンが崩れ、スパルタを中心とする国際体系が成立したのである。スパルタ史上、この変動過程と重なり合う事件はテゲアとの戦争であった。

前六世紀前半のテゲアとの戦争はエウリュクラテスとレオンによって戦われた第二テゲア戦争と、アナクサンドリダスとアリストンによって戦われた第三テゲア戦争とに分けられる。(1) 両戦争の間にパウサニアスが言うアルキダモスとアガシクレスの二代にわたる対外的に平和な時期が介在している。

第二テゲア戦争でのスパルタの目標はスパルタ人が土地を測量する縄と征服したテゲア人にかける足枷を携行したことから明白である。(2) スパルタは隣接地域の併合と現地住民のヘイロタイ化を意図していた。第三テゲア戦争の性格は第二テゲア戦争の性格と異なっている。第三テゲア戦争でスパルタはテゲアを屈服させるのに成功したが、テゲア領の併合を行なわず、テゲアと条約を結んでいる(3)。

今日、多くの研究者は、第二テゲア戦争と第三テゲア戦争の性格の相異から、スパルタが併合政策という伝統的な政策から同盟政策へと対外政策へと転換したと見なしている(4)。しかし政策転換の原因が何であり、何が入力されたのかについて諸家の見解は一致していない。

ミッチェル(H. Michell)はヘイロタイの増加を伴う併合政策の危険性が原因であるとする(5)。ハックスリー(G. L. Huxley)(6)とトインビー(A. Toynbee)(7)は政策転換の原因をキロンに帰している。ウェイド-ジェリー(H. T. Wade-Gery)は政策転換を行なったのがアナクサンドリダスとアリストンであると考えている(8)。ディッキンス(G. Dickins)はエポロイと王との対立が原因であるとする(9)。トムリンソン(R. A. Tomlinson)は反スパルタ同盟の形成を阻止することが原因だと主張している(10)。フォレスト(W. G. Forrest)(11)とバーン(12)はヘイロタイ制の矛盾とキロンが原因であると論ずる。ハモンドは国際環境の変化とキロンが原因だと考えている(13)。レンシャウは国内世論の変化とキロンが原因であると考えている(14)。新村祐一郎氏はヘイロタイ制の矛盾が原因であるとしているが、政策転換は漸次的・段階的に実施されたと論じている(15)。

このように研究者の間で見解の一致は見られず、今見てきたように数多くの原因論に研究者の見解が分かれているということは確定的な証拠がないという史料状況の裏返しであろう。実際、スパルタが対外政策を転換した理由を直接示す史料はない。状況証拠から原因を推測せざるを得ないのが現状である。何が原因であり、何が入力されたのかを解明することが本節の課題である。

国際環境

前六世紀初頭のペロポネソスにおける主要な国際関係は、アルゴスを中心とする諸国とコリントス・シキュオン・スパルタとの反目・対立であった。アルゴスのヘゲモニーは弱体化していたが、崩壊してはいなかった。この時期の特徴はコリントスやシキュオンの国力が極大に達したことである。コリントスの僭主ペリアンドロスやシキュオンの僭主クレイステネスは積極的に反ドーリス化・反アルゴス政策を遂行していた。[16] アルカディア諸国はアルゴスのヘゲモニーに従っていたが、[17] コリントスやシキュオンと必ずしも敵対的ではなかった。ペリアンドロスの祖父の名前が示すように、キュプセロス家はアルカディアと何らかの関係を有していたと思われる。また、シキュオンの貨幣がアルカディア北部に流通していることから、[18] シキュオンがアルカディアと関係を有していたことが分かる。コリントスとシキュオンは反目し合っていた。前五七二年にクレイステネスが娘アガリステの婿選びのために各地から求婚者を集めたとき、コリントスからの参加者はなかった。[19]

スパルタが第二テゲア戦争を始めたのはこのような状況においてであった。デルポイはアルカディア全域に対するスパルタの意図を拒否し代替の目標としてテゲアを提示するが、スパルタの成功を約束しない。[20] アルゴスは同じくスパルタの行動に脅威を感じていた他のアルカディア諸国とともにテゲアを強力に支援している。[21] テゲアに対するスパルタの攻撃は失敗に終わってしまった。

パウサニアスによると、スパルタはアルキダモスとアガシクレスの二代にわたって平和政策を展開する。[22] スパルタが対外的に平和であった前六世紀前半はペロポネソスにおける国際関係に重大な変化が生じた時期である。

スパルタとの戦いで獲得した領土の一部をテゲアに割譲してアルカディア諸国をアルゴスに結び付けておこうとするメルタスの政治的配慮は、それを領地化しようと欲していた貴族層の怒りを招いていた。貴族は内乱を起こし、メルタスはテゲアに亡命せざるを得なくなってしまったのである。[23] アルゴスの利己主義はアルカディア諸国との関係を冷却化させていた。エーリスはアルゴスから離れ、スパルタと同盟関係に入ったのである。[24] 前五七二年、ピサティス人はオリュンピアを失いエーリスの支配下に編入されている。[25] この事件はアルゴスの弱体化を象徴するものと言えよう。

前五八二年、ペリアンドロスの甥プサンメティコスは暗殺され、コリントスにおける僭主政は崩壊してしまった。[26] シキュオンでは精力的な僭主クレイステネスが死去し、アイスキネスが僭主となっている。[27] そのアイスキネスの僭主政も紀元前五五六年に倒されてしまった。

前六世紀前半のペロポネソスの国際政治過程はスパルタの戦略上の地位を非常に強化したのであった。敵対的な諸国は分裂・弱体化し、スパルタがペロポネソスにおける国際政治の中心に位置するようになっていたからである。

国内環境

ta tele, hoi oikoi archontes, ta oikoi tele という術語はスパルタにおける権力主体を指している。[28] ミッチェルによるとこれらの術語は王、エポロイ、長老会、民会を意味している。[29] これらは政策決定過程における重要な単位であった。しかしどの単位が主導権を掌握していたのかについては研究者によって見解が異なっている。

アリストテレスは「ある人々はエポロス制が僭主制である (hoi de ten men ephoreian einai tyrannida)」と言っていると述べている。[30] 新村氏は最高の権力者と、[31] ミッチェルは最高の当局者であるとエポロイを評価している。[32] パーク (H. W. Parke)[33] やジョーンズ[34]もエポロイがスパルタの政治において指導的な役割を演じたとする。

しかし、アンドリュース[35]やサント＝クロワ[36]やミッチェル[37]が指摘しているようにエポロイはスパルタの政治において必ずしも決定的ではなかった。エポロイが一年任期で再任されなかったこと、アリストテレスが嘆いているように、[38] 必ずしも適任者がエポロイに選ばれなかったこと、任期終了後に報復を受ける恐れがあり消極的にならざるを得なかったこと、エポロイが内部で完全に一致しないこともあり得ること、エポロイの政策が多年にわたって一貫することがなかったこと、スパルタにはローマのような官職歴任階梯（cursus honorum）がなかったこと、等々がその理由である。

史料に残っているエポロイの名前がごく少数であり、例えば前五〇〇年から前一八四年にかけて合計一五八〇名の者がエポロイに就任しているが、名前が伝わっているのはわずかに七二名にすぎない。[39]この事実もスパルタの政治におけるエポロイの主導性の評価を減じさせる。

前六世紀中頃にエポロイの権限が強大になったことを示す証拠としてエポロイが長老会とともにアナクサンドリダスに二人目の妻を迎えるよう勧告したことがあげられる。[40]しかし、これはアンドリュースが主張するように、[41]エポロイが国制上の権限を行使したのではなく、もし王が勧告に従わなければ民会が対抗処置を講ずるであろうと勧告したにすぎない。ともかくキロン以後約一世紀間史料に名前があげられているエポロイはない。[42]

アンドリュースは大レートラの追加条項は最初から死文化し、[43]民会が主権を有しており、重要な決定の大部分は民会で行なわれたと論ずる。[44]サント＝クロワは民会が提出された案件を可決するかしないかの権限しか有さず、王やエポロイや長老や議長が認めた人物を除いてスパルタ人個人は長会で発言権を有しなかったとしてアンドリュースの見解を批判している。[45]

サント＝クロワは長老会の重要性を強調する。[46]長老会はその裁判権を通じてスパルタの政治全体に大きな影響力を及ぼしていた。広い意味での政治裁判がポリスにおける政治過程の本質的部分であった。長老会は大逆罪を裁く法廷の七分の六を構成していた。したがって、如何なる人物も長老会の意思に反することは危険であった。

しかし、民会にしろ長老会にしろ対外政策の作成・決定に主導性を有していたのではない。サント＝クロワやトーマス（C. G. Thomas）は王がスパルタの政治において決定的な影響力を有していたとする。

サント＝クロワによると、[47]王を政治指導者とするのは王権でなく王が軍事面で示す才能であり、才能が王に威信をもたらしたのである。そして王がゼウスの血を引いているということが王に非常に大きな尊敬の念を払わせていた。これらのことが王を政治指導者としたのである。特に対外政策の分野では王は優位にあった。

トーマスによると、[48]スパルタにおいては国家の政策を決定するに際して個人的な指導力がかなり重要な因子として作用していた。この点において王はエポロイや長老以上に永続的な政策や党派を形成できたし、影響力を行使し得たのである。トーマスは王を強い王とそうでない王との二つの範疇に分類している。[49]強い王とは軍事的才能を有し、ヘイロタイやペリオイコイを制御し、他の国々に対するスパルタの軍事的優位を維持する国家の必要性に応じようとする王である。[50]このような王は強力な指導力を行使したのである。軍事的才能を持たないか、あるいはスパルタの軍事上の必要性に反対した王は強くない王であり、そのような王は一般的に覆されてしまっている。[51]

ヘロドトスは、王は望む国に対して戦争を決定することができ、何びとも王の決定を妨げることはできなかったと言っている。[52]このような権限はヘロドトスの時代には廃れていたが、[53]前六世紀にはどうであっただろうか。クレオメネスは自らの意思に基づいてアテナイに遠征しようとしている。[54]クレオメネスの父アナクサンドリダスはこのような権限を持たなかったのか。アナクサンドリダスが対外戦争を決定する権限を有しており、対外政策においても指導力の永続性という点ではキロン以上に強い影響力を持ち得たと筆者は判断している。トーマスの基準に従うなら、アナクサンドリダスは明らかに強い王の範疇に属する。ペロポネソスの大部分を征服し強敵アルゴスを破ったのは彼なのだから。

さて、前六世紀前半のスパルタ国内の動向を社会的な側面と政治的な側面とから簡単に分析しておこう。

社会的に最も重大な現象は、前世紀から進行していたスパルタ市民のホモイオイ化の過程が前六世紀中頃までに完了したことであった。[55]スパルタ市民の中小階層までを含めてホモイオイとし、その間に法的平等を貫徹することによってスパルタは強大な重装歩兵兵団を創出するに至った。第二の注目すべき現象はヘイロタイの大反乱が起きていないことである。ヘイロタイの反乱が史料に記されていないことはヘイロタイ制の矛盾から生じる圧力が存在しなかったということを意味するのではない。記録に値するだけの反乱が生じなかったにすぎない。

政治的に注目すべき現象は前六世紀初めに政治の指導権がアーギス家からエウリュポン家に移ったことである。第二テゲア戦争はアーギス家の戦争であった。テゲアとの戦争はもっぱらアーギス家の系譜に記されている。[56]第二テゲア戦争の失敗はアーギス家の指導力を低下させてしまったらしい。第二テゲア戦争以後、アーギス家の活動が伝えられていないのに、エウリュポン家の活動が伝えられているからである。パウサニアスによると前六世紀前半の大部分を指導したのはアルキダモスとアガシクレスである。[57]アルキダモスとアガシクレスは平和政策を実施した。[58]前六世紀中頃になると重要な変化が生じる。アーギス家・エウリュポン家の両王家の指導者がまったく新しい世代と交代してしまったからである。同じ頃、キロンがエポロスに就任し、エポロス職の権限を強化して王権と対等にしたと言われている。[59]

過　程

対外政策の転換過程を分析するに際して注意しておかねばならないのは、転換が単に従来の戦略目標からの転換であるのみならず、エウリュポン家が指導してきた平和政策からの転換でもあったということである。この二重性を評価しない限り転換過程を十分に分析することは不可能であろう。

「さて戦争の最初の頃テゲア人からたえず手酷く敗北を被っていたが、クロイソスやラケダイモンでアナクサンドリダスとアリストンが王であった時代にスパルタ人は戦争で優勢となったのであった（kata men de ton proteron polemou synecheos aiei kakos aethleon pros tous Tegeetas, kata de ton kata Kroison chronon kat' ten Anaxandrideo te kai

Aristonos basileien en Lakedaimoni ede hoi Spartietai katyperteroi toi polemoi egegonesan)」というヘロドトスの記事は政策転換の契機を暗示しているように思われる。[60] 契機とはアーギスおよびエウリュポン両王家で世代がかわったことである。エウリュポン家では平和政策を指導してきたアガシクレスが死去し、アリストンが王位に就き、アーギス家ではアナクサンドリダスが登極している。

従来、「エポロスとなったラコニア人キロンと将軍となったアナクサンドリダスはギリシア各地の僭主政を打ち倒した (Chilon de ho Lakon/ephoreusas kai st⟨r⟩at[ege]/sas Anaxandride[s te]/tas en tois Hell[es]in/t[yra]nnidas kately/sa[n])」[61] は、エポロスであったキロンが対外政策に強力な指導力を行使したことを証するものと評価されてきた。筆者はキロンよりアナクサンドリダスの名前が出ている点に注目したい。

確かに、「キロンは第五五オリュンピア期にエポロスとなった。パンピレは第五六オリュンピア期だと言っている。ソシクラテスが言っているところでは、エウテュデモスがアルコンであった年に最初のエポロスとなった。そしてエポロイをはじめて王たちと一緒にしたのである (gegone de ephoros kata ten pentekosiosten pempten Olympida. Pamphile de phesi kata ten hekten. kai proton ephoron genesthai epi Euthydemou, hos phesi Sosikrates. kai protos eisegesato ephorous tois basileusi parazeugnynai)」というディオゲネス＝ラエルティオスの記事は、[62] キロンのエポロス在職の年が対外政策転換の時期とほぼ重なること、そしてキロンが強力なエポロスであったことを物語っている。

エポロイが長老会とともにアナクサンドリダスの私生活に干渉し、二番目の妻を迎えることを強要したこと、[63] しかも二番目の妻がキロンの縁者であることが[64]王に対するエポロイの優位、特にキロンの強大さを示すものとされてきた。[65] しかし本節前項、「国内環境」における分析結果によれば、対外政策の形成・決定過程で重要なのはエポロイでなく王であった。エポロス権が強大であるということと個々のエポロスが対外政策において指導的であるということとは別である。

前六世紀中頃に生じた両王家の世代交代はスパルタにおけるエウリュポン家の優位を崩し、政治風潮を変化させたようである。アリストンに比してアナクサンドリダスは強力であった。テゲアとの戦争はアーギス家の政策であった。

対外政策の転換・実施を可能とし成功へと導いていった外的要因は第一にはスパルタが強大化したことであった。第二はアルゴスの弱体化であり、第三は敵対勢力の分裂であった。第四は諸国に親スパルタ的な勢力が台頭・形成されたことである。

スパルタ市民のホモイオイ化はスパルタの軍事力を増大させた(66)。重装歩兵として動員されるスパルタ市民の数は一万名とも言われ(67)、オリガントロピア（人口過少）の問題はなかった。むしろスパルタは近隣諸国に対する人口の優越を誇っている(68)。

アルゴスの弱体化を示す指標は四つある。

（一）　前六〇〇年頃、アルゴスのメルタスはテゲアと協力してスパルタを破っている(69)。
（二）　前五七二年、エーリスはアルゴスの同盟者であったピサティス人からオリュンピアを奪取している(70)。
（三）　前五五〇年代にスパルタがテゲアを、続いてペロポネソスの大部分を征服するのを抑止できなかった(71)。
（四）　前五四六年、アルゴスはヒュシアイでスパルタに敗れ、テュレアティスおよびキュテラの領土を奪われている(72)。

これらの指標はアルゴスが弱体化していく過程を示している。メルタス追放に示されたアルゴスの利己主義はアルカディア諸国との関係を疎遠にしてしまった(73)。アルゴスの弱体化はエーリスに対する統制力を失わせ、エーリスは自己の利益を追求してアルゴスのヘゲモニーから脱落してしまったのである。[74]

前六世紀中頃、伝統的な貴族政の動揺・崩壊とともに諸国の政情はきわめて不安定であった。貴族層・富裕者層・貧民層はそれぞれの利益を主張して複雑な行動の軌跡を描いている。[75] 僭主政や民主政に反対する人々の間にはエウノミアやソプロシュネが理念としてひろがっていた。[76] スパルタはこれらの諸理念を体現していると考えられていたのである。

諸都市の内部で親スパルタ的な勢力が台頭・形成されていた。スパルタと戦っていたテゲア国内にすら親スパルタ派が形成されていたのである。「tois lakonizousi ton Tegeaton（テゲア人のうちで親スパルタ派の人々に）」と、親スパルタ派の存在を証言しているプルタルコスの伝えるアリストテレスの一断片から明らかとなる。[77]

これらの外的諸要因の変化からスパルタの戦略的立場が非常に強くなっていたことが分かる。外的要因の変化はスパルタ人の心理に大きな影響を与えたのである。それが対外政策転換の内的要因となったと考えられる。

「さて、もはや平和を遵守することにあきたらなくなり、アルカディア人よりも強いと傲慢にも考えていたので彼らはアルカディア人の全土に対してデルポイに神託を伺った（kai de sphi ouketi apechra hesychien agein, alla kataphronesantes Arkadon kressones einai echresteriazonto en Delphoisi epi pasei tei Arkadon chorei）」とヘロドトスはスパルタ人の心理面に生じた変化について述べている。[78] これは前六世紀初頭のことを指しているが、前六世紀中頃にもあてはまるであろう。諸都市に対する力の優越の自覚こそがスパルタの対外政策転換の心理的基盤となったのである。

これらの諸要因は前六世紀中頃に起こった変化を示しており、対外政策転換の条件を説明するには十分である。しかし戦略目標の変化については説明できない。研究者の見解は必ずしも一致していない。かなりの研究者はスパルタが自国の安全保障を得るために対外政策を転換したと見ている。しかし、前六世紀前半の政治史・社会史を見ると、このような評価は成立し得ないことが明らかとなる。前六世紀の歴史過程はスパルタに対する内外の脅威が時間の経過とともに薄らいでいることを示している。すなわち、前六世紀の中頃になってスパルタが対処しなければならないような脅威は生じていないのである。

合理的に判断するならば対外政策転換の時点でスパルタには一一の選択肢があった。

（一）近隣諸国に比して圧倒的に優勢な力を背景として平和政策を継続する。(79)
（二）非軍事的手段によって潜在的な敵対諸国を離間する。(80)
（三）軍事力を限定行使して警告を与える。(81)
（四）軍事力を行使してアルゴスを無力化する。(82)
（五）軍事力を行使してアルカディアの特定の国々を無力化する。(83)
（六）軍事力を行使してアルカディア全域を無力化する。(84)
（七）軍事力を行使してヘゲモニーを形成する。
（八）軍事力を行使して特定の国々を征服し、領土を併合して住民をペイオイコイ化する。(85)
（九）不特定の国々を征服し、領土を併合して住民をペリオイコイ化する。(86)
（一〇）特定の国々を征服し、領土を併合して住民をヘイロタイ化する。(87)
（一一）不特定の国々を征服し、領土を併合して住民をヘイロタイ化する。(88)

問題はこれらの選択肢のなかから何故選択肢（七）が選択されたのかである。

ヘイロタイ制の矛盾、キロンの登場、アナクサンドリダスとアリストンの登場、エポロイと王との対立、反スパルタ同盟形成阻止、国際環境の変化、国内世論の変化等々、どの原因が（七）選択の理由を説明できるのであろうか。

プルタルコスが引用するアリストテレスの一断片はヘイロタイ制の矛盾を原因とする説を支持しているようである。[89]「メッセニア人を領土より追放し、市民とすべからず（Messenious ekbalein ek tes choras, kai me exeinai chrestous poiein）」はヘイロタイの反乱を抑止しようとするのがスパルタの目的であったということを証明しているようである。しかし、「そこにはその他の事柄に混じって次のようなことが刻まれていた（en hei meta ton allon gegraptai）」はメッセニア人追放が唯一の目的ではなかったことを示している。

前六世紀前半、さらには前六世紀を通じてヘイロタイの反乱は記録に残されていない。記録されていないことは反乱がなかったということの証拠とはならないが、記録に値するだけの反乱がなかったことの証拠にはなる。スパルタがヘイロタイの抑圧に細心の注意を払わなければならなかったことは確かだろう。しかし、対外政策を転換しなければならなくなるだけの急激な変化がヘイロタイ制に関して生じてはいない。加えて、（七）選択の理由を説明できない。

キロン登場にしても、それが対外政策にどれだけの影響力を有していたのかは未知数である。よしキロンが対外政策に絶大な影響力を有していたとしても、それは変化の一側面を語っているにすぎない。何故キロンが（七）を選択したのか。

両王家に生じた世代の交代は対外政策の変化の契機を説明し得る。しかしそれだけでは十分でない。何故それが（七）選択と結合するのかを説明し得ないからである。

エポロイと王との対立にしても（一〇）、（一一）の不選択は説明できても、それ以外の不選択を説明できない。（八）でも（九）でも良いのだから。

反スパルタ同盟形成阻止も（七）選択を説明できない。その他の選択でも十分その目的を達し得るからである。さらに、反スパルタ同盟形成を阻止しなければならないような状況は存在していない。

国際環境の変化それ自体は変化の一側面にすぎず、主体的要因の変化を物語っているのではない。（七）選択の理由を説明できない。

（七）選択の理由を説明し得るのはスパルタがヘゲモニー掌握を目標としていたということ以外にはない。転換された政策の結果から原因を類推する以外に方法はない。ヘゲモニー掌握という理念が王家の世代交代と連係し、対外的な戦略的地位の優位と心理的な優越感と結合して戦略目標として現実化したのであろう。

転換された対外政策はどのような性格を有していたのであろうか。一般的には、征服政策が同盟政策へと転換され、「親アカイア」であると評価されている。[90] この評価は正しくないと思われる。というのはスパルタが併合政策を放棄した訳ではないからである。併合＝現地住民のヘイロタイ化と定式化するのも正しくはない。前五四六年スパルタはアルゴスからテュレアティスとキュテラを奪って併合し、現地住民をペリオイコイ化している。[91] 政策転換後実施された対外政策は諸国の同盟化を唯一の目標とはしなかった。それは「親アカイア」と評価し得るものでもなかった。ヘロドトスははっきりとスパルタがペロポネソスの大部分を「従属化」したと言っている。[92] スパルタはペロポネソスにおけるヘゲモニー形成を戦略目標としており、同盟や併合などは戦術目標として体系化されていた。オレステスの問題もこのような観点から評価されねばならない。

政策転換の結果

スパルタが前六世紀の中頃にペロポネソスにおける自らの政策を転換し、領土併合と現地住民のヘイロタイ化を改め、スパルタの外交的指導権と権威の確立に向かっていったことはそれを指導した王の側の意図と意志が大きく働いていたのである。スパルタ内外に党派的支持者・同志を扶植し、スパルタ内部での権力闘争に勝ち残ること、そのことが最も重要な動機だったのである。そしてその転換された政策を容易にしたのがスパルタを取り巻く環境の変化だった。

スパルタはテゲアとの戦争を再開するに際し、デルポイに神託を問うている[93]。デルポイは以前と異なってスパルタの希望を拒否していない。オレステスの骨を持ち帰ればスパルタの望みは達せられる、とデルポイは返答したのである。これは驚くべきデルポイの態度の変化であろう。

オレステスの墓を発見できなかったスパルタは再びデルポイに訊ねる。デルポイは次のような神託を与えた。

アルカディアの平坦な地にテゲアがある。
この地において必然の力の下に二つの風が吹いている、
一撃に反撃、災いに災いが横たわる、
この地において生命を育む大地はアガメムノンの子を孕む、
それを持ち帰れば汝はテゲアの主人となれる。

神託はスパルタの対テゲア戦争計画を拒否せず、テゲア征服を保証する。

スパルタはオレステスの墓を発見するためにリカスを含む五名のアガトエルゴイを国外に派遣した[94]。アガトエルゴイとは騎士団を辞める最年長者五名のことで、これらの者は任期の最終年一年間は国外に派遣されてスパルタに奉仕する義務を負っていた。オレステスの墓はリカスによって発見され、その骨はスパルタに持ち帰られた。パウサニアスがキモンによるテセウスの遺骨発見との類似性を指摘しているように[95]、スパルタはテゲアを守護していた神秘的な力を取り除き、対テゲア戦争を正当化して、ヘゲモニーへの宗教的・歴史的権威づけの根拠を得たのである。

戦争準備を完了したスパルタはテゲアに対して行動を開始した。あらかじめ環境を整備し、強力な重装歩兵兵団を創出していたスパルタは、アルゴスの弱体化、アルゴスとの反目を含む不利な環境下で防衛しなければならなくなっていたテゲアを圧倒し、ついにこれを屈服させてしまった。

第三テゲア戦争終了から前五五〇年頃に至るまでの短期間にスパルタはペロポネソスの大部分をヘゲモニーの下に置き、アルゴスを孤立させてしまった。前五五〇年にはスパルタは世界的強国と評価される。リュディア王のクロイソスはスパルタの力を高く評価して同盟を申し入れている。[96] 前五四六年スパルタはアルゴリスに侵入し、ヒュシアイにおいてアルゴスと戦いこれを破った。[97] スパルタはアルゴスを約半世紀間無力化し、テュレアティス、キュテラを併合して住民をペリオイコイ化したのである。

註

（1）Hdt. I. 65-68 ; Paus. III. 3. 5-6 ; 7. 6. ヘロドトスはテゲア戦争が間断なく戦われたかのように記述している。アルキダモスとアガシクレスの二代にわたってスパルタは対外的に平和であった、と記しているパウサニアスはヘロドトスと矛盾しているように見える。しかし、リカスがテゲアを訪れたときスパルタはテゲアとの間に国交を有していた、とヘロドトスは述べている。したがって、リカスに関するヘロドトスの記事は対外的平和に関するパウサニアスの記述と矛盾しない。

（2）Hdt. I. 66.

（3）Plut. *Quaest. Graec.* 292b ; *Quaest. Rom.* 277c.

（4）G. E. M. de Ste. Croix, *The Origins of the Peloponnesian War*, London, 1972, p. 96 ; N. G. L. Hammond, *H. G.*, p. 167 ; A. Toynbee, *Some Problems of Greek History*, Oxford, 1969, p. 182 ; Th. Lenschau, "Die Entstehung des spartanischen Staates", *Klio* 30, 1933, S. 274 ; G. Dickins, "The Growth of Spartan Policy", *JHS*. 32, 1912, p. 24 ; R. A. Tomlinson, *Argos and the Argolid. From the End of the Bronze Age to the Roman Occupation*, London, 1972, p. 91 ; 新村祐一郎「スパルタの対アルゴス策」『史林』五八―一、一九七五年、一三頁；清永昭次「第一メッセニア戦争後のスパルタと戦争」学習院大学文学部『研究年報』二〇、一九七三年、一三七～一四一頁。

(5) H. Michell, *Sparta*, Cambridge, 1964paper, pp. 28-30.

(6) G. L. Huxley, *Early Sparta*, London, 1962, pp. 65-71.

(7) Toynbee, *Problems*, p. 182.

(8) H. T. Wade-Gery, "Sparta : the Beginings of the League", *CAH*. 3, 1954rep., pp. 565ff.

(9) Dickins, "Growth", pp. 21-26.

(10) Tomlinson, *Argos*, pp. 89ff.

(11) W. G. Forrest, *A History of Sparta 950-192 B.C.*, London, 1968, pp. 75f.

(12) A. R. Burn, *The Lyric Age of Greece*, London, 1967rep., p. 276.

(13) Hammond, *H. G.*, p. 167.

(14) Lenschau, "Entstehung", S. 269-275.

(15) 新村「スパルタの対アルゴス策」一八～二六頁。

(16) Hdt. V. 92.（コリントス）; Hdt. V. 67-68 ; VI. 126.（シキュオン）

(17) Hdt. V. 92.

(18) Burn, *Lyric Age*, p. 196.

(19) W. W. How and J. Wells, *A Commentary on Herodotus*, II, Oxford, 1968, p. 118.

(20) Hdt. I. 66.

(21) D. S. VII. 13. 2.

(22) Paus. III. 7. 6.

(23) Paus. II. 19. 2 ; D. S. VII. 13. 2.

(24) Str. VIII. 3. 33.
(25) Paus. V. 10. 2.
(26) Arist. *Pol.* 1315b. cf. Diog. Laert. I. 95.
(27) Cf. *Ryl. Papyr.* 18.
(28) Xen. *Hell.* III. 2. 23 ; *Anab.* II. 6. 2-4 ; Plut. *Lys.* 14.
(29) Michell, *Sparta*, p. 95.
(30) Arist. *Pol.* 1265b.
(31) 新村祐一郎「スパルタのエポロイ」『西洋史学』五七、一九六三年、一頁。
(32) Michell, *Sparta*, p. 95.
(33) Parke, "Development", p. 53.
(34) Jones, *Sparta*, p. 16.
(35) A. Andrewes, "The Government of classical Sparta", in E. Badian (ed.), *Ancient Society*, p. 8.
(36) Ste Croix, *Origins*, pp. 148f.
(37) Michell, *Sparta*, p. 129.
(38) Arist. *Pol.* 1270b.
(39) Michell, *Sparta*, p. 131. cf. Ste Croix, *Origins*, p. 148.
(40) Hdt. V. 39-40.
(41) Andrewes, "Government", pp. 3-4, 8.
(42) Ste Croix, *Origins*, p. 148.
(43) Andrewes, "Government", p. 15.
(44) Ibid., pp. 6-7.
(45) Ste Croix, *Origins*, pp. 128-129.
(46) Ibid., pp. 131-137.

(47) Ibid., pp. 138-147.
(48) C. G. Thomas, "On the Role of the Spartan Kings", *Hist*. 23, 1974, pp. 258-260.
(49) Ibid., p. 263.
(50) Ibid.
(51) Ibid., pp. 260-270.
(52) Hdt. VI. 56.
(53) Jones, *Sparta*, p. 15.
(54) Hdt. V. 74.
(55) 例えば、新村祐一郎「スパルタの政治組織に関する覚書」『大手前女子大学論集』七、一九七三年、一四三頁；同「スパルタの対アルゴス策」一八頁。
(56) Paus. III. 3. 5.
(57) Paus. III. 7. 6. cf. Hdt. VIII. 131.
(58) Paus. III. 7. 6.
(59) Diog. Laert. I. 68.
(60) Hdt. I. 67.
(61) *Ryl. Papyr.* 18.
(62) Diog. Laert. I. 68.
(63) Hdt. V. 39-40.
(64) Cf. Hdt. V. 41：二番目の妻はデマルメスの子プリネタデスの娘であった。ハクスリーよると、デマルメスはキロンの子である。Huxley, *Sparta*, p. 149.
(65) 例えば新村祐一郎「スパルタのエポロイ」一四頁；同「スパルタの政治組織に関する覚書」一四四～一四五頁；同「スパルタのテゲア征服について」『大手前女子大学論集』一、一九六七年、九四頁；Dickins, "Growth", pp. 19-22; G. B. Grundy, "The Policy of Sparta", *JHS*. 32, 1912, pp. 264-265; Toynbee, *Problems*, pp. 245-246; Huxley, *Sparta*, p. 71.

(66) 新村祐一郎「第二メッセニア戦争とスパルタ」『西洋古典学研究』二一、一九七三年、二七頁；同「スパルタの政治組織に関する覚書」一四三頁；同「スパルタの対アルゴス策」一八頁。
(67) Arist. *Pol.* 1270a.
(68) Hdt. I. 66.
(69) D. S. VII. 13. 2.
(70) Paus. V. 10. 2.
(71) Hdt. I. 67-68.
(72) Hdt. I. 82.
(73) Cf. Tomlinson, *Argos*, p. 84.
(74) H. Bengtson, *Die Staatsverträge des Altertums*, II, München, 1975, Nr. 110.
(75) Burn, *Lyric Age*, pp. 248ff.
(76) E. Rawson, *The Spartan Tradition in European Thought*, Oxford, 1969, pp. 12ff.
(77) Plut. *Quaest. Graec.* 292b. cf. *Quaest. Rom.* 277c.
(78) Hdt. I. 66.
(79) Paus. III. 7. 2（エウノモスとポリュデクテスのとき）；III. 3. 4（エウリュクラテスのとき）；III. 7. 6（アルキダモスとアガシクレスのとき）.
(80) Paus. III. 2. 3（レオボタスのとき）；IV. 12. 3（第一メッセニア戦争中）；IV. 17. 2（第二メッセニア戦争中）.
(81) Paus. III. 7. 3（カッリロスのとき）；III. 7. 4（ニカンドロスのとき）.
(82) Paus. III. 7. 5（前六六九年）；Hdt. I. 82（前五四六年）；Hdt. VI. 75-82；VII. 148（前四九四年）.
(83) アルカディア諸国を無力化しようとした、という形跡は見いだせなかった。合理的に可能な政策と考えられる。
(84) この選択肢も史料のうえで該当する事例を見いだすことはできなかった。
(85) Plut. *Lyc.* 2（ソオスのとき）.
(86) Loc. cit.

(87) Plut. *Lyc.* 2 (ソオスのとき); Paus. IV. 5. 9-13. 7 (第一メッセニア戦争); III. 7. 3 (カッリロスのとき); Hdt. I. 67 (第二メッセニア戦争).
(88) *Supra*, n. 22.
(89) Plut. *Quaest. Graec.* 292b. cf. *Quaest. Rom.* 277c.
(90) サント=クロワ、フォレスト、ハクスリー、新村等。
(91) Hdt. I. 82.
(92) Hdt. I. 68; Ste Croix, *Origins*, p. 96.
(93) Hdt. I. 67.
(94) Hdt. I. 68.
(95) Paus. III. 3. 7.
(96) Hdt. I. 69-70.
(97) Hdt. I. 82.

第二節　スパルタの不評とスパルタ帝国

スパルタに対する感情と外交

紀元前五世紀末、ペロポネソス戦争の過程でエーゲ海域を中心にいわゆるスパルタ帝国が出現した(1)。それは従来のペロポネソス同盟とは領域的にも機構的にもまったく異質であった(2)。帝国はリュサンドロスと深く絡み合って出現したのである(3)。しかし、リュサンドロスの政治的敗退や死にもかかわらず帝国は存続している(4)。大王の和約以後の時期になると、スパルタはペロポネソス同盟諸国の従属化を通じてギリシア本土に帝国の重心を移していく(5)。このように状況の変化に応じてその性格を変えながらも三七一年のレウクトラの戦いに至るまで、帝国はスパルタのへゲモニーを貫徹するための機構として機能し続けたのである。

このスパルタ帝国に関しては数多くの研究がなされてきている。[6] これらの研究の多くはスタシス（国内での権力闘争）と外交との関係に関心を向けてきた。[7] とりわけ『ヘレニカ＝オクシュリンキア』の発見がスパルタ帝国研究に大き影響を及ぼしたのである。『ヘレニカ』は反スパルタ外交とスタシスとが密接に結び付いていることを明確に証言している。[8] とりわけケーガン（D. Kagan）たちがスタシスの観点からスパルタ帝国の研究を進めている。[9]

しかし、これらの研究は同時代人のスパルタに対する感情の分析が欠落しているか、不十分であるかのいずれかである。[10] ディオドロスの指摘にもかかわらず、[11] スパルタに対する感情は政策決定を説明するときに背景として論じられているにすぎない。ローソン（E. Rawson）[12] やタイガーシュテット（E. N. Tigerstedt）[13] の研究はギリシア人のスパルタ像について詳細な紹介と分析を行なっているが、並列的・羅列的であり、政治史のなかで動態的に把握する視点に欠けるようである。

ディオドロスの指摘を待つまでもなく、対スパルタ感情という心理的要因が対スパルタ政策に大きな影響を及ぼしていたことは疑うべくもない。それにもかかわらず史料はこの点に関して漠然としている。現実の政策決定過程のなかで実際にスパルタに対する感情が入力されたか否かに関して確証性に欠けるのである。ポリスがある政策をスパルタに対して採用したとしても、対スパルタ感情によって方向づけられていたとは限らない。多くは、同盟・要請・離反・開戦、というポリスの行動から対スパルタ感情を類推するという方法に頼らざるを得ない。しかしこの方法では感情以外の要因、例えば軍事的力学をも考慮しなければならず、しかも個々の要因の重要度を序列化するという作業が不可能に近い状況では、機械的に結果から原因を説明するという過度な単純化は慎まねばならない。富裕者や寡頭派はスパルタを、貧民や民主派はアテナイを支持したというトゥキュディデスの定義[14] も一般論としては受け容れられても、その時々に示されるポリスの行動を証明したことにはならない。

にもかかわらず、スパルタ帝国を心理的・感情的・印象的側面から分析してみる重要性は、このような側面からの研究がほとんどない、という現状からすれば決して軽視されるべきではない。制度史的・党派政治史的研究には心理分析という主観的側面の研究がなじまないことにも余り論じられることがなかった原因があるようである。

いわゆるスパルタの不評について

ディオドロスはペロポネソス戦争後の歴史を叙述する冒頭部でスパルタ帝国に対して非常に厳しい評価をしている。[15]「ラケダイモンの人々は、ギリシアの争う余地のない支配権（he tes Hellados arche anamphisbetetos）を獲得したのち、同盟諸国に対して不正な行為（praxeis adikoi）を完遂しようと企てたときにそれを奪われてしまった。というのは覇者（hoi hegemones）の優越性は善意（eunoia）と正義（dikaiosyne）によって保持されるのに対して、不正な行為（adikemata）と隷属者の憎悪（misos ton hypotetagmenon）によって倒されるからである」、とスパルタを批判する。ここに見られる「不正な行為（praxeis adikoi；adikemata）」とスパルタに対する「憎悪（misos）」はディオドロスに反復して現われるテーマである。[16]

このディオドロスのスパルタ観は決して孤立したものではない。プラトンは『メネクセノス』の中で、スパルタが「他のギリシア諸国を隷属化するのは自分たちの仕事と考え、それを実行していった」、と非難している。[17]そして早くも前四〇三年春には[18]スパルタ人自身がギリシア人の間での不人気（adoxousa）であることを認めざるを得なかったのである。[19]プルタルコスはアゲシラオスがその戦争指導の故に憎まれたと記している。[20]

このようなスパルタの不評はペロポネソス戦争中のあの熱狂的な親スパルタ感情を想起するならば、[21]驚くべきスパルタ観の逆転ということになる。[22]しかも先述のディオドロスもイソクラテスも[23]究極的にはこの不評がスパルタ帝国解体の原因と考えているのである。何故スパルタは不評なのか。イソクラテスの『平和について』の中に散見されるスパルタ批判の語句を抽出してみよう。
「不正（adikiai）」、「怠惰（rhaithymiai）」、「無法（anomiai）」、「強欲（philargyriai）」、「高慢（hyperopsiai）」、「切望（epithymiai）」、「軽視（oligoriai）」、「傲慢（hybreis）」、「放縦（akolasiai）」、「好戦的（philopolemos）」、「無鉄砲（philokindynos）」、「盗み（aphelia）」、「荒廃させる（tamesthai）」、「侵略する（eisbaleon）」、「他人に害を為す（tous allous kakos poiountes）」、「略奪する（porthein）」、「凌辱する（hybrizon）」、「僭主をすえる（tyrannous kathistanai）」、「虐待する（lymainesthai）」、「内乱と戦争で満たす（mesten staseon kai polemon poiesai）」、「虐殺（sphagai）」、「革命（metabolai）」、「陰謀を企てる（epibouleusai）」、「敵（echthros）」、「追放する（phygadeusai）」、「憎悪を招く（misethenai）」、等々。

これらのうちのあるものは同盟国人に接するスパルタ人の態度に関する批判的語群を形成している。それは「傲慢（hybris）」および「放縦（akolasiai）」を中心とする語群である。スパルタ社会の身分構造、異常な名声への競争が外国人に対する傲慢さを生み出したのだ、とも考えられる[24]。

ディオドロスが「不正な行為」と非難するスパルタの帝国政策に関する語群がある。それには「他人に害を為す（tous allous kakos poiountes）」や「虐殺（sphagai）」、「革命（metabolai）」などの語句が属する。後述する事項での分析で、この語群に関する語句が実に多様に分かれており、しかもスパルタ帝国批判の中心部分を形成していることに気がつくのである。

そして最後にスパルタ帝国に関する評価語群が来る。これは同盟国の人々の評価ないしは評判がその中心となる。

以上の簡単な分類によってもスパルタ帝国の不人気がスパルタ人自身の心性と帝国政策に結果していることは明らかである。もちろん、オクシュリンコスの歴史家が指摘するように[25]、特定の党派に対する支持が他党派の人々の憎しみを買っていたことも忘れてはならない。しかしペロポネソス戦争中はギリシア人の熱狂的な支持を受けてきたスパルタが、戦争後わずか一年未満でかくも不人気となり、レウクトラの敗戦後に至るも人気を回復できなかったのは何故なのか。その答えはスパルタ批判そのもののなかにあると考えられる。そこでイソクラテスのいくつかの弁論を材料に[26]、弁論中にみられるスパルタ帝国批判の部分を先の分類に従って、スパルタ人の心性、行為、ギリシア人の評価の三つの次元でスパルタの不評を分析してみよう。

分析一――スパルタ人の心性に関する批判

イソクラテスは『平和について』の中で、スパルタ人は「不正（adikiai）」で、「怠惰（rhaithymiai）」で、「無法（anomiai）」で、「強欲（philargyriai）」になった、と非難する[27]。同盟諸国に対しては「傲慢（hyperopsiai）」で、他国の財物を「切望（epithymiai）」し、誓約や約定を「軽視（oligoriai）」するのが習慣となってしまっている[28]。さらに「傲慢（hybreis）」[29]や「好戦的（philopolemos）」[30]、「無鉄砲（philokindynos）」[31]、「放縦（akolasiai）」[32]という評価語が出てくる。また、別の弁論では「尊大（hyperoptikos）」[33]で「利己的（pleonektes）」[34]と批判している。

それだけではなく、スパルタは背信的行為を平気でやるという評判もある[35]。ペルシアから自由にすると約束しておきながら奴隷状態に陥れたり[36]、ペロポネソス戦争中に多大な恩恵を為したペルシア王に対して、好意を裏切ってキュロスに協力して争ったり[37]、平和条約を侵害してカドメイアを占領したりした[38]。このような「裏切り（ekdotoi）」[39]という負の印象もスパルタにつきまとう。

これらの語句は、スパルタに対する感情がスパルタ人との交際の過程のなかで印象づけられ、育まれ、蓄積され、増幅され、形成されてきたものであることを示している。このような評価の原因は外国人に接するスパルタ人の態度そのものにあるようである。「スパルタ人にしては珍しく弁論の術にも長けていた」というブラシダスに関するトゥキュディデスの記述は[40]、この面でのスパルタ人の欠点を裏書きするものである。加えてブラシダスの温厚な人柄もスパルタ人としては例外的であったと思われる。[41]帝国時代のギリシア人に強い印象を残したのはリュサンドロスであり、アゲシラオスであった。リュサンドロスの苛酷さは「ギリシアは二人のリュサンドロスに耐え得まい」[42]と評された程であった。アゲシラオスは友人に対する過度の肩入れの故に非難されている。[43]多くのスパルタ人はハルモステス（司政官）として、プルラルコス（部隊指揮官）として、また兵士として国外に出た多くの小リュサンドロスであり小アゲシラオスであった。これらの人々が外国人に接するその在り方に問題があったことは言うまでもない。これについてはすでにペロポネソス戦争前にアテナイの使節が指摘するところであった。同盟国に対してスパルタは「苛酷（egkratos）[44]」であり、スパルタの慣習自体が他者との融和を欠いている。[45]国外でのスパルタ人が慣習にも反し、ギリシア人として為すべからざる振る舞いに及びやすい、とアテナイの使節は指摘しているのである。[46]

簡潔な発言を尊ぶ風潮、クセネラシアに助長される外国人との交際の経験の欠如と外国人への無用の猜疑心、身分序列への絶対的服従の延長線上にある外国人への優越感、規律を絶対視する軍事教練によって育まれ、外国人には厳格すぎると思われる心性、そして厳格すぎる国内体制への反動として現われる国外でのスパルタ人の行動様式、自己の属する党派、共有する価値感への忠誠、これらのすべてが外国人には「傲慢」、「苛酷」と映るのである。

分析二——スパルタの帝国政策に関する批判

スパルタ帝国に関する非難は多岐にわたるが、特に非難の集中するのがデカルキア（一〇人政権）[47]と大王の和約に関してである。デカルキアに関しては「過去の様々な不正な行為（adikiai）を凌駕し[48]」、「将来悪業（poneroi）を為そうと志す者に追い越す余地をまったく残していない[49]」、と批判している。大王の和約に関しては、ギリシア人に対する「裏切り行為」（ekdotous poieisai）と評価しているのである。[50]そしてスパルタによる帝国支配が一方では「奴隷化（douloun）」や、「自由（eleutheria）」と「自治（autonomia）」の喪失[51]をもたらしたのみならず、「党争

(staseis)」、「虐殺（sphagai）」、「政治体制の革命（hai ton politeion metabolai）」を誘発した[52]と批判されるのである。

このように前四世紀の第一・四半期に生じたすべての政治・社会問題の原因がスパルタ帝国主義に帰せられている[53]。もちろん、イソクラテスの批判にスパルタ帝国の本質のすべてが提示されているとは思わないけれども[54]、これらの非難を分析していくことによってイソクラテスの印象のなかに投影されているスパルタ帝国の負の側面の構造が明らかとなってくるのである。[55]

ペロポネソス戦争の末期にスパルタが新たに獲得した諸国に帝国政策の一環として実施したデカルキア[56]について、イソクラテスは『パネギュリコス』と『パンアテナイコス』の中で特に厳しく批判している。デカルキアの下で政治権力を掌握していた人々は自分の「祖国（patridai）」に「恥ずべき残虐な行為を働き（dialymenamenoi）」、過去の不正を凌駕し未来においても凌駕できないような不正を働きながら、スパルタ風だと申し立てて、それとは反対のことをし、メロス人の悲劇を嘆き悲しんで、自分たちの同胞に対しては癒し難い過ちを犯してきたのである。[57]彼らが行なわなかった破廉恥な行為はなく、一方では「最も無法な輩（anomotatoi）」を「最も信頼に足る人物（pistotatoi）」と見なし、他方では「裏切り者（prodotai）」を「恩恵者（euergetai）」であるかのように得意がらせ、一人のヘイロテスに「隷属して（douleuein）」、自分の祖国を「凌辱し（hybrizein）」、父祖以上に市民の「殺害者（autocheirai kai phoneai）」を称讃してきた[58]。そのおかげで市民は互いに猜疑し合うようになり、他人の不幸に同情することもなくなってしまった[59]。彼らはアテナイが帝国時代を通じて裁判したよりも多くの人々を三カ月の間に「裁判なしに（akritoi）」処刑したのである[60]。デカルキアが行なったことといえば内乱と法秩序の破壊、革命、婦女子に対する残虐行為、財産の強奪であった[61]。デカルキアはスパルタの評判を悪くし、誰もが夢想だにしなかった不幸のなかにスパルタを投げ込んだのである[62]。

スパルタが帝国政策の基本としてとった対ペルシア政策はギリシア人に対する裏切りと評される[63]。スパルタはいわゆる大王の和約においてアシアに居住するすべてのギリシア人をペルシアに引き渡し、ペルシア王が欲することは何でも為し得ると明記したのである。[64] ペルシア人は多くのギリシア諸国のデスポテスとなっている。[65] ペルシア王がギリシア人の事柄を統轄し、ギリシア人が行なわねばならないことを規定し、諸国に臣下の者を置いているのである。[66] ペルシア王の支配下にないものも「戦争捕虜（aichmalotai）」のように従い、[67] 支配下にあるものは貢税を負担し、アクロポリスを占領され、「奴隷（argyronetai）」と同じような目にあっている。[68] そしてペルシア王に協力して軍の提供を強制され、[69] このようにしてペルシアはギリシア諸国を支配下に置き、ある国を破壊し、ある国のアクロポリスに城塞を築いている。[70] それなのにスパルタはこれらの国々を救おうともせず、逆にこれらの国々はスパルタによって強制的に奴隷化されたのである。[71]

スパルタ帝国がポリスの自治と自由の原理に相反するという批判は、[72] 大王の和約によってスパルタがギリシアの「主人（despotes）」と公認された、[73] という指摘によっても明らかである。島嶼部とヨーロッパにおける諸国の自治を「無視し（apheinai）」、[74] それを保証する条項は死文化してしまっている。かなりの国々が自由と自治を「喪失しており（apechein）」、ある国々は僭主の下に在り、ある国々はハルモステスが「掌握している（katechein）」、ある国々は略奪を受けて荒廃しており、ある国々には夷狄のデスポテスが置かれている。[75] そして大王の和約が締結される以前よりも多くの国が戦争のために占領されてきている。[76] スパルタ帝国下では、最大の国々が自分で処理する権限を与えられず、「奴隷化を強制される（anagkazein douleuein）」か、あるいは非常な不幸のなかに投げ込まれている。[77] テーバイに対しては「陰謀を企て（epibouleusai）」、[78] キオスでは「第一級の人々（hoi protoi）」を追放して艦船を奪い、[79] イタリアやシケリアでは僭主政を樹立し、[80] 従属諸国にはデカルキアを設置し、[81] 多くのギリシア人を裁判なしに処刑したのである。[82] したがって、コノンによるスパルタの制海権の解体がギリシア人を「解放した（eleutherosai）」と見なされ、[83] 自由という言葉がスパルタの支配権を解体させたのである。[84]

さらに党争、虐殺、革命に関してもスパルタに責任ありと断罪される。[85] 例えばアゲシラオスは「仲間（hetairoi）」をそれぞれの国に送り返し、権力を掌握させようとした。[86] その結果ギリシアの人々は劣悪で危険な状態に巻き込まれ、[87] 虐殺と党争を引き起こしているのである。[88] そのために、外敵と戦うかわりに都市のなかで市民どうし戦っている。[89] 革命の頻発の故に国内に住んでいる者は追放されている者以上に挫けている。[90] というのは前者が来るべき事態を恐れているのに、後者は常に帰国への希望を抱いているからである。内乱によって或る人々は不法に処刑され、またある人々は妻子を連れて異郷の地を彷徨っている。[91]

分析三——スパルタ帝国の不評

スパルタ帝国主義の批判を通じてスパルタは同時代のギリシア人にどのように評価されていたのであろうか。イソクラテスは、同盟諸国の人々はデカルキアのおかげでスパルタに「非常な敵意（dysmenestatoi）」を抱いている、と述べている。[92] デカルキアは自身を破滅させただけではなく、スパルタを著しく「不評にし（diabalontes）」、[93] 誰もが予想だにしなかった惨劇に巻き込んだのである。スパルタは同盟国の人々から「憎まれている（misetheisai）」。[94]

尊大で利己的な態度のおかげでスパルタは多くの人々によって「妬まれ（phthonein）」、「恨まれている（dysmenos echein）」。[95] スパルタが得た勝利は貪欲の結果と見なされ、称賛よりも「悪意を見ている（aedos horan）」。[96] スパルタの悪行と傲慢が同盟国の間に「憎悪を招いた（misetheinai）」のだ。[97]

そして覇権を失った後ですらスパルタは近隣の人々と戦争し、ペロポネソスの人々には「信用されず（apisteisthai）」、ギリシアの人々には「憎まれ（miseisthai）」、日夜自分の奴隷によって略奪されている。[98]

このようなイソクラテスの評価は他の論者によっても肯定される。ユーリスは公式にスパルタがギリシア人を奴隷化したことを非難している。[99] また、スパルタ王のパウサニアスにとってはスパルタの不人気は深刻な問題であった。[100] コリントス同盟諸国はスパルタの不人気を前提に対スパルタ戦を決意している。[101] 同盟諸国のなかにも非友好的・敵対的な国が存在していたことをクセノポンも認めている。[102] 大王の和約をめぐる「裏切り（ekdotoi）」とか「不名誉（adoxountes）」というスパルタの評判はイソクラテスのそれと一致している。[103] ディオドロスは大王の和約以後のスパルタの政策を平和条約に違反して、[104] ポリスの内政に干渉し、[105] 奴隷化と従属国化を企てた、[106] と批判している。アテナイの使節の一人アウトクレスは、スパルタが諸国のアウトノミアにとって最大の障害となっている、と非難している。[107] これはアテナイの公式の見解でもあった。[108] スパルタは「万人にとって恐怖の的（phoberoi pasin hyperchon）」だったのである。[109]

スパルタに対する評価

スパルタ帝国に対する同時代人の評価はきわめて厳しく、批判はスパルタの帝国政策に向けられていたばかりでなく、その意図や態度にまで向けられていたのである。[110] このような批判の背景にはスパルタの利己的とも言える帝国政策がある。スパルタの帝国政策を推進したアゲシラオスはスパルタの国益を特に重視した。[111] 苛酷と評されるスパルタ人の心性にも原因があった。イソクラテスやディオドロスは不評が帝国滅亡の原因と考えていたし、[112] クセノポンも否定していない。[113][114]

この評価はコリントス戦争に際して展開されたコリントス同盟側の動き、[115] マンティネイアやプレイウスの非協力、[116] スポドリアス事件に怒ったアテナイの行動などによって支持される。[117] スパルタの不人気が対スパルタ政策形成に入力され、重要な影響力を及ぼしていたことを示している。逆にスパルタの不人気がスパルタ側の対外政策にも影響を及ぼしている。前四〇三年のアテナイに対する政策やデカルキア廃止、[118] コリントス戦争やボイオティア戦争中に示された同盟諸国の不満への配慮、[119] 第二アテナイ海上同盟形成に対抗してとった対同盟政策の修正、[120] などに表れて[121]

いる。

にもかかわらず、コリントスやアルゴス、テーバイでスパルタが反対党派を支援したために反スパルタ感情が生まれた、というオクシュリンコスの歴史家の証言は[122]、スパルタの不評がスタシスと結びついていたことを示している。デカルキアやスタシス、革命に関するスパルタ批判がこれである。スパルタの有力者が「友情（philia）」、「賓客関係（xenia）」、「同志的関係（hetaireia）」によって外国の有力者を政治的クリエンテースとし、これを積極的に支援しようとしたことに非難が向けられていたのである。

スパルタの不評が党派的偏見によって誇張・歪曲されている面のあることは否定できない。というのは、本節ではまったく取り上げなかったが、スパルタに好意的な評価もあり、それらの評価は反スパルタ像とはまったく対照的である。ここでは若干の評価語群を提示するに留める[123]。

「徳（arete）」、「敬虔（eusebeia）」、「廉直（dikaiosyne）」、「克己（sophronema）」、「勇気（andreia）」、「知恵（sophia）」、「親ギリシア主義（philellen）」、「高貴な感情（megalognomosyne）」、「高貴（gennaion）」、「最良（aristos）」、等。

スパルタに対する評価が政策に入力されないことも、入力されても政策には現われてこないこともある。前三九五年、アルゴスやコリントス、ボイオティアやアテナイが対スパルタ戦を決意した背景には、ケーガンが分析するように、ペルシアの協力が決定的要因として働いていた[124]。前三七九年、テーバイがスパルタの支配から脱したとき、アテナイはテーバイ人の亡命者を支援した二人の将軍をスパルタに対する恐怖から処罰している[125]。同盟諸国がスパルタに不満を抱いていたにもかかわらずスパルタから離反しようともしない原因を、プルタルコスは無気力に帰しているが[126]、おそらくはスパルタの軍事力、国内のスタシスへの配慮などの要因があったのではなかろうか。

註

（1）スパルタ帝国に関する基本的な史料は Diodorus Siculus, *Bibliotheca Historica*, XIV, I. 1-XV. 56. 4 ; *Hellenica Oxyrhynchia* ; Plutarchus, *Vitae, Agesilaus* ; *Lysandrus* ; *Pelopidas* ; Xenophon, *Hellenica*, II. 2. 22-VI. 4. 16. である。D. S. はアテナイの、Xen. *Hell.* はスパルタの公式見解を示していると言われている。

基本的文献としては次のものがある。Beloch, G. G., III. 1, S. 1-169 ; Bengtson, G. G., 4 Auf. S. 253-278 ; J. B. Bury, *A History of Greece*, 1913, pp. 498-583 ; M. Cary, "The Ascendancy of Sparta", *CAH*. VI, 1927, pp. 25-83 ; Forrest, *History of Sparta*, pp. 122-130 ; Ch. D. Hamilton, *Sparta's Bitter Victories. Politics and Diplomacy in the Corinthian War*, Ithaca/ London, 1979 ; Hammond, *H. G.*, pp. 437-498 ; Jones, *Sparta*, pp. 94-137 ; U. Kahrstedt, *Griechische Staatsrecht : Sparta und Seine Symmachie*, Göttingen, 1922.

（2）S. Perlman, "The Causes and Outbreak of the Corinthian War", *CQ*. n. s. 14, 1964, pp. 73-77 によればスパルタは大王の和約まではギリシア本土に干渉しなかった。制度上の問題については、W. W. Snyder, *Peloponnesian Studies 404-371*, unpublished diss. Princeton, 1972 を参照せよ。

（3）リュサンドロスがペロポネソス戦争の終結前夜に海上帝国を組織化したことは D. S. XIV. 3. 4 ; 13. 1 ; Plut. *Lys.* 13-14 に明らかである。A. Andrewes, "Two Notes on Lysander", *Phoenix*, 25, 1971, pp. 206-226 ; Hamilton, *Victories* ; idem, "Spartan Politics and Policy, 405-401 B.C.", *AJP*. 91, 1970, pp. 294-314 ; S. Luria, "Zum Politischen Kampf in Sparta gegen Ende des fünften Jahrhunderts", *Klio*, 20, 1926, S. 404-420 ; W. K. Prentice, "The Character of Lysander", *AJA*. 38, 1934, pp. 37-42 ; P. A. Rahe, *Lysander and the Spartan Settlement, 407-403 B. C.*, unpublished diss. Yale, 1977 ; R. E. Smith, "Lysander and the Spartan Empire", *CP*. 43, 1948, pp. 145-156. ハミルトンはリュサンドロスを海上帝国派、アーギスを陸上帝国派、パウサニアスを保守派と分類している。これに対してラーエは異議を唱え、政策ではなくて権力闘争こそが党派対立の原因と考えている（Rahe, *Lysander*, pp. 231-232）。

（4）アゲシラオスはリュサンドロスを排除したが、その海上帝国を排除した訳ではなかった。また、クニドスの海戦でスパルタは「制海権（he kata thalatan arche）」を失った（Isoc. Or. XII. 56）が、スパルタ帝国が消滅した訳でもなかった。

（5）この時期のスパルタ史に関しては註（1）の文献の他に、G. L. Cawkwell, "Agesilaus and Sparta", *CQ*. n. s. 26, 1976, pp. 62-84 ; D. G. Rice, *Why Sparta Failed : A Study of Politics and Policy from the Peace of Antalcidas to the Battle of Leuctra, 387-371 B. C.*, unpublished diss. Yale, 1971 を参照のこと。

(6) E. g. I. A. F. Bruce, “Athenian Foreign Policy in 396-395 B. C.”, *CJ*. 58, 1963, pp. 289-295 ; idem, “The Democratic Revolution at Rhodes”, *CQ*. n. s. 11, 1961, pp. 166-170 ; idem, “Internal Politics and the Outbreak of the Corinthian War”, *Emerita* 28, 1960, pp. 78-86 ; P. Cloché, “Les Conflits politiques et sociaux à Athènes pendant la guerre corinthienne (395-387 avant J.-C.)”, *REA*. 21, 1919, pp. 157-192 ; idem, “La Politique de l’Athènien Callistratos (391-361 avant J.-C.)”, *REA*. 25, 1923, pp. 5-32 ; idem, “Notes sur la politique athènienne au dëbut du IVe siècle et pendant la guerre du Péloponnese”, *REA*. 43, 1941, pp. 16-32 ; idem, “La Politique thébaine de 404 à 396 av. J.-C.”, *REG*. 31, 1918, pp. 315-343 ; G. T. Griffith, “The Union of Corinth and Argos”, *Hist*. 1, 1950, pp. 236-256 ; H. M. Hack, *The Rise of Thebes : A Study of Theban Politics and Diplomacy, 386-371 B. C.*, unpublished diss., Yale, 1975 ; Ch. D. Hamilton, *Politics and Diplomacy in the Corinthian War*, unpublished diss., Cornell, 1968 ; idem, “The Politics of Revolution in Corinth, 395-386 B. C.”, *Hist*. 21, 1972, pp. 21-37 ; idem, “Politics and Policy”, pp. 294-314 ; idem, *Victories*, 1979 ; D. Kagan, *Politics and Policy in Corinth, 421-336 B. C.*, unpublished diss., Ohio, 1958 ; idem, “Corinthian Politics and the Revolution of 392 B. C.”, *Hist*. 11, 1962, pp. 447-457 ; idem, “The Economic Origins of the Corinthian War”, *La Parola del Passato* 16, 1961, pp. 321-341 ; D. D. A. Kounas, *Prelude to Hegemony : Studies in Athenian Political Parties from 403 to 379 B. C. Pertaining to the Revival of Athenian Influence in Greece*, unpublished diss., Illinois, 1969 ; Luria, “Politischen Kampf” ; K. L. McKay, “The Oxyrhynchus Historian and the Outbreak of the ‘Corinthian War’”, *CR*. n. s. 3, 1953, pp. 6-7 ; Perlman, “The Causes and Outbreak” ; idem, “The Politicians of the Athenian Democracy of the Fourth Century B.C.”, *Athenaeum* 41, 1963, pp. 327-355 ; Prentice, “Character” ; Rice, *Why Sparta Failed* ; J. Roy, “Tegeans at the Battle near the River Nemea in 394 B. C.”, *La Parola del Passato* 26, 1971, pp. 439-441 ; Smith, “Lysander” ; idem, “The Opposition to Agesilaus’ Foreign Policy, 394-371 B.C.”, *Hist*. 2, 1953-1954, pp. 274-288.

(7) Bruce, “Democratic Revolution”, p. 166 は *Hell. Oxy*. の発見が如何に革命的であったかを述べている。

(8) *Hell. Oxy*. VII(II), 2-5.

（9）Kagan, Hamilton, Hack, Rahe の前掲諸文献を参照のこと。
（10）例えば Hammond, *H. G.*, p. 442 はスパルタがアテナイとその同盟諸国を傀儡国としたこと、親スパルタ派やハルモステスの残虐で苛酷な行為、にスパルタの不評を求めている。この指摘そのものは正しいが、論はそれ以上深化されることなくスタシスの分析に進んでいく。他の論者も同じような傾向をとる。
（11）D. S. XIV. 2. 1 ; XV. 1. 35.
（12）Rawson, *Spartan Tradition*.
（13）E. N. Tigerstedt, *The Legend of Sparta in Classical Antiquity*, Stockholm/ Upsala/ Goeteborg, 1965.
（14）Thuc. III. 82-84 ; cf. Arist. *Pol*. 1296a, 1307b.
（15）D. S. XIV. 2. 1.
（16）D. S. XIV. 82. 2, XV. 1. 3. このテーマは D. S. が *Hell. Oxy*. の見解を継承したものと考えられる。Perlman, "The Causes and Outbreak", p. 71.
（17）Plat. *Menex*. 244. c-d.
（18）ディオドロスは前四〇一年としている。年代については、中村純「前四〇四年のアテナイ『寡頭派』政権」『史学雑誌』八九巻一六号、一九八〇年、六頁。
（19）D. S. XIV. 33. 6.
（20）Plut. *Ages*. 26.
（21）Thuc, II. 8. 4-5.
（22）D. S. XV. 1. 3-4.
（23）Isoc. Or. XII. 55-58.
（24）Xenelasia と国内でのリュクルゴス体制化での抑圧された状況が、国外で反動となって現われる。Rahe, *Lysander*, pp. 22-25. cf. Thuc. I. 77. cf. Xen. *Hell*. III. 3. 11.
（25）*Hell. Oxy*. VII (II). 2-3.
（26）本節ではイソクラテスの弁論のすべてを扱う訳ではない。Or. IV (*Panegyricus*) ; V (*Philippus*) ; VIII (*De Pace*) ; XII

(*Panathenaecus*)を材料としている。P. Cloché, "Isocrate et la politique Lacédémonienne", *REA*. 35, 1933, pp. 129-145を参照のこと。イソクラテスの政治思想とスパルタ帝国との関係・位置づけについては別の機会に論じることにしたい。

(27) Isoc. Or. VIII. 96 ; M. L. W. Laistner, *Isocrates : De Pace and Philippus*, New York, 1927, p. 109. これらの語はイソクラテスのなかではきわめて稀であるが、効果的であるとライストナーは指摘している。

(28) Isoc. Or. VIII. 96.

(29) Isoc. Or. VIII. 100.

(30) Isoc. Or. VIII. 97.

(31) Loc. cit.

(32) Isoc. Or. VIII. 102.

(33) Isoc. Or. XII. 241. cf. Rawson, *Spartan Tradition*, p. 43.

(34) Isoc. Or. XII. 241.

(35) Cf. Plut. *Ages*. 23. ポイビダスのカドメイア占領に関して、アゲシラオスの言っていることと実際の行動との矛盾。

(36) Isoc. Or. XII. 97.

(37) Isoc. Or. XII. 104.

(38) Isoc. Or. VIII. 98.

(39) Isoc. Or. IV. 122. デモステネスも同じ評価を下している：Rawson, *Spartan Tradition*, p. 46.

(40) Thuc. IV. 84.

(41) Thuc. IV. 208 ; cf. Plut. *Nic*. 28：ギュリッポスの指揮は粗暴でスパルタ的なのでシュラクサイ人に嫌われた。

(42) Plut. *Lys*. 19.

(43) Plut. *Ages*. 5.

(44) Thuc. I. 76.

(45) Thuc. I. 77.

(46) Thuc. I. 77. cf. Rawson, *Spartan Tradition*, p. 37.

(47) デカルキアについてはRahe, *Lysander*, p. 107を参照のこと。ラーエはデカルキアを暫定政権と評価している。cf. E. Cavaignac, "Les Dēkarchies de Lysandre", *REH*. 90, 1924, pp. 285-316 ; Hamilton, "Politics and Policy", pp. 294-314 ; idem, *Victories*, pp. 60ff. ; Smith, "Lysander", pp. 145-156.

(48) Isoc. Or. IV. 110.

(49) Loc. cit.

(50) Isoc. Or. IV. 122.

(51) Isoc. Or. IV. 117.

(52) Isoc. Or. XII. 99.

(53) Isoc. Or. XII. 156 :「ギリシア人にとって最大の災禍の原因（aitiai ..... tois Hellesi ..... megiston kakon)」

(54) 正しくはスパルタとアテナイ。

(55) 例えばXen. *Ages*. の中に反復して現われるphilia, xenia, hetaireiaにスパルタ帝国の本質の一端があり、国家間の公的関係の分析だけでは不十分である。もちろん、イソクラテスがこの点に言及していないという訳ではない。cf. Cawkwell, "Agesilaus", pp. 62-84. Cawkwellはphiletairiaに着目してアゲシラオスの帝国政策を分析している。

(56) Rahe, *Lysander*, pp. 106-107, 166, n. 122.

(57) Isoc. Or. IV. 110.

(58) Isoc. Or. IV. 111.

(59) Isoc. Or. IV. 112.

(60) Isoc. Or. IV. 113.

(61) Isoc. Or. IV. 114.

(62) Isoc. Or. XII. 54.

(63) Plut. *Ages*. 23 : 恥辱、不法、不名誉、ペルシア贔屓という批判。

(64) Isoc. Or. XII. 106.

(65) Isoc. Or. XII. 59.

(66) Isoc. Or. IV. 120.
(67) Isoc. Or. IV. 121.
(68) Isoc. Or. IV. 123.
(69) Isoc. Or. IV. 124.
(70) Isoc. Or. IV. 137.
(71) Isoc. Or. IV. 106.
(72) Isoc. Or. IV. 117.
(73) Isoc. Or. IV. 106.
(74) Isoc. Or. IV. 176.
(75) Isoc. Or. IV. 117.
(76) Isoc. Or. IV. 116.
(77) Isoc. Or. IV. 127.
(78) Isoc. Or. VIII. 98. cf. Plut. *Ages.* 23：不満、憤慨。24：恥じて遠征辞退、という反応をもたらした。
(79) Isoc. Or. VIII. 98.
(80) Isoc. Or. VIII. 99.
(81) Isoc. Or. XII. 54.
(82) Isoc. Or. XII. 66.
(83) Isoc. Or. V. 63.
(84) Isoc. Or. V. 104.
(85) Isoc. Or. XII. 99.
(86) Isoc. Or. V. 87.
(87) Loc. cit.
(88) Isoc. Or. VIII. 96.

(89) Isoc. Or. IV. 116.
(90) Loc. cit.
(91) Isoc. Or. IV. 168.
(92) Isoc. Or. V. 95.
(93) Isoc. Or. XII. 55.
(94) Isoc. Or. XII. 57.
(95) Isoc. Or. XII. 241.
(96) Isoc. Or. V. 148.
(97) Isoc. Or. VIII. 100.
(98) Isoc. Or. V. 49.
(99) D.S. XIV. 17. 6.
(100) D.S. XIV. 33. 6.
(101) D.S. XIV. 82. 2 ; Xen. *Hell.* III. 5. 11. ただしパールマンによると、ディオドロスのこの見解は *Hell. Oxy.* のもので、それは誇張されたものであった。 Perlman, "The Causes and Outbreak", p. 70.
(102) Xen. *Hell.* V. 1. 29 : epistoun ; V. 2. 1 : hoi polemioi eumenesteroi ; V. 3. 27 : hoi dysmenos.
(103) D.S. XV. 9. 5.
(104) D.S. XV. 19. 1.
(105) D.S. XV. 5. 3 ; 19. 1.
(106) D.S. XV. 5. 3.
(107) Xen. *Hell.* V. 3. 7.
(108) Tod, *SGHI*, n. 123. ll. 9-15.
(109) D.S. XV. 23. 4.
(110) 現代におけるスパルタ帝国の印象もイソクラテスに見られるそれとあまり変わらない。 arrogant, brutal, vindictive,

treacherous, self-seeking, vindictive cruelty, treacherous and brutal treatment, neither honest nor honorable, cruelty という言葉が Prentice, “Character”, pp. 37-42 の中にリュサンドロスを形容するものとして使用されている。これらはスパルタ帝国にもあてはまる。

(111) イソクラテスはスパルタを「他人の財物の多くを奪い取る以外の目的にはまったく気にも掛けていない」とその利己主義を批判する。Or. XII. 188.

(112) 三九四年にアシア遠征事業を中断してギリシア本土に引き揚げるとき：Xen. *Hell*. IV. 2. 3 ; Plut. *Ages*. 15, ポイビダスのカドメイア占領事件を弁護したとき：Xen. *Hell*. V. 2. 32 ; Plut. *Ages*. 23, スポドリアス事件のとき：Plut. *Ages*. 25 に見られる。

(113) Isoc. Or. XII. 54-58 ; Or. V. 104 ; D. S. XV. 1. 3-4.

(114) Cf. Xen. *Hell*. V. 4. 1.

(115) D. S. XIV. 82. 2 ; Xen. *Hell*. III. 5. 1-17.

(116) プレイウスに関しては Xen. *Hell*. IV. 4. 15, マンティネイアに関しては Xen. *Hell*. V. 2. 2.

(117) Xen. *Hell*. V. 4. 63 ; D. S. XV. 29. 7.

(118) D. S. XIV. 33. 6.

(119) Loc. cit.

(120) Xen. *Hell*. V. 1. 29 ; Plut. *Ages*. 22.

(121) D. S. XV. 28. 4 ; 31. 1.

(122) *Hell. Oxy*. VII (II), 2-3.

(123) ここに挙げたのはクセノポンの『アゲシラオス』に見られる特徴的な評価語をサンプリングしたにすぎない。

(124) Kagan, “Origins”, p. 339.

(125) Xen. *Hell*. V. 4, 19. cf. Plut. *Pelop*. 14.

(126) Plut. *Ages*. 28.

第三節　エーリス戦争とスパルタ

エーリス戦争の問題

紀元前四〇四年、アテナイとサモスの降伏をもってペロポネソス戦争が終結したとき、ギリシア本土ならびにエーゲ海域には強大なスパルタのヘゲモニーが影を投げ掛けていた。戦争前のスパルタとアテナイを軸とする双極構造(1)は消滅し、スパルタが戦後のギリシア世界を指導することになった。本土にはスパルタに拮抗し得る勢力はなく、東方の大帝国ペルシアも西方の大国シュラクサイも戦争中からの友邦であった。スパルタの勢力範囲は広大で、ペロポネソス同盟に加え旧アテナイ帝国のかなりの部分を版図に含んでいた(2)。その後の様々な修正要因(3)、国際政治構造の変化(4)にもかかわらず、レウクトラの敗戦とペロポネソス同盟の最終的解体に至るまで、スパルタはギリシア世界に様々な政治上、社会上の問題を提起し続けたのである。

一般にスパルタのヘゲモニーに関する評価は辛辣である。同時代人のイソクラテスはスパルタがギリシア人を奴隷化したと非難している(5)。現代の一研究者もスパルタのヘゲモニーを僭主政支配であると形容している(6)。ヘゲモニーに関する悪評の中心は、内政干渉と主権侵害であった。先述のイソクラテスは、『パネギュリコス』の中で、「諸国のなかでも最大級の国々が自分のことを自ら処理する権限が与えられず、奴隷化を強制されるか、あるいは最大の不幸のなかに投げ込まれている」、と批判している(7)。また、『平和について』の中では、スパルタが「エーリス人の領土の一部を略取し、コリントスの領土を荒廃させ、……アルゴスに侵入して……他の人々に害悪を為すのを止めなかった」、とスパルタによる主権侵害の例を挙げている(8)。今日においてもイソクラテス以来の伝統的見解が支配的であり、「スパルタ帝国」という用語すら用いられている(9)。

しかし、スパルタによるアウトノミア侵害のいくつかの例を分析してみると伝統的見解は修正する必要があるように思われる。[10] エーリス戦争がスパルタ人の自尊心を傷付けたエーリス人に対する報復であったのか、それともスパルタの飽くなき征服欲に結果するのかは別としても、一般にはスパルタが帝国時代に犯したアウトノミア侵害の一例として論じられてきている。[11] 以下、本節で分析されるように、エーリス戦争に関する従来の評価には重大な事実が無視されているし、スパルタの戦争目的についても妥当とは思われない点がある。エーリス戦争の原因とそこに見られるスパルタ側の行動からヘゲモニーの性格に接近することが本節の目的である。

戦争原因に関する分析

何故スパルタは前四〇一年夏にエーリスとの戦争を決意するに至ったのか。論点を戦争原因にしぼり、次の三つのレベルで分析する。一つはスパルタ―エーリス間の関係のレベルに生じた変化である。第二は政策決定において誰が指導力を行使したのかであり、最後はスパルタがエーリス戦争を決定・遂行するなかで接近しようとした目標・目的は何であったのか、という問題である。

① スパルタ―エーリス関係

前四二一年以前にはスパルタとエーリスの間に何の緊張も存在しなかった。パウサニアスの証言にもかかわらず、[12] いわゆるアルキダモス戦争中のエーリスはスパルタに協力的であった。[13] スパルタもピサティスおよびトリピュリア征服というエーリスの国家目的には協力的であった。[14]

前四二一年にエーリスとレプオンの間に紛争が生じるや両国の関係はにわかに険悪化する。スパルタは紛争の調停に乗り出し、エーリスの行為を非としてレプレオンに守備隊を設置した。[15] 以後両国は緊張の度を増していく。同年三月、エーリスはアテナイとの講和条約に参加せず、スパルタのヘゲモニーに従うことを拒否している。[16]同年夏、緊張はさらにエスカレートし、エーリスはペロポネソス同盟を脱退し、スパルタの潜在的敵国であるアルゴスと同盟を結んだのである。[17]

翌四二〇年夏、緊張は一層激化している。エーリスはアテナイ、アルゴス、マンティネイアと同盟し、[18]反スパルタ色を強めている。また、スパルタ側がオリュンピア休戦中にピュルコスを攻撃しレプレオンに守備隊を派遣したことを理由に、エーリスはスパルタ市民のオリュンピア聖域の立ち入りを禁止したのである。[19]さらにスパルタの介入を予想し、エーリスは祭典の警備にアテナイ、アルゴス、マンティネイアに援軍を要請している。[20]リカスの事件が発生したときには、スパルタが報復行動に出るのではないかと懸念された。[21]

両国間の緊張が頂点に達したのは前四一八年夏のことである。エーリスは三〇〇〇名の重装歩兵をアルゴスに派遣し、[22]同盟会議の席上でレプレオン攻略を提案している。[23]もし提案が受け容れられれば、エーリスはスパルタと交戦状態に入ることになる。しかしエーリスの提案は認められず、派遣軍を帰国させたのである。[24]この後、エーリスはアルゴスを中心とする同盟から離れていく。

エーリスはマンティネイアの戦いに参加せず、[25]アルゴスとの同盟も同年冬に失効してしまった。[26]しかし、エーリスはアテナイとの友好関係を断絶していない。前四一五年冬、アテナイのシケリア遠征軍はキュレネに寄港し、[27]前四一三年夏にはデモステネス麾下の第二次遠征軍がペアに寄港している。[28]また、同年冬に再発したペロポネソス戦争に対してエーリスは中立を堅持したのである。

敵対的ではないが好意的でもないスパルタに対する態度は前四〇四年夏にも見られる。ペロポネソス戦争に勝利したスパルタ王アーギスはオリュンピアのゼウス神への奉納を禁止されている。[29]さらに、スパルタがアテナイ民主派の亡命者に対して敵意を抱いているのを知りつつ、エーリスは政治家トラシュダイオスを通じてアテナイの民主派を支援している。[30]

以上紹介したように、スパルタとエーリスとの関係は前四二一年以来険悪な状態にあり、前四一八年以後も好転しなかった。両国間の緊張の原因はレプレオンをめぐってであり、エーリス側がレプレオンをエーリスの従属都市と考えているのに対し、[31]スパルタ側がレプレオンを独立国と見なしている点に[32]両国対立の根源を求めることができる。

エーリスがレプレオンを従属都市と考える根拠はトゥキュディデスに明らかである。かつてレプレオンが近隣住民との紛争に苦しんでいたとき、レプレオンはエーリスに支援を要請し領土の半分を代償として提供したのであった。[33]エーリスはレプレオンに毎年一タラントンの貢納を課し、貢納はペロポネソス戦争まで遵守されていた。この事実がエーリスの論拠となっていたことは疑う余地がない。実際、エーリスは同盟国の領土物件に関する保障条項侵犯を理由にペロポネソス同盟を脱退したのである。[34]

スパルタがレプレオンを独立国と見なす論拠も明らかである。レプレオンはペルシア戦争において、前四七九年のプラタイアの戦いに参加し、[35]デルポイに奉納せられた戦勝感謝の碑文に同盟国の一員として記入せられている。[36]前五世紀中頃にはレプレオンはエーリスと同盟を結んでエーリスのピサティスおよびトリピュリア両地方の征服に協力している。[37]前四二四年の第八九回オリュンピア祭でレプレオン人のヘラニコスが、[38]また前四二〇年の第九〇回オリュンピア祭でテアントスが優勝したことが記録されている。[39]これらの事実はレプレオンが独立国であるという見解を支持する。スパルタがエーリスとレプレオンの紛争仲裁に乗り出したのも、[40]レプレオンの安全を保障するために守備隊を派遣したのも[41]レプレオンが独立国であるという見解に基づいてであった。

ペロポネソス戦争後スパルタの力と威信が頂点にあったにもかかわらずスパルタは前四〇一年夏までエーリスに対し何の行動もとっていない。前四〇一年、スパルタ軍がエーリス領を侵攻したとき、レプレオンはエーリスから最初に離反した都市の一つであった。[42]この間に何があったのか。史料には記されていないが、スパルタがレプレオンより守備隊を撤退させて後、エーリスがレプレオンを制圧・併合してしまったと思われる。このようなエーリスの行為がスパルタをしてエーリスに対し従属諸都市の解放を要求させ、さらには戦争を決意させたのであった。

② 政策決定

エーリス戦争当時のスパルタの国内状況を分析してみよう。有力な指導者としてリュサンドロス、パウサニアス王、アーギス王の三名があげられる。ペロポネソス戦争直後、スパルタにおいて最大の名声と影響力を有していたのはリュサンドロスであった。[43]彼はスパルタ帝国を編成し、帝国内の民主派を信頼せずこれを弾圧し、私的関係のある人々を政権に就かしめたのである。[44]このようにして帝国内各ポリスに成立した親スパルタ政権が悪評高いデカルキアであった。[45]

パウサニアス王はリュサンドロスの権勢と野心を恐れ、デカルキアが惹き起こしているスパルタの不人気を嘆いていた。[46]彼はリュサンドロスを退け、デカルキアを廃止し、諸国の民主派と妥協して帝国内の緊張を緩和しようとしていた。前四〇三年夏、アテナイの寡頭派の要請に応えてリュサンドロスがハルモステスとしてアッティカに出征し、ペイライエウスを根拠地とする民主派を攻略しようとしたとき、パウサニアス王はリュサンドロスの力が一層強大になるのを恐れ、アテナイの内乱に介入したのである。彼はエポロス団を説いて自らアッティカ遠征軍の指揮官となり、リュサンドロスを指揮下に組み入れている。[47]彼はペイライエウスの民主派とアテナイの寡頭派の仲裁に入り、アテナイの内乱を調停している。[48]この事件をきっかけとしてリュサンドロスは後退し、反リュサンドロス派の人々がスパルタの政治を指導するようになる。パウサニアス王は帝国の再編に着手し、デカルキアを廃止してしまった。[49]

前四〇二年にリュサンドロスは神託買収のかどで告発されている。(50)しかし、リュサンドロスの政治力がまったく弱体化したと見るのは誤りであろう。前四〇三年夏のエポロス団におけるリュサンドロス派と反リュサンドロス派の比率は二対三にすぎなかった。(51)前四〇二年の裁判ではリュサンドロスは無罪となっているし、アーギス王の死後、彼はアゲシラオスを支持し反対を押し切って王位に就かしめたのである。(52)彼は前三九六／五年においても国の内外に数多くの友人、知人、支持者を集めていた。(53)にもかかわらず、前四〇一年にはリュサンドロスは少数派であった。前四〇一／〇年にアテナイの民主派が協定に反して分離国家エレウシスを併合したとき、スパルタは何の対抗処置もとらず、これを黙認したのである。(54)リュサンドロスのスパルタであればアテナイのこのような行為を決して許さなかったであろう。

したがって、エーリス戦争は反リュサンドロス派の人々の責任である。史料に出てくるスパルタ側指揮官はアーギス王、パウサニアス王とリュシッポスの三名である。(55)パウサニアス王の名が登場するのはディオドロスのみであり、クセノポンとパウサニアスの記述とは矛盾する。おそらくディオドロスの誤りと思われる。また、リュシッポスはアーギス王にハルモステスとして任命された人物である。(56)それ故、アーギス王が真に重要な価値を持つ人物として評価される。前四〇一年に二度にわたって遠征軍を率いてエーリス領に侵攻し、領土の破壊を遂行したのはアーギス王であった。これ以外にアーギス王はエーリスと深いかかわりを持っていたのである。ペロポネソス戦争の戦勝感謝の奉納をエーリス当局によって拒否されたのがアーギス王であった。(57)

アーギス王がエーリス戦争を立案したのか、それとも国家の決定に従って遠征軍を指揮したにすぎなかったのか、は検討の余地がある。史料は政策決定に関してアーギス王の名を挙げていない。「エポロス団と民会によって決議された（edoxe tois ephorois kai tei ekklesiai）」とエポロス団と民会が対エーリス要求を決定し、(58)「エポロス団が兵を動員した（phrouran ephenan hoi ephoroi）」と戦宣布告を行なったのがエポロス団であったことを史料は証言してい(59)

る。史料に従うならば、エーリス戦争を立案し決定したのはエポロス団ということになる。スパルタにおける政策決定上の重要な単位は制度上、民会、長老会、エポロス団、王の四つがある。[60]サントＩクロワやトーマスが指摘しているように、政策決定において最も大きな影響力を持っていたのは王であった。[61]したがって、アーギス王もしくはアーギス王の周辺でエーリス戦争が立案され、遂行せられたのであって、エポロス団と民会によって正式に決定されたと判断される。

③　戦争目的

エーリス戦争の目的は何であったのか。古来、スパルタの戦争目的について様々な見解が出されてきている。同時代人のクセノポンは戦争原因をエーリスに対するスパルタ側の怒りに帰している。「ラケダイモンの人々はエーリス人に対して怒っていた」と指摘する。[62]

エーリスがペロポネソス戦争中にアテナイやアルゴス、マンティネイアと同盟を結んだこと、スパルタ人をオリュンピアから締め出し、老人のリカスを杖で打ち払ったこと、アーギス王の犠牲奉納を許可しなかったことが原因となっている。ために「エポロス団と民会は彼ら（エーリス人のこと）を懲罰することを決定した」のである。[63]したがって、戦争原因はスパルタ人のエーリス人に対する怒りであり、戦争目的は懲罰ということになる。スパルタがエーリスに要求した「周辺諸都市を自治国にすること」[64]は懲罰の具体的内容である。

ディオドロスは「ラケダイモンの人々がエーリス人に対して多くの非難をした」と記述している。[65]主たる非難はスパルタ人をオリュンピアから排除したこととアーギス王の犠牲奉納を妨げたことに向けられていた。スパルタはエーリスに「周辺諸都市が自治国であることを認め、次いでアテナイ人との戦争の戦費の彼ら（エーリス人のこと）に割り当てられた分担金を要求した」のである。[66]エーリス側が応じなかったのでスパルタは開戦を決定した。ディオドロスは対エーリス要求項目がスパルタ側の戦争目的ではなく、「彼ら（スパルタ人のこと）にとってもっともな理由」にすぎなかったとみている。(67)

クセノポンもディオドロスも戦争原因はエーリスがスパルタに対してとってきた反抗的、敵対的な態度にあったとしている。スパルタはエーリスに怒りを感じており、その不快感はエーリスに高価な代償を払わせることによって癒される。したがって、スパルタの戦争目的は感情的報復ということになる。

このような伝統的見解を受けて、グロート（G. Grote）はスパルタ人の「不快の念をかき立てたようなペロポネソス人に対する復讐」とエーリス戦争を規定する。(68) ジョーンズも「スパルタがエーリスを懲らしめた」と見ている。(69) また、ベングトゾンはエーリスがスパルタ人を挑発してきたことが戦争の原因であると考えている。(70)

感情的反発という見解に対して、ケーリー（M. Cary）はペロポネソスにおける失地回復が戦争目的であったとする。(71) また、フォレストはエーリスを屈服させることがスパルタの目的であったと判断している。(72) ハモンドはエーリスをスパルタの同盟国と見なし、エーリス戦争をデロス同盟がアテナイ帝国へと変質していく転換となったタソス事件とまったく同じであると評し、「ペロポネソス半島内の同盟諸国を恐怖させ、さらに遠くにある者たちに警告を与える」ことになったと言っている。(73) これらはスパルタの飽くなき支配欲を戦争原因とし、スパルタの支配権強化を戦争目的と見ているのである。

カールシュテットはこれらとは違った見解を提示する。すなわち、彼は前四二一／一八年のマンティネイアの事件と類似した事件とし、エーリスがスパルタの同盟国のアウトノミアを侵害し、奪取したことが原因であると考えているのである。(74)

「スパルターエーリス関係」での分析結果に従えば、筆者には戦争原因に関するカールシュテットの見解が正しいように思われる。スパルタの戦争目的が失われた同盟国のアウトノミアの回復にあったことは疑い得ない。スパルタは開戦前に従属化された都市のアウトノミア回復をエーリスに要求している。[75] 戦争中のスパルタの行為からも戦争目的を窺うことができる。エーリスに侵攻したスパルタ軍は農村部に破壊を加えているが、都市周壁を備えていなかったエーリス市を攻撃していない。[76] アーギス王はエーリス市そのものを占領しようとはしなかった、とクセノポンは証言している。遠征軍がキュレネ付近に到達したとき、エーリス市に内乱が生じているが、スパルタが内乱と積極的に結び付いていた形跡はない。[77] エーリスとの講和においてもスパルタの戦争目的は明確である。スパルタはエーリスにペアとキュレネの周壁の解体と、プリクサやトリピュリア人の諸都市、エピタリオン、レトリノス、アムピドロス、マルガネ、アクロレイア等の従属諸都市およびエペイオンに対する支配権の放棄と、艦船の放棄を要求している。[78] しかしエーリスは南部支配の中核と言えるオリュンピアに対する支配権を認められているし、民主政の解体を強要されていないし、スパルタに亡命したクセニアス派の人々の帰国を強制されていない。[79]

以上の分析の結果、スパルタの戦争目的が明らかとなる。スパルタはエーリスの直接的かつ完全な解体を目的としていない。アクロレイア、ピサティスおよびトリピュリアの各地方に対するエーリスの支配を解体させるということに限定されていた。これらの諸地方はアルカディアおよびメッセニアと隣接しており、住民はアルカディア系で、これらの諸地方の帰属をめぐってエーリスは古来アルカディア人と係争している。[80]

スパルタがエーリスの民主政体の存続を認めたことと、クセニアス派に対して積極的な支援を行なっていないことから、エーリスの政治体制に干渉する目的を持たなかったことは明らかであろう。スパルタの戦争目的は同盟国レプレオンのアウトノミアを回復させ、エーリスに従属していた諸都市を独立させることであった。

エーリス戦争に関する評価

スパルタのエーリスに対する行動はクセノポン[81]やグロート[82]が指摘するように感情に方向づけられているのか、それともイソクラテス[83]やハモンド[84]が想定しているように飽くなき支配欲の現われなのか。

確かに、エーリスの過去の行為がスパルタ側に悪感情を抱かせたことはクセノポンの証言する通りであろう[85]。しかし、スパルタが実際に要求したのはエーリスが従属化していた周辺諸都市の自治権を回復させることであった[86]。ディオドロスはペロポネソス戦争時に課せられた戦費分担金の未払い分の納入を要求項目に加えている[87]。しかし、エーリスは前四二一年以降ペロポネソス同盟から脱退しているのでディオドロスの記述は妥当しない[88]。また、講和条約のなかでも分担金の件はまったく触れられていない[89]。

エーリス戦争の原因はエーリスがスパルタの同盟国であるレプレオンを軍事手段によって占領・支配したことであった。何故なら、トゥキュディデスが伝えているように、第三者による同盟国の領土およびそれに付属する物件ならびに人員に対する攻撃はスパルタに対する攻撃と見なされた[90]。さらにスパルタは侵略を被った同盟国を支援する義務を負っていた。

もちろん、政策決定において感情的要因が強く作用していたことは否定できない。しかし、スパルタをして開戦を決意せしめたのは単なる復讐とか鬱憤を晴らすといったものではない。

ではスパルタが競合関係にある諸国の国力を弱体化し、何者にも挑戦し難い覇権を掌握、確保する一環としてエーリス戦争を立案したのであろうか。エーリスが多くの領土を喪失した事実は否定できないし、海軍力の放棄と要地の周壁の解体を強制されたことも確かである。しかしスパルタは講和条約においてエーリスの内政に干渉しておらず、民主政の廃止を要求していない。また、クセニアス等の亡命者の帰国や、ハルモステスと駐留部隊の設置をも要求していない。これらの諸事実はエーリス戦争におけるスパルタの政策の恣意性、「帝国主義」的性格を否定する。

エーリスはスパルタの統一的ヘゲモニー体系の枠内ではあるが、相対的自由と独立を保障せられたし、スパルタ人官吏の監督下に置かれることによってアウトノミアを侵害されることもなかった。さらに重要なことは、ピサティス人の要求にもかかわらずスパルタがエーリスのオリュンピア主宰権を認めたことである。(91) 何故なら、エーリスの南部支配にとって最も重要かつ価値の高いものはオリュンピアの領有であったからである。(92) その他の南部諸地方は従属諸都市の離反によって実質的に失われてしまっており、(93) スパルタとエーリスの力の差はエーリスにとって絶望的なほど隔絶してしまっていた。

スパルタの国内環境もエーリス戦争の恣意性、野蛮性を否定する。リュサンドロスが代表する強硬派は後退し、パウサニアス王とアーギス王が代表する反リュサンドロス派が政治の主導権を掌握していた。(94) エーリス戦争が立案されたのはアーギス王の周辺においてであった。エーリス戦争は反リュサンドロス派の戦争であった。

スパルタがエーリスに対して行なった政策は同時代人の目から見てまったく弁護の余地のないものであったのか。ペロポネソス戦争前にアテナイの使節はスパルタの民会で「弱者が強者に従属するのは永遠のきまりである」と弁護している。(95) イソクラテスも、罪を犯した者どもを懲罰することなくして多くの国々を支配するのは不可能である、と言っている。(96) デモステネスも、国のなかでは法が各人の権利と秩序を保証するのに対して、国家間では力以外に保証するものはない、と述べている。(97) プラトンも力と正義を同等に置いている。(98) スパルタが己れの意思を貫徹するために力を行使したことは決して不道徳なものとは見なされなかった。

エーリスが領土を削減されたことに非難が集中しているけれども、(99) それはエーリスによってアウトノミアを奪われていた諸都市が独立した結果である。この点に関してスパルタの行為は非難されない。それ故、弱小諸都市を支配する強国にとってスパルタのヘゲモニーが脅威と映ったのであり、彼らによって非難されたのである。

註

エーリス戦争の年代に関しては諸氏の見解は一致していない。ベングトゾンやスボボダは戦争の発端を前四〇二年に置いているのに対し、ジョーンズやケーリー、マイヤーは前四〇一年、ハモンドは前四〇〇年、ブラウンソンは前三九九年にそれぞれ設定している。また、戦争の期間に関しても一致していない。本節では前四〇一年から翌四〇〇年にかけて戦われたとする。

Bengtson, *G. G.*, 2 Auf. S. 242 ; H. Swoboda, *Pauly-Wissowa*. V, col. 2400 ; Jones, *Sparta*, p. 97 ; Cary, “Ascendancy”, p. 33 ; *Meyer, G.* A., S. 51-52 : *Hammond, H. G.* p. 450 ; C. L. Brownson, *Xenophon I, Hellenica I-IV*, 1968repr., pp. 209ff.

（1） いわゆる「五十年期」をスパルタとアテナイの双極関係のなかでとらえるのが一般的である。ただし「bipolarity」という用語を用いるか「dualism」という用語を用いるか、の相違はある。E. g. P. J. Fliess, *Thucydides and the Politics of Bipolarity*, 1966 ; D. Kagan, *The Outbreak of the Peloponnesian War*, Ithaca/New York, 1969.

（2） Kahrstedt, *Sparta*, S. 27-36.

（3） 対スパルタ関係の変化、コリントス同盟の結成、アテナイの復興、第二アテナイ海上同盟の結成、テーバイの台頭、スパルタの人的資源の減少、戦術の変化、海上権の喪失などが修正要因である。

（4） 前三九四年のコリントス同盟の結成はスパルタの単独支配に対するテーバイ、アテナイ、コリントスやアルゴスなどの諸国による挑戦であった。コリントス戦争の経過はスパルタを頂点とする政治構造が終焉したことを示している。

（5） Isoc. Or. XII. 97.

（6） Smith, “Opposition”, pp. 274-288.

（7） Isoc. Or. IV. 127.

（8） Isoc. Or. VIII. 100.

（9） スパルタ史に関する一般的な通史である Forrest, *History of Sparta* に「Sparta’s Empire」という一章が設けられているという事実が、スパルタ帝国という表現が如何に一般的であるかを物語っている。

（10） アテナイ（前四〇四／三年）：Aesc. Or. III ; Athenaeus, 577b-c ; Andoc. Or. I ; III ; Arist. *Ath. Pol*. 35. 1-40. 4 ; D. S. XIV. 3. 1-6. 3 ; 17. 1-3 ; 32. 1-33. 6 ; Isoc. Or. XIV ; XVIII ; Kratippos, *FGH*. II, A, No, 66 ; Lysias, Or. XII ; XIII ; XVI ; XXV ; XXVI ; XXX ; Plat. *Epist*. VII, 324d ; Plut. *Alcib., Lys., Moralia*, 345e ; 349f. ; 835f. ; Xen. *Hell*. II. 3. 1-3 ; 2-4.

43；*I.G.* II^2. 10. ＝Tod, *SGHI*, n. 100.

ケルソネソス（前三九八年）：Xen. *Hell.* III. 2. 8-11. cf. D. S. XIV. 38. 6.

アシア（前三九六年）：Xen. *Hell.* III. 4. 2；D. S. XIV. 79. 1；Plut. *Ages.* 6.

コリントス戦争（前三九五年）：Xen. *Hell.* III. 5. 3-5；*Hell. Oxy.* XVIII(XIII). 1-5.

アカルナニア（前三八九年）：Xen. *Hell.* IV. 6. 1-3.

マンティネイア（前三八六年）：Xen. *Hell.* V. 2. 1-7；D. S. XV. 5. 4.

オリュントス（前三八二年）：Xen. *Hell.* V. 2. 11-24；D. S. XV. 19. 3.

テーバイ（前三八二年）：Xen. *Hell.* V. 2. 31；D. S. XV. 20. 1-3；Plut. *Pelop.* 5.

プレイウス（前三八一年）：Xen. *Hell.* V. 3. 10-17；21-25.

テスピアイ（前三七九年）：Xen. *Hell.* V. 4. 15.

ボイオティア諸都市（前三七九／八年）：Xen. *Hell.* V. 4. 46.

ポーキス（前三七五年）：Xen. *Hell.* VI. 1. 1.

以上に挙げた事例はスパルタがその帝国時代に犯したアウトノミア侵害を示すものとされているが、再検討の必要がある。

(11)　Adcock and Mosley, *Diplomacy*, pp. 136, 138-139, 143, 162；Bengtson, *G. G.*, S. 242；ders, *Staatsvertrige*, II, S. 162-163；Cary, "Ascendency"；Forrest, *History of Sparta*；G. Grote. *A History of Greece*, IX, London, 1888, pp. 291-296；Hammond, *H. G.* p. 450；Jones, *Sparta*, p. 97；Kahrstedt, *Sparta*, S. 27-36；Meyer, *G. A.*, S. 51-52；Parke, "Development", p. 56. テーバイの使節はアテナイ人に Eleioi ge men nyn esteremenoi kai choras polles kai poleon …… と述べている（Xen. *Hell.* III. 5. 12)。

(12)　Paus. V. 4. 7.

(13)　前四三一年エーリスはアテナイおよびケルキューラの連合艦隊の攻撃を受けている（Thuc. II. 25)。前四二九年ペロポネソス艦隊がエーリスの海港キュレネに入港している（Thuc. II. 84）し、前四二七年には遣レスボス艦隊に兵員を提供している（Thuc. III. 29)。

(14) 前六四八年：Paus. VI. 22. 2 ; Str. VIII. 3. 33. 前六世紀：Paus. VI. 22. 4 ; Str. VIII. 3. 30. 前五世紀中頃（おそらくスパルタの暗黙の了解のもとに）Hdt. IV. 148 ; Paus. V. 6. 4 ; Str. VIII. 3. 30.
(15) Thuc. V. 31.
(16) Thuc. V. 17.
(17) Thuc. V. 31.
(18) Thuc. V. 43-48. cf. Xen. *Hell*. III. 2. 21.
(19) Thuc. V. 50. cf. Xen. *Hell*. III. 2. 22 ; D. S. IV. 17. 4.
(20) Thuc. V. 50.
(21) Ibid.
(22) Thuc. V. 58.
(23) Thuc. V. 62.
(24) Ibid.
(25) Cf. Thuc. V. 67.
(26) Thuc. V. 78：アルゴス側の破棄により失効。
(27) Thuc. VI. 88.
(28) Thuc. VII. 31.
(29) Xen. *Hell*. III. 2. 23 ; D. S. XIV. 17. 4.
(30) Plut. *Moral*. 835F.
(31) Thuc. V. 31 ; Xen. *Hell*. III. 2. 23.
(32) Thuc. V. 31.
(33) Ibid.
(34) Ibid.
(35) Hdt. IX. 28 ; 77 ; Paus. V. 23. 2.

(36) ML, n. 27, l. 11.
(37) Str. VIII. 3. 30.
(38) Paus. VI. 7. 8.
(39) Loc. cit.
(40) Thuc. V. 31.
(41) 前四二一年：Thuc. V. 31；前四二〇年：Thuc. V. 49.
(42) Xen. *Hell.* III. 2. 25.
(43) Plut. *Lys.* 16 ; 18 ; *Ages.* 3.
(44) D. S. XIV. 10. 1-2 ; Plut. *Lys.* 19.
(45) デカルキアの悪評に関しては Isoc. Or. IV. 110-114 ; Or. XII. 54-55 ; 66 ; 97 を参照せよ。
(46) D. S. XIV. 33. 6 ; Justin. V. 10. 7 ; Plut. *Lys.* 21.
(47) Plut. *Lys.* 21 ; Xen. *Hell.* II. 4. 29 ; cf. Arist. *Ath. Pol.* 38. 4.
(48) Plut. *Lys.* 21 ; Xen. *Hell.* II. 4. 31 ; 35-36.
(49) Plut. *Lys.* 21.
(50) Plut. *Lys.* 25.
(51) Xen. *Hell.* II. 4. 29.
(52) D. S. XIV. 13. 7 ; Plut. *Ages.* 3 ; *Lys.* 22.
(53) Plut. *Ages.* 7 ; *Lys.* 23 ; Xen. *Hell.* III. 4. 7.
(54) Arist. *Ath. Pol.* 40. 4 ; Xen. *Hell.* II. 4. 43.
(55) アーギス王：Paus. V. 4. 8 ; Xen. *Hell.* III. 2. 24 ; 25 ; 26 ; 28-29.
パウサニアス王：D. S. XIV. 17. 8 ; 9 ; 10 ; 12.
リュシッポス：Xen. *Hell.* III. 2. 29-30.
(56) Xen. *Hell.* III. 2. 29 : phrourous katalipon en Epitalioi plesion tou Alpheioi kai Lysippon harmosten.

(57) Xen. *Hell.* III. 2. 23.
(58) Ibid. cf. D. S. XIV. 17. 5.
(59) Xen. *Hell.* III. 2. 23. cf. D. S. XIV. 17. 5.
(60) 拙稿「紀元前五五〇年代におけるスパルタの対外政策の転換について」『文化史学』三一、一九七五年、一三～二四頁（本書、第三章第一節、一九四～一九六頁）。
(61) Ste Croix, *Origins*, pp. 148f. ; Thomas, "Role", pp. 258-260.
(62) Xen. *Hell.* III. 2. 21.
(63) Xen. *Hell.* III. 2. 23.
(64) Ibid.
(65) D. S. XIV. 17. 4.
(66) D. S. XIV. 17. 5.
(67) D. S. XIV. 17. 6.
(68) Grote, *H. G.* IX, p. 291.
(69) Jones, *Sparta*, p. 97.
(70) Bengtson, *Staatsverträge*, S. 162-163.
(71) Cary, "Ascendancy", p. 33.
(72) Forrest, *History of Sparta*, p. 122.
(73) Hammond, *H. G.*, p. 450.
(74) Kahrstedt, *Sparta*, S. 101.
(75) D. S. XIV. 17. 5 ; Xen. *Hell.* III. 2. 23.
(76) Xen. *Hell.* III. 2. 27. cf. D. S. XIV. 17. 10-11. cf. Paus. V. 4. 8 ; 20. 4-5 ; 26. 11.
(77) Cf. Xen. *Hell.* III. 2. 28-29. cf. Paus. V. 4. 8.
(78) D. S. XIV. 34. 1 ; Paus. V. 6. 5 ; Xen. *Hell.* III. 2. 30.

(79) これらの事項が講和条約に明記されていないこと、オリュンピアの領有に関してはスパルタ側がピサティス人の要請を拒否してエーリスの領有を承認したことによって証明される。

(80) Xen. *Hell.* III. 2. 30.

(81) Xen. *Hell.* III. 2. 21-22.

(82) Grote, *H.G.*, p. 291.

(83) Isoc. Or. VIII. 100.

(84) Hammond, *H. G.*, p. 450.

(85) Xen. *Hell.* III. 2. 21.

(86) D.S. XIV. 17. 5 ; Xen. *Hell.* III. 2. 23.

(87) D.S. XIV. 17. 5.

(88) Cf. Thuc. V. 31.

(89) D. S. XIV. 34. 1 ; Paus. V. 6. 5 ; Xen. *Hell.* III. 2. 30.

(90) Cf. Thuc. V. 23 ; 31.

(91) Xen. *Hell.* III. 2. 30.

(92) 前八世紀以降のエーリスによるオリュンピア支配の歴史を指摘するだけで十分であろう。前六八八年にエーリスはアルゴスのペイドンの攻撃を受けてオリュンピアを失っている（Hdt. VI. 127 ; Paus. VI. 22. 2 ; Str. VIII. 3. 30 ; 33)。前六四四年にもエーリスはピサティスの王パンタレオンによってオリュンピアを奪われている（Paus. VI. 22. 3)。前五八八年にはエーリスはピサティス人と争い、前六世紀中頃にはピサティスを征服するのに成功している（Paus. VI. 22. 4 ; Str. VIII. 3. 30)。

(93) アーギス王の侵攻に伴ってレプレオン、マキスティス、レトリノス、アムピドロス、マルガネ（Xen. *Hell.* III. 2. 25)、トライストス、ハリオン、エピタリオン、オプス（D. S. XIV. 17. 8)、スキュロス（Paus. V. 6. 5）も失われている。

(94) Cf. Xen. *Hell.* II. 4. 29 ; Plut. *Lys.* 21.

(95) Thuc. I. 76.

(96) Isoc. Or. IV. 102.
(97) Dem. Or. XV. 28-29.
(98) Plat. *Gorg.* 483d ; *Rep.* 338cff.
(99) Isoc. Or. VIII. 100 ; Xen. *Hell.* III. 5. 12.

第四節　コリントス戦争の原因(1)

古代ギリシア史上におけるコリントス戦争

前三九五年八月(2)、リュサンドロスのボイオティア侵入に始まるコリントス戦争(3)はペロポネソス戦争後ギリシア世界に君臨して来たスパルタの支配を覆してしまった。スパルタはイストモスの地峡部において有効に阻止され、ペロポネソス半島に閉塞されてしまったのである。テーバイ、アテナイ、コリントス、アルゴスなど有力なポリスを核に形成されたコリントス同盟(4)はスパルタに十分対抗できる能力のあることを証明したのである。前三九四年八月上旬のクニドスの海戦でのスパルタ艦隊の敗北は、エーゲ海域におけるスパルタの制海権の喪失と海上帝国の崩壊をもたらし、若干のポリスがスパルタ側に留まったにすぎない(5)。逆に、ペルシア戦争以来エーゲ海域から閉め出されていたペルシアが登場し、ギリシアの政治に干渉し始めたのもこのコリントス戦争によってであった(6)。また、ペロポネソス戦争での敗戦で大国からスパルタの一傀儡国家に転落し、国力の多くを消耗し尽くしていたアテナイが、この戦争中に大国として復活し、戦争の後半はアテナイが主となって戦うまでに国力を回復したのである(7)。

ディオドロスの表現を借用すれば、スパルタはこの戦争によって「ギリシアの地の争う余地のない支配権（he tes Hellados arche anamphisbetetos）(8)」への死活的な挑戦を受けたのである。ハミルトン（Ch. D. Hamilton）はコリン

トス同盟の結成を一種の外交革命と見なしている。(9)

コリントス戦争が古代ギリシアの政治史上の一大転換点であったことは疑いないが、その原因については古代以来激しい論争が戦わされている。古代人にとって関心があるのは誰に戦争責任があるのかであり、現代の研究者にとっては動機と状況に関心がある。本節では論点を二つに分け、まず戦争責任に関する古代人の見解を分析し、次いで各交戦国の動機と状況を論じることとする。

コリントス戦争に関する史料

プルタルコスはリュサンドロスの伝記の中で、コリントス戦争に関してすでに古代において三つの戦争責任論があったことを指摘している。「というのは二通りに語られているからである。ある人はあの人（リュサンドロス）が原因であるとし、またある人はテーバイの人々を、またある人は両方を、原因とし」(10)、と述べている所から明らかである。プルタルコスによると第一の説はスパルタのリュサンドロスに戦争責任があるという説で、その根拠として次のような理由を挙げている。「他の同盟諸国の人々が平静にしていたのに、テーバイの人々のみが戦利品の一〇分の一を要求したこと、リュサンドロスがスパルタに送付した財物のことで彼ら（テーバイ人）が怒っていたこと、そして何よりもリュサンドロスが設置した三〇人の独裁者たちから自由になるきっかけをアテナイの人々に提供したことに対してリュサンドロスが怒っていたと言っている。……。リュサンドロスはテーバイの人々に対してこれらのことを非難の口実にしたのである。(11)」要するに、ペロポネソス戦争後の戦後処理をめぐって生じたリュサンドロスのテーバイに対する個人的怨恨からスパルタをテーバイと戦わせた、と見なしているのである。プルタルコスはリュサンドロスの伝記の中ではこの説に基づいて叙述を進めている。

第二の説はテーバイに戦争責任があるという説で、プルタルコスは次のように説明している。「テーバイの人々に対しては、アウリスで奉納物を投げ散らかしたこと、アンドロクレイダスとアムピテオス派の人々が王（ペルシア王）からの賄賂によって腐敗してしまって、ラケダイモンの人々に対してギリシアの人々を戦争させる目的でポーキスの人々を攻撃し、彼らの国土を破壊したことを非難している。[12]」ペルシアに買収されたギリシアの政治家たち、とりわけテーバイの有力な政治家たちが戦争を起こした、と言うのである。プルタルコスはアゲシラオスおよびアルタクセルクセスの伝記の中ではこの説に従っている。[13]

第三の説は第一および第二の説を折衷したものであるが、プルタルコス自身は詳しく説明していない。

第一の説から検討してみよう。この説の特徴はポーキスとロクリスの国境紛争とテーバイの関与、およびティモクラテスによる買収工作と、リュサンドロスによるボイオティア侵入を切り離している点にある。例えばディオドロスは、ポーキス人の示唆によってスパルタがテーバイとの戦争を始めた、と言っており、[14]ポーキスとロクリスの国境紛争やティモクラテスの買収工作にはまったく言及していない。

スパルタ側の一方的な戦争責任とその好戦性とを際立たせるこの説はコリントス同盟側にとって甚だ有利であり、おそらくコリントス同盟側の公式見解であったと思われる。ディオドロスの元本はエポロスであり、[15]エポロスはアテナイの修辞家イソクラテスの弟子で、[16]アテナイの政治家ティモテオスも弟子であった。[17]このティモテオスの父は有名なコノンであった。さらに、イソクラテスは三〇人政権時代に殺されたテラメネスの弟子であり、[18]コリントス戦争勃発当時アテナイを指導していたアニュトス、トラシュブロスはかつてのテラメネスの仲間であった。[19]

したがってエポロスを通じてディオドロスにはアテナイの有力な政治家たちの見解が流れていたとしても不思議ではない。加えてアテナイがコリントス戦争に関与するのはリュサンドロスのボイオティア侵入直前にテーバイと結んだ防禦同盟によってであり、[20]しかもその前にアテナイが申し入れたテーバイとの紛争調停をスパルタが高圧的に拒否したことが伝えられている。[21]さらにクセノポンは、テーバイのポーキス攻撃によってスパルタが「テーバイ人との戦争の口実を得て喜んだ（asmenoi elabon prophasin strateuein epi tous Thebaious）」、という証言をしているが[22]、これなどもスパルタの好戦性、積極性を示すものであろう。そしてスパルタには長くテーバイに対して含む所があり、アジアでの戦争が順調でギリシアにはスパルタを煩わすような戦争がないこのときこそスパルタにとって「絶好の機会（kalos kairos）」だったのである[23]。

したがって第一の説にとって、ポーキスとロクリスの戦争がテーバイによって仕掛けられたかどうかということよりも、アテナイの調停申し入れをスパルタが拒否し、テーバイとアテナイとの防禦同盟締結というシグナルを無視して、まずリュサンドロスが、続いてパウサニアス王がボイオティアに侵入したことが重要だったのである[24]。

第二の説はテーバイの戦争責任とコリントス同盟側の政治指導者たちのモラルを鋭く追及するもので、コリントス戦争に至る過程を重視している点に特徴がある。この説を代表するのがクセノポンで、次のように述べている。「さてティトラウステスは……銀にして五〇タラントンに相当する黄金を与えて、ロドスの人ティモクラテスをギリシアに派遣し、ラケダイモンの人々に対して戦争を宣言するという条件で各国の指導者に贈賄することを、最も確実な保証を取って、行なうように命じたのである。彼は出発して、テーバイではアンドロクレイダスやイスメニアス、それにガラクシオドロスに、コリントスではティモラオスとポリュアンテスに、アルゴスではキュロンとその仲間たちに贈賄したのである。アテナイの人々は、例の黄金を受け取らなかったが、支配するのは自分たちのものであると考えて、同じように熱心に戦争に入り込んでいった。賄賂を受け取った人々は自分たちの祖国を憎悪へと導いていき、大国を互いに同盟させたのであった[25]」、とペルシアの黄金が戦争の原因であり、それを受け取ったテーバイやアルゴス、コリントスの指導者や、アテナイの好戦派に戦争責任があると見なしている。スパルタに忠実なクセノポンがアテナイを例外としているのは奇妙なことである。パウサニアスや『ヘレニカ＝オクシュリンキア』はアテナイのケパロスやエピクラテスがティモクラテスから黄金を受け取った、と言っているからである[26]。

クセノポンは続いて、「テーバイの指導者たちは誰かが戦争を始めない限り、ラケダイモンの人々が同盟諸国に対する条約を破ろうとしない、ということを知っていたので、オプスのロクリスの人々にポーキスの人々と彼らとの間の係争地から財物を取り立てるように、すなわちこれが起こればポーキスの人々がロクリスに侵入するだろうと考えて、説得したのである」[27]、と述べている。すなわちテーバイがスパルタを戦争に引き込むためにロクリスとポーキスの国境紛争を画策した、と強調する。これはテーバイの陰謀をスパルタが最初は信じなかったこと、スパルタがテーバイに調停を申し入れて拒否されたことを証言する『ヘレニカ＝オクシュリンキア』によって補強される[28]。

この第二の説はスパルタ側に有利であり、コリントス戦争が勃発してすぐにスパルタはこの見解を表明しており[29]、後のイスメニアスに対する戦犯裁判でも公式に表明しているのである[30]。クセノポン自身はコリントス戦争勃発時にはスパルタ王アゲシラオス王のアシア遠征軍に従軍中であり[31]、このスパルタ政府の見解に正式に接したのは前三九四年初春のことであった[32]。クセノポンはアゲシラオス王の非常に親しい友人であったので、彼の見解がスパルタの公式見解であったことに疑念を挟む余地はない。しかしティモクラテスによる買収工作の政治的・倫理的意義を強調するあまり、コリントス戦争の勃発をティモクラテスの買収工作の後に置くという人為的な資料操作を行なっているのである[33]。

第三の説はプルタルコスの言うような折衷説では決してない。むしろ史料的起源としては第一および第二の説とは別系統の独立した情報源に求められる。それは『ヘレニカ＝オクシュリンキア』であり、パウサニアスによって示される見解である。『ヘレニカ＝オクシュリンキア』はペルシアがギリシアにティモクラテスを派遣して贈賄工作をさせたこと[34]、逆にテーバイが終始高圧的であったこと、ポーキスとロクリスの国境紛争はテーバイの陰謀＝罠（apate）であったことを証言している[35]。

「そして事実ある人々は彼（ティモクラテス）からの賄賂が彼ら（アテナイ人）とボイオティアの人々と前に言及したその他のポリスの人々（コリントス人とアルゴス人）を同盟させた原因であったと言っているが、彼らすべてにずっと以前からラケダイモンの人々に対して敵意を抱いていたことと国家を巻き込んでいこうと考えていたことが共通していたということ……を知らなかったのである」[36]、とティモクラテスによる買収工作とテーバイやアテナイ、アルゴスやコリントスのスパルタに対する敵意の淵源とはまったく関係がないと指摘している。しかもティモクラテスのギリシア訪問に関する記述は、ブルース（I. A. F. Bruce）が想定しているように[37]、『ロンドン＝パピルス』が始まる少し前の箇所でなされていたと考えられる。この点で『ヘレニカ＝オクシュリンキア』はティモクラテスの訪問をコリントス戦争直前に置くクセノポンやパウサニアスと際立った相違点を有する。すなわちティモクラテスは少なくとも前三九七年八／九月以前にギリシアを訪れたことになるのである[38]。

『ヘレニカ＝オクシュリンキア』はさらに続けて、「何故ならアルゴスの人々やボイオティアの人々は市民のなかの敵対派の人々を友人として遇しているが故にラケダイモンの人々を憎んでいたのであり、アテナイの人々は、彼ら自身が国家から財をなそうとして、アテナイ人を平静と平和から解き放ち戦争と干渉へと引き込もうと切望していたのであった。コリントスの人々のうちで国家権力を革命しようと望んでいたその他の人々はアルゴスの人々やボイオティアの人々とほとんど同じような理由からラケダイモンの人々に対して敵対的となったが、ティモラオスのみは、元来はすぐれて親スパルタ派であったが、デケレイア戦争中の出来事からよく知られているように、個人的な不満から彼らと不和になったのである[39]」、とアルゴス、テーバイおよびコリントスに関してはスパルタが帝国政策の一環として遂行した諸外国の親スパルタ派への支持（philia, xenia, philetairia を通じて）がスパルタに対する敵意の淵源、すなわち戦争の究極的原因であったと言っているのである。アテナイに関してはスパルタの親スパルタ派への支持とは関係なく戦争派＝帝国派が存在していたことに敵意の淵源を求めている[40]。

このようにティモクラテスの買収工作に戦争原因を求める説を明確に否定しながら、『ヘレニカ＝オクシュリンキア』はアンドロクレイダスとイスメニアス派の人々がギリシアで対スパルタ戦争を引き起こすためにポーキスとロクリスの国境紛争を煽りたてたと言っているのである。

「アンドロクレイダスとイスメニアス派の人々は、親スパルタ派の人々を通じて彼ら（スパルタ人）によって完全に破壊されないために彼らの支配を破壊しようと望んで、また夷狄の許から派遣されてきた彼の人物が約束している王が提供する財を手に入れ、そしてコリントスの人々やアルゴスの人々やアテナイの人々が戦争に入り込めば、それを成し遂げるのは容易だと考えて、その国民をラケダイモンの人々に対して戦争させるのに多忙であった。というのはこれらのラケダイモンの人々に対して敵対していた人々は彼らに対して仲間の市民たちを備えさせていたからである。国事に関してこれらのことを企てていた人々は公然とこれらの人々に攻撃をかけるのは困難だと認めていたのである。というのはテーバイの人々もその他のボイオティアの人々もギリシアを支配しているラケダイモンの人々と戦争をすることには応じそうになかったからである。以上のような罠によって彼らを戦争に誘導していこうと試みて、彼らはポーキス人の一部の人々にこのような敵意の原因となった、ヘスペリアと呼ばれるロクリスの人々の地に侵入するように説得したのである。[41]」

クセノポンと異なって、テーバイ人が唆したのはポーキス人であってロクリス人ではないこと、そしてポーキス人と対立していたのがオプスではなくヘスペリアのロクリスであった、と『ヘレニカ＝オクシュリンキア』は指摘している。アンダーソン（J. K. Anderson）が述べているように、コリントス戦争前のヨーロッパ＝ギリシアに関してクセノポンはほとんど正確な知識を持っていなかったので[42]、この時期に関する『ヘレニカ＝オクシュリンキア』の記述は貴重である。

パウサニアスもまた、ポーキスとロクリスの国境紛争、ティモクラテスの贈賄工作に言及しているが、コリントス戦争の責任はアテナイの調停を拒否してボイオティアに遠征したスパルタにあり、としている点に特徴がある。「コリントス戦争と呼ばれる戦争はラケダイモンの人々がボイオティアに遠征を始めたことから全面戦争に入っていったのである」(43)、とテーバイがポーキスとロクリスの紛争を教唆したことを認めながらもスパルタの戦争責任を強調しているのである。

サルディスの戦いの後ティトラウステスがティモクラテスを派遣したこと(45)、ポーキスとロクリスの紛争をティモクラテスの贈賄工作の後に置いていること(46)、テーバイが働きかけたのはロクリスに対してであったこと(47)、に関してパウサニアスはクセノポンと一致するが、ロクリスがオプスのロクリス、すなわち東方のロクリス、ではなくアムピッサのロクリス、すなわちヘスペリアのロクリス、すなわち西方のロクリス、であるということ(48)、戦争の原因をティモクラテスの買収に求めていないこと(49)、アテナイのケパロスとエピクラテスが黄金を受け取ったとしている点(50)でパウサニアスは『ヘレニカ＝オクシュリンキア』と一致している。

さらに「アテナイの人々はラケダイモンの人々の意図を探知して、テーバイの人々に武器を取らないように、彼らの非難を審判によって決着するように請うて、スパルタに（使節を）派遣したのである。ラケダイモンの人々は怒りに駆られて使節を追放した」(51)という他の史料には触れられていない事件を伝えている。これはコリントス戦争直前のスパルタにおける世論の好戦的雰囲気を伝えている点で貴重である。

第三説の特徴は第一説、第二説のそれぞれが意識的に沈黙している事実に触れ、またそれぞれが故意に誇張している事実に対しては消極的な評価を下していることである。『ヘレニカ＝オクシュリンキア』の作者が誰であるかについては研究者の見解は一致していないが(52)、この見解の起源はおそらくコリントス戦争時に溯ることは確実であると思われる(53)。また、記述の客観性、厳密性、信頼性に関しては他の歴史家の記述よりも高く評価されているのである(54)。

パウサニアスは『ヘレニカ＝オクシュリンキア』にあまり依拠せず、クセノポンや他の歴史家に依存しているようである。何故ならコリントス戦争勃発に至る過程の記述は『ヘレニカ＝オクシュリンキア』よりもクセノポンに類似しているからである。しかし、第一説および第二説でまったく証言のなされていない、しかもきわめて重要な事実を記述している、ということがパウサニアスを貴重な存在にしているのである。

ではどの説が古代において有力であったのだろうか。ティモクラテスによって買収された政治家たちが戦争を始めた、という第二説がごく一般的であったことは、『ヘレニカ＝オクシュリンキア』の歴史家がわざわざスパルタに対する敵意が古くからあったということを「知らなかった」[55]とことわって、真相の解明を行なっていることから明らかである。すなわち、実際の戦争の推移とはまったく別に、宣伝戦という点ではスパルタがコリントス同盟側を圧倒してしまっていたのである。

研究史

コリントス戦争の原因、すなわちコリントス同盟諸国のスパルタに対する敵意の淵源、を研究者の多くはスパルタの帝国主義に求めている。[56]ペロポネソス戦争では「労苦（ponoi）」、「危険（kindynoi）」、「出費（dapanematoi）」を分かち合って戦った同盟諸国を「支配（arche）」、「名誉（time）」、「戦利品（chremata）」に与らせずスパルタが独占してしまったこと、[57]セラシアで開かれた同盟会議では同盟国の多くがアテナイとの講和を拒否してアテナイの破壊を望んでいたのに、それを無視してアテナイと講和したこと、[58]テーバイ敵視からアテナイを従属国化して同盟国を脅かしたこと、[59]旧アテナイ帝国に所属していた国々に干渉し、ハルモステスと駐留部隊を設置したのみならず、デカルキアを強制してリュサンドロスの仲間を権力の座に据えたこと、[60]などを挙げてスパルタが利己的な帝国主義を押し進めたとしているのである。[61]

したがって多数説の研究者はティモクラテスの賄賂がコリントス戦争を起こしたとするクセノポン説を否定している。彼らが論拠とするのは『ヘレニカ＝オクシュリンキア』の、「ある人々は彼からの賄賂が彼らとボイオティアの人々と前に言及したその他のポリスの人々を同盟させた原因であったと言っているが、彼らすべてにずっと以前からラケダイモンの人々に対して敵意を抱いていたこと……を知らなかったのである」という記述である。[62]

これにコリントス戦争前夜テーバイ人使節がアテナイの民会で行なった演説が加えられる。使節はスパルタに敵意を抱いている人々が数多くいると指摘し、[63]そのなかにアルゴス、エーリスやコリントス、アルカディアやアカイアなどのペロポネソス諸国やかつてのアテナイの同盟諸国、それにペルシア王を含めている。[64]ペロポネソスの同盟諸国に対しては「独裁者として現われた（despotai anapephenasin）」こと、[65]アテナイの旧同盟諸国に対しては「リュサンドロスが各ポリスに設置したハルモステスや一〇人政権の独裁的支配の下に在る（hypo te … ton harmoston tyrannountai kai hypo deka andron, hous Lysandros katestesen en hekastei polei）」こと、[66]がこれらの国々の敵意の原因だと言っているのである。

多数説が史料的にもスパルタの帝国主義と同盟国の対応という構想からも魅力あることは事実である。しかし問題になっているのがリュサンドロスの帝国主義である点が難点である。というのは多数説が依拠する『ヘレニカ＝オクシュリンキア』は「アルゴスの人々やボイオティアの人々……の人々は市民のなかの敵対派の人々を友人として遇しているが故にラケダイモンの人々を憎んでいた」と記述しているからである。[67]リュサンドロスの帝国主義ではなく、同盟国内の党派とスパルタが結び付いていたことが敵意の原因としている。ハルモステスやデカルキア、アテナイの傀儡国化などはリュサンドロスの帝国主義の結果であるが、戦争中リュサンドロスが活動したのはエーゲ海域においてであって、ペイライエウスの封鎖を除けばリュサンドロスにはギリシア本土での実績がなかった。そのリュサンドロスが本土の同盟諸国に脅威を及ぼす程の人脈を敵対派の人々の間に培っていたとは考えられない。

ブルースは『ヘレニカ＝オクシュリンキア』の記述の客観性に疑問を投げ掛け、テーバイを仕掛け人とする『ヘレニカ＝オクシュリンキア』はテーバイ内部の反イスメニアス派の見解を伝えているにすぎず、元来テーバイにはスパルタに対する敵意は存在せず、戦争の勃発は偶然であったと主張している。(68) パールマン（S. Perlman）はスパルタの帝国主義の脅威が戦争の原因とする多数説を否定し、いまだ現実のものとなっていない帝国主義への恐怖が原因だと見ている。(69) ギリシア本土にはアイギナを除けば、ハルモステスは存在せず、スパルタが本土の同盟国のアウトノミアを侵害した事実はなく、ただ小アジアでのペルシアとの戦争でアゲシラオスがあまりにも大きな成功を収めたことが、将来スパルタが本土で帝国主義を実施するのではないか、という恐怖心を抱かせたことが戦争の原因だとしている。(70) ティモクラテスの賄賂が戦争の原因だったと見なしているのはベングトゾンぐらいであろう。(71) あるいはケーリー(72)やケーガン、(73) ハミルトンは敵意の淵源をスパルタの敵意に求めながらも、テーバイやアテナイ、アルゴスやコリントスを同盟させたのはティモクラテスが約束したペルシアの資金提供の申し出であったとしている。

これら少数派の見解もスパルタが同盟国内の党派対立に関与し、一方の党派を支援したことが原因だと述べている『ヘレニカ＝オクシュリンキア』の記述を正しく評価していない点では多数説と共通している。『ヘレニカ＝オクシュリンキア』のこの記述部分が正しいとするなら、同盟国に敵意をかき立てた責任はアーギス王に求められるべきであろう。デケレイア戦争の期間中スパルタ本国がアーギス王に軍指揮権の全権を付与していたので、「同盟国の人々は、ラケダイモンの本国政府に対してよりも、彼の与える指示に多大の権威を認め、これに従う態度を示していた」と証言している。(74) アーギス王がこのような状況を利用して本土の同盟諸国のなかに自分の党派に連なる人脈を育んでいたことは想像に難くない。

例えば、ボイオティアに関してアーギス王は深い関係を有していた。父のアルキダモス王がプラタイアの運命に関与していたことはトゥキュディデス(75)やパウサニアス(76)などから窺える。アルキダモス王の妻の父アリストメリダスはプライタイア人を裁いた裁判官の一人だった、とパウサニアスは伝えている(77)。そしてスパルタが降伏したプラタイアに「ほとんど一片の容赦も見せずかくも徹底的な苛酷さを示したのは、テーバイに対する配慮からであった」とトゥキュディデスは述べている(78)。

したがってアルキダモス王を継いだアーギス王が親ボイオティア派とトゥキュディデスが呼ぶ(79)党派を指導していたとしても不思議ではない。先のアリストメリダスはアーギス王から見ると異母弟のアゲシラオスの外祖父に当り、テーバイの人々とは「親密（epitedeios）」であったと言われている(80)。さらにデケレイア戦争の間テーバイの近くにスパルタ軍が展開していたおかげでレオンティアダス派が有力であった、と『ヘレニカ＝オクシュリンキア』は記しているが(81)、デケレイア戦争の間テーバイ近くでアッティカ攻撃軍を指揮していたのがアーギス王であったので(82)、アーギス王がレオンティアダス派の人々を自分の党派に組み込んでいたことは疑いのない事実であろう(83)。

アルゴスともアーギス王は関係がある。ニキアスの平和条約破棄を望んでアルゴスとの同盟を画策したエポロスのクレオブロスとクセナレスはアーギス王派の人々であったと思われる(84)。アルゴスのプロクセノスのリカスはスパルタとアルゴスの平和条約締結交渉に従事しているがこの人もアーギス王の仲間だったと思われる(85)。アーギス王自身がアルゴスと直接接触したことも伝えられている。前四一八年夏、アーギス王は同盟軍を率いてアルゴリスに侵入したが、アルゴスとの平和条約締結を目論んで、アルゴス側の将軍トラシュロスとプロクセノスのアルキプロンと単独で交渉して、戦うことなく引き揚げている(86)。アルゴス側にあってスパルタとの平和や同盟を強く唱えたのは寡頭派であった(87)。彼らはスパルタの支援を得て寡頭政を樹立し(88)、この寡頭政が倒されると彼らはスパルタに亡命するか(89)、市内に残留してアルキダモス王と密かに内通するかしたのである(90)。

コリントスともアーギス王は関係があったようである(91)。クセナレスとクレオブロスはボイオティアやコリントスの使節と密談してアルゴスとの同盟を促進している。[92] これはニキアスの平和を破棄するためであって、ニキアスの平和を拒否しアルゴスとの同盟を望んでいたコリントスの当局者の意向と合致していた。[93] コリントス人にとってアーギス王はアテナイとの平和を望むプレイストアナクス王よりは好ましい人物であったはずだ。[94]

以上の分析から、同盟諸国内の親スパルタ派と「友情（philia）」、「賓客関係（xenia）」、「同志的関係（hetaireia）」を結んでいたのはアーギス王であり、『ヘレニカ＝オクシュリンキア』の記述が正しいのであるならば、戦争の究極的責任はアーギス王が負わねばならないであろう。しかしアーギス王は前四〇四年には政治的に一時的後退を余儀なくされ、かつてのリュサンドロスの名声と権勢に圧倒されていた。[95] 翌四〇三年アーギス王はパウサニアス王と協力してリュサンドロスの帝国主義を覆してしまったが、[96] イニシアティブを行使したのはパウサニアス王でアーギス王ではなかった。パウサニアス王のアテナイ処理に不満を抱いたアーギス王はリュサンドロス派と協力してパウサニアス王を裁判にかけたが、有罪にすることはできなかった。[97] 前三九九年にはアーギス王は死去しており、新王のアゲシラオスの政治力は小アジア遠征から帰国するまでは微弱であった。したがって、国内の親スパルタ派を利用してスパルタが干渉し、テーバイやアルゴス、コリントスを傀儡国化する危険性は減少してきたにもかかわらず、これらの国々のスパルタに対する敵意が緩和されず、むしろ戦争へと傾斜していったのは何故なのか。

スパルタにおける党派の分析

ペロポネソス戦争に勝利したスパルタは今やギリシアで最強の国であった。[98] かつてのアテナイの同盟諸国にスパルタはハルモステス[99]と駐留部隊を置き、スパルタが強制したデカルキア[100]や寡頭政に協力させた。[101] スパルタはエーゲ海域に強大な艦隊を維持し、総額一〇〇〇タラントンに達すると伝えられる貢税を課したのである。[102] テーバイやコリントス、おそらくメガラ[103]では反スパルタ派が台頭していたけれども、ペロポネソスの同盟国の多くはスパルタに忠実であったし、[104] かつての敵アテナイはスパルタに全面的に従属していた。[105] ペルシアのキュロスはスパルタに好意的であったし、[106] マケドニア王のアルケラオスはスパルタの好意を求めていた。[107] 『ヘレニカ＝オクシュリンキア』は「ギリシアを支配している (archousi tes Hellados)」と評し、[108] ディオドロスはその支配権を「ギリシアの地の争う余地のない支配権 (he tes Hellados arche anamphisbetetos)」と言っている。[109]

この時代のスパルタに関して、研究者の多くは、帝国主義を推進するリュサンドロス派とそれに反対するアーギス王やパウサニアス王らの穏和派、の二つの党派が対立していたと考えてきた。[110] この多数説に対して、ハミルトンは一九七〇年に発表した論文の中で、[111] スパルタには海上帝国の建設と維持を志すリュサンドロス派、陸上帝国を目論むアーギス王派、スパルタをペロポネソス半島に限定し、如何なる帝国主義にも反対するパウサニアス王派、の三つの党派が対立し、三党派の均衡と、いずれの党派も単独では国政の効果的な指導権を掌握し得ず、外交政策を恒常的に指導できなかった、という状況がスパルタの対外行動に不活発をもたらした、と論じて二党派説を否定している。党派の均衡状態に関して、一九六八年に提出した博士論文の中では[112] 前四〇三年以降アーギス王派が支配的になったと論じているのに対し、[113] 一九七九年に刊行した著書ではリュサンドロスの活発な活動に関してアーギス王派とパウサニアス王派が協力して対抗した、と論じている[114] 違いはあるが、三党派の存在とそれぞれの性格については同一の見解を展開している。[115]

しかしアーギス王を陸上帝国派、リュサンドロスを海上帝国派に色分けするハミルトン説には史料上の難点がある。アーギス王は前四一二年に艦隊の建造を企て、[116] アルカメネスをレスボスに派遣しようとしたし、[117] 前四一〇年にはクレアルコスをビュザンティオンに派遣している。[118] 前四〇七年にリュサンドロスをナウアルコスに推したのもアーギス王であった。[119] 何よりもペロポネソス戦争後アーギス王自ら「陸海の王」とデルポイに奉納した碑文の中で名乗っていたことは、アーギス王の関心が陸上に固定されてはいなかったことを物語っている。

ラーエ（P. A. Rahe）はリュサンドロス派とアーギス王派の対立を対外政策に求めず、帝国主義内部の権力闘争と見なしている。[120] 元々モタケスと呼ばれる劣格民[121]でアーギス王のクリエーンスであった[122]リュサンドロスは、外国の有力者たちと「政治結社（hetairiai）」を組織し、[123] ハルモステスとして富と権力を求めるスパルタ人たちの指導者になろうとしたのである。[124] 帝国主義者達は徐々にアーギス王からリュサンドロスに乗り換えていった。[125] アーギス王は自分のかつてのクリエーンスの後塵を拝するつもりはなかった。[126] かくてスパルタには帝国主義とリュクルゴス制度の緩和を求める[127]リュサンドロス派、アーギス王派、リュクルゴス制度を守り帝国主義に反対する保守派のパウサニアス王派が存在していたのである。[128]

党派の性格についてはラーエの説が妥当であると思われる。党派の力関係はハミルトンが述べているように[129]均衡状態にあったが、完全な均衡状態が前三九五年春まで続いたと筆者自身は考えている。前四〇三年八月パウサニアス王はリュサンドロスへの「妬み（phthonountes）」と「恐れ（dediotes）」とから[130]アーギス王の協力を得てリュサンドロスから指揮権を奪ってしまった。さらにリュサンドロスの帝国主義が、スパルタを「不人気（adoxousa）」にしてしまっていることを憂慮し、[131] デカルキアを廃止したのである。[132] 帝国派の人々はパウサニアス王を攻撃した[133]が、長老会の半分とエポロス団全員がパウサニアス王を支持している。[134] リュサンドロスは勢力の回復を企てて活動した[135]が、パルナパゾス[136]やアムモンの神官の告発を受けて[137]苦境に立たされ、キュロスの企てに掛けた期待[138]はクナクサで挫折し、[139] しばらくは後退を余儀なくされた。

他方アーギス王は前四〇一年のエーリス戦争ではイニシアティブを行使した[140]が、同年起きたアテナイのエレウシス併合[141]に対しては何の行動も示し得なかった。彼がかつてデケレイア戦争中に持っていた指導力を回復することはなかったのである。[142] そして前三九九年には彼自身が死去し、[143] アーギス王派は解消してしまった。

アゲシラオス王の即位は一般的にリュサンドロスの勝利と評されている。[144] しかしアゲシラオス王の即位はパウサニアス王にとって特に不利だったとは思われない。アーギス王はリュサンドロスと対立していたけれども、パウサニアス王とも対立していたのである。伝記が伝えるところではアゲシラオス王は保守的な心情の人物で[145]、パウサニアス王と疎遠であったとは考えられない。

前四〇〇年のティブロンの派遣で始まるペルシアとの戦争を、ハミルトンが指摘しているように、リュサンドロスもパウサニアス王を支持したのである[146]。前三九六年のアゲシラオス王の遠征はリュサンドロスにかつての勢力を回復するという機会を提供しているが[147]、リュサンドロスもアゲシラオスも一年以上にわたってギリシア本土を留守にするという状況はパウサニアス王にとっても望ましいものであったはずだ。

保守派が外交を指導していたことはテーバイやコリントスの反抗を許容し続けたこと、アテナイ民主派の行為を黙認し、パラクスがハグニアス一行を処刑して以来アテナイと「反目していた（enantiounto）」にもかかわらずスパルタは懲罰行為を取っていないこと、によって明らかである。この保守派優位の状況を覆し、リュサンドロス派を復活させたのは、テーバイの行為であった。前三九五年春のポーキスへのテーバイ軍の侵入はパウサニアス王を政治的に敗北させ、スパルタ人の保守派への信頼を失わせることになったのである。

コリントス同盟諸国における党派の分析

コリントス同盟諸国に関してはケーガンの優れた論文がある[148]。特にアルゴス[149]とコリントス[150]に関してはケーガンの研究を基礎にして論を進めなければならないであろう。

アルゴスはペロポネソスの覇権とキュヌリア地方の領有をめぐって前六世紀以来スパルタとは敵対的な関係にあった[151]。とりわけペロポネソス戦争中に生じた寡頭派革命はスパルタによるものであるし[152]、寡頭派亡命者を利用してアルゴスに圧力を加え続けたのも[153]スパルタであった。ペロポネソス戦争後もスパルタがアルゴス国内の寡頭派との関係を持っていたことは『ヘレニカ＝オクシュリンキア』に明らかである。[154] これらの故にキュロン等の民主派はスパルタに敵意を抱いていたのである。

ケーガンによるとコリントスでは、キュプセロス家の僭主政が倒れて以来富裕な商工業者から成る寡頭派と地主から成る貴族派との連合政権がペロポネソス戦争に至るまで安定した支配を行なってきたのである。[155] 主導権を把握したのは寡頭派で、貴族派は寡頭派の政策に追随してきた。[156] 下層民はコリントスの経済的繁栄のなかで現状に満足し、民主派は存在しなかった。[157]

ペロポネソス戦争中のアテナイの作戦行動はコリントスをイリュリアやイタリアの市場から遮断してしまい、コリントス経済は大きな打撃を被ったのである。[158] 多くの富裕者層は没落し、下層民に転落してしまった。[159] 下層民もまた失業による生活苦から体制に対して批判的となり、民主派が初めて形成されたのである。[160] 戦争による被害を受けなかったのは地主層だけであった。[161] 勢力基盤が狭小化した寡頭派は貴族派との均衡が崩れたことに不安を抱くようになり、貴族層を敵視するようになった。彼らは貴族層と深い関係にあるスパルタを恐れていた。[162] 将しく寡頭派は貴族派と民主派に挟まれていたのである。民主派を抑えるだけの力がなかったので、寡頭派は民主派と連携して貴族派を抑えようとしたのである。寡頭派はスパルタとの戦争によって自派の威信とコリントス経済の回復を目論んだのである。[163]

アテナイに関しては『ヘレニカ＝オクシュリンキア』が興味深い記述をしている。前三九五年春、コノンの許へのデマイネトス派遣を知った「著名で教養ある人々（gnorimoi kai charienthes）」は怒って国家をラケダイモンの人々との戦争を始めさせるような状況に投げ込んでしまうと言いたてたので、驚愕した評議会議員たちはこの事件にかかわっていないようなふりをして、叫び声を挙げている「民衆（ho demos）」を召集したのであった。「大衆（to plethos）」が集まったときに、アテナイの人々のなかで「トラシュブロス、アイシモス、アニュトス派の人々を取り上げることになる、と彼らに教えたのであった。アテナイの人々のなかで「穏和で財産を所有している人々(hoi epieikeis kai tas ousias echontes)」は現状に満足していたのに対して、「多数派で民衆派の人々(hoi de polloi kai demotikoi)」はその時恐れをなして、忠告する人々に説得されて、アイギナのハルモステスのミロンの許に人を派遣して、この事が国家の許可を得て行なわれたのではないので、デマイネトスを処罰することができると告げたのであった。[164]

この記述から現状に満足しスパルタとの戦争に反対する「著名で教養ある人々(gnorimoi kai charienthes)」や「穏和で財産を所有している人々(hoi epieikeis kai tas ousias echontes)」、民衆に大きな影響力を有しデマイネトス派遣に反対する「トラシュブロス、アイシモス、アニュトス派の人々(hoi te peri Thrasyboulon kai Aisimon kai Anyton)」、デマイネトス派遣を企て、スパルタとの戦争を切望する「多数派で民衆派の人々(hoi de polloi kai demotikoi)」、「エピクラテスとケパロス派の人々(hoi peri ton Epikrate kai Kephalon)」、そしてことの真相を知らずに叫び声を挙げている「民衆(ho demos)」や「大衆(to plethos)」がいたことが分かる。

クロシェ(P. Cloché)は、スパルタ贔屓で戦争に反対する富裕者層、同じく平和を支持する土地所有者層、戦争によって喪った海外資産を取り戻そうとする引揚者、戦争から利益を引き出そうとする貧民層、とアテナイ市民を四つの階層に分け、スパルタとの平和を主張する保守派あるいは寡頭派、戦争政策を推進するケパロスやエピクラテスを中心とする民主派、スパルタからの自立を望むトラシュブロスやエルゴクレスを中心とする穏和派、の三党派の存在を認めたのである。[165] ベロッホもクロシェと同様の見解である。[166]

しかしブルース[167]やパールマン[168]は、『ヘレニカ＝オクシュリンキア』には親スパルタ派、寡頭派という用語はみられないところから、これらの存在を否定したのである。今日では寡頭派、親スパルタ派の存在を否定する説が有力である。

これに対し、クーナス（D. D. A. Kounas）は市民権を制限するポルミシオスの法案や在留外人や奴隷に市民権を付与しようとしたトラシュブロスの法案が否決せられたこと、などから寡頭派の存在を認めクロシェ説を支持している。(169)

民主政復活以降アテナイを指導してきたのはトシュブロスらの穏和派であった。(170) 彼らは講和条約を忠実に順守し、(171) 前四〇三年の大赦令を厳格に守ることによってスパルタと良好な関係を保持しようと努めた。(172) エーリスへの遠征、ティブロンの遠征に穏和派が指導するアテナイは部隊を提供している。他方では前四〇三年の和解案を破ってエレウシスを併合して国益を追求している。一般的には前三九五年春のテーバイとの同盟条約締結が穏和派の外交政策の転換と考えられている。(173) しかし政策転換はこのときに急激に為されたのではなくて、前三九八年秋のパラクスによるハグニアス一行の処刑(174)以来の厳しい対立状態のなかで、遅くとも前三九六年春までに行なわれたと思われる。何故ならアテナイはアゲシラオスの遠征軍に部隊を提供するのを拒んでいるからである。(175) その理由をパウサニアスは、アテナイが経済的に繁栄を取り戻していたこととコノンがペルシア王に仕えて活躍しているのを知ったことに帰している。(176) いずれにしてもアテナイの参加拒否は講和条約違犯であり、(177) アテナイによる最初の公的な敵対行為であったことは間違いない。さらにデマイネトスの派遣が民会の承認を得ていなかったとしても、評議会が承認していたことは『ヘレニカ＝オクシュリンキア』から明らかである。(178) 穏和派が関与していなかったというのは奇妙であり、むしろ民会での穏和派の発言は富裕者や民衆の反応に驚いてのことであったと思われる。

したがってアテナイの復興とコノンを通じてのペルシアの協力が得られる状況が現われたことが穏和派に自信を持たせ、急進派を利用しつつ対スパルタ従属関係を破棄しようとさせたのである。(179) テーバイとの同盟はその結果にすぎない。

テーバイに関しても『ヘレニカ＝オクシュリンキア』の証言は貴重である。「テーバイでは市民のなかで最良の人々や最も著名な人々（hoi beltistoi kai gnorimotatoi）が……、互いに党派をなして争っていた。その一方をイスメニアスとアンティテオスとアンドロクレ〈イダ〉スが指導し、他方をレオンティアダスとアシアスとコ〈イラ〉タダスが指導していた。政府に参画する人々のうちレオンティアダス派の人々はラケダイモンの人々に好意的な感情を抱いていたし、イスメニアス派の人々はアテナイ贔屓と告発されていた[180]」と述べている。

この記述から「最良の人々や最も著名な人々（hoi beltistoi kai gnorimotatoi）」と呼ばれる最上層市民の間で二つの党派が形成され、親スパルタ派のレオンティアダス派とアテナイ贔屓の廉で告発されていたイスメニアス派が対立していたことが分かる。

ボナー（R. J. Bonner）はレオンティアダス派がテーバイの利益を主張するのに対してイスメニアス派はボイオティア連盟に加盟している国の権利に好意的だったとしているが[181]、ボイオティアの諸都市の多くの人々がいずれかの党派に属したという記事に矛盾している[182]。ラルセン（J. A. O. Larsen）はレオンティアダス派が寡頭派、イスメニアス派を民主派としているが[183]、ブルース[184]やケーガン[185]が主張するように、両派は同じ階層と同じ寡頭政理念を共にしていたのである。ケーガンは対外政策の相違が両派対立の原因と考えているが、ブルースが指摘するように、対外政策の相違は両派対立の結果に他ならない。

『ヘレニカ＝オクシュリンキア』はさらに、「［その頃とさらに少し］前にはイスメ［ニアス］と［アンド］ロクレイ〈ダ〉ス派が［テーバイの人々］やボイオティアの人々の評議会で有力であったが、以前［には］アスティアスとレオン［ティアダス］派が首席を占め、かなり長い［間力ずくで］国家を保持したのであった[186]」と述べている。

しかし「［少し］前には（[mik]roi proteron）」という表現は曖昧である。クロシェは前四〇四年レオンティアダス派が絶対的優位を喪い、イスメニアス派が前三九八年に圧倒的優位に立つまでは両派均衡のなかでかろうじてレオンティアダス派が優位を占めた、と見なしている。[187] グレンフェル（B. P. Grenfell）とハント（A. S. Hunt）以来多くの研究者は、前四〇三年以降政権を掌握してきたのはイスメニアス派であった、と主張している。[188] 最近ではケーガンがこの立場を支持している。[189] ハミルトンはむしろクロシェ説に立ち、イスメニアス派が政権を掌握したのは前三九七年一二月のボイオタルケス選挙のときであったとしている。[190]

政権を掌握したとしても、テーバイの一般市民がスパルタとの戦争を望んでいなかったことは『ヘレニカ＝オクシュリンキア』が証言しており、[191] イスメニアス派はさらに「罠（apate）」を設けねばならなかった。

党派と外交

テーバイやアルゴス、コリントスに関して、国内の一方の党派とスパルタの「有力者（dynatoi）」が「友情（philia）」、「賓客関係（xenia）」、「同志的関係（hetaireia）」で結ばれたことが支配的党派に反スパルタ感情を抱かしめたのである。[192] この「有力者（dynatoi）」はアーギス王派の人々であり、したがってリュサンドロスの帝国主義の脅威がスパルタに対する敵意の淵源であったとは考えられない。[193] アテナイに関しては他の国と違ってある党派がスパルタと結び付いていたことが敵意の原因となっていたのではなく、海上帝国の復活を望むケパロス等の民主派がアテナイをスパルタとの戦争に引き込もうと画策していたのである。[194] アテナイの政治を指導していた穏和派は、寡頭派との関係によってスパルタとの協調を維持する一方で、民主派を利用してアテナイの自立化と帝国再建の可能性を模索していたのである。[195]

他方、スパルタでは保守主義の高まりのなかでリュサンドロス派、アーギス王派、いずれもかつての影響力を喪っていた。[196] これらの帝国派とパウサニアス王の保守派の間には一種の均衡状態が生れ、パウサニアス王が不安定ながらもスパルタの政策を指導したのである。このパウサニアス王の穏和な外交政策がテーバイやアテナイなどの国々にスパルタの能力を過小評価させてしまったようである。[197]

スパルタにおける帝国主義が後退していたこの時期に何故コリントス同盟諸国は敵意を抱き続けたのであろうか。それはスパルタの脅威に対する防衛という受身的態度に起因するよりも、スパルタの脅威を積極的に強調することで国内での親スパルタ派を抑圧し、スパルタの支配を崩壊させようとする積極的態度に起因していたのではないだろうか。[198]

そしてスパルタの微温な態度がこれらの国々をしてスパルタの能力を過小評価せしめ、ティモクラテスが約束したペルシアの協力の見込みとコノンによるロドス離反が、対スパルタ戦に勝てるという確信を抱かせたのである。これはアテナイの民会でテーバイの使節が強調したところであり、[199]テーバイの指導者たちがそのように確信していたことは『ヘレニカ＝オクシュリンキア』が証言している。[200]

したがって、パウサニアス王が穏和政策を取ったことがテーバイをしてスパルタとの戦争を決意せしめたのである。テーバイの行為がパウサニアス王へのスパルタ人の信頼を喪わせ、リュサンドロスを復活させた。[201]スパルタはテーバイに対して強硬な態度を取ることに転換したが、そのことがアテナイをテーバイに同調させることになってしまった。そしてハリアルトスでの敗戦とリュサンドロスの戦死、戦わずしてパウサニアス王が引き揚げたことがコリントスやアルゴス、その他の国々をテーバイと同盟を結ばせたのである。[202]

逆説的ではあるがパウサニアス王の平和政策がコリントス戦争の誘因となったのである。[203]ハリアルトスの後、スパルタではパウサニアスの政治責任を追及する声が高まり、彼はテゲアに亡命せざるを得なくなった。[204]

註

（1）　本節は一九八二年一一月二三日、第四回立命館大学史学会で発表した原稿を基にしている。本節はあくまでも準備作業的なものであり、今後の研究のための方向と問題の所在を探求することを目的としている。基本史料はDiodorus Siculus, *Bibliotheca Historica*〔以下D. S.と略す。〕XIV. 81. 1-83. 1; *Hellenica Oxyrhynchia*〔以下*Hell. Oxy.*と略す。本節で用いたテキストはV. Bartoletti, *Hellenica Oxyrhynchia*, Teubner, 1959である。章節番号はすべてFragmenta Londinensiaの番号である。〕; Plutarchus, *Vita Lysandrus*〔以下Plut. *Lys.*と略す。〕27-30; Xenophon, *Hellenica*〔以下、Xen. *Hell.*と略す。〕, III. 5. 1-25; Pausanias〔以下、Paus.と略す。〕, III. 9. 1-12である。

　研究書ではHamilton, *Victories*が基本的である。その他の諸文献に関しては、拙稿「スパルタの不評とスパルタ帝国」『文化史学』三八号、一九八二年、七四～七六頁（本書、第三章第二節）、のリストを参照されたい。

（2）クロノロジーはHamilton, *Victories*に基づく。

（3）クセノポンと違ってディオドロスはボイオティア戦争（Boiotiakos polemos）をコリントス戦争（Korinthiakos polemos）から区別している。D. S. XIV. 81. 1-83. 1. 正確には両者は区別されるべきだが、本節ではボイオティア戦争をコリントス戦争の一部として扱い、コリントス戦争と一括して記述する。

（4）コリントス同盟参加国については、Xen. *Hell.* IV. 2. 17; 3. 15; D. S. XIV. 82. 1-3; 5; 7を見よ。アテナイ、アルゴス、オルコメノスを除くボイオティア諸市、コリントス、エウボイア、オプスとオゾリスの両ロクリス、マリス、アカルナニア、アイニアニア、レウカディア、アムブラキア、アタマニア、トラーケーのカルキディケ、およびラリッサの支配者メディオス、など中部ギリシア地方中心に同盟を形成したことが分かる。Cf. Tod, *SGHI* II, pp. 101-102.

　ディオドロスは同盟の結成を前三九五年夏に置いている。D. S. XIV. 82, 1. Beloch, G. G., III, 1, S. 70-72は八月から前三九四年一月までの時期に考えているようだが明瞭ではない。M. Cary, "Ascendancy", p. 44も不明瞭である。Hammond, *H. G.*, p. 456は前三九五／四年冬、Hamilton, *Victories*, pp. 214-215は前三九五年秋～前三九四年春としている。

（5）Xen. *Hell.* IV. 3. 10-12; D. S. XIV. 83. 4-7. 海上帝国の崩壊についてはD. S. XIV. 84. 3-4を参照せよ。コス、ニシュロス、テオス、キオス、ミュティレネ、エペソス、エリュトライ、キュクラデスの島々が離反した。そして「Lakedaimonioi men apo touton tou chronou ten kata thalattan archen apebalon」とコメントしている。Cf. Xen. *Hell.* IV. 8. 1-5; Plut. *Ages.* 17.

（6）Bengtson, G. G., III. 4. S. 271.

(7) Beloch, *G. G.*, III. 1. S. 95 ; Hamilton, *Victories*, pp. 323–324.
(8) D. S. XIV. 2. 1.
(9) Hamilton, *Victories*, p. 208.
(10) Plut. *Lys.* 27. 1.
(11) Plut. *Lys.* 27. 2–4.
(12) Plut. *Lys.* 27. 1.
(13) Plut. *Ages.* 15 ; *Atrax.* 20.
(14) D. S. XIV. 81. 1.
(15) I. A. F. Bruce, *A Historical Commentary on the Hellenica Oxyrhynchia*, 1967, pp. 2–3 ; P. Krentz, *The Thirty at Athens*, 1982, pp. 133–134, p. 143, Fig. 3.
(16) Laistner, *Isocrates*, p. 13
(17) Laistner, *Isocrates*, p. 13 ; *The Oxford Classical Dictionary*, 1978[repr.], p. 1077.
(18) *OCD*. p. 554 ; Rahe, *Lysander*, p. 203.
(19) Rahe, *Lysander*, pp. 197–199.
(20) Tod, *SGHI* II, 101.
(21) Paus. III. 9. 11.
(22) Xen. *Hell.* III. 5. 5.
(23) Loc. cit.
(24) 攻守同盟ではなかったことは急進派に対する穏和派の抵抗の結果とも解釈できるが、テーバイとの戦争に積極化しているスパルタに対する警告とも解せられるのではないだろうか。Cf. Kounas, *Prelude*, p. 125.
(25) Xen. *Hell.* III. 5. 1–2.
(26) Paus. III. 9. 8 ; Plut. *Ages.* 15 ; *Hell. Oxy.* II. 2.
(27) Xen. *Hell.* III. 5. 3.

(28) *Hell. Oxy*. XIII. 4.

(29) Cf. Xen. *Hell*. IV. 2. 1-2 ; Plut. *Ages*. 15.

(30) Xen. *Hell*. V. 2. 35. cf. G. E. Underhill, *A Commentary on the Hellenica of Xenophon*, 1979[repr.], p. 187.

(31) J. K. Anderson, *Xenophon*, 1974, pp. 146-148.

(32) Xen. *Hell*. IV. 1. 41-2. 3.

(33) ティモクラテスの訪問について諸家の見解は一致していない。ブルースは前三九七年八／九月以前（*Historical Commentary*, pp. 58-59）、ケーリーは前三九六年夏の初め（Cary, "Ascendancy", p. 45）、オルムステッドは前三九六／五年冬（*Persian Empire*, p. 384）、ベロッホは前三九六／五年初春（*G. G.* III. I. S. 66-67, esp. S. 67, n. 1）、ハモンドはテーバイとスパルタが交渉している間＝前三九五年春（Hammond, *H. G.*, p. 455）とギリシア訪問の時期を設定している。ハミルトンは前三九六年夏初めと翌年の夏以降の二度にわたって訪れたと考えている（*Victories*, p. 190）。

このように見解が一致しないのは、Xen. *Hell*. III. 4. 25-5, 2 ; Paus. III. 9. 8 が Xen. *Hell*. III. 5. 1-2 と矛盾しているからである。

(34) *Hell. Oxy*. XIII. 2 ; Bruce, *Historical Commentary*, p. 118 はテーバイ内の反イスメニアス派のフィクションと退けている。

(35) Bruce, "Internal Politics", p. 85 は偏見に満ちた見解と見なしている。

(36) *Hell. Oxy*. II. 2.

(37) Bruce, *Historical Commentary*, p. 58.

(38) Ibid., p. 59.

(39) *Hell. Oxy*. II. 2-3.

(40) *Hell. Oxy*. II. 2-3 に親スパルタ派が述べられていないところから、パールマンやブルースはアテナイには親スパルタ派は存在しなかった、と主張している。本節内「コリントス同盟諸国の党派の分析」を参照のこと。

(41) *Hell. Oxy*. XIII. 1-2.

(42) Anderson, *Xenophon*, p. 149.

(43) Paus. III. 9. 12.
(44) Paus. III. 9. 9.
(45) Paus. III. 9. 8.
(46) Paus. III. 9. 9.
(47) Loc. cit.
(48) Ibid. cf. Bruce, *Historical Commentary*, pp. 118-119.
(49) Paus. III. 9. 12.
(50) Paus. III. 9. 8.
(51) Paus. III. 9. 11.
(52) Cf. Bruce, *Historical Commentary*, pp. 22-27.
(53) Ibid., pp. 5-8.
(54) ブルースの偏見に満ちているという見解にもかかわらず。
(55) *Hell. Oxy*. II. 2.
(56) Beloch, G. G., *III, 1*. S. 61-68 ; Forrest, *History of Sparta*, p. 122 ; G. Glotz et R. Cohen, *H. G.*, III, 1941, pp. 78-81 ; Hammond, *H. G.*, p. 440 ; pp. 449-451 ; Meyer, *G. A.* V, S. 182-224.
(57) Xen. *Hell*. III. 5. 12.
(58) Xen. *Hell*. II. 2. 19-20 ; Isoc. Or. XIV. 31 ; Andocides, Or. III. 41 ; Justinus, V. 7. cf. Xen. *Hell*. III. 5. 8.
(59) Polyaenus, *Lys*. 5.
(60) Plut. *Lys*. 13-14 ; D. S. XIV. 3. 4 ; 10. 1-2 ; 13. 1.
(61) Xen. *Hell*. III. 5. 15 : テーバイ人使節はスパルタの帝国主義を he Lakedaimonion pleonexia と呼んでいる。
(62) *Hell. Oxy*. II. 2.
(63) Xen. *Hell*. III. 5. 11.
(64) Xen. *Hell*. III. 5. 12-13.

(65) Xen. *Hell*. III. 5. 12.
(66) Xen. *Hell*. III. 5. 13.
(67) *Hell. Oxy*. II. 2.
(68) Bruce, “Internal Politics”, pp. 75-86.
(69) Perlman, “The Causes and Outbreak”, pp. 64-86.
(70) Bengtson, *G. G*., S. 265.
(71) Cary, “Ascendancy”, pp. 27-28, 33-37, 45.
(72) Kagan, “Origins”, pp. 322-323, 327-328, 332, 339, 341.
(73) Hamilton, *Victories*, pp. 188-208.
(74) Thuc. VIII. 5.
(75) Thuc. II. 71-78.
(76) Paus. III. 7. 10. 但し、奪取したという記事は誤り。cf. Thuc. III. 52.
(77) Paus. III. 9. 3. cf. Plut. *Ages*. 1. プルタルコスは外祖父をメレシッピダスと呼んでいる。
(78) Thuc. III. 68.
(79) Thuc. V. 37 ; 38. cf. 39.
(80) Paus. III. 9. 3.
(81) *Hell. Oxy*. XII. 2-3.
(82) 前四一四年：Thuc. VII. 19.　前四一三年：Thuc. VII. 27 ; VIII. 3 ; 5.　前四一二年：Thuc. VIII. 11.　前四一一年：Thuc. VIII. 70.　前四一〇年：Xen. *Hell*. I. 1. 33-35.　前四〇五年：Xen. *Hell*. II. 2. 11-12.
(83) ハミルトンは、レオンティアダス派がパウサニアス王派と関係があった、としているが、これは誤りと思われる。アリストメリダスの例からも分るように、アーギス王派と関係が深かったと判断した方がよい。cf. *Victories*, p. 159.
(84) Thuc. V. 36.
(85) Thuc. V. 22 ; 76. このリカスはスパルタがオリュンピアの祭典参加を禁止されたとき、自分の持ち馬をボイオティアの国有馬として参加させている（Thuc. V. 50)。

(86) Thuc. V. 59-60.

(87) Thuc. V. 76; 78.

(88) Thuc. V. 81.

(89) Thuc. V. 82.

(90) Thuc. V. 83. この時期のアルゴスに関しては D. Kagan, "Argive Politics and Policy after the Peace of Nicias", *CP*. 57, 1962, pp. 209-218; Tomlinson, *Argos*, pp. 117-125.

(91) ニキアスの平和以後のコリントスに関しては D. Kagan, "Corinthian Diplomacy after the Peace of Nicias", *AJP*. 81, 1960, pp. 291-310; idem, *Politics*, pp. 31-57.

(92) Thuc. V. 36.

(93) Thuc. V. 27. cf. 30.

(94) Thuc. V. 16.

(95) Hamilton, *Victories*, pp. 83-84.

(96) Xen. *Hell*. II. 4. 29; D. S. XIV. 33. 6; Plut. *Lys*. 21.

(97) Paus. III. 5. 2.

(98) Beloch, *G. G.*, III, 1, S. 1-28; Cary, "Ascendancy", pp. 25-32; Jones, *Sparta*, pp. 94-97; Forrest, *History of Sparta*, pp. 122-123; Hamilton, *Victories*, pp. 25-134.

(99) G. Bockisch, "Harmostai", *Klio* 46, 1965, S. 129-239.

(100) Cavaignac, "Dēkarchies", pp. 285-316.

(101) D. S. XIV. 10. 1; Plut. *Lys*. 13-14.

(102) D. S. XIV. 10. 2. Hamilton, *Victories*, pp. 61-62. 貢税は徴収されたが、一〇〇〇タラントンという額は誇張と考えられている。

(103) テーバイ、コリントスに関しては *Hell. Oxy*. II. 2-3. メガラに関しては Plut. *Lys*. 22.

(104) D. S. XIV. 82. 4.

(105) Xen. *Hell.* II. 2. 20.

(106) Xen. *Hell.* III. 1. 1.

(107) [Herodes], *Peri politeias*, 24; Andrewes, "Notes", pp. 218-219.

(108) *Hell. Oxy.* XIII. 2.

(109) D. S. XIV. 2. 1.

(110) Beloch, *G. G.*, III, 1, S. 11; Cary, "Ascendancy", pp. 31ff.; Glotz et Cohen, *H. G.*, III, pp. 29ff.; S. Luria, "Politischen Kampf", S. 404f.; U. Kahrstedt, "Lysandros", *Pauly-Wissowa, Real-Enzyclopädie*, col. 2505; Parke, "Development", p. 54; Smith, "Lysander", p. 153; 拙稿「エーリス戦争とスパルタ」『文化史学』三四号、一九七八年、三三頁（本書、第三章第三節二三九頁）。

(111) Hamilton, "Politics and Policy", pp. 294-314.

(112) Hamilton, *Politics and Diplomacy*.

(113) Ibid., pp. 69-70.

(114) Hamilton, *Victories*, p. 88.

(115) Hamilton, *Politics and Diplomacy*, pp. 47-50; *Victories*, pp. 82-88, 97-98.

(116) Thuc. VIII. 3.

(117) Thuc. VIII. 5.

(118) Xen. *Hell.* I. 1. 35.

(119) Plut. *Moral*, pp. 467f.

(120) Rahe, *Lysander*, pp. 231-232, n. 21.

(121) Ibid., p. 41, n. 7.

(122) Ibid., pp. 8-9.

(123) Ibid., p. 106.

(124) Ibid., p. 109.
(125) Ibid., pp. 168-169, n. 124.
(126) Ibid., p. 187.
(127) Ibid., p. 113.
(128) Ibid., pp. 111-112.
(129) Hamilton, *Victories*, pp. 97-98.
(130) Plut. *Lys*. 21 ; Xen. *Hell*. II. 4. 29 : phthonesas. D. S. XIV. 33. 6 : phthonon. cf. Plut. *Lys*. 19 はリュサンドロスの強烈な個性と権勢がスパルタ内部に反発をもたらしたことを述べている。
(131) D. S. XIV. 33. 6. cf. Plut. *Lys*. 19 はリュサンドロスの帝国主義に対する批判に対して、スパルタ本国はパルナパゾスの告発までは気にかけなかった、と述べている。
(132) Xen. *Hell*. III. 4. 2. ; Plut. *Lys*. 21 : リュサンドロスの権勢を抑えるためであった。デカルキア廃止の時期について諸家の見解は一致していない。Beloch, G. G., III, 1, S. 16 は前四〇三年、Parke, "Development", pp. 53-54 は前四〇二年、Smith, "Lysander", pp. 150-153 と Hamilton, *Victories*, p. 132 は前三九七年、にエポロス団によって廃止されたとするのに対し、Andrewes, "Notes", p. 215 はティッサルペルネスが前四〇三年に廃止したと主張している。
(133) Xen. *Hell*. II. 4. 30.
(134) Paus. III. 5. 2.
(135) Hamilton, *Victories*, p. 88 はこのことがアーギス王とパウサニアス王を協同させることになったとする。
(136) Plut. *Lys*. 19-20.
(137) Plut. *Lys*. 25.
(138) D. S. XIV. 19. 4.
(139) Paus. III. 9. 1. はスパルタのキュロス支援がリュサンドロスの政策であったことを証している。
(140) 拙稿「エーリス戦争とスパルタ」二八〜二九頁（本書、第三章第三節、二三三〜二三五頁）。
(141) Arist. *Ath. Pol*. 40. 4 ; Xen. *Hell*. II. 4. 43.

(142) Hamilton, *Politics and Diplomacy*, pp. 69-70 は回復しなかったと見なしている。

(143) Xen. *Hell.* III. 3. 1.

(144) Hamilton, *Victories*, p. 124. Cary, “Ascendancy”, p. 32 はアゲシラオスを利用して権勢を回復しようとしてリュサンドロスの試みは成功しなかった、と評している。cf. Plut. *Ages.* 2-3 ; *Lys.* 22-23. 特に *Lys.* 23 はアゲシラオスが友人のなかでもリュサンドロスを一番高く尊重した、と言っている。

(145) Xen. *Ages.* 7. 2 での人物評。cf. Plut. *Ages.* 4.

(146) Hamilton, *Politics and Diplomacy*, 60. cf. Smith, “Lysander”, p. 154 はパウサニアスが反対したと主張する。

(147) Xen. *Hell.* III. 4. 2 ; Plut. *Ages.* 6 ; *Lys.* 23.

(148) Kagan, “Origins”, pp. 321-341.

(149) Tomlinson, *Argos*, pp. 126-130.

(150) Kagan, *Politics*, pp. 69-77.

(151) Thuc. V. 14 ; 28 ; D. S. XIV. 6. 2.

(152) Thuc. V. 81.

(153) Thuc. V. 82-83.

(154) *Hell. Oxy.* II. 2.

(155) Kagan, *Politics*, p. 30.

(156) Ibid., p. 24 ; “Origins”, p. 333.

(157) Kagan, “Origins”, p. 337.

(158) とりわけポルミオンの活動によって。Kagan, *Politics*, p. 65 ; “Origins”, p. 335.

(159) 海軍力および重装歩兵の動員数の減少が経済力の衰退を示すものとされる。Kagan, “Origins”, p. 336 ; *Politics*, pp. 64-66 ; pp. 135-137 の Appendix I.

(160) Kagan, *Politics*, pp. 67-68 ; “Origins”, p. 337.

(161) Kagan, *Politics*, pp. 68-69 ; “Origins”, p. 337.

(162) Kagan, "Origins", p. 340.
(163) Kagan, *Politics*, p. 76.
(164) *Hell. Oxy*. I. 2-3. cf. Bruce, *Historical Commentary*, pp. 51-54.
(165) Cloché, "Conflits", pp. 157-166.
(166) Beloch, *G. G.*, III, 1, S. 64-65.
(167) Bruce, "Internal Politics", pp. 75-86 ; "Foreign Policy", pp. 289-295.
(168) Perlman, "The Causes and Outbreak", pp. 64-81.
(169) Kounas, *Prelude*.
(170) Ibid., pp. 112-113. cf. *Hell. Oxy*. I. 2 ; Xen. *Hell*. III. 5. 16 ; Arist. *Ath. Pol*. 40. 2.
(171) 前四〇一年エーリス戦争（Xen. *Hell*. III. 2. 25. cf. D. S. XIV. 17. 7）、前三九九年のティブロンの遠征（Xen. *Hell*. III. 1. 4. cf. D. S. XIV. 36. 1）に部隊を提供している。
(172) Arist. *Ath. Pol*. 40. 2 ; Rhodes, *Commentary*, pp. 474-478 ; Krentz, *Thirty*, pp. 109-124.
(173) E. g. Kagan, "Origins", pp. 327-328 ; Beloch, *G. G.*, III, 1, S. 66-69 ; Perlman, "The Causes and Outbreak", p. 79.
(174) Hamilton, *Victories*, p. 177 はこの事件を転換点としている。しかし Kounas, *Prelude*, pp. 116-118 は、アテナイがスパルタに抗議しなかったことからスパルタとの協調政策を捨てなかった、と見ている。
(175) Paus. III. 9. 2.
(176) Ibid.
(177) Cf. Xen. *Hell*. II. 2. 20.
(178) *Hell. Oxy*. I. 2 : ouden pros [p]oioumenoi meteschekenai tou pragmatos.
(179) したがって、Kounas, *Prelude*, pp. 119-120 の穏和派が民衆に対する指導力を喪った結果だとする説は、受け容れがたい。
(180) *Hell. Oxy*. XII. 1. cf. Bruce, *Historical Commentary*, pp. 113-114.
(181) R. J. Bonner, "The Boeotian Federal Constitution", *CP*. 5, 1910, pp. 405ff.

(182) *Hell. Oxy*. XII. 2.
(183) J. A. O. Larson, “The Boeotian Confederacy and Fifth Century Oligarchic Theory”, *TAPA* 86, 1955, pp. 40–50.
(184) Bruce, “Internal Politics”, pp. 76–77.
(185) Kagan, “Origins”, pp. 329–330.
(186) *Hell. Oxy*. XII. 2.
(187) Cloché, “Politique thêbaine”, pp. 315–343.
(188) Beloch, *G. G.*, III, 1, S. 62.
(189) Kagan, “Origins”, p. 331.
(190) Hamilton, *Victories*, pp. 154–155.
(191) *Hell. Oxy*. XIII. 2.
(192) Cf. *Hell. Oxy*. II. 2–3.
(193) 一般的にはハルモステスやデカルキア、貢税、戦利品の独占など、リュサンドロスの帝国主義に帰せられる政策に同盟諸国の敵意の淵源を帰している。e. g. Hammond, *H. G*. p. 440.
(194) *Hell. Oxy*. II. 2.
(195) Hamilton, *Victories*, pp. 168–181. cf. Kounas, *Prelude*, pp. 93–139.
(196) Cf. Hamilton, *Victories*, pp. 79–98 ; Rahe, *Lysander*, pp. 111–114, 223.
(197) Xen. *Hell*. III. 5. 15 ; *Hell. Oxy*. XIII. 1 ; D. S. XIV. 82. 2.
(198) Underhill, *Commentary*, p. 112 はテーバイの積極性を強調。
(199) Xen. *Hell*. III. 5. 15.
(200) *Hell. Oxy*. XIII. 1.
(201) これは前三九五年春、*Hell. Oxy*. XIII. 4. はスパルタに紛争中止を申し入れたことを伝えているのに、その後テーバイに対して好戦化してしまっていることをPaus. III. 9. 11が伝えているからである。しかも指揮官の一人にリュサンドロスが任命されている。

(202) アルゴス、コリントスなどがテーバイと同盟したのはハリアルトスの後である。Xen. *Hell.* IV. 2. 1; D. S. XIV. 82. 1.
(203) Hamilton, *Victories*, p. 208 は帝国派に責任ありと論ずる。
(204) Xen. *Hell.* III. 5. 25; Plut. *Lys.* 30.

第五節　スパルタ帝国再考

スパルタ帝国に関して本章に収録している論考はいずれも二〇年以上前のものであり、今日ではすっかり時代遅れとなってしまっている。その後のスパルタ史研究をそれぞれのテーマに即して不十分ではあるがまとめておきたい。

アルカイック期のスパルタ

第三章第一節は三〇年近く前に発表した論考である。本節で問題にしたのはスパルタの政策決定過程において政策形成の主導権を掌握していたのは何であったのかを明らかにすることであった。当時、学界ではキロンという非常に個性の強い人物に注目が集まり、重装歩兵民主制論と連動してスパルタの民衆層の台頭を背景にエポロス団が決定的な影響力を有していたと考える学説が有力であった。これに対して王こそが政策形成において重要な役割を果たしていたのではないかと考えたのが本節であった。本節に対して王に課せられている制度的制約を軽く見過ぎているという批判がある。(1) 本節はあくまでもその後行なう帝国時代の外交政策形成の分析のための予備的作業でしかない。したがって、本節に対する批判はそれ自体正鵠を射ているが、それだけを取り出して評価されるべきものではない。

古山氏はスパルタにおける主権の所在を探求した論考のなかで民会こそ実質的な主権を有していたと言う。(2) しかし民会は最終的な決定が行なわれる場であり、重要なのは誰が民会において政策を提案し世論を誘導しようとしたのかである。制度的枠組みによる抑制は王、エポロス団、長老会、民会それぞれにある。主導権を握っていたのが誰かは実際の政治プロセスのなかで評価されるべきだろう。ペロポネソス同盟の形成に関してホドキンソン(S. Hodkinson)はクセニア関係に着目し、スパルタの有力者が諸外国の有力者と結んだクセニアがスパルタの対外関係において重要な役割を演じたと指摘している。(3) 地中海世界に張り巡らされたクセニアのネットワークの中心にスパルタの有力者が位置していたとするなら、スパルタ王がその最有力者と評しても誤りではない。

しかし本節で想定した前六世紀のスパルタを取り巻くペロポネソスの歴史的状況についてはホール(J. M. Hall)の研究に始まる新しい潮流のなかで大幅な修正を余儀なくされている。(4) ペイドンのいわゆるアルゴスのペロポネソスでの覇権は否定され、アルゴスを核とするアルカディア、ピサティスの反スパルタ連合は現在の研究の潮流のなかでは蜃気楼でしかなかったことになる。

本節でテゲアとの関係においては平和な時期と評価したレオンとアガシクレス時代(前五七五~五六〇年頃)について、カートレッジはテゲアとの戦争が続き、敗北を重ねた可能性があると考えている。(5) 問題はヘロドトスの記述が漠然としていて、スパルタの敗北が一回きりだったのかそうでなかったのかがはっきりしていないことにある。ただ、ヘロドトスが言及するテゲアに対してスパルタが喫した敗北は一つだけであるということは指摘しておかねばならない。

本節はキロンの過大評価を避ける立場をとっているが、カートレッジは逆にキロンを高く評価する。カートレッジによればテゲアに対する政策を転換しペロポネソスにおける覇権獲得のためのプロパガンダとしてアカイア人の後継者を自認したのは前五五六年頃のエポロスであるキロンだった。(6) そうすると、アリストンとアナクサンドリダス時代のテゲア征服はその延長線上に位置するにすぎなくなる。しかし、これについてはキロンが七賢人の一人として有名になった時期に様々な事件がキロン個人に結び付けられた可能性を私は想定している。

しかし、そのキロンの年代について近年疑問が出されてきているし、さらにはアルゴスのペイドンについてもエウセビオスの年代の問題が指摘されてきていて従来のような時間枠を利用できなくなってきている。[7] この初期スパルタ史の時間枠の見直しについては後述するショー（Pamela-Jane Shaw）によって根底的な変更が提唱されている。

また、テュレアティスやパルノン山地東側の地域について考古学的には前七世紀以降ラコニアのものが出土していることを指摘したうえで、政治的にはアリストンとアナクサンドリダスの時代（前五五〇～五二〇年頃）に併合されたとカートレッジは見ている。[8] この点について古山氏は本節で論じたアルゴスの覇権、ヒュシアイの戦いを否定され、テュレアティスを含むパルノン山地東側がアルゴスの支配下に入ったことはなく、前五四六年の勇士の戦いまではアルゴス・スパルタいずれにも属さず自立していたと主張される。[9] この論を敷衍していけば、アルゴスはキュヌリアとパルノン山地東側地域の帰属をめぐってスパルタと対立しているだけの一地方都市でしかなく、国境を接するアルカディアやイストモス諸国とはなんの利害関係も持たない孤立した状況に置かれていたことになる。

この背景にはホールの研究がある。ホールはアルゴスがアルゴリスの他の諸都市と文化的には異なっており、その領土はそれ程広がってはおらず、[10] ヒュシアイの戦いが実態以上に過大評価されていると主張する。[11] しかしカートレッジはテゲアとの同盟や、コリントスなどのイストモス諸国、さらにはアイギナとの同盟がアルゴスの孤立を図ったものであると評価しているが、そのような評価をする必要もないということになるのであろうか。[12] シキュオンのクレイステネスによる反ドーリス政策やオリュンピア祭でのペイドンの伝承等はアルゴスの影響力に関連している。

そのペイドンを含めてショーはペルシア戦争期以前のギリシア史の編年の根底的な見直しを提唱する。[13] 伝統的に前六六〇年代とされてきたレギオンのアナクシラスによるザンクレ征服をショーはイオニア反乱後の前四九二〜四八九年に大きく修正し、それに伴って第一メッセニア戦争を前六世紀初め、第二メッセニア戦争を前六世紀終わりに設定する。[14] テオポンポスもテュルタイオスもペイドンも、アルカイック期のスパルタの歴史にとって重要な事件であるテュレアの戦い、ヒュシアイの戦い、セペイアの戦いを含めてすべてが前六世紀〜前五世紀初頭に圧縮される。[15] ピサティス人による第二八オリュンピア祭挙行もヒュシアイの戦いもペイドンからは切り離される。[16] そのヒュシアイは前五世紀はじめにはスパルタにも、アルゴスにも、テュレアにも所属しないアルカディア都市だった。[17] ホールがヒュシアイの戦いを前七世紀と想定するのに対して、[18] ショーは前四九七年頃と年代を大幅に修正する。[19] ヒュシアイの戦いが領土をめぐる抗争ではなく、ラパエス追放を伴うアルゴスのスタシスにかかわる抗争であった。[20] つまりスパルタは民衆によって追放された僭主のラパエスを支援してヒュシアイにおいて敗れたのである。

もしショーの提案を受け入れるならばスパルタの初期の歴史は全面的な書き換えが要求されることになる。歴史家がヘロドトスやパウサニアスなどの文献史料相互間の記述に矛盾を感じつつも、オリュンピア編年に当てはめて整合的に組み立ててきた初期スパルタ史の時間枠そのものがその妥当性を失ってしまう。本節で考察したペロポネソス同盟結成の歴史的背景については現在全面的見直しの時期にあると言わざるを得ない。

帝国期のスパルタ・イメージ

第二節についても若干の補足をしておかねばない。フッカー（J. T. Hooker）は本節でスパルタのイメージと論じたところをより積極的にプロパガンダとして取り扱っている。[21] フッカーが扱っているのは古典期、さらにはヘレニズム期にまで及び、本節よりもはるかに広範囲な時代を対象としている。したがって本節が対象とした帝国期に関してはその論の一部でしかないことは言うまでもない。[22] フッカーはプロパガンダを非国家プロパガンダと国家プロパガンダに分けて論じる。非国家プロパガンダとしてフッカーが取り上げるのがデマラトスやパウサニアスのものである。国家プロパガンダは三つのカテゴリーに分けることができる。ひとつはスパルタがドーリス人ポリスの代表であるということ。二つ目がeunomiaという言葉に象徴されるポリスの政治的安定性とその保守主義のイデオロギーである。最後がandreiaという言葉に集約されるスパルタの軍事的優位についてのものである。そして帝国期に関してはイソクラテスとクセノポンをその両対極として位置づけたうえで、イソクラテスについては『パネギュリコス』と『アルキダモス』を、クセノポンについては『ヘレニカ』と『アゲシラオス』を手がかりに国家プロパガンダとしてのスパルタ像を解析しようとしている。しかし、スパルタ信奉者であるクセノポンがスパルタの行為を批判し、スパルタを厳しく批判してきたイソクラテスがスパルタを賞賛するという複雑な問題が両者にはある。

そのイソクラテスのスパルタ像を『パンアテナイコス』を中心に論じたのがグレイ（V. Gray）である。[23]グレイは『パネギュリコス』におけるエピローグの部分を取り上げる。読み手の受け取り方によってイソクラテスがスパルタに対して批判的とも好意的とも取れるという議論に対して、そのような読み方は誤りでありエピローグはスパルタに対する批判とイソクラテスの意図を肯定していると論じる。[24]エピローグに登場するスパルタ信奉者はネガティブ・パラダイムであって、読み手側の受け取り方によって好意的とも批判的とも取れるという議論は誤りだと断言する。[25]イソクラテスのスパルタ・イメージは否定的である。[26]その否定的なイメージはアテナイの肯定的なイメージと比較するために取り上げられる。[27]スパルタの具体的な否定的イメージとして無学が提示され、それに対するスパルタ信奉者の反論が指摘されるだけである。[28]しかし、スパルタ信奉者が四世紀の現象であるという指摘は重要である。

アルティ（J. Alty）はドーリス人のイオニア人に対する種族としての優越性についての理念を帝国期ではないが、ペロポネソス戦争期および前六世紀後半における時期においてどのように主張せられたのかを取り扱っている。[29]トゥキュディデスはイオニア人の劣等性、ドーリス人の優越性という理念には懐疑的であるが、一般的には広く持たれており、すでにピンダロスがドーリス人の優越性を讃える頌詩を作っていることを指摘する。[30] アルティの論で注目されるのはクレオメネスにかかわる箇所である。クレオメネスがアテナイのアクロポリスに立ち入ろうとしたときにドーリス人は立ち入ってはならないと言われたのに対して自分はアカイア人だと応えたという逸話を取り上げ、アルティはこのような種族意識がペロポネソス戦争期ではなくペロポネソス戦争以前の時期、前六世紀に属すると指摘していることである。[31] この指摘は一般にイオニア人とかドーリス人、アカイア人といった種族意識がいつの時代に形成され強調されるようになったのかを考えていくうえで貴重な議論となる。すでに紹介したショーの議論と重ね合わせることによってギリシア人のプロパガンダとしての種族意識の起源をどの時代に求められるのかを考察していく出発点となる。

デーヴィッド（E. David）はクセノポン、イソクラテス、エポロスさらにはプラトンなどの前四世紀の同時代人のスパルタ批判を取り上げる。[32] これらのスパルタ批判はペロポネソス戦争末期に貨幣が海外から流入したことと帝国を獲得したこととを結びつけている。貨幣が流入し帝国を得たことによってスパルタはリュクルゴスの国制と呼ばれる伝統的な体制から逸脱し、祖先伝来の法律、慣習、心性それに生活スタイルに劇的な変化をもたらしスパルタの没落を結果したと言う。[33]

クセノポンはスパルタを賛美する代表者ではあるが、そのクセノポンも『ラケダイモン人の国制』一四章では富の流入と帝国の獲得に伴う堕落とリュクルゴスの制度から逸脱した同時代のスパルタを批判している。[34] クセノポンは『ヘレニカ』の中で前三九五年のアテナイにおけるテーバイ人使節や前三七一年のアテナイ人アウトクレスの演説などでカドメイア占領やスポドリアス事件に関連した批判を記載しているが、『ラケダイモン人の国制』においてはクセノポン自身の見解を吐露している点にデーヴィッドは着目している。[35]

続いてデーヴィッドはイソクラテスのスパルタ批判を取り上げる。その批判は帝国支配の専制的な側面、守備隊の駐留やハルモステス、偏狭な寡頭制、デカルキア、貢税の賦課強要などの帝国支配の方法、そしてスパルタの外交政策に向けられている。[36] 特にデーヴィッドは前三六六／五年の『平和について』におけるイソクラテスのスパルタ像を取り上げる。帝国はスパルタ社会を堕落させ、七〇〇年以上にわたって堅持されてきた制度がわずかな間に破壊され、不正（adikia）、怠惰（rathymia）、無法（anomia）それに強欲（philargyria）に取って代わられたのである。[37] さらにイソクラテスは帝国支配の間にスパルタが犯した同盟諸国やその他のギリシア人に対する常軌を逸した背信的な犯罪行為を列挙している。[38] 帝国がスパルタ人の間に傲慢を育み、結局は帝国支配そのものを崩壊させたのである。

そのイソクラテスの教え子が歴史家のエポロスである。エポロスのスパルタ批判は帝国期の外交、ギリシア人に対する背信行為、同盟国に対する態度、帝国支配の方法に向けられていた。[39] このような専制支配が憎悪をかき立て、帝国の没落をもたらしたのだと言う。エポロスはクセノポンやイソクラテスと同じくリュクルゴスの kosmos が五〇〇年以上にわたる覇権をもたらし、祖先伝来の法や慣習から贅沢で気ままな生活に逸脱していくことによって堕落し、結局帝国を失ってしまったのである。[40]

プラトンは同時代のスパルタが勇気や名誉を貴ぶ気風を失い、拝金主義が横行し、市民団が富裕者と貧民に二極分化していく寡頭制の範疇にとらえている。[41] プラトンはリュクルゴス制度を誇るかつてのスパルタの中庸、思慮、忍耐力、勇気、陶冶、熟練した軍事技術、実際的な知識、教育、エウノミアを体現した制度の安定性を賞賛すると同時に、同時代のスパルタの過剰な野心、教育の偏狭さ、学問への無関心、富への強い欲望を批判しているのである。[42]

同時代人であるクセノポンやイソクラテス、エポロスさらにはプラトンのこのような批判が後世のポリュビオスやポセイドニオス、プルタルコスやパウサニアスなどに継承されていくのである。このようにデーヴィッドは本節で扱ったよりも広範囲な同時代人の著作を紹介しながらスパルタ像を取り扱い、単に帝国支配の対外的側面を論じるだけではなく、帝国支配がスパルタ社会及ぼした影響に視点を据えて考察を進めている。本節が同時代人のスパルタ像がギリシア諸国の外交政策にどのような影響を及ぼしたのかという関心から主としてイソクラテスを取り上げて論じたのに対して、デーヴィッドはむしろ帝国期のスパルタ社会の変化への問題関心から同時代人のスパルタ像を論じるという点において大きな相違がある。

エーリス戦争

第三節で論じたエーリス戦争について、フォークナー（C. Falkner）が前五世紀全体の政治史の流れのなかでエーリス戦争を評価しようとする。(43) エーリス戦争の年代について前四〇三年から三九九年の幅で諸説に分かれていること、(44) ハミルトンやカートレッジ、デーヴィッドがスパルタ国内に三つの党派があり、リュサンドロス派は海上帝国を目指し、アーギス派はギリシア本土でのヘゲモニー拡大を望み、パウサニアス派はスパルタの名声に関心を抱いていたと性格づけしていると整理している点は有益である。(45) フォークナーによればエーリス戦争の原因は多面的であり、報復だけでなくエーリスとの係争地の支配権を奪い取ることも目的となっており、アドリア海やイタリアさらにはシケリア島との航路を確保しコリントスの西方航路を脅かすために、エーリスの海岸線を確保しようとしたことも原因である。(46)

フォークナーには何故スパルタがレプレオンをめぐってエーリスと対立するような政策に転じたのかを考察した論考がある。(47) 本節ではレプレオンの二重の帰属性、つまりエーリスの従属都市であると同時にペロポネソス同盟の構成員であるという点に紛争の原因があると見て論を構築したのであるが、フォークナーは前四二五年のアテナイ人によるピュロス占領がスパルタのメッセニア支配にとってレプレオンの戦略的地位を非常に高めることになり、その為にヘイロタイに同情的な民主エーリスにレプレオンを委ねるよりは自らレプレオンを確保すると決意ならしめたとする。(48)エーリスは前五世紀を通じてトリピュリアを含む南部地域の併合を押し進めたが、その事業に対してスパルタは肯定的であった。しかし、アテナイによるピュロス占領と海外のメッセニア人のメッセニア潜入がエーリスとの関係を根底から変えてしまったのである。スパルタはエーリスとの関係を犠牲にしてでもレプレオンを自らの手に掌握し、ピュロス奪回の拠点としてまたメッセニア確保の重要地点として利用したのである。スパルタがレプレオンに守備隊を駐留させていたのは前四〇九年頃にアテナイの手からピュロスを奪回するまで続いた。(49)

しかし、フォークナーにはスパルタ内部の分析が欠落しており、誰がエーリス戦争を積極的に推進したのかが明らかにならない。また、エーリスの海岸線確保が西方に対するスパルタの野心を反映しているとするが、その後の歴史の過程のなかで何故西方への関心が継続されず、スパルタの存在が恒久的でなかったのかが説明されていない。ケパレニアやナウパクトス攻撃など短期的な企てが指摘されるだけである。

そのエーリス戦争の原因として挙げられるスパルタ人をエーリスがオリュンピアの祭典から締め出した問題をホーンブロワー（S. Hornblower）は取り上げる。(50)ホーンブロワーはフォークナーがオリュンピアから排除されていた期間について議論していないことを批判し、(51)前四二〇年のオリュンピア祭だけでなく前四〇〇年まで締め出されていたことがエーリスに対するスパルタ人の怒りを掻き立てていたと論じるハミルトン（C. D. Hamilton）(52)やホドキンソン（S. Hodkinson）(53)、カートレッジ（P. Cartledge）(54)、ヘンレ（A. Hönle）(55)などの近年の論調を取り上げる。前四二〇年から四〇〇年までスパルタ人の優勝者の記録は残されていないが、そのことはスパルタが長期にわたってオリュンピア祭への参加を禁止されていたことを意味しないとし、前四一六年の祭典以前の段階でエーリスとの和解が成立していて参加禁止は解かれていたとする。(56)アーギス王のゼウス神への奉納をエーリス人が禁じたのも前四一四年あるいは四一三年の出来事であったとしてペロポネソス戦争後までエーリスの禁止令が継続したことを否定する。[57]またスパルタとエーリス間の最大の争点であったレプレオンの帰属問題も前四一四年にアリストパネスの『鳥』が上演される少し前に解決していたとして、[58]長期間に及ぶスパルターエーリス間の対立が継続してはいなかった。そのうえでホーンブロワーはエーリスとの和解がスパルタ人の怒りを晴らすには至らなかったと指摘するのである。[59]

ニキアスの平和期間中にリカス事件に象徴されるスパルタとエーリスの係争が解決されたというホーンブロワーの主張は注目に値するが、そうするとエーリス戦争は過去の恨みを晴らすためにだけにスパルタによって引き起こされたということになる。原因は戦争の帰結からも推測すべきであって、この点での分析がホーンブロワーには欠けている。

スパルタとエーリスとの係争でその処遇が浮上してくるピサティスについてはロイ（J. Roy）の地誌学的な研究がある。[60]スパルタは最初オリュンピアをエーリスから剝奪するつもりで戦争を始めたが、あまりにもピサティス人が「粗野」であるのでオリュンピアの管理権をエーリス人から取り上げなかったと、ロイはクセノポンの記述[61]を引用しながらエーリス戦争について論じている。[62]

コリントス戦争

第四節のコリントス戦争の原因についても若干補足しておかねばならない。一般的にはポリスのレベルで戦争への動機が論じられる傾向にあり、本節のようにポリスの中の党派のレベルで政策が考察されることはあまりないように思われる。

カートレッジはティトラウステスがテーバイやコリントス、アルゴスをスパルタと戦争させる目的でそれらの政治家にお金をばら撒いたと述べたうえで、この資金がこれら三国とアテナイとの大同盟を直接もたらしたというクセノポンの見解を単純素朴ないしは不誠実なものとして退け、アテナイがこれら諸都市と同盟を結んだ背景には海上帝国の復活を願うアテナイが長くそのような機会を待ち望んでいたというオクシュリンコスの歴史家をより賢明あるいはより偏見に毒されていない見解と考える。(63) スパルタ側の動機に関してはペロポネソス戦争以後テーバイが不忠で絶えずスパルタに楯突いてきたことに対する懲罰の機会という空気が広がっていたことを伝えるクセノポンの記述に依拠している。また必ずしも信頼できるものではないとしながらアルゴス人やエーリス人、コリントス人やアルカディア人、アカイア人の、またハルモステスやデカルキアなどの支配を受けている諸都市のスパルタに対する憎悪の感情を強調することによってアテナイ人を煽動したテーバイ人使節の言葉を紹介している。(64)

シプリー（D. R. Shipley）はプルタルコスの『アゲシラオス』第一五節八に関連して、ティモクラテスがもたらしたペルシアの資金がコリントス戦争の直接の原因とするパウサニアスやクセノポンと、ペルシアの資金はあまり重要でないとするオクシュリンコスの歴史家の評価の違いを指摘したうえで、プルタルコスがアテナイもまたペルシアの資金を受け取ったとする点ではオクシュリンコスの歴史家に与し、ペルシア王が買収工作の発案者であり資金の提供者であったという点でオクシュリンコスの歴史家に賛同していないと述べる。(65) さらに金額についても一万ダレイコスなのか三万ダレイコスなのかという史料上の異同を検討し、コリントス戦争の原因としてスパルタの膨張に対するギリシア諸国間の反目と不満を挙げる。(66) シプリーによればコリントス戦争勃発の、そしてペルシアの財政支援のきっかけはヘレスポントス地域におけるスパルタの脅威であった。(67)

シーガー（R. Seager）は本節で追求した諸都市内部での党派的、社会的、経済的、イデオロギー的対立がコリントス戦争勃発に果たした役割の大きさを否定し、スパルタの利己主義的な膨張政策がコリントス同盟諸国の不満と恐れの念を掻き立てていたと主張する。(68) スパルタが同盟諸国の願望と利害を無視して積極的な膨張政策をとったことが同盟諸国の不満を掻き立てていた。(69) コリントスはその主張が受け入れられなかったばかりか、スパルタのシュラクサイ干渉がコリントスの利害を損なっていた。テーバイは戦利品の分け前を要求したが無駄であったばかりでなく、中部ギリシアやテッサリアにおけるスパルタの拠点強化によって不気味な圧力を受けていたのである。それで両国はすでにスパルタに対して非協力の政策を実施していた。前三九六年夏のロドスのスパルタからの離反はこれらの諸国に希望を与えていた。(70) これら諸国のみならずアルゴスやアテナイをも刺激したのはペルシアの資金提供であった。単独で事を起こす自信を持っていなかったが、アテナイではスパルタに対する敵意は階層や政治的立場を超えて分かち持たれており、スパルタからの自立とギリシア世界のなかでもう一度強国としての地歩を得たいという願望は強かった。(71) それでアテナイは前三九七年に兵員と装備をコノンの許に送っているし、前三九六年にはテーバイやコリントスに倣ってアゲシラオスのアジア遠征に兵員を提供するのを拒んだのである。

スパルタの高圧的な利害無視に対する恨みと膨張主義への恐怖が重要な原因であって、諸都市のなかの社会的、経済的あるいは理念的諸要因が何らかの重要な役割を演じたと想像する理由はまったくない。(72) そのうえでギリシアでの紛争を煽り立てたのはイスメニアスやアンドロクレイダスらのテーバイの指導者たちであった。(73) シーガーはディオドロスの記述に従って、コリントス同盟結成の後、エウボイア、アカルナニア、レウカス、アンブラキア、カルキディケ諸都市が同盟側に与したと考えている。(74)

しかし、シーガーはオクシュリンコスの歴史家が「何故ならアルゴスの人々やボイオティアの人々は市民のなかの敵対派の人々を友人として遇しているが故にラケダイモンの人々を憎んでいたのであり、アテナイの人々は、彼ら自身が国家から財をなそうとして、アテナイ人を平静と平和から解き放ち戦争と干渉へと引き込もうと切望していたのであった。コリントスの人々のうちで国家権力を革命しようと望んでいたその他の人々はアルゴスの人々やボイオティアの人々とほとんど同じような理由からラケダイモンの人々に対して敵対的となったが、ティモラオスのみは、元来はすぐれて親スパルタ派であったが、デケレイア戦争中の出来事からよく知られているように、個人的な不満から彼らと不和になったのである」[75]とそれぞれのポリスのなかの党派的な対立と敵対派に対するスパルタの繋がりからコリントス戦争を推進したという指摘と完全に矛盾している。それぞれのポリスのなかの党派的な背景を無視して、スパルタとの戦争には国民的合意が存在していたと主張するのは史料的に困難であると思われる。アテナイに関しても経済的動機を否定し去ることは難しい。

コリントスについて通史的な研究書を著わしたサーモン（J. B. Salmon）はティモクラテスからペルシアの金を受け取った政治指導者たちは長年にわたって戦争を望んでいたというオクシュリンコスの歴史家の見解を戦争原因の説明としては確信性に欠けると見ている。[76]腐敗した政治家の手に渡された五〇タラントンは戦うという強い理由がないのに戦争を起こすのには不十分だということを明らかにするには利点があるが、これらの政治家が仲間の市民を説得してスパルタとの戦いに至らしめた論議を記載しようとしていない。[77]実際に重要なのは金を受け取った政治家たちの個人的な動機よりはむしろこれらの論議だとサーモンは主張する。[78]コリントスがスパルタに対して敵意を募らせていったのはテーバイと同じである。まずペロポネソス戦争勝利の分け前から排除されたこと、利己的に映るスパルタの行為、ペロポネソスを支配しイストモスの北に影響力を拡大しようとしているのではないかという恐れがコリントスの動機だった。[79]それでコリントスはアテナイ人亡命者を匿い、パウサニアスのアッティカ遠征やエーリス遠征、ティブロンやアゲシラオスのアジア遠征に部隊を提供することを拒否したのである。[80]コリントスをスパルタとの戦争に踏み切らせた動機はボイオティアとアテナイの同盟およびハリアルトスの戦いだった。[81]開戦への決意と内政面での政治闘争とは無関係だと主張するのである。

しかし党派の問題がまったく無関係でなかったことは、サーモン自身がネメアの戦いの後市内に残っていた親スパルタ派が城門を閉めて避難する同盟軍の入市を拒絶しスパルタと交渉を始めたという逸話[82]や、平和を望む人々に対して戦争の継続を望む人々による革命に言及していることから明らかである。[83]

シーガーやサーモンとはまったく対照的にオクシュリンコスの歴史家の指摘に着目し、レオンティアダス派とスパルタとの親密な関係を憂慮したイスメニアス派が党派的利害を守るためにコリントス戦争を画策したと論じたのがレンドン（J. E. Lendon）である。[84] レンドンはオクシュリンコスの歴史家の論旨はボイオティア人が内政問題へのスパルタの干渉によって止むを得ず戦争へと追いやられたのであり、イスメニアスの党派は国内の敵対派とのスパルタの同盟による破滅を避けるために武力に訴えたのだというものであると最初に定義する。[85] ペロポネソス戦争が終わった前四〇四年にそれまで政権を握ってきた親スパルタ派のレオンティアダス派に替わり主導権を掌握したイスメニアス派はアテナイ人亡命者を保護し、エーリス戦争やアゲシラオスのアジア遠征に協力しなかったのはボイオティア内部に対するスパルタの脅威の高まりであった。[86] しかし敵対政策と戦争は別問題である。[87] イスメニアスがスパルタとの緊張を高めながらも、スパルタとの戦争に慎重であったのは、緊張政策には支持しながらも、戦争への決断には躊躇っていたという世論の動向を背景に、スパルタに先に手を出させて世論をイスメニアスの政策支持へと誘導していく「罠」が必要であった。[88] レンドンはスパルタがボイオティアの内政に干渉したことが戦争の原因であるというオクシュリンコスの歴史家の見解は正しいと評価し、コリントス戦争の原因に関する最も信頼に足る説明であると結論している。[89]

以上、第三章に収録されている諸論考は何れも発表年代が古く発表後の諸研究の動向をある程度補足しておく必要を指摘され、また痛感した次第である。特にアルカイック期のスパルタについてはジョーンズやフォレスト時代とはすっかり様変わりをしていて、編年体系が根底から揺らいでしまっている。アルカイック期のアルゴスのペロポネソスにおける覇権も蜃気楼のように消え失せてしまい、考古学に基づく新しい歴史像が提唱される状況にある。このような新動向に沿って第一節で考察したアルカイック期のペロポネソスの政治史を組み立て直さねばならない。これは今後の課題として残しておきたい。補足説明として紹介した諸研究は決して十分とは言えず、重要な文献が抜け落ちているという叱責は甘受しなければならない。もちろん、これは他の章にも該当することではあるが。

帝国の崩壊とスパルタ

現在筆者はレウクトラの戦いで決定的な敗北を喫してからペロポネソス同盟が解体するまでのスパルタ史に関心を有している。(90)

帝国期のスパルタの重要な社会問題であるオリガントロピアについてはカートレッジが考察している。(91)市民数の減少がスパルタの弱体化をもたらしたのではなく、他のポリスに専門的な軍事教練が浸透したことがスパルタの軍事的優位を失わせたと論じるのがコークウェル（G. L. Cawkwell）である。(92)フックス（A. Fuks）はスパルタ市民の総数が減少したのではなく、ホモイオイと呼ばれる特権的市民層が減少したにすぎないと考えている。(93)住民の大多数を占めるヘイロタイについてコークウェルは終始スパルタに忠実であったと主張し、その理由としてスパルタには社会的上昇が劣格者に認められていたからだと論じる。(94)

エパメイノンダスのラコニア侵攻時に生じたスパルタ市民の間での不穏な動きについてデーヴィッドやシプリーは文献上の表現からスパルタ市民のどの階層の人々がこれに加わったのかについて考察している。(95)デーヴィッドやシプリーが劣格市民身分の存在を想定しているのに対してフッカーは劣格市民身分の存在を否定している。(96)その劣格市民層の存在を主張されるのが古山正人氏である。古山氏にはヒュポメイオネスを論じた論考(97)やモタケスやトロフィモイなどを論じた論考(98)があり、これらの問題を議論する際に基本的な視点を提供しておられる。

また古山氏には「スパルタにおけるパトロネジ論」という論考があり、(99)スパルタにおける政策決定過程の問題を主としてカートレッジの研究を基礎に議論されておられる。氏はスパルタの最終的意思決定権は民会にあり、王についてては制度的制約のなかにあったと指摘しておられる。しかし、その民会に政策を提言し世論を動向づけるという意味では王の持つ優位性は否定できないのではないかと思う。また特権的貴族層がスパルタにおいては確証が困難だとしても、リュサンドロスのような有力者がスパルタの政策に大きな影響を及ぼしていたことも確かである。このような視点でアゲシラオスとアンタルキダスの関係について簡単に言及しておこう。

アンタルキダスがエパメイノンダスのラコニア侵攻時にまったく取り乱してしまって息子をキュテラ島に避難させたという伝承についてはシプリーがアンタルキダスとキュテラ島との深い関係を指摘しており[100]、デーヴィッドはアゲシラオスの周辺から流された噂にすぎないとしている[101]。

レウクトラでの敗戦以降のスパルタと同盟諸国との関係について、タプラン（C. J. Tuplin）はスパルタの弱体化が結局は多くの同盟諸都市をスパルタとの同盟から離れさせることになったと考えている[102]。タプランの問題点はレウクトラでの敗戦からペロポネソス同盟の解体までの時間差を評価していないという点にある。レウクトラ以降生じた同盟諸都市の離脱をエパメイノンダスによるペロポネソス侵攻によって説明しているのがバックラーである。バックラー（J. Buckler）はエパメイノンダスの行為がスパルタの同盟諸都市を自国防衛に追い込みスパルタとの連携を断ち切っていったと考えている[103]。しかしバックラーはエパメイノンダスによる寡頭派体制の存続を保証するという政策が及ぼした影響を考慮していない。

カートレッジはレウクトラでの敗北によっても同盟諸都市の人々ににわかにはその無力を認識させるには至らなかったことと厭戦気分が広がるのに時間を要したことを指摘している[104]。寡頭派指導者が抱いていた民主派に対する危惧の念を強調するのがサーモン（J. B. Salmon）である[105]。同盟諸都市の寡頭派がスパルタを支持したのは民主派を支援するテーバイやアルゴスへの警戒心であった。そして寡頭派と民主派、富裕者と貧民との厳しい対立に着目するのがデーヴィッドである[106]。デーヴィッドの問題点はアルゴスの事例を他のペロポネソス諸都市に援用できるのかどうかということにある。

同盟諸都市の寡頭派をスパルタに惹き付けていたのは民主派に対する安全保障であった。それは寡頭派指導者個々人とスパルタの政治指導者の間に培われてきた友情と信頼によって補強されてきたのである。スパルタが彼らの期待に応えられなくなり、逆にエパメイノンダスのテーバイが彼らの不安の種を取り除いたとき、もはや彼らをスパルタに繋ぎ止めておく理由はなくなり、同盟は解体を余儀なくされてしまったのである。

註

（1）古山正人「日本におけるスパルタ史研究――戦後の研究と現状」『国学院大学紀要』第四一巻、二〇〇三年、七三〜一〇〇頁、特に九四頁。
（2）古山「スパルタにおけるパトロネジ論の有効性」長谷川博隆編『古典古代とパトロネジ』名古屋大学出版会、一九九九年、六七〜九六頁、特に八四、八九頁。
（3）S. Hodkinson, "The Development of Spartan Society", in Mitchell, L. G. and P. J. Rhodes (eds.), *The Development of the Polis in archaic Greece*, London/New York, 1997, pp. 83-102 ; esp. pp. 92-93.
（4）J. M. Hall, "How Argive was the Argive Heraion ?", *AJA*. 99 (1995), pp. 577-613.
（5）Cartledge, *Sparta and Laconia : a regional History 1300 to 162 B. C.*, London/New York, 2002, p. 118.
（6）Ibid., p. 120.
（7）Hodkinson, "Development", p. 87.
（8）Cartledge, *Sparta and Laconia*, pp. 122-123.
（9）古山「スパルタ東海岸のペリオイコイ地域の動向」『西洋古典学研究』五一、二〇〇三年、五八〜六八頁、六四頁、六七頁注一八。
（10）Hall, "Argive", p. 587.
（11）Ibid., p. 591.
（12）Cartledge, "The Peloponnesian League", in M. Whittby (ed.), *Sparta*, New York, 2002, pp. 225-226.

(13) Pamela-Jane Shaw, *Discrepancies in Olympiad Dating and Chronological Problems of Archaic Peloponnesian History, Historia Einzelschriften* 166, Wiesbaden 2003.
(14) Ibid., p. 245.
(15) Ibid., p. 171.
(16) Ibid., p. 166.
(17) Ibid., p. 168.
(18) Hall, "Argive", p. 591.
(19) Shaw, *Discrepancies*, p. 169.
(20) Ibid., p. 173.
(21) J. T. Hooker, "Spartan Propaganda", in A. Powell (ed.), *Classical Sparta : Techniques behind her Success*, Routledge, 1989, pp. 122–141.
(22) Ibid., pp. 135–138.
(23) V. Gray, "Image of Sparta : Writer and Audience in Isocrates' *Panathenaicus*", in A. Powell and S. Hodkinson (eds.), *The Shadow of Sparta*, London/New York, 1994, pp. 223–271.
(24) Ibid., pp. 228–229.
(25) Ibid., pp. 252–253.
(26) Ibid., p. 257.
(27) Ibid., p. 258.
(28) Ibid., p. 263.
(29) J. Alty, 'Dorians and Ionians', *JHS*. 102, 1982, pp. 1–14.
(30) Ibid., p. 14.
(31) Ibid., p. 13.
(32) E. David, *Sparta between Empire and Revolution (404–243 B. C.) : Internal Problems and their Impact on*

Contemporary Greek Consciousness, Salem, 1986, pp. 50-65.
(33) Ibid., p. 59.
(34) Ibid., pp. 51, 53.
(35) Ibid., p. 52
(36) Ibid., p. 54.
(37) Ibid.
(38) Ibid., p. 55.
(39) Ibid.
(40) Ibid., p. 56.
(41) Ibid., pp. 61-62.
(42) Ibid., p. 60.
(43) C. Falkner, "Sparta and the Eleian War, ca 401/400 B. C. : Revenge or Imperialism ?", *Phoenix* 50, 1996, pp. 17-25.
(44) Ibid., p. 17, n. 1.
(45) Ibid., p. 17, n. 3.
(46) Ibid., p. 24.
(47) C. Falkner, "Sparta and Lepreon in the Archidamian War (Thuc. 5. 31. 2-5)", *Hist*. 38, 1999, pp. 385-394.
(48) Ibid., p. 391.
(49) Ibid., p. 393.
(50) S. Hornblower, "Thucydides, Xenophon, and Lichas : Were the Spartans excluded from the Olympic Games from 420 to 400 B. C. ?", *Phoenix* 54, 2000, pp. 212-225.
(51) Ibid., p. 213.
(52) C. D. Hamilton, "Sparta", in L. Tritle (ed.), *The Greek World in the fourth Century B. C.*, London, 1997, pp. 41-65, esp. p. 50.

(53) S. Hodkinson, "Inheritance, Marriage and Demography : Perspectives upon the Success and Decline of Classical Sparta", in A. Powell (ed.), *Classical Sparta : Techniques behind her Success*, London, 1989, pp. 79-121, esp. p. 98.

(54) P. Cartledge, *Agesilaus and the Crisis of Sparta*, Baltimore, 1987, p. 249.

(55) A. Hönle, Tübingen diss., *Olympia und die griechischen Staatenwelt*, 1968. 筆者未見。

(56) Hornbrower, p. 222.

(57) Ibid., p. 218.

(58) Ibid., pp. 222-223.

(59) Ibid., p. 223.

(60) J. Roy, "The Pattern of Settlement in Pisatis. The 'Eight Poleis'", in T. H. Nielsen (ed.), *Even More Studies in the Ancient Greek Polis, Papers from the Copenhagen Polis Centre 6, Historia Einzelschriften* 162, Wiesbaden, 2002, pp. 229-247.

(61) Xen. *Hell*. III. 2. 31 : choiritas.

(62) Roy, p. 240.

(63) Cartledge, *Sparta and Lakonia*, p. 237.

(64) Ibid., p. 238.

(65) D. R. Shipley, *A Commentary on Plutarch's Life of Agesilaos*, Oxford, 1997, pp. 208-209.

(66) Ibid., pp. 209-210.

(67) Ibid., p. 210.

(68) R. Seager, "The Corinthian War", in *CAH.* VI, Cambridge, 1994, pp. 97-119, esp. pp. 97-100.

(69) Ibid., p. 97.

(70) Ibid., p. 98.

(71) Ibid., pp. 98-99.

(72) Ibid., pp. 98-99.

（73）Ibid., p. 99.
（74）Ibid., p. 101.
（75）*Hellenica Oxyrhynchia*, VII. 2-3.
（76）J. B. Salmon, *Wealthy Corinth : A History of the City to 338 B. C.*, Oxford, 1984, p. 345.
（77）Ibid., p. 345.
（78）Ibid., pp. 345-346.
（79）Ibid., pp. 346-347.
（80）Ibid., pp. 346-347.
（81）Ibid., p. 348.
（82）Ibid., p. 352.
（83）Ibid., p. 354.
（84）J. E. Lendon, "The Oxyrhynchus Historian and the Origins of the Corinthian War", *Hist.* 38 (1989), pp. 300-313.
（85）Ibid., p. 301.
（86）Ibid., pp. 302-310.
（87）Ibid., p. 311.
（88）Ibid., pp. 311-312.
（89）Ibid., p. 313.
（90）拙稿「帝国の終焉——スパルタ帝国の解体の最終プロセス（一）～（二）」『社会科学』七二号、二〇〇四年、二五九～二八九頁；七三号、二〇〇四年、九九～一二〇頁。
（91）Cartledge, *Sparta and Lakonia*, pp. 263-272.
（92）G. L. Cawkwell, "The Decline of Sparta", in M. Whitby (ed.), *Sparta*, Routledge/New York, 2002, pp. 236-257.
（93）A. Fuks, *Social Conflict in ancient Greece*, Leiden, 1984, pp. 247-248.
（94）Cawkwell, "Decline", p. 245.

(95) E. David, *Sparta between Empire and Revolution (404-243 B.C.): Internal Problems and their Impact on Contemporary Greek Consciousness*, Salem, 1986$^{\text{repr.}}$, p. 87 ; D.R. Shipley, *A Commentary on Plutarch's Life of Agesilaos*, Oxford, 1997, p. 345.

(96) J. T. Hooker, *The ancient Spartans*, London/Toronto/Melbourne, 1980, pp. 117-118.

(97) 古山正人「ヒュポメイオネス考――スパルタ社会変容の一側面」『新潟史学』第一七号、一九八四年、三八～五六頁。

(98) 同「モタケス、トロフィモイ、スパルティアタイのノトイ――スパルタの小集団社会」『歴史学研究』第五九七号、一九八九年、一～一八頁。

(99) 同「スパルタにおけるパトロネジ論」長谷川博隆編『古典古代とパトロネジ』名古屋大学出版会、一九九二年、六七～九六頁。

(100) Shipley, *Commentary*, p. 343.

(101) David, *Sparta*, p. 85 ; p. 219, n. 29.

(102) C. J. Tuplin, *The Failing of Empire*, Stuttgart, 1993, pp. 145-146.

(103) J. Buckler, *The Theban Hegemony, 371-362 BC.*, Cambridge/Masachusetts/London, 1980, pp. 101-102.

(104) P. Cartledge, *Agesilaos and the Crisis of Sparta*, Baltimore, 1987, pp. 382, 388.

(105) J. B. Salmon, *Wealthy Corinth : A History of the City to 338 B. C.*, Oxford, 1984, pp. 379, 383-386.

(106) E. David, *Sparta*, pp. 81-82.

終章　帝国・都市・党派
――帝国と都市の構造――

古代ギリシアにおける帝国および帝国主義

本書は紀元前六世紀から紀元前四世紀に至る古代ギリシア史における帝国と都市の関係を党派の次元から考察した。本書では便宜的にペルシアやデロス同盟を率いるアテナイ、ペロポネソス同盟を基盤にギリシアの国際政治を指導したスパルタを帝国という言葉でくくっている。

本来ナポレオンの帝国政策を指すために作り出された帝国主義はきわめて近代的な概念である。(1) その帝国主義、そして帝国主義と密接不可分な関係にある帝国という用語を古代ギリシア史に、しかも都市国家の規模を超えることがなく、ローマのように皇帝を上に頂く国家形態を持たなかったスパルタやアテナイに適用することについては異論もあろう。しかし、説得によってであれ強制によってであれ恒常的に影響力を行使して他の諸都市を自らの意思に従わせ、従わない場合には何らかの懲罰を課す力と権威を有し、そのための機構を伴っている場合には便宜的に帝国および帝国主義という言葉を用いても本質を見誤らせることにはならないと考えている。(2)

政治単位としての党派

本書はギリシア人という民族意識が政治的にはどこまで個々の都市、個々のギリシア人の行動を規定し、絶対的な行動規範になっていたのか、また都市の自由と自治という理念が形式論的に絶対普遍であったのか、という点に対する疑問を出発点としている。外見的に等質に見える都市も現実には程度の差はあれ数多くの党派に引き裂かれていた。最終的に都市の意思として表明されるものも実際には党派の意思の延長でしかない場合もあった。とりわけ帝国に対して都市自らの政策を決定する場合には異なる党派間の激しい対立と駆け引きが繰り返されたのである。党派はあくまでも私的な任意の集団である。政治的利害と政治的理念、さらには社会的価値観を共有し、有力な政治指導者を中心に友情や血縁など様々な人的結合関係を基礎としている。私的な利害集団である党派の次元にまで分析の対象を下げていくことによってギリシア人であるとかアテナイ人であるとかスパルタ人という次元では表面に浮かび上がってこない古代ギリシアの政治史の多元的な側面が明らかになると考えたのである。

ペルシアのような東方の大帝国とエーゲ海域に点在するギリシア都市との、あるいはアテナイやスパルタ、テーバイやアルゴスなどのギリシア都市間の関係、特に外交関係は民族としてのギリシア人とか独立した主権国家としての都市を基本的な単位として分析・評価されることが多い。しかし、実際にはそれは錯綜する党派の力関係のなかで形成されていったものである。

一般的には民主派（ho demos）とか寡頭派（hoi oligoi）という言葉に集約される傾向にある。しかし、実際には民主派も寡頭派も古代ギリシアの政治史に現われる党派のすべてではない。イオニアの反乱を提唱し主導したアリスタゴラスの党派はそれらのどちらの範疇にも属さない。前四世紀前半のスパルタの政治史に色濃く刻印を残したパウサニアス王の党派やアゲシラオス王の党派、さらにはアンタルキダスの党派はそのような範疇でくくれるものではない。本書で論じたレスボスの事例からはより多様な党派が都市のなかに存在していたことが明らかとなる。

この点で序章において論じたアテナイ帝国をめぐる論争は様々な示唆に富んでいる。党派と社会的背景との関係を固定化すること、都市内での多数意見と党派との結びつきを固定化することの危険性が論争の過程のなかで明らかにされてきた。民主派にせよ寡頭派にせよそれ自体で市民の多数派の意見を結集しているとか少数意見しか代表していないとかを論じることはできない。また、個々の党派の政策を傾向的にとらえ得ても、政策が絶対的に不動であるとか、固定化されていると評価することはできない。

党派と権力闘争

各都市のなかで展開される激しい権力闘争の場裏において党派の具体的な政策は構築され、提案される。民会において、評議会において、法廷において、様々な場において各政治指導者はそれぞれの党派を率いて争ったのである。政治的敗者はその政治的影響力を失い、都市の枢要な役職から遠ざけられ、法廷の場に被告として立たされたり、政治犯として追放されたり、処刑されたり、財産を没収されたりしたのである。逆に勝者は都市の国政に重要な提言をし、世論を誘導し、枢要な役職に就任し、政敵を法廷の場に立たせたり、追放したり処刑したりしたのである。

このような権力と政治的影響力をめぐる競争場裏にある党派は都市の外の様々な勢力と手を組み、自己の権力闘争の手段として活用しようとしたのである。ときにはこれらの外部勢力を都市のなかに呼び寄せてことを有利に運ぼうとさえしている。アテナイの亡命僭主ヒッピアスはペルシア軍の道案内をしてマラトンに上陸しているし(3)、メガラの民主派はアテナイ軍を都市のなかに引き入れようと画策している(4)。ケルキュラの寡頭派は民主派が支配する都市に対して攻撃するだけでなく、コリントスやスパルタに協力して都市の奪回を企てている(5)。テゲアの民主派は内乱を優位に進めるためにマンティネイアから援軍を呼び寄せているし(6)、アテナイの三〇人政権はスパルタ部隊の駐留を自ら申し出ている。[7] テーバイのレオンティアダス派の人々はイスメニアスらの敵対派から政治の指導権を奪取するためにポイビダスのスパルタ軍をアクロポリスであるカドメイアに引き入れさえしているのである。[8]

帝国と党派

ここに帝国と党派との接点がある。帝国はその支配をより強固なものとするために、その支配下にある諸都市の党派との連携を深めていき、そのために都市の内政への積極的関与さえ当然視されたのである。アテナイやスパルタがアルコンやエピスコポス、ハルモステスやプルラルコスなどの在外官吏を派遣して提携下にある政治家や党派を庇護したこと、アテナイがこれらの人物を善行者として顕彰しその生命財産の保護を民会決議で承認したこと、ペルシアがイオニア諸都市の僭主支配を容認したり政治的亡命者に資金援助を与えたりしたことはそのような都市の枠組みを越えた帝国と党派の連携の一部であった。

当然のことながらこのような帝国と党派との連携はその連携によって不利益を被る立場に立たされる敵対派によって都市の自由と自治という大原則が侵害されたと断罪され、このような連携を模索した党派は裏切り者(prodotes)として糾弾されるのである。アルキビアデスのアテナイ軍に都市を引き渡したビュザンティオンのアナクシラオスはペロポネソス戦争後裏切り者として裁判にかけられているし、[9] コリントス戦争を主導したテーバイのイスメニアスはペルシア人と親しい関係にあり、ペルシア王から賄賂を受けて戦争を始めたと断罪され処刑されている。[10]

自己の政治的利益や理念を中心に据えて行動する党派が自らの主張や利害を評議会や民会に提案し、説得することによって都市の政策として昇華させていこうとする。この場合、正式決定された都市の政策は特定の党派の政策と同一となる。このようにして都市の利害や政策についての考察は様々な党派の利害や政策にたどり着いていく。

その意味でギリシア民族とか都市の自由・政治的独立といった理念も内容的には同一ではありえず、至高性や普遍性をもって個々のギリシア人の意識や行動を規制する絶対的強制力をもつものではなかった。

本書はこのような視点を基本として帝国と都市の関係を明らかにしようとしたのである。本書が扱った帝国は前六世紀中頃から前五世紀の前半までの時期のペルシア帝国、前五世紀前半から末にかけてエーゲ海域に君臨したアテナイ帝国、そのアテナイ帝国にかわってギリシア世界に現われ、前四世紀の前半まで様々な国際関係に問題を提起したスパルタ帝国の三つである。

ペルシア帝国と都市

第一章は異民族のオリエントの大帝国であり、小アジアに住むギリシア人をその支配下に組み込み、さらにはギリシア本土にまでその支配圏を拡大しようとしたペルシア帝国にギリシア人はどのように向きあったのかを明らかにしようとする試みである。

第一節は異民族をバルバロイと呼んで差別視する観念がギリシア人の間に生まれたのはそれほど遠い昔のことではなかったことを論じた。前六世紀前半小アジアに住むギリシア人を征服し、おのれの宗主権下に置いたリュディア人に対してギリシア人はバルバロイと呼ぶことはなかった。むしろギリシア人たちはサルディスの宮廷に引き寄せられていたのである。

そのリュディア人の王国を滅ぼし、ギリシア人を支配するようになったペルシア帝国にギリシア人はリュディア王国に対してと同じような態度で接したのである。前六世紀から前四世紀にかけてギリシア世界は東方のペルシア帝国の存在を意識せざるを得ず、ギリシア世界の一部はペルシア帝国のなかに組み込まれていた。(11) ペルシア戦争はギリシア人の間にギリシア人の価値観とは絶対的に相容れないペルシアの専制支配の恐怖とペルシア帝国下のオリエント人に対する蔑視の念をかき立てることになったし、戦争のプロパガンダとして強力に宣伝されたであろう。しかしこのような「バルバロイ」観は起源的には新しいものであり、決して万古不易なものでなかった。むしろイオニア反乱を指導する一部の指導層の周辺でイオニア人を結束させる方便として構想され、提唱されたものであった。このような「バルバロイ」観が決してギリシア人全体に共有されていたわけではなかったし、ギリシア人がそのようなイデオロギーに拘束されていたわけでもなかった。

ペルシア戦争までの初期の時代のペルシア支配とギリシア人の関係を論じたのが第二節である。この時代のギリシア人たちのある者はペルシア王やペルシア人総督に仕え、ペルシア人貴族に混じって王の関心を引き王から好意と恩沢を我が物にしようと努力した。またある者は傭兵や職人として帝国に雇用され、帝国が提供する給与に熱い視線を浴びせたのである。母国で権力闘争に敗れた指導者たちは総督や王の宮廷に接近し、その支援によって帰国を果たそうと努力している。この点ではリュディア時代と状況は変わっていない。そこにはペルシア人をバルバロイと蔑称してギリシア人の文化的優位を誇示しようとする態度はいまだ見られなかった。

ペルシアもギリシア人を特別に差別化して抑圧することはなかった。ペルシアの財政政策はギリシア人の通商活動を抑圧することもなかったし、貢税徴収が市場に流通する銀地金を不足させギリシア人の貨幣経済に打撃を与えることもなかった。むしろペルシア時代に貨幣の発行地は広がりを見せている。それ故、ヘロドトスはミレトスを「イオニアの華」と呼んでいるのである。

イオニアのギリシア人がペルシアに対して大反乱に踏み切ったのはペルシアの支配が過酷であったからではない。ペルシア帝国の官僚機構のなかで戦われる王の恩寵をめぐる熾烈な権力抗争と反乱を事前に抑止するペルシア人官吏やペルシア軍の存在のなさ、それとイオニア人指導者の間に結ばれているある種のネットワークがイオニア人を大反乱へと駆り立てたのである。ペルシア帝国の統治機構のなかで権力闘争に敗れた在地の有力者が自らの生き残りをかけてペルシア王に反旗を翻したのだ。それでミレトスの代理僭主アリスタゴラスと彼を取り巻く党派の仲間たちが反乱を計画し、指導していったのである。そしてその反乱を正当化するために僭主の支持者たちのなかで差別的なバルバロイ観とバルバロイの専制支配からの解放の理念がプロパガンダとして生み出されたのである。

ギリシア的な価値観の対極に位置づけられるバルバロイは肉体的には柔弱であり、文化的に劣等な存在であり、政治的自由を有してはいない、そのような存在だとされた。自由を喪失した境遇にあるバルバロイが本性上自由であるギリシア人を奴隷状態に置こうとしている、という反乱指導者たちのプロパガンダはギリシア人の間にそれほど浸透しなかった。その証拠はペルシア戦争であろう。

第三節はペルシア戦争をギリシア民族の解放戦争と位置づけられるのかどうかという視点で考察した。ギリシア本土に侵攻するペルシア軍に抵抗した都市はわずかであり、アテナイのエウペモスがカマリナの民会で強調したようにペルシア軍に加わってその遠征に協力した都市や、デルポイの助言に従い中立の立場を選択した都市の数のほうがはるかに多かったのである。しかし、ペルシア軍と直接対峙したアテナイやスパルタでは戦争の遺産としてペルシアの脅威が誇張され、政治プロパガンダ化されていく。

ペルシアに対する内通が党派間の政争の道具となり、政敵を攻撃しその政治的影響力を殺ぐためにアテナイやスパルタでは利用されるようになるのである。その例の一つが第四節で考察の対象としているパウサニアス事件である。パウサニアスを裏切り者として断罪した証拠は「噂（ho logos）」でしかなかった。問題は裏切り者として断罪されたのがパウサニアスに留まらず、レオテュキダスやテミストクレスもその対象となっていることであろう。ペルシア戦争後、プラタイアの英雄やミュカレーの英雄、サラミスの英雄がペルシアへの裏切り者あるいは親ペルシア派のアレウアス家に買収されたとして糾弾されたことは暗示的である。ペルシア戦争中の功績によってあまりにも巨大化しすぎた政治指導者を殺いでいこうとするギリシア人のバランス感覚をよく示しているのかもしれない。

アテナイ帝国と都市

第二章ではアテナイ帝国を舞台に帝国と同盟都市の関係を論じた。第一節は後世公正な同盟政策と評価されるアリステイデスの査定を扱った。直接的にはトゥキュディデスなどの文献史料と『アテナイ貢税表』の碑文資料との齟齬を解消しようとするのが目的であった。アリステイデスの四六〇タラントンという査定額はペリクレス時代の六〇〇タラントン、ペロポネソス戦争期の一二〇〇タラントンに比べると軽微な額である。しかし、前五世紀中頃には貢税額は二〇〇タラントン台に減額されたとすると、同盟国の数がいまだそれほど多くなかった最初期の段階での四六〇タラントンという貢税額を軽微だと評価できるのだろうか。それは決して軽微な負担ではなく、個々の都市にとってかなり重い負担であった。そしてそのような重い負担を同盟国が引き受けたのはペルシア戦を遂行しようとする同盟国の強い意思の表明だったと評価したのである。

第二節では祭典や宗教、植民神話を通じてアテナイがその帝国支配を正当化しようとした問題を扱った。アテナイがその帝国支配を正当化する一つの方策がコドロス一族によるイオニア植民の神話であり、デロス同盟諸国をアテナイの植民都市として位置づけることによって同盟主アテナイと同盟諸国との絆に擬制的な血縁関係を構築し、ディオニュシア祭やパンアテナイア祭などの祭典を利用してアテナイの栄光とアテナイへの結束を演出したのである。これは祭典や宗教などによってアテナイと同盟諸国との間に共属意識を形成しようとする帝国による試みであった。しかしそれは結果において成功しなかった。何故なら対象となる都市自体がそのなかに様々な利害と意見の対立を抱えており、その受容が一様ではなかったからである。アテナイの支配を自己にとって障害と映ずる党派にとってはアテナイの帝国支配の正当化を容認することはできなかった。

第三節はペロポネソス戦争の初期に起きたレスボスの反乱を取り上げた。反乱の企画段階からミュティレネでは意思は統一されておらず、反乱の進展に伴って都市内部の亀裂は深まっていく。最終的には民衆が都市当局者の意向に反抗する事態が生じて一挙に反乱は瓦解してしまった。そしてミュティレネの党派は民主派と寡頭派と単純に二元化できないことを論じたのである。

スパルタ帝国と都市

都市は内部に矛盾を抱えながら、同時に外から都市の自由や自治を制限し、都市に干渉して自らの意思を強制したり影響を及ぼしたりしようとする外部の圧力に直面していた。ペルシアやデロス同盟時代のアテナイ、ペロポネソス戦争後のスパルタがその外部の圧力を代表している。そのような外部の圧力に対する姿勢は都市内部で進行している厳しい党派間の権力闘争と連動してくる。党派にとって外部の勢力が利益となるのか、それとも自らの権力志向にとって障害となるのかがその方向を決定していく。

第三章はスパルタ帝国とその同盟都市の関係を論じた。第一節は何故都市が帝国を目指すのか、その動機をスパルタが紀元前六世紀中頃にペロポネソスに覇権を確立していく過程のなかに見いだそうとした。その際スパルタとして当時採り得る政策の選択肢の可能性を想定し、そのうえでスパルタが現実に選択した政策から動機を読み解こうとしたのである。領土を併合し、住民をヘイロタイに組み込んでしまう在来型からの決別であり、同盟を手段として自国の安全保障を強化しようとするものであった。そのためにスパルタは同諸都市に逃亡したヘイロタイを亡命者として受け容れることを禁止し、同盟軍の指揮権を独占しようとしたのである。そのことはさらにペロポネソス戦争前アテナイの使節が語っているように自国に都合の良い党派を支援することによって同盟国の内政に干渉していたのである。(12) 第一節で扱ったスパルタの政策は帝国の原形であった。

本書はその帝国に向かい合った諸都市がどのように対応し、逆に帝国の存在が諸都市のなかにどのような亀裂を生じたのかに関心を抱きながら党派という都市内部の政治勢力の動向を考察してきた。スパルタは同盟諸国内の寡頭派との政治的結束・物理的精神的な援助を通じてギリシア世界におけるスパルタの覇権を確実なものにしようとしたのである。これはすでにふれたアテナイ人使節の演説に指摘されていることである。[13]

そして、そのことがスパルタの干渉・支援を脅威と感じる諸勢力による非難を招くことになったのである。「好戦的」とか「傲慢」という印象はその産物であった。帝国を維持する物理的な力と威信を保持し、帝国支配下の諸都市の安全と利益を保障し、それらの諸都市における党派やその有力指導者たちの利害と関心に連動している限りにおいて帝国は維持されえたのである。しかしこれらを失ったときに帝国は危機に立たされ後退を余儀なくされ、最終的には帝国は瓦解してしまうのである。[14]

そのために、帝国はその支配下に組み込まれた諸都市にどのように印象されたのか、支配される側の心理的な側面を分析したのが第二節である。スパルタによる過度の親スパルタ派への連携と支援が、都市のなかで親スパルタ派と権力闘争を演じ、厳しく対立していた党派の指導者たちに「adikia（不正）」や「傲慢（hybris）」、「akolasia（放縦）」という言葉に集約される悪評を生じていた。スパルタの帝国支配に対する印象は党派を媒介項として都市のスパルタに対する政策や態度の形成に大きな影響を及ぼしているのである。

第三節はエーリス戦争を主題として、スパルタ国内の党派と対外政策の関係を考察した。エーリス戦争を主導したのはアーギス王とその党派であり、海上帝国を目指すリュサンドロスのそれではなかったことに着目したのである。帝国政策を追求する方法は多様であり、リュサンドロスのような海上帝国を模索する方向や、アーギス王のような陸上帝国を目指す方向、さらにはパウサニアス王のような自由帝国を模索する方向など様々に分かれてはいた。帝国はそのあり方をめぐる方向と政策の亀裂を深刻化し、スパルタ内部での有力政治家たちの権力闘争と強く連動していたのである。しかし、同盟諸国のなかに親スパルタ感情を醸成し、親スパルタ勢力を扶植しようとする点ではいずれの方向も変わりはなかった。

エーリスはトリピュリアなどの従属領を失ったが、民主制の解体と親スパルタ派による独裁政権を強要されていない。この戦後処理に多様なスパルタの外交戦略が働いていたことを明らかにすることができた。

第四節はコリントス戦争の勃発を手掛かりにスパルタおよびコリントス同盟に加わってスパルタと対峙した都市内部の党派を分析したのである。一方の当事者であるスパルタはコリントス同盟の指導者たちがペルシアに買収されて戦争を始めたと主張したが、これはあくまでもプロパガンダでしかなかった。コリントス同盟側の支配的な党派はペルシアに買収されて戦争を始めたのではなく、それぞれの都市内部での支配権をより強固なものにするためにスパルタとの戦争を必要としたのである。

第五節はその後の研究、とりわけ最近の研究によって欠を補った補論である。

註

（1）E. S. Gruen, *The Hellenistic World and the Coming of Rome*, Berkeley/Los Angeles/London, 1984, pp. 3-8.

（2）Cf. P. D. A. Garnsey and C. R. Whittaker, *Imperialism in the Ancient World*, London/New York/Melbourne, 1978, pp. 1-6. 帝国主義という言葉が他の住民に対する不正で抑圧的な支配を指し示す用語として多くの古代史家に用いられていると指摘されている。しかし同書に収録されているアンドリュースの論文はスパルタには帝国主義を抑制する諸要因が働いていたとして、スパルタ帝国という用語に疑問を提示している。A. Andrewes, "Spartan Imperialism ?", pp. 91-102.

（3）Hdt. VI. 102 ; 107.

（4）Thuc. IV. 66.

（5）Thuc. III. 70 ; 85.

（6）Xen. *Hell*. VI. 5. 8.

（7）Xen. *Hell*. II. 3. 13.

（8）Xen. *Hell*. V. 2. 25-31.

(9) Xen. *Hell.* I. 3. 16-20.

(10) Xen. *Hell.* V. 2. 35-36.

(11) S. Hornblower, *The Greek World, 479-323 B.C.*, London, 1991[2nd. ed.], p. 11：ホーンブロワーはペルシア戦争がギリシア人に一体感を与えたと見なしている。ギリシア人であるということの観念と異民族を蔑視するバルバロイ観については最近刊行されたHall, *Hellenicity* が参考になる。また、前五世紀のペルシアとの関係についてはM. C. Miller, *Athens and Persia in the fifth Century BC : A Study in cultural Receptivity*, Cambridge, 1997 が政治や文化の相互関係や影響などについて論じている。

(12) Thuc. I. 76. cf. Thuc. I. 19.

(13) Thuc. I. 76.

(14) ウッドヘッドはアテナイの事例の基づいて帝国瓦解の原因をkratos（武力）、dynamis（能力）、gnome（情報力）、periousia（卓越性）、tharsos（自信）の喪失に求める。A・G・ウッドヘッド著、丹藤浩二訳『権力の本質』渓水社、一九七五年、一〇八頁。

初出一覧

序　章　古代ギリシア史における帝国と都市
（書き下ろし）

第一章　ペルシア帝国

第一節　ギリシア人とリュディア人
（『社会科学』六八、二〇〇二年、二七～四八頁）

第二節　イオニア反乱の原因
（『人文学』一七二、二〇〇二年、三五～六九頁）

第三節　ペルシア戦争は自由のための戦いか
（『史朋』二九、一九九七年、一～二三頁）

第四節　パウサニアス事件
（『立命館文学』五五八、一九九九年、一～一九頁）

第二章　アテナイ帝国

第一節　アリステイデスの査定
（『文化学年報』五一、二〇〇二年、二一～四四頁）

第二節　アテナイ帝国と神話、宗教そして祭典
（『人文学』一七三、二〇〇三年、五五〜八三頁）
第三節　レスボスの離反
（『文化史学』五五、一九九九年、一九三〜二一二頁）
第三章　スパルタ帝国
第一節　紀元前五五〇年代におけるスパルタの対外政策の転換について
（『文化史学』三一、一九七五年、二〇〜三一頁）
第二節　スパルタの不評とスパルタ帝国
（『文化史学』三八、一九八二年、七二〜八九頁）
第三節　エーリス戦争とスパルタ
（『文化史学』三四、一九七八年、二三〜三四頁）
第四節　コリントス戦争の原因
（『立命館史学』四、一九八三年、六三〜九九頁）
第五節　スパルタ帝国再考
（書き下ろし）
終　章　帝国・都市・党派
（書き下ろし）

MINERVA 西洋史ライブラリー

33 アメリカ人の核意識　A・M・ウィンクラー著　麻田貞雄監訳　岡田良之助訳
34 マグナ・カルタ　W・S・マッケクニ著　禿氏好文訳
35 トマス・ジェファソンと「自由の帝国」の理念　明石紀雄
36 近代奴隷制社会の史的展開　池本幸三
37 ローマ時代イタリア都市の研究　岩井経男
38 中世ドイツ・バムベルク司教領の研究　名城邦夫
39 帝国主義と工業化1415～1974　P・K・オブライエン著　秋田茂　玉木俊明訳
40 中世イタリア都市国家成立史研究　佐藤眞典
41 イギリス人の帝国　竹内幸雄
42 ドイツ近世の社会と教会　永田諒一
43 工業化とアメリカ社会　W・リクト著　森杲訳
44 国際比較・近代ドイツの市民　J・コッカ編　望田幸男監訳
45 オフサイドの自由主義　太田和宏
46 イギリス東インド会社とインド成り金　浅田實
47 近代ドイツの人口と経済　桜井健吾

48 中世フランドル都市の生成　山田雅彦
49 コミュニケーションの社会史　前川和也編
50 SS国家　E・コーゴン著　林功三訳
51 大英帝国のオリエンタリズム　J・M・マッケンジー著　平田雅博訳
52 スペインの社会・家族・心性　芝紘子
53 ドイツ・ラディカリズムの諸潮流　垂水節子
54 近代イギリスの社会と文化　村岡健次
55 モンティチェロのジェファソン　明石紀雄
56 フランス人とスペイン内戦　渡辺和行
57 古代エジプト文化の形成と拡散　大城道則
58 概説　現代世界の歴史　W・ウッドラフ著　原剛他訳
59 規範としての文化　谷川稔他
60 ザクセン大公ハインリヒ獅子公　K・ヨルダン著　瀬原義生訳
61 地域からみたヨーロッパ中世　A・ジョリス著　瀬原義生監訳

《著者紹介》

中井　義明（なかい・よしあき）

1948年　大阪府生まれ。
1970年　立命館大学文学部卒業。
1980年　同志社大学大学院文学研究科博士課程中退。
2004年　博士（文学）立命館大学。
現　在　同志社大学文学部教授。
主　著　『文明と環境——古代文明と環境』（共著）思文閣出版，1994年。
『文明と環境——地球と文明の画期』（共著）朝倉書店，1996年。
『ローマと地中海世界の展開』（共編著）晃洋書房，2001年。
『古代王権の誕生　IV　ヨーロッパ』（共著）角川書店，2003年。
『環境考古学ハンドブック』（共著）朝倉書店，2003年。

MINERVA西洋史ライブラリー㊹
古代ギリシア史における帝国と都市
——ペルシア・アテナイ・スパルタ——

2005年３月15日　初版第１刷発行　　検印廃止

定価はカバーに
表示しています

著　者　中　井　義　明
発行者　杉　田　啓　三
印刷者　林　　　初　彦

発行所　株式会社　ミネルヴァ書房
607-8494　京都市山科区日ノ岡堤谷町１
電話代表　(075)581-5191番
振替口座　01020-0-8076番

太洋社・オービービー

ISBN4-623-04313-4
Printed in Japan

人名索引

[ア　行]

アイアコス（アイギナの英雄）　143, 160 n 8
アイアス（ホメロスの英雄）　143
アイシモス（アテナイの政治家）　262, 263
アイスキネス（アテナイの弁論家）　77, 78, 194
アイピュトス（プリエネ植民指導者）　148
アウトクレス（アテナイの政治家）　219, 289
アガシクレス（スパルタ王）　191, 193, 197, 198, 205 n 1, 209 n 79, 280
アガティアス　170
アガメムノン（ホメロスの英雄）　62, 204
アガリステ（シキュオンの僭主の娘）　193
アーギス（スパルタ王）　185 n 6, 221, 231, 233-235, 237, 239, 243 n 55, 245 n 93, 239-244, 249, 255 n 83, 258 n 135, 286, 288, 310
アゲシラオス（スパルタ王）　3, 6, 14 n 43, 212, 215, 218, 219, 221 n 4, 224 n 35, 225 n 55, 228 n 123, 234, 248, 250, 256-258, 260, 261, 264, 276 n 144, 302
アゲラオス（クロイソスの祖先）　24
アスティアス（テーバイの指導者）　265
アッシュールバニパル（アッシリア王）　30, 31
アテーナ（ギリシアの女神）　77, 123, 124, 127, 129, 136 n 9, 140 n 59, 144, 146, 147, 151, 160 n 14
アトキンソン（古代史研究者）　121
アトッサ（ペルシアの王妃）　48
アナカルシス（スキタイ人の王）　21
アナクサンドリダス（スパルタの王）　196-199, 201, 281
アニュトス（アテナイの政治家）　248, 262, 263
アバルトス（ポカイアへの植民指導者）　148
アポロン（ギリシアの神）　20, 22, 150, 161 n 20
アマシス（エジプト王の名前）　84, 85
アリスタゴラス（ミレトスの僭主）　26, 42, 43, 45, 46, 48-52, 54-61, 63-65, 66 n 4, 69 n 64, n 67, 85, 87, 148, 149, 157, 158, 302, 307
アリステイデス（アテナイの指導者）　100, 101, 109, 119, 120, 125, 131, 132, 135, 136 n 8, 141 n 68, n 69, 150, 162 n 48, 308
アリストテレス（哲学者）　101, 147, 149, 170, 194, 200, 202
アリストパネス（喜劇詩人）　4, 150, 152, 153, 163 n 54, 170, 288
アリストメリダス（スパルタの有力者）　257, 272 n 83
アリストン（スパルタ王）　191, 192, 197-199, 201, 280, 281
アリュアッテス（リュディア王）　19, 20, 22, 24, 28, 29
アルカイオス（抒情詩人）　22
アルカメネス（スパルタの指揮官）　259
アルキダス（スパルタの指揮官）　124, 169
アルキダモス（スパルタ王）　191, 193, 197, 205 n 1, 209 n 79, 230, 256, 257, 283
アルキプロン（アルゴスの政治家）　257
アルキロコス（抒情詩人）　17, 27

アルクメオン（アテナイの有力者）　18, 21
アルケラオス（マケドニア王）　259
アルタクセルクセス（ペルシア王）　3, 248
アルタバゾス（ペルシアの総督）　99, 100
アルタプレネス（ペルシアの総督）　48, 49, 51, 52, 54, 60, 64, 87, 135
アルティ（古代史研究者）　283, 284
アルヌワンダシュ（ヒッタイト文書に登場する人物名）　28
アレス（ギリシアの神）　90
アンダーソン（古代史研究者）　252
アンツ（古代史研究者）　121, 125-129
アンティポン（アテナイの弁論家）　171, 180, 183
アンドライモン（レベドス植民指導者）　148
アンドリュース（古代史研究者）　53, 194, 195
アンドロクレイダス（テーバイの政治家）　248, 249, 252, 290
アンピクロス（キオス植民指導者）　148
イアトゴラス（ミレトス人）　63
イサゴラス（テーバイの指導者）　75
イスメニアス（テーバイの指導者）　15, 15 n 47, 249, 250, 252, 256, 265, 266, 270 n 34, 304
イソクラテス（アテナイの修辞家）　145, 156, 168 n 94, 212, 214, 216, 218, 219, 223 n 26, n 27, 225 n 55, 227-228 n 110, 228 n 111, 229, 238, 239, 248, 283-286
イピティオン（リュディアの英雄）　25
ヴァルザー（古代史研究者）　76, 82, 83
ヴァルター（古代史研究者）　45, 56
ウェイド－ジェリー（古代史研究者）　192
ウェストレイク（古代史研究者）　103, 104, 107, 170, 176, 181
ウォーカー（古代史研究者）　121
ウォルスキ（古代史研究者）　102, 104, 112 n 5
ウッド（古代史研究者）　45, 56
エヴァンズ（古代史研究者）　45, 70 n 72
エウテュデモス（アテナイのアルコン）　198
エウペモス（アテナイの使節）　109, 145, 148, 158, 307
エウリピデス（悲劇詩人）　146, 147
エウリュクラテス（スパルタ王）　191
エウリュポン（スパルタの王家）　197-199
エディー（古代史研究者）　122
エピクラテス（アテナイの政治家）　30
エポロス（歴史家）　170, 171, 248, 284-286
エルゴクレス（アテナイの政治家）　263
エレクテウス（アテナイの英雄）　146
エーレンベルク（古代史研究者）　44
オタネス（ペルシアの貴族）　47
オデュッセウス（ホメロスの英雄）　24, 62
オネシロス（キプロスの指導者）　41, 71 n 107
オルムステッド（古代史研究者）　104
オレステス（ギリシアの英雄）　203, 204
オロイテス（ペルシアの総督）　54

［カ　行］

カートレッジ（古代史研究者）　280, 281, 286-288, 293, 294
ガラクシオドロス（テーバイの政治家）　249
カルキデウス（スパルタの指揮官）　159
カールシュテット（古代史研究者）　105, 229, 236
カンダウレス（リュディア王）　21, 24-26
キーナスト（古代史研究者）　45, 48, 49, 54-56
キモン（アテナイの指導者）　6, 14 n 31, 106, 109, 112 n 5, 128, 129, 140 n 64, n 66, 144, 204

キュアレトス（ミュウスへの植民指導者）　148
ギュゲス（リュディア王）　19-22, 24, 26, 27, 30, 31, 35 n 24
キュプセロス（コリントスの僭主）　193, 262
キュロス（ペルシア王）　3, 6, 18, 23, 31, 32, 34 n 10, 48, 84, 86, 144
キュロス（ペルシアの王子）　214, 259, 260, 275 n 139
キュロン（アルゴスの政治家）　246, 262
キロン（スパルタの有名なエポロス）　192, 195-198, 201, 202, 279-281
クィン（古代史研究者）　8, 9, 174, 188 n 70
クサンティッポス（ペリクレスの父）　98
クセナレス（スパルタのエポロス）　257
クセニアス（エーリスの政治家）　237, 238
クセノポン（ギリシアの歴史家）　29, 32, 142, 170, 219, 234-238, 248-255, 283-286, 288, 289
クセルクセス（ペルシア王）　79-81, 97 n 96, 104, 107, 108, 142, 143, 268 n 3
クテシアス（ギリシアの歴史家）　3
クーナス（古代史研究者）　264
クノポス（エリュトライ植民指導者）　148
グラウコス（キオスの工芸家）　29
クラテロス（マケドニアの法令編集者）　77
グランディー（古代史研究者）　45, 56, 67 n 18
クレアルコス（スパルタの指揮官）　259
グレイ（古代史研究者）　283
クレイグ（古代史研究者）　85
クレイステネス（アテナイの指導者）　87, 193, 194, 281
クレイニアス（アテナイの政治家）　125, 138 n 34
クレウサ（英雄イオンの母）　146
クレオニケ（パウサニアスの母）　101
クレオニュモス（アテナイの政治家）　125, 126
クレオブロス（スパルタのエポロス）　257
クレオメネス（スパルタ王）　26, 85, 86, 196, 284
クレオン（アテナイの指導者）　100, 152, 153, 172, 176, 180, 184 n 2
クロイソス（リュディア王）　18-22, 24, 26, 27, 29, 31, 34 n 10, n 14, 36 n 49, 84-86, 197, 205
クロシェ（古代史研究者）　263-266
グロート（古代史研究者）　236, 237
ケーガン（古代史研究者）　211, 220, 256, 261, 262, 265, 266
ケクロプス（アテナイの英雄）　146
ケーリー（古代史研究者）　236, 240 n 1, 256, 270 n 33
コエス（ミュティレネの僭主）　65
ゴーティエ（古代史研究者）　174
コドロス（アテナイの英雄）　146, 148, 149
コーネリアス（古代史研究者）　105
コノン（アテナイの指導者）　6, 7, 217, 248, 262, 264, 267, 290
ゴム（古代史研究者）　102, 121, 123-126
ゴンギュロス（エレトリアの人）　99

［サ　行］

サイード（中東の研究者）　46
サッポー（ギリシアの詩人）　17, 21
サデュアッテス（リュディア王）　19, 20, 28
サーモン（古代史研究者）　291, 292, 294
サモンズ（古代史研究者）　122, 130
サライトス（スパルタの指揮官）　173, 175, 179, 181
サルゴン2世（アッシリア王）　23
サルペドン（トロイ方の英雄）　24
サント＝クロワ（古代史研究者）　8, 9, 173,

176, 194–196, 210 n 90
シーガー（古代史研究者）　289, 290, 292
シブリー（古代史研究者）　289, 293, 294
シュタール（古代史研究者）　46
シューマッヒャー（古代史研究者）　102, 103
ショー（古代史研究者）　281, 282, 284
ジョージス（古代史研究者）　22, 24, 38 n 89, 44, 45, 48, 53–55, 58, 59, 63, 65
ジョーンズ（古代史研究者）　86, 194, 236, 240, 292
シーリー（古代史研究者）　162 n 49
ジリス（古代史研究者）　174, 183
新村祐一郎（古代史研究者）　85, 86, 192, 206 n 4, n 15, 207 n 31, 208 n 55, n 65, 209 n 66, 210 n 90
スキュラクス（ミュンドスの人）　49, 50
スチュワート（古代史研究者）　104, 105
ストラトクレス（アテナイのアルコン）　152
ストロムビキデス（アテナイの指揮官）　159
スポドリアス（スパルタの指揮官）　219, 228 n 112, 284
スミス（古代史研究者）　84
ソシクラテス　198
ソポクレス（悲劇詩人）　154, 167 n 80
ソロン（ギリシアの七賢人）　17, 21, 36 n 49, 143, 147

［タ　行］

タイガーシュテット（古代史研究者）　211
タプラン（古代史研究者）　294
ダマソス（テオス植民指導者）　142
ダレイオス（ペルシア王）　3, 45, 47–49, 51–55, 57–62, 65, 84, 87
チェンバース（古代史研究者）　121
テアントス（レプレオンの人）　232
ディオスクロイ（双子の英雄）　154
ディオドトス（アテナイの政治家）　5, 173, 176, 179, 180, 182, 184 n 2
ディオドロス（ギリシアの歴史家）　31, 91, 101, 102, 170, 211–213, 219, 223 n 18, 227 n 101, 234–236, 238, 246, 248, 259, 268 n 3, n 4, 290
ディカイオポリス（喜劇の登場人物）　153
ティッサペルネス（ペルシアの総督）　3, 6
ティトラウステス（ペルシアの総督）　249, 253
ティブロン（スパルタの指揮官）　261, 264, 277 n 171, 291
ティモクラテス（ロドスの人）　248–256, 267, 270 n 33, 289, 291
ティモテオス（アテナイの政治家）　248
ティモパネス（ミュティレネの有力者）　170
ティモラオス（コリントスの政治家）　249
デーヴィッド（古代史研究者）　284–286, 293, 294
デオイテス（ポカイアへの植民指導者）　148
テオドロス（サモスの工芸家）　29
テオメストル（サモスの人）　92
デクサントス（ミュティレネの有力者）　170
テセウス（アテナイの英雄）　143, 144, 160 n 7, 204
デマイネトス（アテナイの人）　262–264
テミストクレス（アテナイの指導者）　59, 77–80, 92, 93 n 19, 103, 105, 109, 110, 117 n 123, 158, 307
デーメーテル（女神）　142, 154–157, 166 n 79, n 80
デモステネス（アテナイの指導者）　77, 231, 239
デモポン（エレウシスの英雄）　142
テラメネス（アテナイの政治家）　248
テラモン（サラミスの英雄）　143
トインビー（イギリスの歴史家）　192

トゥキュディデス（ギリシアの歴史家）　8, 9, 32, 80, 98-109, 111, 112 n 5, 117 n 123, 120-122, 125, 126, 128, 129-131, 136 n 8, 137 n 12, 142, 149, 152, 154, 161 n 20, 169, 170, 173, 176, 177, 179, 181-183, 184 n 2, 211, 214, 232, 238, 257, 284, 308
トゥディッポス（アテナイの政治家）　151, 152, 164 n 56
トゥドゥハリヤシュ（ヒッタイト王）　28, 38, 39 n 92
トッド（古代史研究者）　78
トーマス（古代史研究者）　195, 196, 235
トムリンソン（古代史研究者）　192
トラシュクレス（アテナイの指揮官）　159
トラシュダイオス（エーリスの指導者）　231
トラシュブロス（アテナイの指導者）　248, 262-264
トラシュロス（アテナイの指導者）　257
トリプトレモス（アテナイの英雄）　154, 155, 166 n 79, 166-167 n 80
ドルキス（スパルタ人）　99

［ナ　行］

ナオクロス（テオスへの植民指導者）　148
ナボニドス（新バビロニアの王）　18, 34 n 10
ニキアス（アテナイの指導者）　257, 258, 273 n 91, 288
ニコラオス（紀元前後頃の著作家）　27, 31
ニルソン（古代史研究者）　144, 163 n 51, 165 n 72
ネイレウス（イオニア植民の指導者）　148
ネオクレス（テミストクレスの父）　76, 93 n 19
ネストル（ホメロスの英雄）　62

［ハ　行］

パイストス（リュディアの英雄）　24
パウサニアス（スパルタの摂政）　6, 98-111, 112 n 5, 114 n 91, 117 n 122, 149, 307
パウサニアス（スパルタ王）　218, 221, 233, 234, 239, 243 n 55, 249, 258-261, 266, 267, 272 n 83, 275 n 135, 276 n 145, 283, 286, 291, 302, 310
パウサニアス（ローマ時代の著作家）　143, 144, 148, 191, 193, 197, 204, 205 n 1, 230, 234, 249-254, 257, 264, 282, 286, 289
パーク（古代史研究者）　165 n 71, 194
ハグニアス（アテナイの政治家）　261, 264
パケス（アテナイの指揮官）　170, 179, 180, 182, 183, 184 n 2
ハーゼブレック（古代史研究者）　44, 67 n 22
バッキュリデス（ケオス出身の詩人）　18
ハックスリー（古代史研究者）　192
ハドリアヌス帝（五賢帝の一人）　77
馬場恵二（古代史研究者）　75, 93 n 2, 95 n 48
ハミルトン（古代史研究者）　246, 256, 259-261, 266, 270 n 33, 272 n 83, 286, 287
ハモンド（古代史研究者）　81, 84, 121, 192, 236, 238, 240
ハリス（古代史研究者）　53, 57, 59, 60, 62
バルサー（古代史研究者）　44, 45, 62, 76, 82, 97 n 96
パルナバゾス（ペルシアの総督）　260, 275 n 131
パルポロス（クラゾメナイ植民指導者）　148
パールマン（古代史研究者）　256, 263, 270 n 40
バロン（古代史研究者）　81

バーン（古代史研究者）　53, 192
パンタレオン（クロイソスの異母兄弟）　24
パンパイス（エペソスの人）　31
パンピレー（ローマ時代の著作家）　198
ビアス（ギリシアの七賢人）　21
ヒグネット（古代史研究者）　81
ヒスティアイオス（ミレトスの僭主）　3, 12 n 9, 43, 46, 52, 57, 59, 65
ピッタコス（ミレトスの僭主）　21, 36 n 39
ヒッピアス（アテナイの僭主）　84, 86, 87
ピードリー（古代史研究者）　28, 36 n 49, 38 n 91
ピンダロス（エペソスの僭主）　24
ピンダロス（ギリシアの詩人）　284
フォークナー（古代史研究者）　286, 287
フォルナラ（古代史研究者）　105, 106
フォレスト（古代史研究者）　192, 210 n 90, 236, 292
プサンメティコス（エジプト王の名前）　3, 30, 31, 194
ブゾルト（古代史研究者）　85, 102, 104
フッカー（古代史研究者）　85
フックス（古代史研究者）　293
ブラウン（古代史研究者）　23, 30, 37 n 61
ブラシダス（スパルタの指揮官）　128, 214
ブラディーン（古代史研究者）　8, 9, 173, 176
プラトン（哲学者）　26, 27, 212, 239, 284-286
ブリアン（古代史研究者）　45
ブルース（古代史研究者）　251, 256, 263, 265
プルタルコス（ギリシアの文筆家）　22, 77, 100, 101, 110, 128, 129, 135, 144, 161 n 20, 162 n 48, 170, 200, 202, 212, 220, 247, 248, 250, 272 n 77, 286, 289
古山正人（古代史研究者）　280, 281, 293, 295 n 1, n 2, n 9, 300 n 97
プレイストアナクス（スパルタ王）　152
プレミール（古代史研究者）　45, 59, 60, 70 n 81, 105
フレンチ（古代史研究者）　120, 123-125
プロクレス（サモスへの植民指導者）　148
プロメトス（コロポンへの植民指導者）　148
ペイサンドロス（スパルタの提督）　7
ペイシストラトス（アテナイの僭主）　148, 149, 165 n 71
ヘカタイオス（ミレトスの人）　23, 43, 51, 63, 142
ヘクトル（トロイの英雄）　24
ヘラクレス（ギリシアの英雄）　24, 38 n 89, 39 n 101, 90, 143-145
ヘラニコス（ギリシアの歴史家）　232
ペリアンドロス（シキュオンの僭主）　193, 194
ペリクレス（アテナイの指導者）　6, 12 n 15, 45, 59, 75, 124, 131, 140 n 59, 141 n 67, 308
ペリクロス（ポカイアへの植民指導者）　148
ペルセウス（英雄の名前）　90, 143
ペルセス（ペルシア人の祖）　143
ヘルモクラテス（シュラクサイの指導者）　87, 144, 145
ベロッホ（古代史研究者）　47, 98, 102-104, 263, 270 n 33
ヘロドトス（ギリシアの歴史家）　18-21, 24-27, 31, 32, 34 n 14, 36 n 49, 42-44, 50, 52, 62, 63, 65, 66 n 2, n 4, 67 n 16, n 18, 69 n 67, 76, 77, 79, 83-85, 87-91, 100, 101, 103, 107, 121, 137 n 17, 142, 143, 147-149, 158, 159, 196, 198, 200, 203, 205 n 1, 280, 282, 306
ベングトソン（古代史研究者）　81, 236, 256
ホドキンソン（古代史研究者）　280, 287
ボナー（古代史研究者）　265
ポリュアンテス（コリントスの政治家）　249
ポリュクラテス（サモスの独裁者）　84-86
ホール（古代史研究者）　6, 11 n 2, 280-282
ポルミシオス（アテナイの政治家）　264

ホーンブロワー（古代史研究者） 170, 178, 287, 288

［マ 行］

マイアンドリオス（サモスの独裁者） 75, 85
マイヤー（古代史研究者） 104
マリー（古代史研究者） 44, 45, 61-63, 67 n 18, 81
ミッチェル（古代史研究者） 192, 194
ミノス（クレタの英雄） 89
ミル（イギリスの学者） 74
ミルティアデス（アテナイの指導者） 77, 80
ミレトス（リュディア王の義理の兄弟） 24
ミロン（スパルタ人ハルモステス） 263
メガバテス（ペルシア人の名前） 45, 49-52, 54, 60, 64, 69 n 64, 69-70 n 67, 70 n 72, 100, 103
メクズ（古代史研究者） 75, 79, 105, 106, 130, 132
メドン（アテナイの王） 142
メルタス（アルゴスの王） 193, 199
師尾晶子（古代史研究者） 46, 68 n 48

［ヤ 行］

ユスティヌス（ローマ時代の著作家） 101, 106
ユートナー（古代史研究者） 82

［ラ 行］

ラーエ（古代史研究者） 260
ラクリネス（スパルタの人） 86
ラケス（アテナイの指揮官） 169
ラベス（犬の名前） 170
ラルセン（古代史研究者） 265
ラング（古代史研究者） 105
リカス（スパルタ人） 204, 231, 235, 257, 272 n 85
リーガン（古代史研究者） 169, 176, 183, 187 n 70
リュクルゴス（スパルタの立法家） 260, 284, 285
リュサンドロス（スパルタの指導者） 4, 210, 215, 221 n 3, 228 n 110, 233, 234, 239, 246-249, 254, 255, 258-261, 266, 267, 275 n 130, n 131, n 132, n 139, 276 n 144, 278 n 193, n 201, 286, 294, 310
リュシッポス（スパルタ人ハルモステス） 234, 243 n 55
ルウィス（古代史研究者） 76, 79
ルーセル（古代史研究者） 103
レオテュキダス（スパルタ人） 98, 110
レオン（スパルタ王） 191, 280
レオンティアダス（政治家） 257, 265, 272 n 83, 292, 304
レンシャウ（古代史研究者） 44, 61, 191
レンドン（古代史研究者） 292
ロイ（古代史研究者） 288
ローズ（古代史研究者） 102, 103
ローソン（古代史研究者） 211
ローバック（古代史研究者） 25, 30, 62

事項索引

[ア　行]

アーギス家　197-199
アテナイ貢税表　65, 120, 122-127, 130-132, 134, 136, 136 n 9, 137 n 12, 141 n 71, 163 n 49, 308
アテナイ帝国　1, 4, 8, 9, 11, 67 n 16, 98, 109, 130, 132, 151, 159, 229, 236, 237, 303, 305, 308
アパゴンテス（apagontes）　125
アリステイデスの査定　119, 120, 125, 135, 308
アルカディア連合　5
アルキダモス戦争　230
アルテミシオンの海戦　77
イオニア
——諸都市　19, 21, 22, 27, 29, 38 n 29, 43, 48, 52, 55, 61, 62, 69 n 64, 101, 144, 147-151, 161 n 19, n 21, 162-163 n 49, 304
——人　20, 22, 25, 27, 31, 41-46, 48, 50, 52, 54-63, 67 n 16, 69 n 64, 70 n 81, 85, 86, 92, 109, 119, 137 n 17, 145, 147-150, 157-159, 161 n 19, 162 n 48, 163 n 49, 283, 284, 306
——戦争　127, 140 n 65, 182
——反乱　16, 32, 41-47, 52-57, 59-62, 64, 65, 67 n 18, 75, 81, 86, 148, 149, 302, 306
イスメニアス派　253, 256, 265, 266, 270, 292, 304
イソノミエ　43, 55, 58, 64
夷狄（バルバロイ）　5, 6, 10, 14 n 35, 17, 18, 23, 27, 32, 34 n 15, 42, 78-80, 83, 90, 91, 99, 107, 109, 143, 217, 252, 305-307, 312 n 11
イリアス　26, 37 n 58, 143
英雄神　6, 24, 143, 144, 160 n 7
エウリュポン家　197-199
エーゲ海　4, 19, 20, 61, 63, 84, 86, 89, 98, 124, 134, 141, 210, 229, 246, 255, 258, 302, 305
エポロス団（エポロイ）　100, 103-105, 192, 194-198, 201, 202, 233-235, 275 n 132, 279, 280
エーリス戦争　229, 230, 233-236, 238-240, 260, 277 n 171, 286-288, 292, 310
エレウシニア祭　144, 146, 150, 154, 156
王
（スパルタ）　26, 85, 86, 90, 91, 103, 185 n 6, 192, 194-199, 201-203, 208, 231, 233-235, 237, 243 n 55, 245 n 93, 249, 250, 252, 256-261, 266, 267, 272 n 23, 275 n 126, 279, 280, 288, 293, 294, 302, 310
（ペルシア）　3, 6, 7, 12 n 9, 18, 31, 32, 45-48, 51, 52, 54, 57, 59-61, 76, 79, 80, 87, 92, 99, 103-107, 134, 142, 145, 149, 214, 217, 248, 255, 264, 289, 304, 306, 307
（リュディア）　16-22, 24-30, 32, 33, 38 n 89, 205
オクシュリンコスの歴史家　213, 220, 289-292
オリガントロピア　199, 293
オリュンピア祭　152, 165 n 70, 232, 235, 272 n 25, 281, 282, 287
穏和派（パウサニアス王ら）　239, 259, 263, 264, 266, 269 n 24, 277 n 119, 286

[カ　行]

外国人　83, 99, 150, 152, 153, 213-215
解放　45, 54, 55, 66 n 7, 81-83, 163 n 49, 217, 233, 307
革命　5, 9, 46, 56, 65, 105, 174, 175, 178, 181, 213, 216, 218, 220, 222 n 7, 247, 251, 261, 290, 292
カッリアスの平和　6, 131
寡頭政　14 n 46, 43, 173-175, 182, 257, 258, 265, 285, 294
寡頭派（oligoi）　5, 8, 9, 14 n 46, n 47, 57, 171-178, 181-184, 187-188 n 70, 211, 233, 257, 261-266, 294, 295, 302, 303, 309
艦船提供都市　120, 122, 129, 131, 136, 142 n 73
監督官（episkopoi）　12 n 16, 125
官僚　15 n 16, 45, 47, 55, 60, 61, 64, 306
貴族　21-25, 27, 30, 33, 46, 55-57, 59, 60, 84, 102, 174, 193, 200, 262, 294, 306
貴族政（制）　56, 200
強硬派（リュサンドロス）　239, 258-261, 266, 286
ギリシア軍　143, 159
ギリシア本土　2, 3, 6, 19-21, 33, 42, 84, 86, 89, 110, 141 n 69, 157, 210, 222 n 2, 228 n 112, 229, 255, 256, 261, 286, 305, 307
金庫　83, 129, 131, 150
クセニア（賓客関係）　220, 258, 266, 280
クセルクセスの遠征　11 n 2, 79-81, 97 n 96, 142
区長（demarchos）　155, 156
クニドス沖の海戦　7, 221 n 4, 246
クレイニアスの法令(決議)　125, 138 n 34, 164 n 57
クレオニュモスの法令（決議）　125, 126, 138 n 34
交易　25, 28, 61-63
貢税　2, 4, 53-55, 63, 119-135, 136 n 9, 137 n 15, n 17, 140 n 59, 141 n 68, n 71, 152, 153, 163 n 51, 175, 217, 258, 273 n 102, 278 n 193, 285, 306, 308
——分担都市　120, 129
傲慢　22, 27, 200, 213, 215, 218, 285
コリントス戦争　8, 219, 240 n 4, 241 n 10, 246-255, 267, 268 n 3, 288, 289, 291, 292, 304, 311
コリントス同盟　219, 240 n 3, n 4, 246, 248-255, 267, 268 n 4, 270 n 40, 289, 290, 311

[サ　行]

サイス朝　3
祭典　2, 40 n 107, 144, 150-153, 156, 159, 163 n 51, 165 n 71, 231, 272 n 25, 287, 308
サラミスの海戦　77, 78, 88, 92, 143, 158, 307
シケリア遠征（前415〜413年）　87, 159, 170
市民　59, 75, 78, 83, 117 n 13, 126, 143, 144, 160 n 7, 163 n 51, 174, 177, 182, 196, 199, 202, 216, 218, 231, 251, 252, 255, 263-266, 285, 290, 291, 293, 303
自由　4-6, 10, 13 n 27, n 28, 20, 23, 42, 46, 54, 55, 57, 61, 75, 76, 78-83, 88, 91, 92, 103, 105, 214, 215, 217, 239, 247, 302, 304, 305, 307, 309
従属　4, 7, 19, 47, 48, 53, 54, 88, 174, 210, 217, 219, 232, 233, 237-239, 254, 259, 264, 286, 311
植民市　21, 146, 150-153, 159, 160 n 14, 163 n 51, 164 n 56, 165 n 72, 308
親アテナイ　8, 171, 173-175, 177, 180
親スパルタ（ラケダイモン）派　8, 14 n 47, 109, 182, 183, 200, 223 n 10, 233, 251, 252,

258, 263, 265, 267, 270 n 40, 291, 292, 310, 311
神託　18, 20-22, 89-91, 148, 155, 160 n 8, 200, 204, 234
神殿監督官団（hieropoioi）　155
親ペルシア派　43, 307
神話　24, 37 n 61, 84, 142-146, 148-150, 154, 157, 308
スキュティア遠征　45, 47, 48, 52, 55, 56, 62, 65, 84
スパルタ帝国　1, 4, 9, 11, 210-219, 221 n 1, n 4, 224 n 26, 225 n 55, 227-228 n 110, 229, 233, 240 n 9, 279, 305, 309, 311 n 2
スポドリアス事件　219, 228 n 112, 284
僭主（制・政）　18, 21, 24, 26, 41-47, 51-61, 63-65, 70 n 81, 84-87, 165 n 71, 193, 194, 198, 200, 213, 217, 229, 262, 282, 303, 304, 307
憎悪（憎しみ）　44, 46, 53, 60, 99, 176, 212, 213, 218, 249, 251, 255, 285, 289, 290

[タ　行]

第1メッセニア戦争　209 n 80, 210 n 87, 282
大王の和約　210, 215, 217, 219, 221 n 2
第3テゲア戦争　191, 192, 204, 205, 205 n 1
第2アテナイ海上同盟　4, 219, 240 n 3
第2テゲア戦争　191-193, 197, 205 n 1, 282
第2メッセニア戦争　209 n 80, 210 n 87
徴収官・エグロゲイス（eglogeis）　126
長老会　194, 195, 198, 235, 260, 280
ディオニュシア祭　125, 126, 144, 146, 150-154, 159, 163 n 51, n 55, 164 n 63, 165 n 71, n 72, 166 n 75, 308
ティモクラテスの買収工作（贈賄工作）　248-256, 267, 270 n 23, 289, 291, 311
デカルキア　4, 215-220, 225 n 47, 233, 243 n 45, 254, 255, 258, 260, 275 n 122, 278 n 193, 285, 289
デケレイア戦争　251, 256, 257, 260, 291
テミストクレスの決議文　77-79
デルポイ奉納の鼎　84, 89
デロス同盟　3, 4, 6, 7, 98, 99, 126, 130, 134, 136, 137 n 17, 144-146, 149-151, 157, 162 n 49, 165 n 69, 169, 236, 301, 308, 309
島嶼部　109, 131, 137, 147, 151, 158, 161 n 20, 163 n 49, 217
トゥディッポスの法令(決議)　141 n 70, 151, 152, 164 n 56
党派　3, 7-11, 14 n 46, 15 n 49, 26, 43, 52, 58, 59, 64, 83, 84, 101, 111, 169, 175-178, 180, 183, 196, 204, 212, 213, 215, 220, 221 n 3, 255-261, 263, 265, 266, 270 n 40, 286, 288, 291, 292, 301-304, 307-311
同盟都市（国）　4-7, 11, 69 n 64, 99, 100, 104, 106, 111, 119-136, 141 n 69, n 70, n 71, 144-146, 149, 150, 152, 153, 155, 156, 159, 163 n 51, 165 n 69, 170, 172, 173, 184, 210, 212-215, 218-220, 223 n 10, 232, 236-238, 247, 250, 254-256, 258, 261, 267, 270 n 40, 278 n 193, 285, 289, 290, 294, 295, 308-310
ドーリス人　42, 67 n 18, 148, 149, 283, 284
奴隷　5, 13, 55, 62, 78, 145, 214, 217, 218, 264, 307
——化　4, 80, 82, 145, 158, 169, 172, 179, 215, 217-219, 229

[ナ　行]

内通　50, 70 n 72, 98-100, 102-108, 110, 111, 175, 178, 257, 307
内乱（内訌）　5, 9, 57, 173, 182, 183, 193, 213, 216, 218, 233, 237, 303
ナクソス遠征　45, 51-53, 55, 56, 59, 63, 65

[ハ 行]

パウサニアス事件　98, 100-104, 106, 108, 109, 111, 112 n 5, 118, 149, 307
ハルモステス　4, 215, 217, 223 n 10, 233, 234, 243 n 55, 254-256, 258, 260, 263, 278 n 193, 285, 289, 305
パンアテナイア祭　144, 146, 150-153, 159, 160 n 14, 163 n 52, n 54, n 55, 164 n 56, n 63, 165 n 69, n 70, 308
ヒュシアイの戦い　199, 205, 281, 282
評議会　15 n 50, 152, 153, 156, 178, 180, 262, 264, 265, 303, 304
貧民　8, 9, 176, 200, 211, 263, 285, 294
不正　6, 12 n 15, 145, 156, 212, 216, 285, 310, 311 n 2
富裕者　8, 9, 57, 176, 180, 200, 211, 262-264, 285, 294
プロクセノス　170, 171, 175, 178, 181, 257
プロパガンダ　10, 13 n 28, 92, 105, 280, 282-284, 306, 307, 311
ヘイロタイ　103, 105, 106, 108, 111, 287, 293, 309
ヘゲモニー　193, 200, 201, 203, 205, 229-231, 238, 239, 286
ペルシア
　——軍　2, 3, 31, 41, 49, 69 n 64, 71 n 108, 74-76, 78-92, 94 n 96, 110, 145, 158, 303, 306, 307
　——戦争　18, 34 n 15, 41 n 122, 41, 62, 75-84, 86-88, 92, 98-100, 110, 145, 232, 246, 281, 305-307, 312 n 11
　——総督　3, 43, 47, 48, 51-53, 57-60, 64, 87, 99, 306
　——帝国　1, 6, 10, 17, 22, 30-32, 40 n 111, 43, 47, 48, 51, 53, 54, 58, 60, 63-65, 75, 86, 89, 229, 305, 306
ヘレニカ＝オクシュリンキア　211, 249-259, 262-267
ヘレネス　5, 6, 23, 32, 34 n 15
ヘレノタミアイ財務官団 (hellenotamiai)　122, 123, 125-127, 136, 153
ペロポネソス戦争　3, 4, 6, 7, 119, 124, 125, 128, 137 n 12, 140 n 65, 148, 169, 182, 183, 210, 212-216, 221 n 3, 229, 231-235, 238, 239, 246, 247, 254, 258, 259, 261, 262, 284, 288, 289, 291, 292, 304, 308, 309
ペロポネソス同盟　83, 172, 210, 229, 231, 232, 238, 280, 282, 286, 293, 294, 301
ボイオティア戦争　219, 268 n 3
ボイオティア連合　5
亡命者　3, 5, 21, 32, 49, 51, 171, 220, 231, 238, 261, 291, 292, 304, 309
ホモイオイ　196, 199, 293

[マ 行]

マラトンの戦い　48, 75, 79-81, 143, 158, 160 n 7, 303
マンティネイアの戦い（前418年）　231
民会　15 n 50, 126, 151, 152, 154, 155, 173, 176, 178, 182, 187, 194, 195, 234, 235, 239, 255, 264, 267, 280, 293, 294, 303, 304, 307
民衆（demos）　5, 8, 46, 53, 56, 59, 127, 151, 161 n 20, 164 n 61, n 63, 169, 172-179, 181-184, 262-264, 277 n 179, 279, 282, 308
民主政（制）　14 n 46, 41, 46, 55, 61, 84, 110, 165 n 71, 170, 173-175, 178, 182, 200, 237, 238, 264, 279, 311
民主派（demos）　5, 8, 9, 14 n 46, 173-178, 180, 183, 187, 188 n 70, 211, 231-234, 261-263, 265, 266, 294, 295, 302, 303, 309
民族（異民族）　2, 3, 5, 6, 10, 11, 13 n 28, 18-

20, 23-25, 28, 33, 34 n 15, 37 n 61, 42, 45, 55, 75, 81, 82, 131, 137 n 17, 142, 302, 305, 307, 312 n 11
メトロポリス（母市）　62, 144, 145, 147, 150, 151, 161 n 19
メルムナス朝　19, 21, 22, 24, 26, 31-33, 38 n 89

［ヤ　行］

有力者（dynatoi）　2, 43, 59, 64, 65, 172, 178-181, 220, 260, 266, 280, 294, 306

［ラ　行］

ラデの海戦　42
離反　1, 4, 104, 145, 149, 157, 159, 173-183, 185, 187-188 n 70, 211, 220, 233, 239, 267, 268 n 5, 294
リュディア王国　2, 17, 18, 21, 84, 86, 305
リュディア人　17, 21-30, 32, 33, 37 n 11, 39 n 101, 305
レオンティアダス派　257, 265, 272 n 83, 292, 304
レスボスの離反　169, 170, 173, 176, 177, 182, 183, 187 n 70, 308

地名索引

[ア　行]

アイオリス（地方名）　19, 21, 42, 58, 64, 148, 163 n 49
アイギナ（島嶼名）　76, 86, 88, 89, 141 n 71, 143, 160 n 8, 256, 263, 281
アウリス（地名）　248
アカイア（地方名）　89, 147, 149, 203, 255, 280, 284, 289
アカルナイ（地名）　79, 152, 153
アグラウロス（地名）　77
アクロレイア（エーリスの従属都市）　237
アシア（地方名）　28, 45, 147, 217, 228 n 112, 241 n 10, 250
アジア　6, 10, 24, 33, 42, 56, 67 n 18, 75, 76, 80, 249, 290-292, 305
アッティカ（ギリシアの地方名）　6, 30, 40 n 111, 116 n 98, 143, 144, 165 n 69, n 71, 167 n 80, 172, 233, 257, 291
アテナイ（都市名）　1-9, 11, 12 n 15, 14 n 35, 18, 21, 32, 45-48, 54, 55, 57, 59, 62, 63, 65, 66 n 4, 67 n 16, 76-81, 83-92, 93 n 19, 98, 99, 101, 105, 106, 108-111, 112 n 5, 119-136, 142-159, 160 n 7, n 14, 161 n 19, n 20, n 21, 162 n 48, 162-163 n 49, 163 n 51, n 54, 164 n 63, 165 n 69, n 70, n 71, n 72, 166 n 75, 166-167 n 80, 169-183, 187 n 70, 196, 211, 215, 216, 219, 220, 221 n 1, 223 n 10, 225 n 54, 229, 231, 233-236, 239, 240 n 1, n 3, n 4, n 10, 241 n 11, n 13, 246-249, 251-256, 258-267, 268 n 4, 270 n 40, 277 n 174, 283, 284, 287, 289-292, 301-305, 307-310, 312
アドラミュッティオン（小アジアにある都市の名前）　31
アムピッサ（ロクリスの地名）　253
アムピドロス（エーリスの従属都市）　237, 245 n 93
アルギロス（都市名）　100, 103, 107, 108, 123
アルゴス（都市名）　5, 6, 8, 66 n 4, 89, 91, 97 n 96, 109, 142, 143, 152, 165 n 70, 191, 193, 194, 196, 199-201, 203, 205, 220, 229, 231, 235, 240 n 4, 242 n 25, 245 n 92, 246, 249, 251, 252, 255-258, 261, 266, 267, 268 n 4, 273 n 90, 279 n 202, 280-282, 288-290, 292, 294, 302
アルテミシオン（海戦場）　76-78, 158
アルミナ（シリアの港）　23
アンタンドロス（小アジアにある都市）　47, 128
アンティッサ（レスボスにある町）　174
アンドロス（島嶼名）　142 n 73, 158
アンピポリス（都市名）　128
イオニア（小アジアの地方名）　19-22, 24, 26, 27, 29, 31, 32, 38 n 89, 41-48, 50, 52-65, 67 n 16, n 18, 69 n 64, 70 n 81, 75, 81, 85, 86, 92, 101, 104-107, 109, 119, 121, 127, 131, 137 n 17, 140 n 65, 144-151, 157-159, 161 n 19, 162 n 21, 163 n 49, 167 n 80, 182, 282-284, 302, 304, 306, 308
イストモス（地名）　246
イストロス河（ダニューブ〔ドナウ〕河）　52

イダ山（小アジアにある山）　128
イタリア（地方名）　31, 154, 167 n 80, 217, 262, 286
ウラルトゥ（小アジア東部の地名）　23
エイオン（都市名）　123
エウリュメドン（古戦場）　130
エジプト　3, 30, 31, 37 n 58, 44, 48, 61–63, 84, 100, 142
エトルリア人（イタリアの住民名）　30
エニアネス人（ギリシアの住民名）　89
エピダウロス（都市名）　88, 148
エピタリオン（エーリスの従属都市）　237
エペイオン（エーリスの従属領）　237
エペソス（小アジアにある都市）　19, 24, 29, 31, 64, 128, 148
エーリス（地方名）　5, 152, 165 n 70, 194, 199, 218, 229–240, 241 n 13, 245 n 79, n 92, 255, 260, 264, 277 n 171, 286–289, 291, 292, 310, 311
エリュトライ（小アジアにある都市）　20, 148, 152
エレウシニオン（エレウシスの神殿）　156
エレソス（レスボスにある町）　174
エレトリア（都市名）　45, 54, 88, 89, 99
オプスのロクリス人（ギリシアの住民名）　89
オリュンピア（ギリシアの聖地）　152, 165 n 70, 172, 194, 198, 199, 231, 232, 235, 237, 239, 245 n 79, n 92, 272 n 85, 281, 282, 287, 288

［カ　行］

カウカサ（キオスの港）　50
カドメイア（テーバイのアクロポリス）　8, 214, 224 n 35, 228 n 112, 284, 304
カマリナ（シケリアの都市）　87, 109, 144, 158, 307
カミコス（地名）　89
カユストロス（小アジアの河）　22, 27
カリア（小アジアの地方名）　19, 22, 31, 37 n 58, 40 n 119, 41, 55, 58, 63, 64, 71 n 108, 131, 141 n 71, 163 n 49
カリュストス（都市名）　158
カルキス（都市名）　88, 89, 142 n 73, 144
カルケドン（都市名）　47
カルディ（ウラルトゥの町の名前）　23
キオス（島嶼名）　20, 29, 50, 65, 122, 142 n 73, 148, 163 n 49, 182, 190 n 119, 217, 268 n 5
キプロス島（島嶼名）　41
キュクラデス（エーゲ海の島嶼名）　48, 147, 161 n 20, 268 n 5
ギュゲス湖（小アジアの地名）　25
キュジコス（海戦場）　134, 141 n 71, 142 n 73
キュテラ（島嶼名）　199, 203, 205, 294
キュトノス（ギリシアの住民名）　88, 89
キュヌリア（ペロポネソスの地名）　261, 281
キューメー（小アジアにある都市）　31, 64
キュレネ（エーリスの港）　231, 237, 241 n 13
キリキア（小アジアの地方名）　19, 71 n 108, 134
ギリシア　1–11, 13 n 28, 14 n 35, 15 n 50, 17–33, 34 n 15 35 n 24, 37 n 58, n 61, 39 n 101, 40 n 119, 41 n 122, 42, 45, 46, 48, 51–61, 63, 75, 78–92, 98–102, 107, 108, 110, 112 n 22, 119, 135, 137 n 17, 141 n 69, 142–144, 146, 150, 151, 154–159, 159 n 2, 162 n 48, 163 n 49, 166 n 80, 168 n 95, 173, 183, 198, 210–218, 220, 221 n 2, 225 n 53, 228 n 112, 229, 246–252, 255, 256, 258, 259, 261, 268 n 4, 270 n 33, 281, 284–286, 289, 290, 301, 302, 305–307, 310, 312 n 11

キンメリア人（遊牧民） 19, 35 n 24, 37 n 71
クナクサ（メソポタミアの古戦場） 260
クニドス（島嶼名） 7, 142 n 73, 221 n 4, 246
クレタ島（島嶼名） 29, 89
クロトン（イタリアにある植民都市） 88
ケオス（島嶼名） 88, 89
ケルキュラ（島嶼名） 9, 20, 89, 131, 132, 182, 183, 241 n 13, 303
コリントス（都市名） 5, 6, 8, 18, 20, 21, 30, 88, 131, 193, 194, 206 n 16, 219, 220, 229, 240 n 3, n 4, 241 n 10, 246-258, 261, 262, 266, 267, 268 n 3, n 4, 273 n 91, n 103, 279 n 202, 281, 286, 288-292, 303, 304, 311
コレシア（デロス同盟加盟都市） 134
コロナイ（都市名） 99, 106, 108
コロポン（小アジアにある都市） 19, 38, 148, 151

[サ 行]

サクソン人（ゲルマン人） 75
サモス（島嶼名） 4, 29, 39 n 101, 42, 65, 69 n 64, 84-87, 92, 122, 123, 128, 142 n 73, 148, 152, 163 n 49, 229
サラミス（島嶼名） 55, 76, 78, 88, 91, 92, 143, 158, 160 n 7
サルディス（リュディアの都） 17, 19, 21-23, 25, 27-30, 32, 33 n 1, 37 n 71, 38 n 91, 40 n 107, n 111, 58, 64, 87, 104, 253
シキュオン（都市名） 5, 88, 193, 194, 206 n 16, 281
シケリア（島嶼名） 55, 140 n 65, 144, 159, 170, 217, 231, 286
シプノス（島嶼名） 88, 89
シュラクサイ（都市名） 87, 144, 145, 224, 229, 290
小アジア（地方名） 6, 14 n 43, 17, 19, 20, 28, 32, 35 n 24, 42, 44, 47, 48, 50, 54, 57-59, 66 n 7, 67 n 16, 68 n 48, 85, 109, 147, 256, 258
シリア（地方名） 29, 90
スキュティア（南ロシアの住民） 21, 45, 47, 48, 53, 55, 56, 61, 62, 65, 85
スキュロス（島嶼名） 144, 245 n 93
ステュラ（ギリシアの住民名） 88, 89
スパルタ（都市名） 1-9, 11, 14 n 35, 14-15 n 47, 18, 20, 22, 26, 31, 32, 48, 66 n 4, 75, 78, 81, 83-90, 92, 98-111, 119, 124, 127, 128, 141 n 69, 143, 154, 157, 159, 163 n 49, 172, 174, 175, 179, 191-197, 199-205, 205 n 1, 210-220, 221 n 1, n 2, n 4, n 5, 223 n 10, 224 n 21, 225 n 54, n 55, 227-228 n 110, 228 n 111, 229-239, 240 n 1, n 3, n 4, 241 n 10, 242 n 14, 245 n 79, 246-267, 269 n 24, 270 n 33, n 40, 271 n 51, 272 n 85, 275 n 130, n 131, n 139, 277 n 174, 278 n 201, 279-295, 301-305, 307, 309-311, 311 n 2
スミュルナ（小アジアにある都市） 19, 34 n 17, 148
セストス（都市名） 123, 149
セラシア（地方名） 254
セリポス（ギリシアの住民名） 88, 89

[タ 行]

テオス（島嶼名） 63, 142 n 73, 148, 268 n 5
テゲア（都市名） 8, 88, 110, 191-193, 197, 199, 200, 204, 205, 208, 267, 280, 281, 303
テノス（島嶼名） 92
デルポイ（神託で有名な聖所） 20-22, 26, 84, 89-91, 100, 148, 155, 156, 160 n 8, 193, 200, 204, 232, 259, 307
デロス（島嶼名） 3, 4, 6, 7, 32, 55, 98, 99, 120, 126, 134-136, 137 n 17, 144-146, 148-151,

157, 161 n 20, 165 n 70, 169, 236, 301, 308, 309
トゥモロス山（サルディス近くの山）　17, 25
トラキア（地方名）　43, 53, 61-63, 104, 163 n 49
ドーリス（地方名・種族名）　21, 42, 67 n 18, 107, 148, 149, 193, 281, 283, 284

［ナ　行］

ナイル（エジプトを流れる河）　142
ナウクラティス（エジプトにある植民都市）　44, 61, 63
ナウパクトス（都市名）　123, 287
ナクソス（島嶼名）　45-51, 53, 55, 56, 59, 63, 65, 88, 92, 122, 123, 142 n 73, 158, 159

［ハ　行］

パクトロス川（小アジアの河）　17
バビロニア（メソポタミアの地方名）　18, 31, 121, 137 n 17
ハリカルナッソス（小アジアにある都市）　42, 142 n 73
ハリュス河（小アジアの河）　19
パロス（島嶼名）　142 n 73, 151, 152, 158
ピサティス（地方名）　194, 199, 230, 232, 237, 239, 245 n 79, n 92, 280, 282, 288
ビュザンティオン（都市名）　47, 98-101, 103, 105-108, 110, 112 n 5, 124, 142 n 73, 259, 304
ヒュシアイ（地名）　199, 205, 281, 282
ピュッラ（レスボスにある町）　174
ヒュデ（サルディスのこと）　25, 37 n 71
ピュルコス（エーリスの砦）　231
フェニキア人（古代の海洋民族）　61, 63
プラタイア（都市名）　81, 84, 88, 91, 143, 232, 256, 257, 307
プリエネ（小アジアの都市）　21, 142 n 73, 148, 151
プリクサ（エーリスの従属都市）　237
ブリトン人（イングランドの先住民）　75
プリュギア（小アジアの地名）　103
ブレア（植民都市）　151, 163 n 55
プレアリオイ区（アテナイの区名）　76
プレイウス（都市名）　5, 13 n 24, 88, 219, 228 n 115, 241 n 10
プロピュライア（アクロポリスの入り口）　131
プロポンティス（小アジアの地名）　42, 61
ペア（エーリスの港）　231, 237
ペイライエウス（アテナイの港）　117 n 123, 233, 255
ヘースティングス（ノルマン征服時の古戦場）　75
ヘスペリア（ロクリスの地名）　252, 253
ペッライビア人（ギリシアの住民名）　89
ヘッレスポントス（ダーダネルス海峡）　42, 123, 129, 149, 163 n 49
ペルシア（アジアの民族・帝国）　1-3, 6-8, 10, 11, 17, 18, 22, 30-32, 34 n 15, 37 n 71, 40 n 111, 41 n 122, 41-65, 69 n 64, 70 n 81, 71 n 108, 75-92, 97 n 96, 98-100, 102-108, 110, 111, 119, 128, 131, 134, 135, 141 n 68, n 71, 143, 145, 149, 157, 158, 165 n 69, 214, 216, 217, 220, 225 n 53, 229, 232, 246, 248-250, 255, 256, 259, 261, 264, 267, 281, 289-291, 301-309, 311, 312 n 11
ペルシオン（エジプトの地名）　31
ヘルミオネ（都市名）　88, 99
ヘルモス（小アジアの河）　17, 22, 23, 27
ペロポネソス（地方名）　3-7, 76, 84, 85, 99, 101, 105, 119, 124, 125, 128, 129, 137 n 12, 140 n 65, 141 n 69, 145, 148, 149, 154, 169,

172, 181-183, 191, 193, 194, 196, 199, 203, 205, 210, 212-216, 218, 221 n 1, 229, 231-236, 238, 239, 241 n 13, 246, 247, 254, 255, 258, 259, 261, 262, 280, 282, 284, 286, 288, 289, 291-294, 301, 304, 308, 309
ボイオティア（地方名） 5, 23, 89, 143, 219, 220, 241 n 10, 246, 248, 249, 251-253, 255-257, 265, 290-292
ポカイア（小アジアにある都市） 65, 142 n 73, 148
ポーキス（地方名） 89, 241 n 10, 248-250, 252, 253, 261
ポテイダイア（都市名） 88, 123, 124, 129, 140 n 65, 142 n 73

［マ　行］

マグネシア（小アジアにある都市） 19, 89
マラトン（古戦場） 48, 75, 79-81, 143, 144, 158, 160 n 7, 303
マルガネ（エーリスの従属都市） 237, 245 n 93
ミュウス（ミレトスの港） 51, 52, 55, 58, 65, 69 n 64, 142 n 73, 148, 163 n 49
ミュカレー（海戦場） 81, 110, 149, 307
ミュティレネ（レスボスにある町） 4, 5, 21, 50, 58, 64, 65, 124, 169-183, 184 n 2, 188 n 70, 268 n 5, 308, 309
ミュンドス 50, 69 n 64
ミレトス（小アジアにある都市の名前） 18-20, 24, 26, 29, 38 n 89, 39 n 101, 41-43, 49-53, 57, 58, 62-65, 69 n 64, 85, 87, 123, 124, 128, 142 n 73, 148, 157, 159, 306, 307
メッセニア（地方の名前） 202, 206, 209, 210, 237, 282, 287
メテュムナ（レスボスにある町） 171, 174, 181, 185 n 7
メロス（島嶼名） 88, 89, 216

［ラ　行］

ラケダイモン（スパルタの国名） 4, 90, 145, 166 n 75, 179, 182, 183, 197, 212, 235, 248-253, 255, 256, 262, 265, 284, 290
ラコニア（地方名） 30, 198, 281, 293, 294
ラデ（海戦場） 42
ランポニオン（都市名） 47
リュキア人（小アジアの住民） 19
リュディア（小アジアの地方名） 2, 17-33, 35 n 24, 37 n 71, 39 n 101, 42, 61, 62, 66 n 11, 84, 86, 205, 305, 306
ルーブル（美術館の名前） 18, 39 n 101
レウカス（島嶼名） 88, 89
レスボス（島嶼名） 42, 122, 124, 128, 142 n 73, 163 n 49, 169-177, 181-183, 185 n 7, 187 n 70, 241 n 13, 259, 302, 308
レトリノス（地方名） 237, 245 n 93
レプレオン（都市名） 88, 230-233, 237, 238, 245 n 93, 286-288
レベドス（島嶼名） 148
ロクリス（地方名） 89, 248-250, 252, 253, 268 n 4
ロドス（島嶼名） 142 n 73, 190 n 119, 249, 267, 290

参考文献

Adcock, F. E. and D. J. Mosley (1975), *Diplomacy in Ancient Greece*, New York.

Adkins, A. W. H. (1972), *Moral Values and political Behaviour in ancient Greece*, London.

Alty, J. (1982), "Dorians and Ionians", *JHS*. 102, pp. 1-14.

Anderson, J. K. (1974), *Xenophon*, New York.

Andrewes, A. (1962), "The Mythilene Debate : Thucydides III. 36-49", *Phoenix 16*, pp. 64-85.

Idem. (1966), "The Government of classical Sparta", in E. Badian(ed.), *Ancient Society and Institutions*, Oxford, 1966, pp. 1-20.

Idem. (1969), *The Greek Tyrants*, London.

Idem. (1971), "Two Notes on Lysander", *Phoenix*, 25, pp. 206-226.

Atkinson, K. M. T. (1945), "The Thucydides' Lamp", *The Times Literary Supplement*, June 30, p. 307.

Balcer, J. M. (1984), *Sparda by the Bitter Sea : Imperial Interaction in Western Anatoria*, Chico.

Idem. (1983), "The Greeks and the Persians : the Process of Acculturation", *Hist*. 32, pp. 257-267.

Idem. (1991), "The east Greeks under Persian Rule : A Reassessment", *Achaemenid History* 6, pp. 57-65.

Idem. (1995), *The Persian Conquest of the Greeks 545-450 B.C.*, Konstanz.

Barron, J. P. (1988), "The Liberation of Greece", *CAH*. IV 2nd ed., pp. 592-622.

Beckman, G. (1996), *Hittite Diplomatic Texts*, Atlanta.

Beloch, K. J. (1931/1967), *Griechische Geschichte*, II. 2. Berlin/Leipzig.

Bengtson, H. (1969), *Griechische Geschichte*, 4 Auf. München.

Idem. (1962/1975 2nd), *Die Staatsverträge des Altertums*, II. München.

Blackman, D. (1969), "The Athenian Navy and Allied Contributions", *GRBS* 10, pp. 179-216.

Blamire, A. (1959), "Herodotus and Histiaeus", *CQ*. 53, pp. 142-154.

Idem. (1970), "Pausanias and Persia", *GRBS*. 11, pp. 295-305.

Idem. (2001), "Athenian Finance, 454-404 B.C.", *Hesperia* 70, pp. 99-126.

Boardman, J. (1996repr.), *Athenian Red Figure Vases : The archaic Period*, London.
Bockisch, G. (1965), "Harmostai", *Klio* 46, S. 129-239.
Bodin, E. G. L. (1940), "Diodote contre Clēon", *Mēlanges offerts Georges Radet, REA*. 42, pp. 36-52.
Bonner, R. J. (1910), "The Boeotian Federal Constitution.", *CP*. 5, pp. 405-417.
Bourriot, F. (1981),"L' empire achēmēnide et les rapports entre Grecs et Perses dans la literature greque du Ve siēcle", *L' Information Historique* 43, pp. 21-30.
Bradeen, D. W. (1960), "The Popularity of the Athenian Empire", *Hist*. 9, pp. 262-265.
Braun, T. F. R. G. (1982/ 90/92), "The Greeks in the Near East", *CAH*. III. Pt. 3, pp. 1-31.
Briant, P. (1997), *Histoire de l' Empire perse de Cyrus ă Alexandre*, Paris.
Bruce, I. A. F. (1960), "Internal Politics and the Outbreak of the Corinthian War", *Emerita* 28, pp. 75-86.
Idem. (1961), "The Democratic Revolution at Rhodes", *CQ*. n. s. 11, pp. 166-170.
Idem. (1963), "Athenian Foreign Policy in 396-395 B. C.", *CJ*. 58, pp. 289-295.
Idem. (1967), *A Historical Commentary on the Hellenica Oxyrhynchia*, Cambridge.
Buckler, J. (1980), *The Theban Hegemony, 371-362 BC*., Cambridge/Masa-chusetts/London.
Burn, A. R. (1967rep.), *The Lyric Age of Greece*, London.
Idem. (1984 2nd ed.), *Persia and the Greeks*, Stanford.
Busolt, G. (1895/1967), *Griechische Geschichte*, II, Gotha/Hildesheim.
Idem. (1897/1967), *Griechische Geschichte bis zur Schlacht bei Chaeroneia*, III. 1, Gotha./Hildesheim.
Cartledge, P. (1987), *Agesilaos and the Crisis of Sparta*, Baltimore.
Idem. (2001), *Spartan Reflections*, Berkeley/Los Angeles.
Idem. (1997/2002) *Sparta and Lakonia ; a regional History 1300 to 162 BC*., London/New York.
Idem. (2002), "The Peloponnesian League", in M. Whittby (ed.), *Sparta*, New York, pp. 223-230.
Cary, M. (1927/33/53), "The Ascendancy of Sparta ", *CAH*. VI, pp. 25-54.
Cavaignac, E. (1924), "Les Dēkarchies de Lysandre", *REH*. 90, pp. 285-316.
Cawkwell, G. L. (1976), "Agesilaus and Sparta", *CQ*. n. s. 26, pp. 62-84.
Idem. (2002), "The Decline of Sparta", in M. Whitby(ed.), *Sparta*, Routledge/New York, pp. 236-257.

Chambers, W. H. (1958), "Four Hundred Sixty Talents", *CP*. 53, pp. 26-32.

Cloché, P. (1918), "La Politique thébaine de 404 à 396 av. J.-C.", *REG*. 31, pp. 315-343.

Idem. (1919), "Les Conflits politiques et sociaux à Athènes pendant la guerre corinthienne (395-387 avant J.-C.)", *REA*. 21, pp. 157-192.

Idem. (1923), "La Politique de l' Athènien Callistratos (391-361 avant J.-C.)", *REA*. 25, pp. 5-32.

Idem. (1941), "Notes sur la politique athènienne au début du IVe siècle et pendant la guerre du Péloponnese", *REA*. 43, pp. 16-32.

Cogan, M. (1981), "Mythilene, Book Three", *Phoenix*, 35, pp. 1-21.

Cohen, E. E. (1973), *Ancient Athenian Maritime Courts*, Princeton.

Cornelius, F. (1973), "Pausanias", *Hist*. 22, pp. 502-504.

Craig, K. T. (1973), *Cleomenes : A Study in early Spartan Imperialism*, diss. Kansas.

David, E. (1986^repr.), *Sparta between Empire and Revolution (404-243 B.C.) : Internal Problems and their Impact on Contemporary Greek Consciousness*, Salem.

De Wet, B. X. (1963), "Periclean Imperial Policy and the Mythilenean Debate", *Aclass* 6, pp. 106-124.

Dickins, G. (1912), "The Growth of Spartan Policy", *JHS*. 32, pp. 1-42.

Eddy, S. K. (1968), "Four Hundred Sixty Talents Once More", *CP*. 63, pp. 184-195.

Ehrenberg, V. (1968^paper), *From Solon to Socrates*, London.

Erxleben, E. (1975), "Die Kleruchien auf Euböa und Lesbos und die attischen Herrschaft im 5. Jh.", *Klio*, S. 83-100.

Evans, J. A. S. (1963), "Histiaeus and Aristagoras", *AJP*. 84, pp. 113-128.

Falkner, C. (1996), "Sparta and the Eleian War, ca 401/400 B. C.: Revenge or Imperialism ?", *Phoenix* 50, pp. 17-25.

Idem. (1999), "Sparta and Lepreon in the Archidamian War (Thuc. 5. 31. 2-5)", *Hist*. 38, pp. 385-394.

Fliess, P. J. (1966), *Thucydides and the Politics of Bipolarity*, Nashville.

Fornara, Ch. W. (1966), "Some Aspects of the Career of Pasanias of Sparta", *Hist*. 15, pp. 257-271.

Forrest, W. G. (1968), *A History of Sparta 950-192 B.C.*, London.

French, A. (1971), "The Tribute of the Allies", *Hist*. 21, pp. 1-20.

Fuks, A. (1984), *Social Conflict in ancient Greece*, Leiden.

Gauthier, P. (1966), "Les clérouques de Lesbos et la colonisation athènienne au Ve

siècle ", *REG* 79, pp. 64-88.

Georges, P. B. (1994), *Barbarian Asia and the Greek Experience : From the archaic Period to the Age of Xenophon*, Baltimore & London.

Idem. (2000), "Persian Ionia under Darius : The Revolt reconsidered", *Hist.* 49, pp. 1-39.

Gillis, D. (1971), "The Revolt at Mytilene", *AJP*. 92, pp. 38-47.

Glotz, G./R. Cohen, (1948), *Des origines aux guerres mediques*, Paris.

Gomme, A. W. (1945), "The Thucydides' Lamp", *The Times Literary Supplement*, July 28, p. 355.

Idem. (1945/1956/1970), *Historical Commentary on Thucydides*, I-III, Oxford.

Gomme, A. W./A. Andrewes/K. J. Dover (1970-1981/2000-2002), *Historical Commentary on Thucydides*, IV-V, Oxford.

Gorman, V. B. (2001), *Miletos, The Ornament of Ionia : A History of the City to 400 B.C.E*. Ann Arbor.

Graham, A. J. (1964), *Colony and Mother City in Ancient Greece*, Manchester Univ. Press.

Gray, V. (1994), "Image of Sparta : Writer and Audience in Isocrates' *Panathenaicus*", in A. Powell and S. Hodkinson (eds.), *The Shadow of Sparta*, pp. 223-271.

Greaves, A. M. (2002), *Miletos : A History*, London/New York.

Griffith, G. T. (1950), "The Union of Corinth and Argos", *Hist.* 1, pp. 236-256.

Grundy, G. B. (1901), *The Greek Persian War*, London.

Idem. (1912), "The Policy of Sparta", *JHS*. 32, pp. 264-265.

Gurney, O. R. (1981), *The Hittites*, Harmond. Sworth.

Habicht, C. (1961), "Falsche Urkunden zur Geschichte Athens im Zeitalter der Perserkriege", *Hermes* 89, S. 1-35.

Hack, H. M. (1975), *The Rise of Thebes : A Study of Theban Politics and Diplomacy, 386-371 B. C.*, unpublished diss. Yale.

Hall, J. M. (1995), "How Argive was the Argive Heraion ?", *AJA* 99, pp. 577-613.

Hamilton, Ch. D. (1968), *Politics and Diplomacy in the Corinthian War*, unpublished diss. Cornell.

Idem. (1970), "Spartan Politics and Policy, 405-401 B. C.", *AJP*. 91, pp. 294-314.

Idem. (1972), "The Politics of Revolution in Corinth, 395-386 B. C.", *Hist.* 21, pp. 21-37.

Idem. (1979), *Sparta's Bitter Victories. Politics and Diplomacy in the Corinthian War*,

Ithaca/New York.

Idem. (1997), "Sparta", in L. Tritle (ed.), *The Greek World in the fourth Century B. C.*, London, pp. 41-65.

Hammond, N. G. L. (1972), *A History of Greece to 322 B.C.*, 2nd ed., Oxford.

Idem. (1973), *Studies in Greek History*, Oxford.

Idem. (1988), "The Expedition of Datis and Artaphernes", *CAH*. IV 2nd ed., pp. 491-517.

Idem. (1988), "The Expedition of Xerxes", *CAH*. IV 2nd ed., pp. 518-591.

Hanfmann, G. M. A. (1948), "Archaeology in Homeric Asia Minor", *AJA*. 52, pp. 135-155.

Harris, G. (1971), *Ionia under Persia : 547-477B.C.*, diss. Evanston, Illinois.

Hart, J. (1982), *Herodotus and Greek History*, London/Canberra.

Helck, v. W, (1979), *"Psammetichos", Der Kleine Pauly*, 4, München, col. 1209.

Idem, (1987), "Zur Keftiu-, Alašia-und Ahhijawa-Frage", in H-G. Buchholz (ed.), Ägäische Bronzezeit, Darmstadt. S. 218-226.

Highby, L. I. (1936), "The Erytrae Decree", *Klio*, Beiheft 36.

Hignett, C. (1963), *Xerxes' Invasion of Greece*, Oxford.

Hodkinson, S. (1997), "The Development of Spartan Society", in Mitchell, L. G. and P. J. Rhodes (eds.), *The Development of the Polis in archaic Greece*, London/New York, pp. 83-102.

Hooker, J. T. (1980), *The Ancient Spartans*, London.

Idem. (1989), "Spartan Propaganda", in A. Powell (ed.), *Classical Sparta,* pp. 121-141.

Hornblower, S. (1989), "Inheritance, Marriage and Demography : Perspectives upon the Success and Decline of Classical Sparta", in A. Powell (ed.), *Classical Sparta*, pp. 79-121.

Idem. (2000), "Thucydides, Xenophon, and Lichas : Were the Spartans excluded from the Olympic Games from 420 to 400 B. C. ?", *Phoenix* 54, pp. 212-225.

Idem. (1991), *A Commentary on Thucydides vol. I : Books I-III*, Oxford.

Idem. (1996), *A Commentary on Thucydides vol II : Books IV-V 24*, Oxford.

How, W. W/J. Wells, (1968), *A Commentary on Herodotus*, II, Oxford.

Huxley, G. L. (1962), *Early Sparta*, London.

Jameson, M. (1960), "A Decree of Themistokles from Troizen", *Hesperia*, 29. pp. 198-223.

Jones, A. H. M. (1968 rep.), *Sparta*, Oxford.

Kagan, D. (1958), *Politics and Policy in Corinth, 421-336 B. C.*, unpublished diss. Ohio.

Idem. (1960), "Corinthian Diplomacy after the Peace of Nicias", *AJP*. 81, pp. 291-310.

Idem. (1961), "The Economic Origins of the Corinthian War", *La Parola del Passato* 16, pp. 321-341.

Idem. (1962), "Argive Politics and Policy after the Peace of Nicias.", *CP*. 57, pp. 209-218

Idem. (1962), "Corinthian Politics and the Revolution of 392 B. C.", *Hist*. 11, pp. 447-457.

Idem. (1969), *The Outbreak of the Peloponnesian War*, Ithaca/New York.

Idem. (1974), *The Archidamian War*, Ithaca/New York.

Idem. (1975), "The Speeches in Thucydides and the Mythilene Debate", *YCS*. 24, pp. 71-94.

Kahrstedt, U. (1921), "Sparta und Persien", *Hermes*, 56, S. 320-325.

Idem, (1922), *Sparta und Seine Symmachie*, Göttingen.

Kallet-Marx, L. (1993), *Money, Expense, and Naval Power in Thucydides' History 1-5. 24*, California.

Keil, J. (1927), "Lydia (Hsitorischer Teil)", *RE*. 13, col. 2161-2202, Stuttgart.

Kienast, D. (2002), "Bemerkungen zum jonischen Aufstand und zur Rolle des Artaphernes", *Hist*. 51, S. 1-31.

Konstan, D. (1987), "Persians, Greeks and Empire", *Arethusa* 20, pp. 59-73.

Kounas, D. D. A. (1969), *Prelude to Hegemony : Studies in Athenian Political Parties from 403 to 379 B. C.*, unpublished diss. Illinois.

Krentz, P. (1982), *The Thirty at Athens*, Ithaca/New York.

Laistner, M. L. W. (1927), *Isocrates : De Pace and Philippus*, New York.

Lang, M. L. (1967), "Scapegoat Pausanias", *CJ*. 63, pp. 79-85.

Larsen, J. A. O. (1932), "Sparta and the Ionian Revolt", *CP*. 37, pp. 136-150.

Idem. (1955), "The Boeotian Confederacy and Fifth Century Oligarchic Theory", *TAPA* 86, pp. 40-50.

Lateiner, D. (1982), "The Failure of the Ionian Revolt", *Hist*. 31. pp. 129-160.

Lazenby, J. F. (1975), "Pausanias, Son of Kleombrotos", *Hermes*, 103, pp. 235-251.

Legon, R. P. (1968), "Megara and Mytilene", *Phoenix*, 22, pp. 200-225.

Lendon, J. E. (1989) , "The Oxyrhynchus Historian and the Origins of the Corinthian War", *Hist*. 38, pp. 300-313.

Lenschau, Th. (1913), "Zur Geschichte Ioniens", *Klio*, 13, S. 175-183.

Idem. (1933), "Die Entstehung des spartanischen Staates", *Klio*, 30, S. 269-289.

Luckenbill, D. D. (1927), *Ancient Records of Assyria and Babylonia* II, Chicago.

Luria, S. (1926), "Zum Politischen Kampf in Sparta gegen Ende des fünften Jahrhunderts", *Klio*, 20, S. 404-420.

Mattingly, H. B. (1966), "Periclean Imperialism", in E. Badian (ed.), *Ancient Society and Institutions*, Oxford. pp. 193-223.

Idem. (1996), *The Athenian Empire Restored : Epigraphic and Historical Studies*, Ann Arbor.

McGregor, M. F. (1940), "The Pro-Persian Party at Athens from 510 to 480 B.C.", In *Athenian Studies presented to W. S. Ferguson, HSCP* Suppl. I, Cambridge Mass., pp. 71-95.

Idem. (1987), *The Athenians and their Empire*, Vancouver.

McKay, K. L. (1953), "The Oxyrhynchus Historian and the Outbreak of the 'Corinthian War' ", *CR*. n. s. 3, pp. 6-7.

Meiggs, R. (1972), *The Athenian Empire*, Oxford.

Meiggs, R./D. Lewis (1969), *A Selection of Greek Historical Inscriptions*, Oxford.

Meritt, B. D. (1954), "Athenian Covenant with Mytilene", *AJP*. 75, pp. 359-368.

Meritt, B. D./H. T. Wade-Gery (1962), "The Dating of Documents to the mid-fifth Century", *JHS*. 82, pp. 67-74.

Meritt, B. D./H. T. Wade-Gery/M. F. McGregor (1950), *The Athenian Tribute Lists*, vol. III, Princeton.

Meyer, E. (1981), *Geschichte des Altertums*. IV/1, 8 Auf. Darmstadt.

Michell, H. (1964^{paper}), *Sparta*, Cambridge.

Morrison, J. S./J. F. Coates (1986), *The Athenian Trireme*, Cambridge.

Murray, O. (1988), "The Ionian Revolt", *CAH*^{2}, IV, pp. 461-490.

Nilson, M. P. (1992), *Geschichte der Griechischen Religion*, Erster Band, erg. Aufl. München.

Nixon, L./S. Price (1990), "The Size and Resources of Greek Cities", in O. Murray and S. Price(eds.), *The Greek City : from Homer to Alexander*, Oxford, pp. 137-170.

Oliver, J. H. (1936), 'Inscription from Athens', *AJA*. 40, pp. 460-464.

Olmstead, A. T. (1923), *History of Assyria*, New York/London.

Idem. (1933), "A Persian Letter in Thucydides", *American Journal of Semitic Languages and Literature*, 49, pp. 154-161.

Idem. (1970, 6th. imp), *History of the Persian Empire*, Chicago/London.

Orlin, L. (1976), "Athens and Persia, ca. 507 B.C.: A Neglected Perspective", in *Michigan Oriental Studies in Honour of G. G. Cameron*, Ann Arbor, pp. 255-266.

Park, H. W. (1977), *Festivals of the Athenians*, Ithaca/New York.

Parke, H. W. (1930), "The Development of the Second Spartan Empire", *JHS*. 50, pp. 37-79.

Pedley, J. G. (1972), *Ancient Literary Sources on Sardis, Archaeological Exploration of Sardis*, Monograph 2, Cambridge, Mass.

Idem. (1968/1999paper), *Sardis in the Age of Croesus*, Norman.

Perlman, S. (1963), "The Politicians of the Athenian Democracy of the Fourth Century B.C.", *Athenaeum* 41, pp. 327-355.

Idem. (1964),"The Causes and Outbreak of the Corinthian War", *CQ*. n. s. 14, pp. 64-111.

Powell, A (ed.), *Classical Sparta: Techniques behind her Success*, Routledge.

Powell, A. and S. Hodkinson (eds.) (1994), *The Shadow of Sparta*, London/New York.

Prentice, W. K. (1934), "The Character of Lysander", *AJA*. 38, pp. 37-42.

Pritchett, W. K. (1971), *The Greek State at War, I,* Berkeley/Los Angeles.

Quinn, T. J. (1964), "Thucydides and the Popularity of the Athenian Empire", *Hist*. 13, pp. 257-266.

Idem. (1971), "Political Group in Lesbos during the Peloponnesian War", *Hist*. 20, pp. 405-417.

Rahe, P. A. (1977), *Lysander and the Spartan Settlement, 407-403 B. C.*, unpublished diss. Yale.

Ramage, N. H. (1997), "The Attic pottery: The Finds through 1990", in Schaeffer, Ramage and Greenewalt (eds.), pp. 63-120.

Raubitschek, A. E. (1964), "The Treaties between Persia and Athens", *GRBS*. 5, pp. 151-159.

Raubitschek, I. K. & A. E. (1982), 'The Mission of Triptolemos', *Hesperia*, Suppl. XX, pp. 109-117.

Rawson, E. (1969), *The Spartan Tradition in European Thought*, Oxford.

Rhodes, P. J. (1970), "Thucydides on Pausanias and Themistocles", *Hist*. 19, pp. 387-400.

Idem. (1981), *A Commentary on the Aristotelian Athenaion Politeia*, Oxford.

Rice, D. G. (1971), *Why Sparta Failed : A Study of Politics and Policy from the Peace of Antalcidas to the Battle of Leuctra, 387-371 B. C.*, unpublished diss. Yale.

Robertson, N. D. (1980), "The True Nature of the Delian League", *AJAH*. 5, pp. 64-96, 110-133.

Roebuck, C. (1955), "The Early Ionian League", *CP*. 50, pp. 26-40.

Idem. (1984), *Ionian Trade and Colonization*, Chicago.

Roussel, P. (1969), *Sparte*, Paris.

Roy, J. (1971), "Tegeans at the Battle near the River Nemea in 394 B. C.", *La Parola del Passato* 26, pp. 439-441.

Idem. (2002), "The Pattern of Settlement in Pisatis. The 'Eight Poleis' ", in T. H. Nielsen (ed.), *Even More Studies in the Ancient Greek Polis, Papers from the Copenhagen Polis Centre 6, Historia Einzelschriften* 162, Wiesbaden, pp. 229-247.

Ste Croix, G. E. M. de. (1954/55), "The Character of the Athenian Empire", *Hist*. 3, pp. 1-41：馬場恵二訳「アテナイ帝国の性格」『西洋古代史論集　II　古代国家の展開』東京大学出版会，1975 年，175～238 頁。

Idem. (1972), *The Origins of the Peloponnesian War*, Ithaca/New York.

Salmon, J. B. (1984), *Wealthy Corinth : A History of the City to 338 B.C.*, Oxford.

Samons, L. J. (1991), *Tribute and the Athenian Finance, 478 to 421 B.C.*, unpublished diss. Brown Univ.

Schaeffer, J. S./Ramage, N. H./C. H. Greenewalt, Jr. (eds.) (1997), *The Corinthian, Attic, and Laconian Pottery from Sardis*, Archaeological Exploration of Sardis, Monograph 10, Cambridge, Mass.

Schaeffer, J. S. (1997), "The Corinthian Pottery : The Finds through 1990", in Schaeffer, Ramage and Greenewalt (eds.), pp. 1-62.

Schumacher, L. (1987), "Themistokles und Pausanias : Die Katastrophe der Sieger", *Gymnasium*, 94, S. 218-246.

Seager, R. J. -Chr. Tuplin (1980), "The Freedom of the Greeks of Asia : On the Origins of a Concept and the Creation of a Slogan", *JHS*. 100, pp. 141-157.

Idem. (1994), "The Corinthian War", in *CAH*. VI, Cambridge, pp. 97-119.

Sealey, R. (1966), "The Origin of the Delian League", in *Ancient Society and Institutions : Studies presented to Victor Ehrenberg*, Oxford, 1966, pp. 233-255.

Idem. (1976), *A History of Greek City-State ca. 700-338 B.C.*, California.

Shaw, P.-J. (2003), *Discrepancies in Olympiad Dating and Chronological Problems of Archaic Peloponnesian History, Historia Einzelschriften* 166, Wiesbaden.

Shipley, D. R. (1997), *A Commentary on Plutarch's Life of Agesilaos*, Oxford.
Smith, G. (1871), *History of Assurbanipal*, London.
Idem. (1924), *Babylonian Historical Texts*, London.
Smith, J. S. (1990), *Greece and the Persians*, Bristol.
Smith, R. E. (1948), "Lysander and the Spartan Empire", *CP*. 43, pp. 145-156.
Idem. (1953-54), "The Opposition to Agesilaus' Foreign Policy, 394-371 B.C.", *Hist*. 2, pp. 274-288.
Snyder, W. W. (1972), *Peloponnesian Studies 404-371*, unpublished diss. Princeton.
Stahl, M. (1987), *Arisokraten und Tyrannen im archaischen Athens*, Stuttgart.
Stewart, D. J. (1966), "Thucydides, Pausanias, and Alcibiades", *CJ*. 61, pp. 145-152.
Strauss, B. (1986), *Athens after the Peloponnesian War : Class, Faction, and Policy, 403-386 B. C.*, London.
Thomas, C. G. (1974), "On the Role of the Spartan Kings", *Hist*. 23, pp. 257-270.
Tigerstedt, E. N. (1965-74), *The Legend of Sparta in Classical Antiquity*, I-II, Stockholm.
Tod, M. N. (1950repr.), *A Selection of Greek Historical Inscriptions*, II, Oxford.
Tomlinson, R. A. (1972), *Argos and the Argolid : From the End of the Bronze Age to the Roman Occupation*, Ithaca/New York.
Toynbee, A. (1969), *Some Problems of Greek History*, Oxford.
Tuplin, C. J. (1993), *The Failing of Empire, Historia Einzelschriften* 76, Stuttgart.
Underhill, G. E. (1900/1979rep.), *A Commentary on the Hellenica of Xenophon*, Oxford.
Unz, R. K. (1985), "The Surplus of the Athenian Phoros", *GRBS*. 26, pp. 21-42,
Vickers, M. (1990), "Interactions between Greeks and Persians", *Achaemenid History* 4, pp. 253-262.
Wade-Gery, H. T. (1925/29/54), "The Growth of Dorian States", *CAH*. III, Cambridge, pp. 527-570.
Wade-Gery, H. T. and B. D. Meritt (1957), "Athenian Resources in 449 and 431 B. C.", *Hesperia* 26, pp. 163-197.
Walker, E. M. (1927/58), "The Confederacy of Delos, 478-463 B. C.", *CAH*. V, pp. 33-67
Walser, G. (1975), "Zum Griechisch- Persischen Verhältnis vor dem Hellenisms", *HZ*. 220, S. 529-542.
Idem. (1984), *Hellas und Iran*, Darmstadt.
Idem. (1987), "Persischer Imperialismus und Griechische Freiheit", *Achaemenid*

History 2, S. 155-165.

Walter, U. (1993), "Herodot und die Ursachen des Ionischen Aufstandes," *Hist*. 92, S. 257-278.

Wasserman, F. W. (1956), "Post-Periclean Democracy in Action : The Mythilenean Debate (Thuc. III. 37-48)", *TAPA* 87, pp. 27-41.

Westlake, H. D. (1976), "The Commons at Mytilene", *Hist*. 25, pp. 429-440.

Idem. (1989), "Paches", in *Studies in Thucydides and Greek History*, pp. 50-59.

Idem. (1989), "Thucydides on Pausanias and Themistocles-A Written Source ?", in *Studies in Thucydides and Greek History*, pp. 1-18.

Will, E. (1972), *Le monde grec et l' orient*, Paris.

Wilson, J. (1981), "Strategy and Tactics in the Mytilene Campaign", *Hist*. 30, pp. 144-163.

Wolski, J. (1954), "Pausanias et le problème de la politique spartiate (480-470)", *Eos* 47, pp. 75-94.

Wood, H. (1972), *The Histories of Herodotus. An Analysis of their Formal Structure*, Den Haag.

Zimmermann, B. (1998), "Euripides", *Der neue Pauly* Epo-Gro 4, Sttutgart/Weimar, col. 280-290.

アリストテレス，村川堅太郎訳（1980）『アテナイ人の国制』岩波文庫。

伊藤貞夫（1981）『古典期のポリス社会』岩波書店。

同（1982）『古典期アテネの政治と社会』東京大学出版会。

笠原匡子（1983）「宗教政策から見た前5世紀アテナイの対同盟政策」『関学西洋史学論集』XII，1～13頁。

清永昭次（1973）「第一メッセニア戦争後のスパルタと戦争」学習院大学文学部『研究年報』20，137～141頁。

クセノポン，根本英世訳（1998～99）『ギリシア史』1～2，京都大学学術出版会。

同，松本仁助訳（2000）『小品集』京都大学学術出版会。

桜井万里子（1996）『古代ギリシア社会史研究――宗教・女性・他者』岩波書店。

鈴木雅也（1961）「デロス同盟成立時に於ける貢税額について」『神戸女学院大学論集』7巻3号，33～44頁。

芝川治（2003）『ギリシア「貴族政」論』晃洋書房。

新村祐一郎（1963）「スパルタのエポロイ」『西洋史学』57，1～18頁。

同（1967）「スパルタのテゲア征服について」『大手前女子大学論集』1，88～99頁。

同（1973）「スパルタの政治組織に関する覚書」『大手前女子大学論集』7，138～150頁。

同（1973）「第二メッセニア戦争とスパルタ」『西洋古典学研究』21，20〜28頁。

同（1975）「スパルタの対アルゴス策」『史林』58-1，1〜26頁。

同（1982）「紀元前6世紀後半期スパルタの対外政策」『大谷大学研究年報』34号，3〜40頁。

同（2000）『古代スパルタ史研究——古典古代への道』岩波ブックサービスセンター。

高畠純夫（1988）「古代ギリシアの外人観」弓削達・伊藤貞夫編『ギリシアとローマ——古典古代の比較史的考察』河出書房新社，301〜325頁。

同（1997）「アリストファネス喜劇と世論」『西洋史研究』26，21〜46頁。

同（1999）「クセノディカイとナウトディカイ——前5世紀アテナイにおける外人と裁判」『東洋大学紀要　教養課程篇』38号，1〜15頁。

同（2000）「テミストクレス・ピュタゴラス・クセノフォン——古代ギリシアにおける宗教の特性と宗教をめぐる人間類型」『東洋大学紀要　教養課程篇』39号，1〜19頁。

同（2000）「アテナイ帝国における外人と裁判——アンティフォン第五番弁論解読試論」『史学雑誌』109-4，43〜70頁。

谷藤康（1985）「デロス同盟諸ポリスの国政形態」『学習院史学』23，64〜74頁。

トゥーキュディデース，久保正彰訳（1966〜67）『戦史』上・中・下，岩波文庫。

中井義明（1989）「クセルクセスの遠征軍の規模」『西洋古典学研究』37，12〜22頁。

同（1992）「マラトン——その戦術的側面」『古代文化』44-1，16〜24頁。

同（1992）「マラトン遠征——ペルシア軍の目的と戦略」『西洋史学』164，18〜35頁。

中村純（1980）「前404年のアテナイ『寡頭派』政権」『史学雑誌』89-6，1〜35頁。

仲手川良雄（1998）『古代ギリシアにおける自由と正義』創文社。

ニルソン，M. P.，小山宙丸・丸野稔・兼利琢也訳（1992）『ギリシア宗教史』創文社（M. P. Nilsson (1952), *A History of Greek Religion*, translated from the Swedish by F. J. Fielden, Second Edition revised, Oxford)。

ハーゼブレック，J.，原随園・市川文蔵訳（1943）『都市国家と経済』創元社。

パウサニアス，飯尾都人訳（1999）『ギリシア案内記』龍渓書房。

長谷川岳男（1993）「エピタデウスの法——古典期スパルタの再検討」『駒沢史学』45，66〜100頁。

馬場恵二（1982）『ペルシア戦争　自由のための戦い』教育社。

同（1969）「デロス同盟とアテナイ民主政」『岩波講座　世界歴史』2，16〜44頁。

平田隆一（2001）「古典古代における『ヨーロッパ』概念——他者意識と自己認識に関する覚書」『ヨーロッパ文化史研究』2，1〜56頁。

藤縄謙三（1989）『歴史の父　ヘロドトス』新潮社。

古川堅治（1983）「アテナイ帝国におけるアテナイと同盟諸国との法的関係——裁判権

を中心に」『歴史評論』400，36〜59 頁。

プルタルコス，河野与一訳（1952〜56）『プルターク英雄伝』 1〜12，岩波文庫。

同，村川堅太郎編訳（1966）『プルタルコス』筑摩書房。

古山正人（1984）「ヒュポメイオネス考——スパルタ社会変容の一側面」『新潟史学』17，38〜56 頁。

同（1989）「モタケス，トロフィモイ，スパルティアタイのノトイ——スパルタの小集団社会」『歴史学研究』597， 1〜18 頁。

同（1992）「スパルタにおけるパトロネジ論」『古典古代とパトロネジ』長谷川博隆編，名古屋大学出版会，67〜96 頁。

同（2003）「日本におけるスパルタ史研究——戦後の研究と現状」『国学院大学紀要』41，73〜100 頁。

ヘーロドトス，松平千秋訳（1971〜72）『歴史』上・中・下，岩波文庫。

前野弘志（1998）「アテナイ植民活動と種族イデオロギー」『広島大学文学部紀要』58 特集号 2， 1〜108 頁。

真下英信（2001）『伝クセノポン「アテーナイ人の国制」の研究』慶應義塾大学出版会。

師尾晶子（1991）「デロス同盟における役人の派遣と支配」『西洋史学』160，34〜49 頁。

同（1995）「アケメネス朝ペルシア支配下の小アジア沿岸ギリシア」『歴史評論』543，26〜36 頁。

同（1996）「デロス同盟と碑文研究——碑文の刻文年代をめぐるマッティンリ説と近年の動向」『史学雑誌』151，59〜86 頁。